21世纪信息资源管理系列教材

U0784609

数字信息保存

张美芳 等/著

中国人民大学出版社
·北京·

作者简介

张美芳，中国人民大学信息资源管理学院教授、博士生导师，曾赴美国匹兹堡大学做访问学者。国际标准化组织文献管理应用技术委员会工作组专家，中国文献影像技术协会第四届理事会常务理事，中国文献影像技术标准化技术委员会第五届常务理事，中国感光学会影像保护专业委员会副主任，国家古籍保护中心评审委员会专家，中国档案学会档案保护技术委员会副主任。出版专著 5 部，教材 4 部，学术论文 70 余篇；主持或参与国家级科研项目十余项；参与制定、修订国际或国家标准 14 项。曾获省部级特等奖、一等奖、三等奖等，档案保护技术学课程入选 2005 年北京市精品课程。

内容简介

信息时代，数字信息保存是一项日常的、具有挑战性的任务。《数字信息保存》融合计算机技术、信息管理技术、文献保护技术、电子政务等，以数字信息为论述对象，以长期保存为目标，以案例形式介绍了国内外的数字信息保存项目和保存实践活动。

针对数字信息保存流程和面临的主要问题，本书较为全面地介绍分析了数字信息保存所使用的介质、数字信息长期保存工作流程、保存系统的构建方法和模式、濒危数字信息的抢救措施和数据恢复技术等。本书阐述了数字信息保存系统的管理与利用，从技术和管理方面介绍了开展数字信息保存工作可以采取的方法和措施，同时强调了加快数字信息保存相关标准建设、健全政策与法规对数字信息保存的重要性。

本书以全新的观点、系统的知识和合理的结构为特点，为构建数字信息保存学科奠定理论基础，积极迎接数字信息保存的未来挑战。

目　录

绪　论 …… 1

第一章　数字信息保存的发展 …… 3

1.1　数字信息保存的概念 …… 5

1.2　数字信息保存目标及保存内容 …… 8

1.3　国际开展主要数字信息保存研究及项目 …… 19

1.4　我国数字信息保存基本状况 …… 28

1.5　数字信息保存责任体系 …… 35

第二章　数字信息保存的动机 …… 42

2.1　数字信息保存的意义 …… 43

2.2　数字信息保存的必要性 …… 55

2.3　数字信息保存的主要问题 …… 62

2.4　数字信息保存的风险 …… 69

2.5　保存数字信息的可行性认证 …… 72

第三章 数字信息保存系统的建设 …… 78
3.1 数字信息保存工作流程的架构 …… 79
3.2 数字保存系统分析 …… 83
3.3 数字保存系统类型及功能 …… 85
3.4 数字保存数据库开发 …… 88
3.5 数字保存环境分析 …… 91
3.6 数字保存系统使用权限管理 …… 92
3.7 案例分析 …… 96
第四章 数字信息存储方式与存储系统 …… 99
4.1 概述 …… 99
4.2 主流存储体系结构及对比分析 …… 100
4.3 数字信息存储保护的软件系统 …… 117
4.4 存储系统开发的关键技术与标准规范 …… 129
4.5 技术方案选用原则与评价方法 …… 134
第五章 数字信息长期保存的技术保障措施 …… 139
5.1 概述 …… 139
5.2 系统保存 …… 141
5.3 仿真技术 …… 142
5.4 介质更新 …… 144
5.5 迁移技术 …… 152
5.6 封套技术 …… 156
5.7 保存元数据 …… 157
第六章 数字信息保存相关标准 …… 161
6.1 数字信息保存的相关国际标准 …… 161
6.2 数字信息保存标准的比较 …… 195
6.3 我国数字信息保存标准研究进展 …… 198
第七章 数字信息的容灾与抢救 …… 206
7.1 概述 …… 207
7.2 数字信息的容灾备份 …… 210
7.3 数字信息的灾难恢复 …… 215
7.4 数字信息容灾系统工程 …… 219

第八章 数字信息长期保存的规划和管理 …… 235
8.1 数字信息长期保存战略和政策的制定 …… 235
8.2 数字信息长期保存模式的建立及运行 …… 244
8.3 数字信息的质量控制 …… 250
8.4 数字信息安全政策与风险评估 …… 256

第九章 数字信息保存的未来挑战 …… 265
9.1 数字信息存储技术 …… 266
9.2 数字信息保存研究的拓宽和深入 …… 275
9.3 数字信息保存与管理的关系 …… 281
9.4 数字信息保存的协作、分工与共享 …… 287

参考文献 …… 299
附录 数字信息保存中常见术语中英文对照 …… 307

绪　论

数字信息资源逐渐成为社会信息传播、交流和保存的主要方式，长期保存数字信息已成为数字图书馆、档案馆、电子政务和其他数字信息系统的战略性问题。因为它涉及在多变的数字环境中运行的信息的保存，以及怎样合法地控制这种变化并保持数字信息的长期存取，这是摆在我们面前亟待解决的现实问题。我国数字信息建设快速发展，但伴随发展而产生的数字信息保存问题还没有得到有效的解决。如果我们不在数字信息发展中认真考虑数字信息长期保存的问题，待数字信息成为整个社会发展支柱时，这一隐患将导致已建立的数字社会全面崩溃。因而应将数字信息保存视作数字信息建设的重要组成部分。数字信息的保存，涉及政策、技术、管理、法律、经济与组织机构等问题，本书就其中的主要问题、核心问题进行了较为全面的阐述和探讨。

科学和规范地存储与管理数量巨大的数字信息，建立社会化、程序化、科学化、专业化和集成化的管理方式，解决国家数字资源长期存储无保证、管理程序不规范、管理方法不科学、管理责任不明确、管理水平不一、管理效率低、技术与管理成本高、管理资源重复浪费等诸多问题，是数字信息存储发展和研究的必由之路。构建数字信息保存技术管理规范、工作流程、存储体系，建立前瞻性的数字信息质量评价体系，融合国内外不同领域的管理思想和保护经验，建立数字信息保存技术，是摆在档案保护部门、信息管理部门、图书保护部门、文物保护部门、博物保护部门、IT 行业等科研人员面前的一个迫切需要研究的课题，也是本书的宗旨和核心所在。

《数字信息保存》是目前国内首部有关数字信息保存和长期维护的专著，它顺应时代发展，符合社会需要，满足各领域要求，填补档案保护、文献保护、计算机技术的理论空白，具有较高的学术价值和重要的理论意义。本书给自己设定了一系列的任务。这些任务既十分宏大，又具体深入。说它们十分宏大，是因为它们首次将研究的视野扩大，从国内到国际，从历史到现代，实现了跨地域、跨时空、跨领域、跨部门的研究；研究内容从技术拓宽到管理，研究方法由理论转向实践，实现理论与实践相结合。说它们具体深入，是因为它们对数字信息保存中的国内外动态、最佳实践的具体内容都作了较为详细的阐述，小到方案设计、数字信息保存流程、技术评估等，大到管理中的一些复杂问题如数字信息保存责任体系的建设、数字信息灾难恢复等。

本书共分为九章。其中一、二章由张美芳撰写，三、四章由王应解撰写，五章由夏天撰写，六章由张美芳、蒋琴、马丹宁、秦佳心撰写，七章由唐跃进撰写，八、九章由赵淑梅撰写，全书由张美芳做文字和内容的统一处理。书中引用了该领域许多专家学者的资料、数据和图片，在此谨致以衷心的谢意。

由于计算机技术的迅猛发展，数字信息保存技术的内容和知识需要随时更新、完善和补充，数字保存涉及的内容多、广而又复杂，加上作者的水平局限，书中难免有不足之处，敬请读者批评指正。

第一章

数字信息保存的发展

- 数字信息保存的主要内容
- 数字信息长期保存策略的目标
- 国外数字信息保存项目简介
- 我国数字信息保存进展
- 数字信息保存责任体系

随着计算机与网络技术的快速发展，数字信息正在大量地产生、存储与传播，人类社会也由此步入了信息社会和知识社会。数字资源的优点日益凸显，用数字化表示的各种信息具有体积小、容量大、可记载多媒体信息、容易复制和打印、更新速度快的特点。在网络环境下，数字资源的时间、空间得到进一步延伸。网络是继报刊、广播、电视之后的第四大媒体，它的传播范围广，可以提供不受空间限制的实时服务，可供多人同时阅读，可以即时更新信息。实际上，作为一种文献资源，数字信息有别于其他媒体信息的最重要特点是它的检索功能和方便利用，它可以在几秒时间内从几亿汉字中找到所需要的内容供阅读。但是，数字资源的广泛传播利用还需要逾越相当多的技术障碍，如对阅读设备的依赖性。数字资源需要存储在计算机设备（硬件）中，在阅读、使用中需要借助操作系统、应用程序（软件），不同类型甚至不同来源的数字化信息可能有不同的应用软件。所用到的硬件、软件不是一成不变的，而是经常发生变化。硬件的升级有著名的“摩尔定律”，芯片容量每 18 至 24 个月翻一番；软件的升级换代更是频繁，从 DOS 到 Windows3.1、Windows95、Windows98、Windows2000、WindowsXP，一直到 Windows vista 、Windows7，操作系统的变化随着微软的发展而不断推陈出新，应用软件开发商们则忙着升级、升级、再升级。使用者一方面要不断学习、学习、再学习，另一方面还要面对老数据、旧系统在新的软硬件环境中无法使用的尴尬局面。

计算机技术迅速变化的特性以及数字存储媒体寿命的短暂性，致使人类在长期保存已经形成或即将形成的各种数字信息时面临着巨大的挑战。

全世界每年生产的信息，其中印刷载体的信息量不到 1%，磁介质（包括数字光学介质）所承载的信息（即数字信息）量约 95%。而且由于后者的增长速度越来越快，正迅速成为主流存储介质；网络中每年传递的 E-mail 、不重复公共网页、非网页形式网络数据库仍以几何级数在增长。由于数字信息在技术基础、利用方式和管理机制等方面的特殊性，它的长期保存面临许多新的问题。磁介质和数字光学介质的不稳定性，致使其有效保存期远低于纸介质和缩微胶片介质；数字信息技术迅速变化，致使人们借以利用数字信息的各种编码、压缩、格式化、加密解密、内容显示、计算运行等技术和软件甚至硬件迅速过时；数字信息往往是动态变化的，例如一个动态出版的电子期刊或一个不断更新的网站，因此，对数字信息的完整性确认、真实性考证、原始性认证等带来很大困难；数字信息与其他信息有这样或那样的连接，数字信息的产生需要一定的环境，例如嵌入许多多媒体数据文件的网页或链接许多参考文献的学术文章，因此，对数字信息存储内容的确认、对存储位置和存储格式的选择都具有一定的复杂性；数字信息在其产生和利用过程中的灵活性和动态性，致使数字信息的产生及所有权变化难以追踪和保证；数字信息发送传播机制已经打破传统的信息存储责任体系，例如出版商直接向用户提供数字期刊检索阅览、图书馆通过使用许可提供用户服务，但并不实际拥有数字信息，因此，亟须重新定义和建立数字信息长期保护的责任体系；数字信息的知识产权法律和管理机制尚不完善，数字信息长期保护中涉及的权利许可、权利转移、内容转移与存储、服务以及相应的经济与管理问题还有待解决。数字信息的巨大生产量和存储数字信息平台的不一致，导致信息的交流分享不能成为现实，同时也将使上述问题更加突出，使解决这些问题变得更加迫切。

1.1 数字信息保存的概念

1.1.1 数字信息

根据联合国教科文组织的定义，数字遗产包括“从现在的任一种形式的知识转化成的数字产品”。这里所提到的数字产品既包括一开始就是以数字形式产生的文献资料，又包括由传统形式的文献转换而成的数字文献。对于后一类，我们称为数字再造资源，它指的是对以前存在的模拟载体上的信息进行数字化处理后形成的产品，也称为“digitalized”（数字化信息）。它们不一定与原物一模一样，只能算是原物的一种表现形式，但往往能利用数字化的特长将原物更好地展现和利用。譬如，印刷图书的数字扫描或OCR版本，很多名画的电子图片，书籍的电子扫描版本等。前一类则是直接由数字信息系统（例如文字扫描处理软件、CAD、数字摄像设备、地理扫描设备、数码拍摄等）产生的原生数字文献（称为born-digital），包括档案材料，电子邮件，视听资料，数字艺术品和电子文学作品，电子游戏、虚拟现实和软件，电子手稿，图像，其他各种电子资料，联机信息和网络资源，数字资料的物理格式，科学、统计、研究数据（如太空、地理和类似数据集），文献通报资源等。据统计，越来越多的有价值的内容是“天生的数字型”，而且只能以数字形式来管理、保存和使用。从数据生产者角度看，数字信息来源可以是出版单位、各类机构、个人及其组织、社会文化组织、信息服务系统等。从长期保护角度看，人们主要关心的是以数字状态为唯一或主要形态的信息，其中又主要是由出版单位、各类机构、正式组织和信息服务系统生产的数字信息。美国国家信息基础结构和保存项目NDIIPP（The National Digital Information Infrastructure and Preservation Program）将数字信息分为电子书、电子期刊、网站、数字电视等几大类。

为了使人类知识、文化得以长期保存，世界各地的图书馆、档案馆等保存机构经过不懈的努力，在纸张文献的保存方面积累了宝贵的经验，并制定了各种标准，取得了显著的成果，为保存一国文化做出了巨大的贡献。对于那些具有保存价值的数字信息，如何长期保存、谁来保存、怎样保存等是在信息时代出现的新问题，是人类要面对和解决的。数字信息的保存方式、保存任务、保存结果、保存目标、存储载体等与传统模拟信息的保存有很大的区别，对其的保存不但是信息保管人员的任务，同时还涉及IT、法律、知识产权、政策等领域的相关问题。它不再仅限于关注承载信息载体的保护、环境的保护，而更多的是关注信息内容的保护和信息的有效读取问题。

由于数字信息长期保存涉及许多方面的复杂问题，因此，在数字信息的形成、接收、连接、利用和保存等过程中，应充分考虑所采用的有关政策、流程、技术、格式和工具对长期保存的影响，建立系统化的策略体系和操作规范。如采用标准、开放的数据处理技术和格式，优化存储系统、存储介质，建立知识产权确认和授权转移规范，建立数据检验鉴别标准和保护级别体系与处置程序，采用标准元数据格式并建立完善的元数据，建立长期保存技术选择模型和操作规程，建立严格的数据存储系统保障机制，等等。

在数字信息长期保存中，需要保护数字信息本身及相关技术、方法和工具，包括保存数字比特流、保存数字格式与处理信息、保存数字信息处理环境、建立数字信息的验证和管理机制、保存数字信息的组织利用环境。为了有效实施数字信息长期保存，需要建立数字信息保存责任体系及相应的选择标准，研究开发具体的数字信息更新、技术仿真和数据迁移技术与系统，研究数字信息长期保存系统，开发描述数字信息长期保存要求和政策的元数据等。

1.1.2 数字信息保存

保护、保存、典藏和存储等概念是近年来在数字信息管理中使用较多的概念，针对文献资料而言，这几个概念有相似之处，都靠“存”的行为，即采取的一些手段，使文献免遭损坏。“保存”是事物、性质、意义、作用等继续存在，不受损失或不发生变化；“保护”是尽力照顾，使不受伤害。在档案界、图书馆界多采用“保护”一词。对于传统的档案馆和图书馆而言，保护是指采取必要的预防措施以避免因使用不当或自然老化造成变质，对损坏文献采取抢救和修复，尽量使文献恢复原貌。档案保护和图书保护更多关注的是载体的变化和对其采取的相应抢救与修复措施。“典藏”是图书馆学的专用术语，从理论上讲图书典藏是指一种藏书的组织管理和安排。对收集的文献按一定的要求进行合理的布局、排列、保护、清点、存放和管理的过程，其目的是使藏书得到有序、完整、有效的利用。目前我国台湾多采用数位典藏这一概念。“存储”侧重的是存放和安置的行为，数字信息的存储只是针对处理后的信息采取的一种存放的行为。存储并不是保存，存储较为容易，仅仅是在执行一种简单的命令，而保存相对较为复杂，意味着对存储的信息进行编目、建立系统环境、找到合适的位置、采用一定的技术和标准保证信息可存、可取、可利用。

由此看来，保护侧重的是载体，典藏侧重的是文献的有序排列和存放。针对数字信息来讲，面临的最大的困难不是对载体形态进行保护，而是解决由于技术的过时而造成的数据不能读取的问题，“保护”一词似乎面较窄，“典藏”一词又有些专门化。目前，“保存”一词对于数字信息的保护可能较为准确，包括行为、策略、方案和技术。

数字信息保存是指将有价值的实体或非实体数据，利用数字化科学技术保存在数字保存系统中，所有保存数据均以数字化形式存在。数字保存是为防止数字信息资源的损坏，或保证数字信息资源的可用性而对信息进行的采集、组织、分配、保护活动，也即是一种基于存档的活动，随着时间的流逝，在技术已经变化了的情况下，还能够对存档的数据进行存取。数字保存具有以下特点：就保存数据种类而言，数字保存的数据范围相当广泛，凡是代表人类文明，具有保存价值的数据，不论是数据产生的时间还是形式，如文化、科学、艺术、音乐、动植物等，都是数字保存的对象。就数字化数据的格式而言，只要是保存范围内的各种形式（如文件、器物、标本、录音、影片、建筑等）与数字化后的电子数据格式（如文字、语音、影像、2D/3D对象等），均属于数字保存的数据格式范畴。就数据的质量而言，数字信息保存的数据是后续研究与应用增值的基本素材，因此，所收纳的数字信息必须经过不断的累积与校订，以确保其保存数据的完整性与正确性，这种高质量的信息要求，与一般互联网上的网页数据有很大的差异。

除上述概念外，还有两个概念需要了解。

掌管（curation）：指从数据生产出来时就开始的管理和促进其被利用的行为，目标是使数据能够符合现实的需要，或能被用于发现和重用数据。

存档（archiving）：在掌管的基础上，确保数据是经过合理选择、得到良好保存的，并且这些数据可以被存取。随着时光的流逝，确保这些数据的逻辑和物理完整性得到维护，具有相应的安全和认证机构。

1.2 数字信息保存目标及保存内容

解决好数字化信息的长期保存问题是具有重要意义的，它反映了各个国家的信息技术发展水平，涉及不同行业和部门的切身利益，是信息技术发展中的核心问题。这些信息若保存得不好，就会永久丢失。目前数字信息长期保存已成为世界同行关注的焦点，并成立了众多的研究项目，形成了一系列研究成果。

1.2.1 数字信息的保存目标

可持续发展是数字信息长期保存的目标，它关系到过去、现在和将来历史文明能否永久保留下来的问题，是保存一国文化的迫切需要。建立可持续发展的数字保存生态环境，寻求科学的战略发展观是实现这一目标的基础和保证。

开放档案信息系统（Open Archival Information System，OAIS）认为，数字信息保存系统的目标是确保被保存的信息对于目标团体而言是独立可理解的，也就是说，应当确保目标团体在没有信息生产者（专家）帮助的情况下，仍能够独立地理解被保存的信息。为了实现这一目标，在保存系统中既要保存存档对象，也要保存针对对象的描述和说明信息。保存元数据实施战略（Preservation Metadata Implementation Strategies，PREMIS）认为，数字信息保存的目标是维持数字资源的长期可生存能力（要求被保存数字对象的比特流完整无缺并且能够从它所存储的载体之上读取）、可呈现能力（指的是能够将比特流转变为一种可以被人看，能够被计算机处理的信息的能力）和可理解能力（包括提供足够的信息使得这些被呈现的内容可以被目标用户理解和认识）。普里西拉·卡普兰（Priscilla Caplan ）认为，从下到上、从较低要求到较高要求，数字信息保存的目标分别为：可获得性，即选择获取技术；可识别性，即描述；可理解性，即文档记录；完整性，即安全存储；持久生存能力，即媒体管理；可呈现能力，即格式技术策略；被保存对象的真实性，即真实还原技术。

艾比·史密斯（Abby Smith）在《未来意义上的保存》中指出：“一切保存方案的目的都是确保对一个机构信息资源的长期的、随时的存取。”保存数字信息的首要任务必须是形成该信息的各方面的信息能同时完整地、准确地再现。国内学者普遍认为数字信息的保存有四方面的含义：（1）保证数字信息存储载体的稳定；(2) 保证信息内容逻辑上的准确；(3) 保证数字信息的功能性；(4) 保证数字信息的存取性。概括而言，保存的目的即是要保存数字信息的内容、物理形式和功能。

长期保存策略应确保数字信息在未来可读。为了达到此目标，构成数字信息的比特流应在利用计算机系统或设备而进行的以下过程中可用。数字信息在产生之初、存储之时、利用之时、将来被保存这四个过程中都有可能变得不可读。这主要由两种原因造成。

一是不适宜的保存环境。不适宜的环境包括载体保存物理环境、信息生成环境、存取环境、保存的技术环境等。目前用来存储电子文件信息的所有介质普遍容易受到不适宜环境的侵害，如温湿度的波动。这些不利条件会毁坏介质或加速其老化过程。不同类型的数字存储介质需要不同的保存环境以确保其最大寿命。一些存储介质在磁场干扰、灰尘和环境污染物的作用下容易产生信息损坏（磁性存储介质），而其他不易受到外界因素影响的介质（光学存储介质），只要稍加控制存储环境，就不易受损。不管使用何种存储介质，关键是要意识到不利的环境会引起各种形式的存储介质的损毁或老化。

二是介质过时也许导致信息无法读取。存储介质（如磁带或光盘）与使用的计算机硬件（如磁带或光盘驱动）若存在物理上不兼容，则导致信息无法读取。基于信息技术的发展趋势，介质将来过时是不可避免的，因为储存技术的进步会继续导致数字信息物理存储方式的改变（如唱片技术、光盘驱动硬件、软件接口的改变），存储介质形式和文件信息的比特流是用物理表示的（如纠错码），因此，随着时间的推移，存储介质将会与以后使用的介质不兼容。

因介质和保存格式、保存系统过时，长期保存策略宜特别重视将数字信息定期从老的介质转移到新的介质上的方法。

1.2.2 数字信息长期保存的真实而具体的含义

1.2.2.1 数字信息的可读性

作为比特的安全保护者，当今的数字存储介质至多只能维持几十年，而且存储介质存在易碎、易损、易变质等问题，会随着时间的推移而变得越来越不可靠。尽管数字信息管理者对这些存储介质采取了某些保护措施（例如建立良好的保护环境），但是随着时间的推移，存储介质最终还是需要更换，因为存储介质的损坏将直接影响数字信息的可读性。

1.2.2.2 数字信息的可用性

数字信息的可用性是指数字信息可以被人或电脑阅读和处理。数字信息从形成、传输到存储都是通过计算机实现的，因此数字信息与计算机系统中的各种设备有着密不可分的关系，也可以说计算机操作系统与硬件设备是生成数字信息的前提和基础，这决定了数字信息对相应的软硬件系统的依赖性，而对其他软硬件环境则存在一定的不兼容。但是计算机硬件设备的迅速发展（如磁盘或磁带的驱动器）和操作系统的更新换代在给信息处理、信息存储、信息传输和信息阅读带来极大便利的同时，也造成旧有软硬件易于过时作废。因此，如何解决旧有数字信息适应新的电子环境的问题成为数字信息管理者关注的难题。如果不加以解决，最终的结果就是旧有的数字信息将不能被人或电脑阅读和处理，也就意味着阻碍了数字信息的持久可用性。

1.2.2.3　数字信息的可理解性

数字信息的可理解性是指数字信息的格式化内容可以被它的使用者理解。无论是传统文件还是电子文件，通常由格式与内容构成，只是传统文件的格式与内容固定在某一载体（例如纸张）上，一经结合就不易分开，而且无须借助于任何工具就可以使人理解。而数字信息的格式化内容则无法独立存在，必须依赖特定的软件才能阅读。然而由于技术的快速发展，这些软件却容易过时，被新的版本所替代，甚至消亡。尽管有些软件在更新换代时仍然考虑与以前的格式兼容，但是还有一些软件并不兼容以前的格式，而且不兼容的现实在计算机技术发展的短短几十年内尤其明显，大量的数字信息由于内容或格式的丢失造成了信息的不可理解，这些信息随着技术的进一步发展，最终将失去长期保存的价值。

长期保存策略应提供易理解的数字信息。计算机能通过描述底层的比特流而说明信息，数字信息只能被计算机理解。因此，数字信息的可理解性关涉比特流实际代表的功能和应用处理软件的能力及为此而采取的适当措施。

1.2.2.4　数字信息的完整性

数字信息的完整性是指数字信息是齐全的，并且未加删除、修正或改动。随着计算机技术的发展，人们为了追求使用信息的方便性、直观性与可视效果，往往采用多种格式与多种技术来产生数字对象。目前，文字与图形、声音、影像等多种媒体信息能够完美组合在一起构成数字信息的内容。与传统文献相比，数字文献的信息形态更具多样性和复杂性。一个数字信息不再仅仅由一个独立的文件组成，而是由一组具有独立格式和内容的文件构成。由于信息与载体具有分离性，当载体处于联机状态时也许不会出现问题，而如果这些载体都是脱机保存的，则有可能造成混乱，处理不当会直接影响到数字信息的完整性。网络信息资源的完整性是指针对网络信息资源的多样性进行分别处理，同时网页上还存有各种连接。不同的数字信息可能拥有不同的呈现与查询接口，这种呈现与查询接口则代表对数据结构化的处理，以及表现数据库内容的不同观点（或格式）。

1.2.2.5 数字信息的真实性

ISO15489 文件管理国际标准指出，文件的真实性包含三重含义：A. 文件与其用意相符；B. 文件的形成和发送与其既定的形成者和发送者相吻合；C. 文件的形成和发送与其既定时间一致。我们认为，数字信息的真实性也应包含这三层含义。此外，由于大量的数字信息是通过数字化工作形成的，因此数字信息的真实性，还应包括与它所代表的原件相一致（或记载不同之处）。数字信息长期保存应极力维护数字信息的真实性。然而由于数字信息具有易篡改性、复杂性等特性，在对数字信息进行有效的存储、压缩、传递、迁移等过程中也都容易造成数据的丢失，这给维护数字信息的真实性带来了严峻的挑战。

数字信息极易修改，用一个更新的版本代替原来版本非常容易，这种代替可以发生多次，如果每一个版本不标明时间，就很难分清哪些是原始版本，哪些是最终版本。数字信息保存机构面临的问题是如何保证保存的信息同原始信息完全一致。真实性是电子文件保存的目的所在，如随着时间推移，可靠的信息没有被改变、更改或破坏。试图提供可长期利用的真实电子文件信息的机构应在它们的方案中考虑以下三个关键的措施：迁移和保管、保管环境、利用和保护。

1.2.2.6 数字信息的可检索性

长期的保管策略应提供可检索的数字信息，意味着抽象的信息对象（或部分）能有效、高效和准确地被检索与显示。它需要将信息对象的逻辑位置（如数据域或字符串）与物理位置连接起来的关键码或指示符，因此，可检索性比较依赖软件。

一般说来，这种连接出现在数据库记录、文件系统引导结构、文件分配表、页眉或标签中，它们包括确定对象开始位置、指示每个要素或数据要素的字节数目和它们在储存介质上的物理位置。

数字信息的逻辑结构是指一个操作系统或驱动器共同应用于一个特殊的应用系统来存储、管理和利用数字信息。因此，信息对象的可检索性不可避免地与设备驱动、软件应用、文件系统或操作系统联系起来。

能支持老的文件格式可读性的新一代的文件格式可确保数字信息的检索。然而，向后的兼容性可能会受限制，因为许多软件商只支持特定的文件格式，而不支持所有版本的不同数据格式。如超文本链接标示语言、静态图像压缩标准、标记图像格式都具有向后的兼容性。

1.2.2.7 数字信息的安全性

数字信息的安全性指信息内容、用户使用和技术维护等多方面的安全性，包括现在和未来较长时间内信息的可获得性、准确性。

1.2.2.8 数字信息的通用性

数字信息的通用性指数字信息在保存过程中，要尽量用标准化的格式存储，必须考虑保存格式在相关行业中的认同度和现有软件的支持力度，应得到商业使用者和开放资源使用者的广泛支持，保证其在不同环境中都能被顺利读取使用。

上述目标涉及一个实质性的问题——数字信息的长期保存。

1.2.3 数字信息保存内容

在讨论保存要求时，必须首先对以下问题有明确的了解：保存什么？这是评价选择保存方案的基础。在数字环境中，保存对象问题可分三个层次加以说明。第一层次，宏观上说我们要保存的数字对象有两个来源——传统文件的数字化产物和直接以数字方式产生的对象。第二层次，对产生的数字信息进行内容上的鉴定，以确定哪些要保存，哪些要放弃。第三层次，微观上划定保存对象的范围、界限，确定文件的关键属性。前者是由于数字信息的复杂性，其作为一个独立的个体很难被清楚地划分，比如一个超文本文件中包含着一些链接，而链接中又有链接，到底哪里是一份单独文件的界限，难以确定。后者是由于我们无法保存数字对象的所有属性，必须找出哪些属性对保持数字信息的真实性、凭证性和可理解性是关键的、必要的。

为谁保存是要确定服务对象，由此而确定服务内容，也即我们确定保存数字信息内容。从用户角度明确保存的要求，确定保存数字信息是为了满足谁的需求、满足哪些方面的需求，有利于更好地平衡各方面的需求，并从整体规划、保存方式和资源配置的角度考虑数字信息的长期保存。

保管准确、可靠、真实的数字信息意味着以下几点：通过计算机可以读取并正确解释，以人们能理解的格式翻译，在信息产生、接收时具备逻辑和物理结构、大量内容和背景信息。

张晓林提出，由于数字信息依赖众多的不同的技术、方法、工具和管理机制才能为人们所利用，因此，数字信息长期保存实际上需要保护数字信息本身及相关技术、方法和工具。这包括解决以下问题：（1）保存数字比特流，即通过对数字存储媒介的保护或转移，确保存储其中的物理数字数据能被准确完好地读出；(2) 保存数字格式与处理信息，即通过保存有关数字信息编码、格式、标记、结构、压缩、加密等方面的技术方法信息，确保能够识别和解析数字信息内容；(3) 保存数字信息处理环境，如相关的软件甚至硬件系统，确保能拥有相应的技术工具来识别、利用数字信息，保存数字信息的内容校验、身份认证、版本演变、知识产权管理机制，确保能可信赖、可靠和合法地鉴别使用被保存的数字信息；(4) 保存数字信息的知识组织体系信息，保存数字信息的组织利用环境。

数字信息在从它生成之初到长期存储这一过程中涉及软件更新、硬件更新，涉及技术过时和前端管理，涉及经费、政策、法律等方面的问题。数字信息的存贮和存取环境与数字信息的产生环境是一致的，数字信息只有在其产生的环境中加以保存与维护才最经济、最可行，这也是维护其长期存取的可靠方式。如果信息在形成伊始就不便保存，那今后的保存将更加困难。所以，数字信息的形成者应对数字信息的长期保存负有主要责任和最初责任。信息的拥有者与提供者为了获得新的利益，有可能把已形成的数字信息重新包装起来。重新包装有可能限制了数字信息的保存，使公共存取数字信息成为不可能，因而，信息的拥有者与提供者也应对数字信息的长期保存负有主要责任。

数字信息的长期保存必然牵涉到与加工、保存和归档等有关的问题。数字信息的制作者在维护数字对象的存取上起着一定的作用，有些数字信息一经产生就需要长期保存，有些数字信息，制作者在法律上并无长期保存的意识、责任与义务，如某些电子出版物。

数字信息保存内容具体而言包括信息内容（content)、信息结构（document-based information structure)、参考信息（reference)、信息环境（document-based information context)、元数据（metadata)、技术环境（technical environment）和功能（function)。

1.2.3.1 信息内容

信息内容是数字信息中包括的大量内容。保存信息完整性的核心是内容，建立保存系统的主要任务是保证信息内容。数字信息内容与软硬件、存储环境、管理息息相关，是一个复杂的过程。所有的数字对象都由简单的 0 和 1 组成，可以通过区分这些数字流的组合对信息对象进行区分。保存信息对象的完整性意味着保存唯一表示数字对象的数据流的构成。要利用各种成熟技术来跟踪、检查数字对象的比特流，保证与原始比特流是一致的。

1.2.3.2 信息结构

数字信息结构能够真实反映出数字信息的内容。数字信息在计算机系统中的存储映像得到它相应的存储结构或物理结构。一种逻辑结构可以通过映像得到与它相应的存储结构——顺序存储结构和非顺序存储结构。

通常数据集合中的数据元素不是孤立的，而是彼此相关的，这种彼此之间存在的相互关系就称为数据结构。信息结构是文件信息的逻辑属性和物理属性。逻辑属性包括逻辑顺序，如由清晰的几部分组成，数据元素之间内在的、固有的联系称为逻辑结构。而物理属性包括各种要素，如字体、间距。对于一种数据逻辑结构，可以选择一种或者混合若干种基本存储结构来实现，对不同的逻辑结构也可以选择同一种存储结构。例如，链表既可以用来表现线性表的存储，也可以用来表现树或者图的存储。

信息结构包括以下类型：

(1) 线性结构。

线性结构的特点是数据元素按照一定规则、顺序构成一个有限序列，除了第一个和最后一个数据元素外，每个数据元素有且仅有一个直接前趋和一个直接后继。

通常的文本文件是一种线性结构的文件，文件在输出、显示阅读时只能按照固定线性次序先得到第一页、再得到第二页……单向线性表、双向循环表、环形表、数组、串、栈和队列等都是线性结构。线性结构是一种最常见、最简单的数据结构。

(2) 非线性结构。

现实世界是纷繁复杂的，许多事物都显现非线性结构或者离散结构。非线性结构中最常用和最重要的是树形结构和网状结构。

A. 树形结构。

树形结构的特点是至少存在一个节点（元素），除了根节点和叶节点外，其他节点最多只有一个直接前驱，并有一个或不止一个直接后继。人们在研究这类结构时，又把树分为二叉树、二叉排序树、判定树、森林等来讨论。树形结构能很好地描述信息结构的层次特性。

B. 网状结构。

网状结构的特点是节点间的联系是任意的，即任何一个数据元素都可以与其他元素相连接。人们通常用有向图和无向图来讨论网状结构，树形结构可以说是网状结构的一个特例。

1.2.3.3 参考信息

参考信息是一致持久的参考方法，是保证数字信息完整的基础，在引用、描述和分类体系中提供必要的参考方式，从而能发现、区分、确认与检索相关的信息对象。传统参考信息一般是索引、目录或数目。数字信息在传统参考工具的基础上不断发展，可能是一些参考工具、参考网站、超级链接等。

1.2.3.4 信息环境

信息环境包括有关数字信息的产生、控制、使用、存储和管理的信息，以及与其相似材料的有关信息。数字信息在一定程度上依赖技术环境、保存格式等外界因素，在保存过程中保存对象有可能会脱离其本身对某些技术的依赖性，改变原分布模式，或者失去某些内容和功能。在这种情况下，保存环境信息，有助于数字信息初始状态的恢复。

通过数字信息的结构能够真实反映出数字信息的内容。数字信息结构，应该能够在不同环境下使用，能够从专业的环境中移出，最好是一种通用的存储格式。信息结构包括字体、大小、行列间距、标题、页眉、页脚、页数、标记等，也包括一些数字信息的存贮格式。只有把这些信息全部保存，才能使保存数字对象的信息内容完整。特别是一些作为电子证据的信息，只有拥有完整的信息结构，才具有证据价值。对于一些特殊的数字信息，在保存其数字信息内容的同时，也要保存这些数字信息的页面格式规范。只有将信息结构和内容一并保存，才能保证数字信息的完整性。目前，数字信息常用的格式规范主要有 PDF、HTML、SGML、XML 等（见表 1—1）。在保存数字信息内容的同时，保存这些数字信息所用的格式规范，是保障数字信息完整性的重要途径和步骤。

表 1—1　　数字信息的常用存储结构

数字信息类型	存储结构（格式）	应用范围
格式化文本	DOC、TXT、CAJ、PDF、HTML、SGML、XML	各种出版物、文本文件、网页等
图像	JPG、GIF、PNG、TIFF、BMP	各类出版物、多媒体文件、网页
音频	MP3、WMA、RM	语音处理、音乐、数字广播、音乐图书馆
视频	PMP、AVI、MPEG、RMVB、WMV、MP4	数字录像或电视、影像图书馆、教育培训

AVI 的英文全称为 Audio Video Interleaved，即音频视频交错格式，是将

语音和影像同步组合在一起的文件格式。它对视频文件采用了一种有损压缩方式。AVI 信息主要应用在多媒体光盘上，用来保存电视、电影等各种影像信息。所谓“音频视频交错”，就是可以将视频和音频交织在一起进行同步播放。这种视频格式的优点是图像质量好，可以跨多个平台使用；其缺点是体积过于庞大，而且压缩标准不统一，受到版本的影响较大。AVI 格式是目前视频文件的主流格式，这种格式的文件随处可见，比如一些游戏、教育软件的片头等，都会用到 AVI 格式。

MPEG 的全名为 Moving Picture Expert Group，中文译名是动态图像专家组。MPEG 标准主要有以下五个：MPEG-1、MPEG-2、MPEG-4、MPEG-7 及 MPEG-21等。该专家组建于 1988 年，专门负责为 CD 建立视频和音频标准，而成员都是视频、音频及系统领域的技术专家。随后，他们成功让声音和影像的记录脱离了传统的模拟方式，建立了 ISO/IEC1172 压缩编码标准，并制定出 MPEG-X 格式，令视听传播进入了数码化时代。MPEG 标准的视频压缩编码技术主要利用具有运动补偿的帧间压缩编码技术减小了时间冗余度，利用 DCT 技术减小了图像的空间冗余度，利用熵编码在信息表示方面减小了统计冗余度。这几种技术的综合运用，大大增强了压缩性能。

ASF 是 Advanced Streaming Format（高级串流格式）的缩写，是一种包含音频、视频、图像以及控制命令脚本的数据格式。ASF 是一个开放标准，它能依靠多种协议在多种网络环境下支持数据的传送。同 JPG、MPG 文件一样，ASF 文件也是一种文件类型，但它是专为在 IP 网上传送有同步关系的多媒体数据而设计的，所以 ASF 格式的信息特别适合在 IP 网上传输。ASF 文件的内容既可以是我们熟悉的普通文件，也可以是一个由编码设备实时生成的连续的数据流，所以 ASF 既可以传送人们事先录制好的节目，也可以传送实时产生的节目。ASF 用于排列、组织、同步多媒体数据以利于通过网络传输。ASF 也可用于指定实况演示。ASF 最适于通过网络发送多媒体流，也同样适于在本地播放。任何压缩/解压缩运算法则（编解码器）都可用来编码 ASF 流。

SGML（Standard Generalized Markup Language，标准通用标记语言）格式是一种定义电子文档结构和描述其内容的国际标准语言，是所有电子文档标记语言的起源，早在网络发明之前就已存在。SGML 是 1986 年出版发布的一个信息管理方面的国际标准（ISO8879：1986 信息处理）。该标准定义独立于平台与应用的文本文档的格式、索引和链接信息，为用户提供一种类似于语法的机制，用来定义文档的结构和指示文档结构的标签。其中 markup 的含义是指插入到文档中的标记。标记分为两种：一种称为 procedard markup，用来描述文档显示的样式；另一种称为 descriptive markup，用来描述文档中的文字的用途。制定 SGML 的基本思想是把文档的内容与样式分开。SGML 规定了在文档中嵌入描述标记的标准格式，指定了描述文档结构的标准方法，目前在网络上使用的 HTML 格式便是使用固定标签集的一种 SGML 文档。用于 SGML 可以支持无数的文档结构类型，并且可以创建与特定的软硬件无关的文档，因此很容易与使用不同计算机系统的用户交换文档。使用 SGML 将给多媒体的创作带来许多好处。由于其规范性，它可以使创作人员更集中于内容的创作，可提高作品的重复使用性能、可移植性能以及共享性能。其独立性使得它在许多场合都有用武之地。同 XML 相比，定义的功能十分强大。

HTML（Hyper Text Markup Language）格式即超文本标记语言或超文本链接标示语言，是目前网络上应用最为广泛的语言，也是构成网页文档的主要语言。设计 HTML 语言是为了把存放在一台电脑中的文本或图形与另一台电脑中的文本或图形方便地联系在一起，形成有机的整体，人们不用考虑具体信息是在当前电脑上还是在网络的其他电脑上。我们只需使用鼠标在某一文档中点取一个图标，互联网就会马上转到与此图标相关的内容上去，而这些信息可能存放在网络的另一台电脑中。HTML 文本是由 HTML 命令组成的描述性文本，HTML 命令可以说明文字、图形、动画、声音、表格、链接等。HTML 的结构包括头部（head）、主体（body）两大部分，其中头部描述浏览器所需的信息，而主体则包含所要说明的具体内容。另外，HTML 是网络的通用语言，一种简单、通用的全置标记语言。它允许网页制作人建立文本与图片相结合的复杂页面，这些页面可以被网上任何其他人浏览到，无论使用的是什么类型的电脑或浏览器。HTML 文档制作不是很复杂，且功能强大，支持不同数据格式的文件嵌入，具有简易、方便扩展等特点，使其在网络上非常盛行。

XML（Extensible Markup Language）格式即可扩展标记语言，它与 HTML 一样，都是 SGML。XML 是互联网环境中跨平台的，依赖于内容的技术，是当前处理结构化文档信息的有力工具。XML 是一种简单的数据存储语言，使用一系列简单的标记描述数据，而这些标记可以用方便的方式建立，虽然 XML 比二进制数据要占用更多的空间，但 XML 极其易于掌握和使用。XML 的简单使其易于在任何应用程序中读写数据，这使 XML 很快成为数据交换的唯一公共语言。为了使得 SGML 更加方便用户使用，XML 重新定义了SGML的一些内部值和参数，去掉了大量的很少用到的功能——这些繁杂的功能使SGML在设计网站时显得复杂化。XML保留了SGML的结构化功能，这样就使得网站设计者可以定义自己的文档类型，XML同时也推出一种新型文档类型，使得开发者也可以不必定义文档类型。

PDF格式，全称Portable Document Format，是一种电子文档格式。这种文档格式与操作系统平台无关，正因为如此，越来越多的电子图书、产品说明、公司文告、网络资料、电子邮件开始使用PDF格式文件。PDF格式文件目前已成为数字化信息事实上的一个工业标准，是文档存储普适性较强的一种格式，尤其是需要长期保存的，对真实性、完整性要求较高的文档可以使用此格式。PDF文件格式的目的是支持跨平台上的、多媒体集成的信息出版和发布，尤其是提供对网络信息发布的支持。因此，PDF具有许多优点，如文档格式可以将文字、字体、格式、颜色及独立于设备和分辨率的图形图像等封装在一个文件中，这对于需要长期保存的电子档案而言比较合适。该格式文件还可以包含超文本链接、声音和动态影像等电子信息，支持特长文件，集成度和安全可靠性都较高。PDF文件使用了工业标准的压缩算法，易于传输与储存。它还是“页独立”的，一个PDF文件包含一个或多个“页”，可以单独处理各“页”，特别适合多处理器系统的工作。此外，一个PDF文件还包含文件中所使用的PDF格式版本，以及文件中一些重要结构的定位信息。正是由于PDF文件的种种优点，它逐渐成为出版业中的新宠。对普通读者而言，用PDF制作的电子书具有纸版书的质感和阅读效果，可以展现纸质书籍的原貌，而显示大小可任意调节，给读者提供了个性化的阅读方式。由于PDF文件可以不依赖操作系统的语言和字体及显示设备，阅读起来很方便。这些优点使读者能很快适应电子阅读与网上阅读，无疑有利于计算机与网络在日常生活中的普及。

1.2.3.5 元数据

元数据是关于数据的数据，由背景、处理和使用时产生的信息构成。它有利于保证数字信息的真实性、检索和保存。

在一些情况下，一些应用软件能自动产生有关文件大小、文件格式、数据和其他相似属性的元数据（如数字信息所有权和特性）。在其他情况下，像分类、保管时间、全宗和关键词等这样手工登记的元数据也是十分必要的。这些数据和数字信息是可检索的。随着机构引入先进的目录管理系统，支持保护方案的元数据要素将比现在使用的那些丰富得多。此外，它们将会自动产生，所以，手工著录将不再需要。相应地，为有利于元数据的捕获和使用，保管机构应确保工具足够灵活、能按比例缩小以便保存更加丰富的、能够利用的元数据。

1.2.3.6　技术环境

数字信息依赖于某种技术的支持，根据不同的情况，或多或少与某种特殊的配置、技术有联系，必须保存一定的技术处理的信息才能够利用和存储信息。

1.2.3.7　功能

数字信息的类型包括文本、图像、视频、音频等，可以多种类型存在。要完成多种功能，必须提供不同类型的工具，保存数字信息既是保存这些功能，也是实现这些功能。

1.3　国际开展主要数字信息保存研究及项目

在研究数字信息保存或长期保存的初期，由于信息的数量、范围和收藏规模都较小，因而没有引起人们广泛、足够的重视。随着保存问题的不断暴露，才逐渐引起国际图书情报界的关注。研究图书馆组织（The Research Library Group）是一个有 160 个会员单位参加的国际性的专业社团，其团体会员主要是国家图书馆、大专院校图书馆、公共图书馆、博物馆和独立研究收藏机构等单位。

发达国家早在 20 世纪 90 年代初就对数字信息长期保存进行了大量的研究，最早可以追溯到 1991 年。1991 年，北欧的 5 个国家档案馆（瑞典、挪威、丹麦、芬兰和冰岛）就电子文件的保护与存取问题进行了调研，并最终颁布了《电子文件的存取与保护》研究报告。此后，欧、美等发达国家纷纷成立相应的机构专门研究数字信息的长期存取与保护问题。例如 1994 年 3 月 17 日，在荷兰首都阿姆斯特丹就成立了欧洲保护与存取委员会（European Commission on Preservation and Access，ECPA），这是数字信息长期存取研究领域最大的跨国协会之一，成员由来自大学、图书馆、档案馆及出版界的欧洲著名学者、专家组成，以共同研究各种文献检索能力和信息保存等问题。该协会对各个研究群体的工作进行总体协调，鼓励研究者之间进行磋商，不断改进存取方法；对大家普遍关心的问题如标准等进行广泛征询，帮助研究人员或者机构进行远景规划，避免出现重大决策失误。ECPA 还与美国数字信息存取委员会、欧盟、联合国教科文组织、国际图书馆协会联合会、国际档案协会以及欧洲以外的相关研究机构（如联机计算机图书馆中心、美国研究图书馆组织、澳大利亚国家图书馆等）共同就数字信息长期存取这一课题进行广泛合作和探讨。该委员会重视合作与交流，避免工作重复。信息保存领域有一个共识，那就是都认为合作是必要的。这种合作主要体现在项目分工、资源共建、信息共享和经费分担等方面。数字保存项目涉及的研究方向比较广泛，从技术手段、保存策略的选择和评价，到标准、法律等相关体系的配套建设研究。项目的完成往往需要来自很多机构的成员的分工和合作才有保障。

美国也于 1994 年 12 月组建美国保护与存取委员会（Commission on Preservation and Access），对以数字格式存储的信息的长期存取问题进行调研，并对其保护措施提出建设性意见。澳大利亚则于 1993 年 12 月成立保护澳大利亚数字信息调研组（TF 2001 Preservation of Australian Digital Information Working Party，TF 2001 PADI），制定电子资料管理指南和规范数字信息的长期存取，以及数字信息长期存取的保护等。这些组织机构通过调研、合作研究，取得了卓有成效的研究成果。在这些成果中，要数美国保护与存取委员会发布的《保护数字信息：数字信息归档特别工作组报告》和保护澳大利亚数字信息调研组于 1996 年 3 月发布的《保护数字信息：总结报告与建议》影响最大，这些报告对确保数字信息长期存取的关键问题（如机构、技术、法律、经济等）进行了调研，逐一列出以上每一个问题的解决方案，并提出技术更新的替代方法等。其中包括：（1）国家保存办公室联合其他有关机构，加强保存数字信息的重要性；（2）制订国家保存计划，确定各类保存机构的独立责任；（3）促进文献的长期使用；（4）开展技术标准研究，保证对未来重要文献的保存；（5）制定管理电子形式资料的指南；（6）修改呈交规定，将各种形式包括电子出版物纳入到呈交范围。

1998 年，图书馆界两位资深专家在研究图书馆组织的资助下首次就数字信息保存方面存在的问题对下属的成员单位进行了调查。2000 年年底，来自欧美和澳大利亚的 150 多名代表会聚英国的约克郡，参加由研究图书馆组织、联合信息系统委员会和联机计算机图书馆中心等团体组织共同举办的国际数字保存信息大会，目的是就各馆在数字保存信息方面的实践和存在的问题进行广泛的交流。目前，不论是学术界，还是与数字信息长期保存相关的机构和组织，都对数字信息长期保存，尤其是网络信息保存倾注了极大的关注。

美国国家医学图书馆则制定了关于它自己生产的各类数字信息（如数据库、网页等）的长期保护级别鉴定政策，分析建立各类信息的长期保护级别、记载交换保护级别的方法以及保障相应保护措施得以实施的程序。为了保障用户能连接和获取信息，NLM 保护级别体系考虑了三类对象：(1) 数字信息标识符，可能是过渡性的或永久性的；(2) 数字信息可获得程度，可能不予保障或必须保障长期可获得；(3) 数字信息内容的固定程度，包括持续变化的或者已经停止变化的动态内容、可能变化的或者已经停止变化的稳定内容、不会变化的静态内容。对于不同类型的数字信息，NLM 建立了基本的默认保护级别。对于无默认级别的信息类别根据实际信息内容确定保护级别。创建相应数字信息内容的 NLM 工作人员将根据这些政策具体确定实际的保护级别。如通知类作为不长期保存信息，数据库记录为长期保存稳定记录。

美国空间数据系统咨询委员会于 1999 年提出的开放档案信息系统参考模型（OAIS）已日益被接受为数字信息长期保存系统基本构架。OAIS 系统由五个主要功能模块组成，包括：(1) 摄取模块（Ingest）从出版商或其他信息提供者处收集或接收按照一定格式组织的提交信息单元（Submission Information Package，SIP），这些信息单元经过检验后，建立相应元数据，交给数据管理模块，信息单元被转换为按照长期保护规定格式组织，包含专门的长期保护处理数据的存储信息单元（Archival Information Package，AIP），然后交长期存储模块。(2) 长期存储模块（Archival Storage）实际存储按 AIP 要求组织的数字信息，负责数据更新、技术仿真或数据迁移，负责建立具体存储与存取系统（如梯次存储系统），并在检索传递模块要求时将 AIP 提供给该模块。在技术仿真或数据迁移过程中，可能形成新的数字内容单元，可能需要与摄取模块协作重新建立有关元数据并送交数据管理模块。(3) 数据管理模块（Data Management）存储关于数字信息单元的元数据和关于长期保护处理政策、程序、技术及系统的元数据，并提供对这些元数据的基础检索与管理。(4) 检索利用模块（Access）提供用户检索元数据和索取数字信息单元的界面，提供检索机制，并将 AIP 转换为适合用户利用的传递信息单元（Dissemination Information Package，DIP），还可能承担身份认证和授权管理等。(5) 系统管理模块（Administration）通过有关政策、规范、程序、工作流程等来监测和控制整个长期保存系统的运行和各个模块的运行。

欧洲 NEDLIB（Networked European Deposit Library，欧洲网络存储图书馆）项目还研究了这类长期保存系统与其上层数字图书馆体系的关系，提出在欧洲数字版本呈缴系统中建立相应的系统界面：一是位于生产者、元数据系统与长期保存系统间的信息捕获和传递界面，负责按照商定的格式和程序从生产者系统接收数字信息或从元数据系统检索接收元数据，传递给摄取模块或数据管理模块。二是位于长期保存系统与用户、元数据系统、其他数字图书馆系统等之间的封装和传递界面，负责按照使用对象的需要提取、转换、组织信息，并传递给使用对象系统。

尽管自 20 世纪 90 年代初以来发布了丰富的有关数字信息长期存取和保存的研究成果。然而关于究竟采取哪些措施来维护数字信息的长期存取，在某些方面还存在诸多的分歧。到 20 世纪末和 21 世纪初，随着数字信息的爆炸性增加，数字信息的长期存取问题已经引起了具有数字信息长期保存与利用责任的档案机构和非档案机构信息管理者，以及一些组织机构、软硬件生产商的极大关注，并开始致力于数字信息长期保存措施的研究。目前国际上致力于数字信息长期保存措施研究颇具影响的项目有：

(1) ERA (Electronic Records Archives) 项目：美国国家档案管理局进行的关于建立数字记录和档案长期保护的完整体系结构。ERA 计划的目的，主要在于保存任何形式的电子记录，以提供给现在及未来的使用者存取。与此密切相关的是由美国匹兹堡大学进行的电子记录功能需求研究。

(2) OAIS 项目：1999 年，美国国家航空和宇宙航行局 (National Aeronautics and Space Administration，NASA) 的空间数据系统咨询委员会 (Consultative Committee for Space Data Systems，CCSDS) 推出了一种致力于数字信息长期保存和利用的基本框架体系——开放档案信息系统参照模型，其目的是为具有数字信息长期保存和利用责任的档案机构及非档案机构提供数字信息长期保存与利用的基本概念、术语、基本信息模型、功能模型和指南。目前 OAIS 已成为国际标准。

(3) InterPARES (The International Research on Permanent Authentic Records in Electronic Systems) 项目：1999 年成立的永久保护电子文件真实性的国际研究项目。InterPARES 项目由包括美国、英国、加拿大、中国等十余个国家的档案馆以及一些大学和研究机构共同参与。其主要目标是“建立一整套理论和方法用于切实保障在数字形态中创建或维护的可信的文件，这些理论和方法为永久保护电子文件及其真实性提供模型构建方针、策略和元数据标准，从而确保电子文件及其真实性的永久保存”。

(4) CEDARS (CURL Exemplars in Digital Archive Systems) 项目：由英国 JISC (Joint Information System Committee) 资助的 CEDARS 项目开始于 1998 年 4 月 1 日，具体工作由里兹大学、牛津大学和剑桥大学实施，该项目致力于确认数字信息收藏体系长期保护的战略框架和具体方法，并在此基础上建立支持数字资源长期保存的 CEDARS 元数据，支持数字信息内容的语义提取，还支持有关的描述性、管理性、技术性以及合法性元数据描述。

(5) NEDLIB (Networked European Deposit Library) 项目：由欧洲七个国家图书馆（荷兰、法国、挪威、德国、葡萄牙、瑞士、意大利）和三家主要出版社（Kluwer、Elsevier、Springer-Verlag）参加，以合作项目形式研究长期保存基础结构。其目的是通过研究欧洲图书馆存储机制，以保证电子出版物的长期获取。该项目主要研究数字版本呈缴机制和长期保护机制。NEDLIB 元数据定义了一种基于 OAIS 模式的数字版本呈缴和保护系统，它在 OAIS 基础上加了一个保护模块，保护模块保证了存储的数据流在原有应用系统废弃的情况下仍然可用，对在长期存储过程中需要进行更新、技术仿真、迁移等处理的数据进行保护，并对数据迁移和仿真技术做了描述。该项目的成果主要有：建立了一种电子出版物长期存储系统模型，研究了实际应用的最佳实践、技术标准以及运作方法，研制了建立存储系统的小型工具包、元数据搜索程序等。

(6) PANDoRA (Preserving and Accessing Networked Documentary Resources of Australia) 项目：20 世纪 90 年代早期，澳大利亚国家图书馆就开始探讨保存联机电子资源的方法，1995 年任命了一个电子保存专家，成立了一个跨项目的委员会制定选择联机出版物的原则，同时建立了一个信息产业部来收集联机出版物并进行编目处理。目前该项目由信息产业部、编目部、期刊部等部门共同管理，以信息产业部为主。澳大利亚国家图书馆每年大约花费 100 万澳元来支持该项目，其中还不包括合作伙伴的支出。现有 5 个专职员工。其数据增长很快，数据规模已经比较庞大，同时收集的各种类型的文件也比较丰富。

1996 年，澳大利亚国家图书馆开始保护和存取澳大利亚网络信息资源 (PANDoRA) 项目研究，根本目的是在建立一个经过选择的澳大利亚网络信息资源归档系统的同时，为保护和存取澳大利亚电子资源制定政策和程序。PANDORA 项目的初衷是考虑到图书馆有责任收集和保存已经出版的国家资源，而不论资源采取什么样的形式。到 2003 年 9 月，该项目已保存了 4 862 个标题，1 600 多万个文件。该项目所覆盖的电子出版物既包括数字化文学或学术作品，也包括网络数字信息资源；这些出版物可以是单独的数字对象（如一个网页或一篇文章），也可以是若干数字对象组成的集合（如一个网站或一种电子期刊的所有卷期内容）。

在该项目还没有真正实施之前，澳大利亚就着手制定联机出版物的选择标准。这么做的原因是收集和保存数字信息非常复杂、费时和昂贵，因此现阶段只能将精力集中在那些现在和未来具有研究价值、利用价值与长期保存价值的资源上。该项目的特点就是高度选择，基本的选择标准包括：内容是关于澳大利亚的，为澳大利亚作者所著，研究价值高，出版物有纸本，在出版环节有质量控制，公众对该主题的关注程度高，出版物已经被权威标引机构标引，等等。全面自动保存主要是利用“机器人”、“爬虫”等网络搜索工具对所有相关的网络信息资源进行收集。

（7）PRISM（Preservation，Reliability，Interoperability，Security，Metadata）项目：由美国康奈尔大学承担，研究在分布式数字图书馆体系中保护数字信息完整性所需要的政策和机制。

（8）PAERM（Persistent Archives and Electronic Records Management）项目：由美国国家档案与记录管理局和圣地亚哥超级计算中心联合进行，主要研究海量数字信息的技术平台迁移机制。

（9）CAMiL EON（Creative Archiving at Michigan and Leeds：Emulating the Old on the New）项目：由美国密歇根大学和英国里兹大学联合承担，主要研究应用仿真技术来保存数字信息处理环境的经济模型、技术工具、政策指南等。

（10）Data Provenance Project 项目：由美国宾夕法尼亚大学承担，研究跟踪记录数字信息起源及归属变化所涉及的问题、方法和工具。

（11）Nordic Web Archive 项目：1997 年，由丹麦等 5 个国家的国家图书馆联合进行。该项目的目标是“通过北欧几个国家图书馆在技术和方法上的合作，保存北欧的网络资源，以便为今天和以后的用户提供公共获取，为研究服务”。

（12）ERPANET（Electronic Resource Preservation and Access Network）项目：该项目主要由欧洲委员会资助，由来自英国、荷兰、意大利和瑞士的学术性机构合作进行。该项目启动于 2001 年 11 月，结束于 2004 年 10 月，欧洲委员会和瑞士政府提供了 120 万欧元的资助。主要有 4 个参加单位：英国的格拉斯哥大学艺术与人文资料服务中心（The Arts and Humanities Data Service）、荷兰国家档案馆（National Archives van Nederland）、意大利国家档案馆和实施联邦档案馆（Swiss Federal Archive）。该项目在 OAIS/数字新保存政策、数字信息质量评价、元数据、数字信息保存格式等方面做了大量研究。ERPANET 的目的是建立一个可扩展并能自我持续的欧洲启动项目，使之成为保存文化遗产和科学数字对象领域的虚拟数据交换中心和知识存储库。ERPANET 项目的联盟成员也加入了 FP6 数字信息保存组，继续深入开展他们的研究。

（13）LOCKESS（Lots of Copies Keeps Stuff Safe）项目：由美国斯坦福大学承担，并有哥伦比亚大学、哈佛大学、加州大学伯克利分校、田纳西大学、拉斯阿拉莫斯国家实验室等参加，研究通过在不同计算机上存储多份复本来保护数字信息的可行性。

（14）DELOS（Network of Excellence on Digital Library）项目：欧盟近期一个比较大的数字图书馆项目。DELOS 项目成员来自 13 个国家，主要负责胶片的保存，同时负责项目的总体协调工作，包括元数据的管理等；承担了欧洲最大的音频档案资料的数字化项目，主要负责音频资料数字转化和保存；主要致力于录像带的数字保存。合作者中还有技术提供商和元数据专家。FP5（Fifth Framework Programme）和 FP6（Sixth Framework Programme）都资助了该项目。

（15）欧盟项目 FP6 项目（2004 年 1 月启动）：在 FP5 基础上（2000 年 1 月至 2002 年 12 月）开展，为期 4 年，研究经费 1 570 万欧元。该项目共有 7 个工作组，其中第 6 个是长期保存研究组。该研究组致力于数字信息长期存取技术方法的开发，数字保存试验项目的建立和整合，数字仓储的设计、配置和管理、文件格式、分类和类型研究，以及数字保存功能性模型工具的创立等。

（16）PRESTO（Preservation Technology for European Archives）项目：在对欧洲现有视听资料保存现状进行调研的基础上，欧洲三家最大的广播资料档案馆，即英国的 BBC（British and Broadcasting Corporation）、意大利的 RAI（Radio-television Italiana）和法国的 INA（Institut National de L'Audiovisuel）提出了一个主要致力于视听资料长期保存研究的欧洲合作项目——PRESTO。该项目开始于 2000 年 9 月至 2002 年 10 月。该项目主要是为欧洲广播档案馆收藏的珍贵音视频资料和格式过时了的音视频资料找到成本低、具有更好成本效益的数字化方法和长久保存方法。

（17）EVA（European Visual Archive）项目：欧洲视听档案馆把欧洲许多档案馆收藏的历史照片数字化后供公众在线浏览。目前约有 20 000 幅图片。为了保证 EVA 的持续发展，随后实施了 EVAMP（European Visual Archives Market Validation Project）项目。EVAMP 项目得到欧盟 TEN［欧盟专门资助欧洲电子公共服务（E-service）发展的项目］的资助。成员有：Digipolis（IT 供应商，比利时）、伦敦城市档案馆（英国）、Antwerp 档案馆（比利时）、比利时皇家图书馆（比利时）、欧洲存取委员会（欧洲）、荷兰科技信息服务所（荷兰）、伦敦大学计算机中心（英国）、PICTURA（图片扫描商，荷兰）等。

（18）美国数字信息保存计划——NDIIPP（National Digital Information Infrastructure and Preservation Program）：NDIIPP是由美国国会图书馆发起的保存数字资源的联合行动。2000年12月，美国国会通过法案建立“国家数字信息基础设施和保存计划”。该计划决定让国会图书馆承担领导全国数字信息长期保存的任务，并与政府部门和拥有收集与保存数字内容专长的实体进行合作，如商业部、白宫科学技术政策办公室、国家档案及文件总署、国家医学图书馆、研究图书馆组织工作组、联机计算机图书馆中心。另外，它还鼓励广大民营机构参与此项计划。NDIIPP试图保存电子图书、电子期刊、数字音乐、数字电视、数字录像。

NDIIPP授权合作者建立一个联合的保存网络，围绕投资和以下两个宽泛领域的行为明确了角色和责任：不同机构合作所需的核心能力；为控制网络所需的数字化保存结构。

（19）挪威网络信息保存项目——PARADIGMA：该项目的主要活动集中在技术、法律等方面的描述上，概括说来，包括如下八个方面。A. 制定数字信息的选择标准：发现数字文献的本质，制定选择标准，对收集频率和收集过程提出建议。B. 法律框架：对当前收集、保存和提供检索的法律框架进行调研，与出版者进行协商，从而进行动态文献（如数据库）的呈缴，从当前技术的角度对现有的立法进行审视。C. 收集工具：选择、完善和检验收集网页的软件。D. 检索工具：使用北欧网络保存项目（Nordic Web Archive，NWA）的工具软件包Tool Kit提供对国家图书馆网络信息保存系统的检索。E. 对NWA的检索模块进行调整来适应PARADIGMA项目的需要，研发和测试几个用户界面。F. 统一标识符和数字信息的描述：对当前的统一标识符和描述元数据的标准进行研究，并针对该项目提出建议。G. 促进标准的标识符和元数据的使用：在提出建议的基础上，开展网络服务，帮助出版者和其他用户在提交之前提供标识符和元数据。H. 测试：对选择性收集活动、软件、方法等进行测试，指导整个网络信息保存过程。

从上述各国的研究项目内容、组织形式可以看出，为了让政府、财团和普通民众意识到保存数字信息对保持国家经济、文化在未来世界中的竞争力的重要性，这些项目在实施时，都很重视对数字信息长期保存理念的宣传。澳大利亚、加拿大等国的相关研究组之间也努力发展合作关系，还与来自世界各地的研究人员利用网络进行沟通互动；在项目实施过程中，注意与国际接轨，尽量采用国际标准，统一规范，使得项目成果具有较好的通用性、移植性和互操作性。

从目前国外开展的大量数字资源长期保存的研究和实践趋势看，整体研究从机构或组织内部的独立活动，走向在合作的基础上进行长期保存的规划，内容主要包括保存网络的建立、职责分配及政策制定等。

数字信息长期保存非常重要的措施是建立保存网络。数字信息长期保存是一项费用高、耗时长、多层面、跨领域的工程，现有的管理系统基本都采用各自为政、自行建设的发展策略，因此资源重复建设、机构负担较重、信息孤岛等问题凸显。鉴于此，部分机构开始考虑构建更大范围的长期保存网络，即一个由多个异地分布的长期保存系统紧紧耦合而成的虚拟组织，以促进实践中的资源共享、职责与费用分摊以及交流等。目前，国家范围的保存网络已逐渐兴起，如美国的 NDIIPP、德国的 NESTOR；组织间的跨国保存网络也在不断发展，如 PLANETS、InterPARES。

数字信息长期保存的方式可以以保存网络的形式存在，网络里的成员可以由不同领域、不同工作性质的部门组成，在网络中执行共同协议，发挥不同的功能，承担不同的责任。其成员在研究领域、工作部门、机构性质等方面必然存在差异，如何合理分配成员职责显得尤为重要，因为这会极大地影响到今后的认证实施和长期保存的有序发展。构建保存网络时，首先需要对参加机构的资格进行审查，确立审核标准、审核主体是一个重要问题；当保存网络形成后，中心组织与成员组织的权责就成为考虑的核心。中心组织可以是国家层面组织的机构，它负责数字信息的战略规划和顶层设计，负责保存网络的运转与各机构间的协调。中心组织将负责网络的总体管理与协调，而在其他成员组织之间进行保存资源种类、运行费用等的分配，需要成员与中心组织共同协调，达成一致。网络正常的运行受多种因素的干扰，如成员的相互配合、突发事件的产生等。

各项目试图解决的主要问题归纳如下：

（1）确定长期保存的目标；

（2）明确相关人员或组织的职责；

（3）制定长期保存的规范流程；

（4）规定所需遵守的技术标准或最佳实践；

（5）建立对实施效果进行评估的机制；

（6）制订长期保存延续性计划等。

数字信息长期保存活动是一项复杂的系统工程，需要合理有效的管理来保障它正常、正确地实施。尤其是构建保存网络更增添了它的复杂性和难度，因此，荷兰的 e-DEPOT、德国的 NESTOR、英国的 PLANETS 等项目都针对长期保存系统中的资源层、系统实施层和应用层的有效管理提出了自己的见解。

长期保存领域中涉及的资源包括需要被保存的数字对象，保存实施过程中的资金、技术、系统和参与的人员、机构等。数字对象作为保存的主体，继续得到多方关注。鉴于数字对象存在形式、依附载体以及拥有者的多样性特点，如何根据各自的特长、需求、服务对象特点以及经费等因素确定需要保存的数字对象和阶段性的保存目标，如何与多种渠道，如科学界、图书馆、档案馆、出版商等达成共识一直是我国至今未能很好解决的问题。

在长期保存系统的实践中，系统与服务的可信度和使用过程中的权益管理，关系到整个保存体系的安全和可信赖度。权益一直是使用管理中的关键问题，如何确定用户的权限等级并提供相应的服务，是权益问题的一个方面，而数字对象的生产者或创造者则是权益问题的另一个方面。

1.4 我国数字信息保存基本状况

数字信息保存的发展伴随着信息技术的发展、数字化的进程而进步。经过最近十几年的发展，我国针对印刷型（纸本）文献的数字化已经初具规模。一方面，具有特色文献收藏的机构正在逐步、有计划地数字化一些珍贵文献和特色收藏。例如：国家图书馆建设了碑帖菁华、敦煌遗珍、西夏碎金、数字方志等数字化项目；第二历史档案馆的数字化项目，将纸质民国档案数字化，已扫描档案近 600 万页，刻录 CD-R 光盘近 2 000 盘，并建立了一套行之有效的管理方法和工艺流程；CALIS 特色数据库建设项目，有 50 多所大学在 CALIS 的资助下开始数字化各自的特色收藏并建立特色资源库；中美百万册图书数字图书馆计划——CADAL，在国内建立了 2 个技术中心和 14 个数字资源中心，对我国古籍、民国书刊、学位论文等馆藏文献进行数字化。

另一方面，商业性电子图书出版商（方正、超星、书生、中文在线等）形成了较强的对图书资源的数字化加工能力，虽然它们都不是图书出版单位，也不具有图书资源的原始积累优势，但经过五六年的努力，已对全国 500 多家图书出版社的 120 多万种图书资源进行了数字化的加工和再版，成为中国电子图书出版的主力军，四家公司的电子图书已经占据了全国电子图书市场 90%以上的份额。2004 年全国出版期刊总量为 8 725 种，占据我国电子期刊出版统治地位的三家科技公司（万方数据、清华同方和重庆维普）已对包括回溯期刊在内的 13 000 多万种中文期刊进行了数字化加工和发行。随着我国数字/网络出版相关法规政策的日益完善和颁布实施，我国印刷型（纸本）文献的数字化将进入一个全面、快速发展的时期。具有特色文献收藏的机构将会依靠自身的数字化加工能力，或者借助于已成规模的商业公司的力量，重点数字化回溯珍贵文献或者特色收藏。而商业公司则会根据用户的需求，全面数字化回溯有较高商业价值的文献。

近十年来，图书馆的最为明显的变化之一是商业性数字资源的迅速增长。在 20 世纪 90 年代前期，绝大多数图书馆都以提供印刷本文献服务为主要业务，光盘网络（CD-NET）得以应用但数量十分有限，收费昂贵的国际联机被认为是一种奢侈的信息获取方式。90 年代后期以来，国内图书馆，尤其是高校图书馆呈现出数字资源大幅度增加，馆藏结构发生明显变化的趋势。以清华大学图书馆为例，截至 2005 年 10 月，该馆提供服务的文献数据库约 320 个，通过网络可以利用的全文电子期刊约 3 万种（其中中文 13 000 种，外文 17 000 种），中外文电子图书 40 多万种，会议录、学位论文、标准、百科全书、手册等类型的电子资源都在逐年增加，年度采购数字资源的经费占总资源经费的 1/3。1998 年以来，清华大学图书馆建立 13 个学术资源镜像站点，面对全国 400 多家大学、图书情报机构或科研单位提供文献检索服务。根据 2005 年年初对全国高校图书馆数字资源引进做的粗略统计，CALIS 组织了 62 个资源购买集团，购买了 216 个数据库，包括 2 万多种外文期刊及会议录、1 万多种中文期刊和十几万种电子图书。有 790 多家大学和科研机构（3 300 多个馆次）参加资源联合购买，采购数据库的费用约 2.72 亿元。未来几年，我国图书馆中的商业性数字资源仍将呈现增长趋势，对于期刊、会议录、百科全书、手册等具有快速参考性质的文献，数字资源将成为主要信息资源；图书等文献的数字化也将进入快速全面的发展期。

有关数字信息长期保存的研究分别于 2004 年在北京、2005 年在德国、2006 年在北美、2007 年在北京召开了国际型研讨会。数字资源长期保存领域经历了从基础理论研究到个体实验再到最佳实践的发展过程，不断拓展和深入，吸引了越来越多的机构和学者的关注。2004 年的首次国际对话，主要商讨了数字资源长期保存的基本问题，在对长期保存的内涵和外延达成一定共识的基础上开始了长期保存的实验和国际合作。此后，各个实验项目在不同的处理过程中遭遇了相应的阶段性问题，这些问题在 2005、2006 年会议中得到了关注，如工作流、元数据、知识技术、认证、知识库、保存服务和项目管理等。这些阶段性的研讨促进了实践思路的日益明晰化、研究体系的不断系统化和具体化。2007 年的会议围绕“数字资源长期保存：项目进展和最佳实践”，结合具体项目和实践经验，分别从数字长期保存的战略计划与基础设施、相关管理问题、技术研究与实践、认证与评估、教育与培训五个方面进行了介绍，并就面临的问题和下一步的研究进行了交流。

我国比较早关注数字信息保存的机构是图书馆、档案馆、信息中心等机构，而出版界、软硬件商或者数据库生产商等机构发表的相关论文寥寥无几，这反映了数字信息长期保存在我国还没有引起广泛关注。在电子文件管理和保存方面，我国开展了大量的研究，1999 年和 2002 年先后发布了《电子文件光盘存储、归档与档案管理要求》与《电子文件归档与管理规范》两个国家标准；市场上开发了大量电子文件管理软件和保存系统，逐渐形成电子文件管理研究热潮。数字信息长期存取的系统研究和实践几乎是一个不被关注的领域，从整个社会投入的精力和热情来看都是不够的。电子文件作为数字信息的一部分，解决了数字信息保存的问题，电子文件管理问题相应会得到顺利解决。

目前，国内数字信息长期保存研究主要有：国家图书馆网络信息资源（表层网页和深层网页）的采集和保存试验研究 WICP（Web Information Collection and Preservation）。该项目以网络资源为突破口，通过网络机器人自动采集网络资源并进行保存实践，主要包括镜像存档、专题存档等内容。该项目的主要研究内容包括：构筑网络信息采集的基本试验环境并逐步完善和扩充，分析采集对象的性质，研究、采集编目、保存与服务相关的各种技术标准与规范；制定网络资源整合与服务平台的功能需求书；公开试验阶段的元数据；探讨存档信息的长期保存；对图书馆、著作权和新闻出版的缴送制度等方面的法律规范提出建议；开展网络信息资源整合的国内国际交流。

863 国家高技术研究发展计划、973 国家重点基础研究发展规划、国家自然科学基金委员会、国家发改委、国家教育部、国家科技部、国家文化部等机构先后批准了许多数字图书馆研究项目。其中数字信息保存成为主要研究问题之一。

我国数字图书馆研究历程大致可以分为三个阶段，即概念引入阶段（1995—1996 年）、技术探索阶段（1996—2000 年）、应用实践阶段（2001 年至今）。这种划分并没有明显的界限，但是通过阶段的划分可以了解我国在过去 20 年的各个阶段在数字图书馆领域研究的侧重点以及各阶段所取得的研究成果。教育部“九五”攻关项目，于 1996 年年底至 1998 年年底由清华大学、北京大学、上海交通大学、华南理工大学完成，主要研究了数字图书馆体系结构、异构数据源的数字化、存储和检索机制以及相应的标准规范，建立了一个图文信息联合导读学习系统、音乐数字图书馆的雏形系统和一个小型数字化视频数据库的示范系统。

2000 年 11 月，由清华大学基础研究基金资助，清华大学图书馆、计算机系、建筑学院共同承担的“清华大学建筑数字图书馆”项目立项。该项目的主要研究内容包括：中国建筑科学信息资源的数字化关键技术，建筑科学元数据的标准和规范化技术，数字化资源有效存储、发布与检索的数字图书馆体系结构研究，全球化的中文信息资源有效组织、共享与个性化服务的理论和方法研究，建筑数字图书馆示范系统的研究和开发。

国家图书馆从 1995 年开始跟踪国际数字图书馆研究与发展动态，并进行了大量的技术储备和经验积累。2001 年 2 月，文化部向原国家发展计划委员会提交了《文化部关于报请审批国家图书馆二期暨中国数字图书馆工程项目建议书的函》。2001 年 11 月，《国家图书馆二期工程暨国家数字图书馆基础工程项目建议书》得到国务院正式批准。2002 年 12 月，《国家图书馆二期工程暨国家数字图书馆工程可行性研究报告》通过国家发展计划委员会（2003 年更名为国家发展和改革委员会）审批。2004 年 11 月 18 日，国家图书馆二期工程初步设计方案通过国家发展和改革委员会审批；同年 12 月，国家图书馆二期工程破土动工。2005 年 10 月 11 日，国家数字图书馆工程初步设计方案通过国家发展和改革委员会审批，目前已建成并投入使用。

我国数字图书馆建设的核心目标是：全面履行国家图书馆职能，有重点地收藏、建设和长期保存中文数字信息，在互联网上形成超大规模的、高质量的中文数字资源库群，并通过国家骨干通信网向全国以及全球提供中文数字信息服务，使国家数字图书馆成为世界最大的中文数字信息保存基地与服务基地，成为国家重要的信息基础设施；建立国家数字图书馆科学管理体系、数字资源建设体系、数字资源的发布与服务体系、数字资源的组织管理与存储体系，初步形成具有国际先进水平的国家数字图书馆。

“中华文化数字图书馆全球化的关键理论、方法和技术研究”是国家自然科学基金重大国际合作项目，由清华大学、北京大学、上海交通大学合作进行，项目实施时间为 2002 年至 2005 年。本项目与美国国家科学基金会的 CMNet（Chinese Memory Net）项目合作，研究基于互联网的中华文化数字图书馆的关键理论、方法与实现技术，包括我国古建筑、拓片、民乐等典型文化资源的数字化方法及其标引与规范、检索理论与方法、人机交互的导航技术、互操作协议以及支持数字图书馆的软件技术中的关键问题等。

"国家科学数字图书馆"（CSDL）是中国科学院于2001年年底启动、为期5年的基础设施重大建设项目，总投资为1.4亿元。它瞄准国际数字图书馆的发展前沿，按照中国科学院知识创新工程和国家创新体系的要求，依托中国科技网，构建了科学研究和国家创新体系的科技文献信息支撑系统。

CSDL采用开放、集成和以用户为中心的设计理念，应用了学科信息门户、开放链接和跨库检索等先进实用技术。在项目管理上引入项目管理办公室（PMO），通过CSDL项目管理中心组织和协调全院文献情报系统进行科学数字图书馆建设，取得了良好的建设效果。该项目可以说是开展数字图书馆标准规范建设的一次预演，为后来我国的数字图书馆标准规范项目作了大量的准备。

在经历数字图书馆的技术探索阶段之后，国内已经积累了许多宝贵的关于数字图书馆的实现技术和经验，并开发出了一些雏形系统。接下来的工作就是要将数字图书馆推向应用实践阶段，这不可避免地会遇到诸如标准、互操作、版权和长期存储等方面的问题，这些问题必须在应用实践过程中加以研究和解决。

20世纪90年代初，中国在博物馆文物的影像化方面进行了深入的研究，并逐步建立了文物信息管理系统、古建筑信息管理系统、博物馆信息发布系统、文物数字化加工系统、物理资源管理台账系统等。这些研究逐步吸收了数字图书馆的标准和规范。数字博物馆建设已经规模化地开始，故宫就是这种研究成果的受益单位之一。

从2001年9月启动至2004年8月，财政部教科文司已经投入8 000万元专项资金进行"文物调查及数据库管理系统建设"项目。"文物调查及数据库管理系统建设"项目旨在以数字化手段调查、完善我国文物、博物馆领域的文物资料，建立并运行动态的数据库管理系统，为各级政府和有关部门及时、准确地掌握各类重要文物的保护与管理状况，切实加大文物保护和经费投入力度，提供科学依据和可靠保证。该项目由财政部与国家文物局联合开展，首批试点的山西、河南、甘肃、辽宁四省已取得了显著的阶段性成果。2005年国家又投入2 000万元人民币，用于继续推进"文物调查及数据库管理系统建设"项目；在巩固原有四省的基础上，继续向东、中、西部推广，新增了几个试点。随着项目逐步在全国铺开，2010年完成了全国馆藏文物和全国重点文物保护单位记录档案的数字化工作，形成了完整的标准规范体系和应用软件体系，建立了国家文物数据中心、全国31个省级文物数据分中心、省内中心城市和重点文博单位节点的多级网络连接，实现了全国珍贵文物的动态管理。上海市建立了数字博物馆网，把上海的博物馆统一展现在这个网络中。故宫博物院的“数字故宫”项目是集文物管理与数字化、古建筑管理、研究成果等为一体，既处理故宫的业务工作又负责“数字故宫”内容发布的综合性的信息系统。

2004年，经过两年多的研制开发、试运行和不断修改完善，“馆藏文物信息管理系统软件”接受了来自国家文物局、博物馆与社会文物司、中国国家博物馆、首都博物馆、河南博物院、中国科学院计算技术研究所等单位的文物和信息化专家对软件功能、性能与运行环境的审议。专家们认为该软件能够满足文物行政管理部门和文物收藏单位对馆藏文物信息的管理需要，一致同意该软件通过终验。“馆藏文物信息管理系统软件”是为了配合“文物调查及数据库管理系统建设”项目试点工作而设计的，软件具有数据采集和审核、数据备份、信息报送、图像批量处理、个性化定制、查询统计、特殊字管理和动态指标管理等功能，经过山西、河南、辽宁、甘肃四个试点省试用和修改完善，得到使用单位的好评，可以满足文物收藏单位的文物数据采集和管理要求。该软件结合博物馆行业的特点，体现了文物信息的特征，达到了文物数据动态管理的要求。软件系统简洁、实用、灵活，用户界面良好，能够适应不同用户的需要，具有较强的易用性、适应性、可扩充性和可操作性。软件采用国家文物局印发的《博物馆藏品信息指标著录规范》，有助于推进馆藏文物建档和管理的标准化与规范化，建议尽快在全国文博单位中推广，这将对建立全国统一的博物馆藏品信息管理系统、协调各单位的信息处理与交换发挥十分重要的作用。

2000年，广播电视领域开始了对音频、视频、电影资料进行数字化资产管理和数字资源建设的研究与尝试工作，大量采用了数字图书馆的标准和规范，并且在电视台开始数字资产管理的规模化建设工作，以及在电台进行数字资产管理的建设工作。中央电视台音像资料馆就是全面进行数字资产管理和数字内容建立的典范之一。

2003年，中央电视台建成了国内规模最大、技术最先进的媒体资产管理系统——中国广播电视音像资料馆，它为中央电视台节目制作播出及广大媒体和受众提供音像资料查询及检索服务、视听服务和信息服务。该系统采用元数据与数字对象的方式来实现由模拟到数字的转换、保存、利用等。各个省级电视台已经开始按照标准和规范建立电视资料数字资产管理与发布系统。

2000年12月，《全国档案事业发展“十五”计划》提出“加快档案信息化建设”、“加快现有档案的数字化进程”，我国档案馆的数字化建设由此展开。根据档案学界普遍认同的观点，档案馆的数字化建设要经过三个发展阶段：传统档案馆的数字化、数字化档案、数字档案馆。而传统档案馆数字化的工作，在1994年就已经部分开始了。数字档案馆的示范工作也已经逐步展开，青岛市档案馆建设了第一个数字档案馆示范项目，福建省将建设数字档案馆网。

ISO14721/OAIS标准（开放档案信息系统标准）已经在很多国家的图书馆、档案馆中采用。由于这个标准仅为概念模型，所以中国的有关研究机构正在进行相关的探讨。清华大学建筑数字图书馆系统试用了开放档案信息系统概念模型的标准，北京大学数字图书馆研究所也做了很多相应的工作。这是物理资源与数字资源长期保存、统一管理的重要模型。原来的内容管理系统没有统一的标准，自OAIS成为标准以后，内容管理就有了标准。

中国已经建成了数百个各种类型的数字图书馆和数字档案馆系统。在连续的国家级研究基础上，我国在数字图书馆和档案馆系统结构、法律问题、长期存储问题、共建共享、标准建设等方面取得了一批积极的成果，并且在不同的领域进行了各种示范。但在数字图书馆、档案馆的建设中还需要加大投入，集中力量解决数字信息存储的问题。

在我国台湾地区，各重要的文化教育研究机构，如台北“故宫博物院”、台湾历史博物馆和自然科学博物馆、台湾图书馆、“中央研究院”及台湾大学等，亦致力于数字化技术的研究发展。而台湾行政主管部门及科学委员会自1998年起，系统化地资助了一系列的数字保存相关计划，主要情况如下：

(1) 自1998年至2002年展开了“数字博物馆项目计划”，其主要目标为整合建设具有本土特色的“数字博物馆”，以发展教育性互联网。

(2) 自2000年至2002年展开了“国际数字图书馆合作计划”，用以推动国际合作。计划成员参与由美国国家科学基金会所创设的“国际数字图书馆计划”（International Digital Library Program，IDLP），计划名称为“CMNet”。CMNet是一个中美合作的研究计划，其目的在于汇总美国、中国台湾和大陆优越的学术及研究机构，以发展一个厚实且有效率的全球华文数字图书馆。参与的成员包括美国的康奈尔大学、匹兹堡大学及加利福尼亚大学伯克利分校，中国台湾的“中央研究院”、台湾大学及“清华大学”，中国大陆的北京大学、清华大学及交通大学。

(3) 在2001年展开“保存数字化项目计划”，并委托“中央研究院”负责协调各参与机构间的合作事宜，计划目标是将台北“故宫博物院”、台湾图书馆、历史博物馆、“国史馆”台湾文献馆、自然科学博物馆、台湾大学与“中央研究院”等七个机构的珍贵文物保存加以数字化，以保存文化资产、促进人文与信息科技的融合，并推动产业与经济发展。

(4) 在2002年合并整编以上“数字博物馆项目计划”、“保存数字化项目计划”以及“国际数字图书馆合作计划”，考虑整体发展，成立“数字保存国家型科技计划”。此计划是一个人文与科技并重的计划。计划的首要目标是将我国台湾地区重要的文物保存数字化，进而以此促进台湾地区人文与社会、产业与经济的发展。此计划包含台湾自然科学博物馆、台北“故宫博物院”、“国史馆”、台湾图书馆、台湾大学、“国史馆”台湾文献馆、台湾历史博物馆、“中央研究院”及其他数十个组织机构之重要数字化保存成果，保存范围涵盖政治、社会、人文及自然科学等领域，数字化成果数据库及网站合计两百余个（此数据截至2009年6月）。

1.5 数字信息保存责任体系

那么谁应该承担数字信息长期保存的责任呢？应该是数据的作者、数据的用户，还是数据的管理者，抑或是其他的责任者？很明显，数字信息正在以我们不可能管理和保存的增长率增长，另一原因是数字信息的长期保存涉及法律、经济、文化、技术、社会道德等方面，因此，数字信息的长期保存需要多方面、多形式的合作与支持，单凭传统的图书馆、档案馆等来进行长期保存是不够的。数字信息的长期保存需要以技术发展作为保障，数字信息长期保存中的更新迁移、转换等，都使具有数字信息长期保存责任的部门不仅要具有高水平的系统工程技能，还要有足够的经费保证，这是传统图书馆不能担负得起的。因而有必要建立全国数字信息保存中心组织（下文简称“中心组织”）。

从本质上讲，数字信息的保存职能就是通过各种技术和管理方法确保有价值的信息在相当长的时间内有效存取。要想做到数字信息长期保存，必须在国家层面上构建数字信息保存策略，建立相应的保存机制。由此可以借鉴在电子文件保管中较为成熟的理论。“顶层设计”理论通过设立信息完善的管理制度，让社会不同机构、不同领域、不同地区、不同国家一起结成最为广泛的保存联盟，最大限度地保存有价值的数字信息资源，为信息社会奠定最为坚实的基础，为传承社会文明做出最大的贡献。

构建一个数字信息保存网络，其成员在研究领域、工作部门、机构性质等方面必然存在差异，如何合理分配成员职责显得尤为重要，因为这会极大地影响到今后的认证实施和信息长期保存的有序发展。首先需要对参加机构的资格进行审查，确立审核标准、审核主体是一个重要问题。保存网络由中心组织和成员组织构成，这一组织可以不是一个固定的专门机构，而是形式上的有机结合，也可以是由国家政府成立的专门组织。中心组织承担国家层面有关数字信息保存方面的政策、方案制定，以及系列保存计划和保存项目的拟定，并向国家提交上述内容，同时向保存网络成员分配保存任务、协调网络成员间的一系列问题。确定中心组织与成员组织的权责就成为考虑的核心。由于中心组织将负责网络的总体管理与协调，因此中心组织由谁来担任、具备什么权限等就成为关键问题。而在其他成员组织之间进行保存资源种类、运行费用等的分配，设计“灾害发生时的行动措施”等也将对整个网络的有效运行产生重要影响。

全面解决数字信息长期保存的问题需要有共同的认识和共同的行动，同时也需要借助各方面的专业知识和技能。为了沟通与了解，为了共同攻关，机构与机构之间的协调与合作势在必行。在数字信息长期保存中，很难看到单一机构独自行动，多方合作是主要模式。这种合作不仅是图书馆与出版商、技术公司之间的合作。更主要的是直接与长期保存机构之间的合作。合作可以以项目或联合体等形式进行。

数字保存这项庞大的工程需要共同的参与和合作。国际专门机构在进行这项工作，比如互联网档案馆（http：//www/archive. org）就是第一个专门的互联网档案机构，致力于数字信息的长期保存。目前，许多发达国家正在积极研究建立数字信息保存责任体系及相应的选择标准，以改变数字信息保存研究分散、重复和孤立状态，争取实现系统、有序和可靠的保护。在数字信息长期保存的合作与协调方面，国际上许多国家已经做过许多尝试，并且出现了一些管理模式，积累了一些经验，建立了不同层次的合作机制。总体而言，合作模式一是国家之间的合作，包括标准规范的制定、问题的研究、具体实践等；二是国家内不同机构之间的合作，如教育部、国家档案馆、国家图书馆、中国科学院、科技部等数字信息收藏最多的单位，相互之间应当进行协调，技术上合作攻关、资源保存上合理分工、经费支持上实现最佳分配等；三是采取纵向（行业间）和横向（地区间）双管齐下的合作，建立分布式存储系统；四是形成不同形式的合作链或合作网，即个人与机构合作、基层机构与省级机构合作、省级机构与国家机构合作、国家机构与国际机构合作等，合作形式没有固定的模式，这样的合作链有利于层层带动，也有利于为将来国家长期保存体系结构的构建打下基础。

美国图书馆协会提出建立分布式数字信息保护责任体系，其中提出：数字信息生产者或提供者首先承担各自数字信息产品的存储和保护责任，作为数字信息保护的第一道防线，从而确保这些数字信息有可能被长期保存；建立足够数量的、可信赖的、有足够技术能力的分布式数字档案库来覆盖各类数字信息的长期保存，这些数字档案库需要经过严格的审查注册程序以保证其可信赖性和基本技术与管理能力；数字信息生产者或提供者可以委托经过注册的数字档案库（digital archives）承担自己的部分甚至全部保护责任；图书馆或档案机构可以通过合同形式成为生产者或提供者的代理来管理它们的数字档案库；在数字信息生产者或提供者不愿或不能承担，也不转移自己的数字信息保护责任时，经过鉴定和注册的数字档案库有责任并被赋予权力作为主要承担者，采取主动抢救性措施来收集和保存相应数字信息；数字档案库维护数字信息所有者提供相关信息服务并获取相应利益的权利，但在信息所有者因种种原因放弃提供服务时有责任并被赋予权利向公众提供有关服务。

美国国家科学院（National Academy of Sciences）在关于美国国会图书馆在数字化时代的任务的分析报告中提出，国会图书馆应积极承担数字信息的长期保护任务，并具体要求：(1) 国会图书馆应明确定义它将长期保存和提供的数字信息的类型和范围；(2) 国会图书馆应与其他机构合作来定义不在它自己长期保存范围内的那些数字信息的保护和提供服务责任体系；(3) 国会图书馆应在经过选择的领域建立门户机制（包括通过商业服务系统的链接机制），以便能提供对更大范围数字信息的链接和服务，并建立必要的法律、技术和管理保障，以便在外部系统不履行义务时承担起相应的收集和服务责任；(4) 国会图书馆应利用自己独特的地位索取必要的法律支持来建立数字原件呈缴制度，并争取信息生产者同意自己作为后备保证机制，以便在信息生产者无法履行义务时提供服务；(5) 国会图书馆应积极争取澄清在原件呈缴制度下进入和收集美国网站信息的法律权利，积极建立相应搜寻与存储实验系统，并尽快将实验系统经验转化为合适的美国网站信息收集政策机制。

澳大利亚国家图书馆已经建立具体的数字信息长期保护指南，提出：(1) 国家图书馆和各公共图书馆应积极推动版本呈缴制度的法律改革，争取通过现有版本呈缴机制收集与存储各类正式的数字出版物和政府机构数字信息产品；(2) 国家图书馆希望与各公共图书馆建立协作关系，由国家图书馆负责收集具有全国意义的数字信息，由各公共图书馆负责收集对本地区有意义的数字信息；(3) 国家图书馆将主要收集那些关于澳大利亚或由澳大利亚作者生产的、权威的、具有研究价值的以数字形态为主的数字信息。

在荷兰皇家图书馆进行的该馆数字文献计算机保存系统的招标中，其2000年数字文献的保存数量为12 TB（1TB=1万亿）字节，2007年达到340 TB字节。这项招标要求数字文献保存系统能满足呈缴本制度的功能、提供文献检索处理的在线服务器功能、Web信息保存功能和图书馆馆藏信息化功能。丹麦、芬兰和挪威已经修改了本国的缴送本法律，其中包含发表在网上的电子文献资源。其他许多国家也正在准备在重新修订的法律草案中赋予国家图书馆在保存本国数字文献资源方面的重要职能。例如德国和荷兰都已拥有强大的国际电子出版产业，它们的文献是由传统出版社提供的，这就自然促使两国向这些出版社提出了呈缴保存本的建议。荷兰皇家图书馆甚至提出它可以成为某些出版社正式的电子文献保存单位。相反，在澳大利亚、挪威、丹麦和瑞典，网上电子出版工作是由许多完全与传统出版活动无关的现代新型出版机构承担的，于是这些国家采用了不同的方式来实现对全国电子文献资源的收集、保存和传播。瑞典和芬兰借助于自动系统来系统地收集全国的Web在线资源；澳大利亚只从网上挑选和保存符合本国需要的Web信息资源；挪威则要求出版社缴送出版和发行的所有数字文献；而在丹麦，出版社支持图书馆承担数字文献的保存任务。

免费出版物和收费资料之间也有不同的保存模式。如挪威国家图书馆接受收费文献，然后在网上传播，做出了与传统缴送本一样的限制。另外，它有权在网上直接收集免费出版物并在网上提供免费查阅。因此，各种新的法律都试图更为广泛地定义出版物、出版行为、出版地的概念。新的法律还准许国家图书馆加工并保存文献。在法国，1992年的缴送本法律适用于各种载体的电子出版物，但由于它不包含网上数字文献，法国国家图书馆尚未开始网上数字文献的缴送本保存工作，因此，法国也正在考虑修改缴送本法律，将数字文献纳入其中。美国也正在讨论是否应该扩充1976年的版权法，有人提出需要创建若干个独立的专门机构承担互联网上出版物的保存任务，其他机构可以利用这些保存的数字文献提供查阅服务。

数字信息的存储和利用环境与数字信息的产生环境是一致的，数字信息只有在其产生的环境中得到保存与维护才最经济、最可行，这也是维护其长期存取的可靠方式。如果信息在形成伊始就不便保存，那今后的保存将更加困难。所以，数字信息的形成者应对数字信息的长期保存负有主要责任和最初责任。信息的拥有者与提供者为了获得新的利益，有可能把已形成的数字信息重新包装起来。重新包装有可能限制了数字信息的保存，使公共存取数字信息成为不可能，因而，信息的拥有者与提供者也应对数字信息的长期保存负有主要责任。

数字信息的长期保存必然牵涉到与加工、保存和呈缴本等有关的问题，数字信息的制作者在维护数字对象的存取上起着一定的作用，但在法律上他们并无长期保存自己出版物的责任和义务。而呈缴本制度作为一种法律赋予了图书馆保存人类文化遗产的义务和责任，并以法律形式约束着出版者，规定其协助图书馆完成保存数字信息的责任。

表1—2为数字信息保存活动中的责任分工：数字信息监管者、形成者、保存者和利用者，对数字信息长期保存肩负着不同的职责。

表1—2　数字信息保存活动中的责任分工

角色分类	角色描述	涉及主要活动	职责要求
数字信息监管者	对组织数字信息长期保存项目及其活动过程、成果进行监管、协调的机构和个人，监督数字信息保存活动的实施。	贯穿整个长期保存活动的全过程，涉及活动的方针、政策，方法的制定、实施及评价，以及人员角色、职责、分工和落实情况的监督、调查，相当于中心组织的作用。	根据国内相关法律法规、行政命令、信息管理的相关标准、规范、指南，建立、执行和维护数字资源长期保存项目；明确和制定数字资源长期保存的目标和要求，建立衡量数字保存的绩效体系；指派相关的档案管理机构和负责人，并分配负责数字资源长久保存战略规划制定、实施、监控、质量审核的负责人；保证所有数字信息管理人员明确责任并接受先期培训；协调数字信息管理部门与组织内外其他相关部门的信息沟通；保证组织信息资产；保证真实、完整的数字文件信息产生；保证数字资源长期保存相关人员的配置和登记，防止因人事变动或者人员缺席而造成数字信息保存的损失；支持机构间的互操作、制定数字信息管理的互操作性标准，并将其纳入机构规范体系建设和信息化建设规划。
数字信息形成者	在组织业务活动中，在收集范围内的一切数字信息的形成者，可以是个人、机构或者文件系统。	给予组织业务活动的目标和要求，按照一定的长期保存要求的格式产生数字信息；通过移交过程将文件信息和元数据递交系统。	创建和维护足够、适当的项目活动记录信息；在项目研究过程中，树立文件、数字信息管理意识，对项目文件的创建、维护、利用、保护和处置进行全程、实时控制；与组织业务部门及相关负责人联系，保证业务活动过程中产生的文件信息被及时移交、制定保管期限；与组织内部信息管理部门联系，识别和明确文件的管理要求，包括产生文档的格式、内容、保存类型、存储介质以及相关元数据著录信息；创建和维护业务活动产生的文件信息资源，协助业务绩效审核。

续前表

角色分类	角色描述	涉及主要活动	职责要求
数字信息保存者	对项目形成的数字信息进行收集、整理、著录、处理、存储、销毁、迁移等管理活动的相关人员、组织、部门或者系统。	阐明、修改、制定数字信息存储的目标、原则政策框架；设置人员责任权限；采取成本、效益一致性的技术策略；设计一套与项目业务活动一致的数字信息保存活动流程等。	协调管理部门与业务部门及干系人之间的关系，保证数字资源长期保存与相关法律、规定、标准、规范相一致；为组织部门及干系人提供执行数字资源长期保存的前提操作管理培训和管理活动技术支持与指导，实现数字资源管理的前端控制，保证数字资源长期保存的有效性；为数字信息提供利用。
数字信息利用者	数字信息的利用群体，包括个人、机构或者系统，数字管理系统制定用户群。	使用系统服务，发现、检索、利用信息。	主张业务活动管理过程透明，管理事务信息公开，公共信息资产向公众开放利用，在符合国家相关信息保密、知识产权保护和电子政务信息管理规定的前提下，通过合法的途径利用数字信息资源；公众有权利查询、检索数字信息资源；公众有权利要求数字信息保存部门以一定的形式向利用者提供数字信息；实现对文件资料的多级查询；利用者有权知晓提供利用的方式；利用者有义务遵守关于数字信息利用的标准、利用权限和有关知识产权保护的学术道德规范。

数字信息的制作者和对数字信息拥有版权的发行者有责任对数字信息进行初期保存，同时，他们也可以通过签订协议把保存部分信息的责任转移给某些数字图书馆或数字档案馆。这样，图书馆和档案馆成为某些数字信息的二级责任者，它们将继续保存信息对象，甚至会长期地维护下去。对自己的馆藏文献进行数字化处理的图书馆有责任妥善保存这些文献的数字复制品，因为它们体现着图书馆的某些投入和长期目标。

各国国家数字图书馆或档案馆在建设时，需要积极开展数字信息长期保存任务的建设，积极研究与网上数字出版物的收藏与保存有关的技术问题和法律问题，并把传统的收集与保存本国文化遗产和知识的使命延伸到数字遗产保存上。

某些数字信息的制造者包括一些互联网的研究人员都希望建立一个机构，

专门保护数字信息，如负责长期保存网上出版物的专门机构，通过某一合作组织，依靠某一个有资格的保管机构在世界范围内保存数字文献。目前，长期收集和保存网络数字文献的大趋势已经显露出来，但是各种技术和经济局限导致许多国家仅从地理层面上考虑收集和保存本国文化与知识产品，这种趋势和需求也必然导致一个专门的保存机构的诞生。

第二章

数字信息保存的动机

- 数字信息保存的意义
- 数字信息保存的必要性
- 数字信息保存的主要问题
- 数字信息保存的风险
- 数字信息保存的可行性认证

随着我国的经济发展和社会进步，各个领域产生的数字信息越来越多，应用越来越广泛，越来越重要。有些数字信息甚至成为行业内最为关键的行业秘密和行业核心信息。如何更好地保护数字信息，使其更具有保存价值和使用价值，对于政府机关、电子商务、各大公司、数字信息保存工作者来说，既是机遇也是挑战。目前，数字信息每天都在大量生成，这些数字信息和传统的纸质档案相比，其载体特性、记录方式以及保存环境出现了很大的变化。数字信息载体的脆弱性和不稳定性以及所保存内容的不安全性都对人类社会的数字信息保存提出了严峻的考验。为此，我们要加强对数字信息保存的研究。

2.1　数字信息保存的意义

数字信息作为数字时代的产物，必将成为社会各行各业接触到的主要文献类型，要想更好地研究如何保存数字信息，就要充分考虑到保存数字信息的意义，只有明确了保存数字信息的重要意义和社会价值，才能够提高人们对于保存数字信息的意识，从而加强对数字信息的保存的研究。

长期以来，人们都是依靠纸笔来进行工作、学习的，诸如撰写文章、看报告、阅读报纸和书籍等，纸质文献在我们的生活中无处不在。为了妥善保管这些纸质的文献资料，人们需要准备大量的空间进行存放，需要长期不懈地努力保存和保护这些纸本。在撰写文章和报告时，如果出现错误或反复修改，就要不断地在纸上誊抄，耗费了大量的人力、物力和财力。

随着科技的发展、计算机的出现、数字信息的大量生成，人们的工作和生活方式出现了翻天覆地的变化。数字信息的出现使人们在办公时不再被束缚于办公桌，也不必再为必须及时清理大量纸质文件而烦恼。通过现代技术，人们可以在网上实现文件的撰写、传递、处理和归档，全面实现办公自动化及网络化办公。利用收发文件管理系统，还可以完成文件的接收、录入、传递、领导审批、签发等多个步骤。数字信息的出现改变了人们的工作和生活方式，大大提高了工作效率，也为工作人员提供了方便。

数字信息的快速增长使目前任何一种保存方法都无法满足这种需求。平台、程序和计算机等设备不断更新导致数据无法读取的时间从以年代计算缩短到以年计算。因此，在数字信息产生初期就要考虑维持其在整个生命周期中的可读性。数字信息的特点是形式和内容繁多、地域广阔、内容更新快，并且许多互联网站属个人和非正式团体所有。已有的出版法规的基本原则是按出版地进行管理，但这种法规不适用于互联网，因为域名不能直接反映内容的出版地和语种，更何况许多网站是镜像。因此，按照现有的出版法规不能确定哪些数字信息内容应该被定为出版物、哪些数字信息值得长期保存、应由谁最先负责收集和保存信息以及采取何种方式保存这些信息。

互联网的产生和发展大大增加了数字信息的产生，互联网的使用人数也在呈几何级数增长。2008 年 7 月 24 日，中国互联网络信息中心（CNNIC）在京发布《第 22 次中国互联网络发展状况统计报告》。报告显示，截至 2008 年 6 月底，我国网民数量达到了 2.53 亿，跃居世界第一位。同时，宽带网民数达到 2.14 亿人，也跃居世界第一位。CNNIC 还宣布，截至 7 月 22 日，CN

域名注册量以 1 218.8 万个全面超过德国。CN 域名成为全球第一大国家顶级域名。这三项重大突破举世瞩目，中国互联网大国规模初显。

CNNIC 的报告显示，2008 年，中国网民规模继续呈现持续高速发展的趋势。与 2007 年同期相比，中国网民人数增加了 9 100 万人，是历年来网民增长最多的一年，同比增长达到 56.2%。仅 2008 年上半年，中国网民数量净增量就达4 300万人，并一举超越美国成为世界上网民人数最多的国家。

统计表明，中国网站数量持续增长，共有 191.9 万个，年增长率为 46.3%；其中 CN 域名下的网站数有 137 万，占总网站数的 71.4%，表明国内绝大多数网站都已使用 CN 域名。由此带来的域名需求以及奥运官网应用 “beijing2008.cn” 等事件的示范作用，推动 CN 国家域名在 2008 年年初突破千万注册量之后，再次实现跨越，以 1 218.8 万的注册量傲视全球国家顶级域名。我国在网络规模上的突破，成为我国综合国力不断增强的一个重要注解。

根据美国加州大学对 2006 年全球数字信息发展的调查与预测，全世界印刷载体的信息量只占约 7%，磁介质（包括数字光学介质）所承载的信息量（即数字信息）达 93 %，而且后者的增长速度几乎为 100%，也就是说数字信息的增长量越来越快。对纸张的保存在几十年间已经积累了丰富的经验，并成功地将一些珍贵的文献保存下来；而对数字信息而言，还缺乏稳定的技术和成功的案例。磁介质和数字光学介质的不稳定性，致使其有效保存期远低于纸介质和微缩胶片介质；数字信息技术迅速变化，致使人们借以利用数字信息的各种编码、压缩、格式、加密、解密、内容显示、计算运行等技术和软硬件迅速过时；数字信息往往是动态变化的，致使给其单元固定化、真实性考证、版本确认等带来很大困难；数字信息往往是相互链接的（例如，嵌入许多多媒体数据文件的网页或链接许多参考文献的学术文章），致使给其信息单元的内容范围确认和版本内容组织、存储等造成很大困难；数字信息在其产生与利用过程中的灵活性和动态性，致使对其信息单元的起源及其归属的变化难以追踪和清晰理解；数字信息交流传播机制已经打破传统的信息存储责任体系（例如，出版商直接向用户提供数字期刊检索阅览，图书馆通过使用许可提供用户服务，但并不实际拥有数字信息），因此急切需要重新定义和建立数字信息长期保存的责任体系；数字信息的知识产权法律和管理机制尚不完善，致使其长期保存中涉及的权利许可、权利转移、内容转移与存储、备用服务以及相应的经济与管理问题还有待解决。数字信息的庞大生产量将使上述问题更加突出，也使解决这些问题变得更加迫切。因此，庞大的数字信息，再加上其在技术基础、利用方式和管理机制等方面的特殊性，使其长期有效保存面临诸多挑战。

随着信息技术的发展，尤其是 20 世纪 90 年代以来互联网技术的发展，数字图书馆和数字档案馆的概念逐渐深入人心。对于数字图书馆和数字档案馆的理解不能是数字化的图书馆和档案馆，而应该是数字资料存储集中保管地（数字信息库），是构成信息社会的信息基础设施，是知识经济的载体与催化剂。在这个数字信息库中包含各种各样的信息，如文本、音频、视频、图形、图像等各种数据资料。它既是一个国家的数字文化中心、数字教育平台，也是一个国家的信息资源中心。基于现代信息技术的数字图书馆的社会功能应该包括以下几个方面：保存信息资源，开发智力资源，传递适用信息，开发信息产品，提供信息娱乐，开展网络导航等。其中尤以信息资源的保存为其重中之重，它反映了数字图书馆和数字档案馆在信息社会分工中的侧重点，是区别于其他信息机构的重要标志，也是数字图书馆和数字档案馆发挥其他相应职能的基础。

面对越来越多的数字化信息，如果没有一个机构来组织和领导收集保存这些信息，将来某一天谁要来研究我们现在的社会，可能连数据资料都找不到，还谈什么研究呢？有效保存当今的数字信息资源，确保未来的人们能自由地使用人类共有的精神文化遗产，不仅是数字图书馆和数字档案馆建设的基础，也是我们对社会负责的举措，是当前我们必须关注的问题。

有关机构在国内对“长期保存”方面的需要和需求进行调查研究，结果表明：在 54 个接受调查的机构中，没有哪个机构对这一问题形成基本的认识，更不用说制定相关的制度性文件或在现有的政策中有所体现了。显然，在数字信息保存问题初露端倪时，图书馆、档案馆等数字信息保存主要机构要以高度的历史责任感，主动担当起全社会数字化信息资源永久保存的倡导者和领导者，否则在新的数字信息环境下，图书馆和档案馆将丧失传承人类社会文明的机遇。尤其是在当今大力建设数字图书馆和数字档案馆的过程中，必须把数字化信息资源的保存问题同数字图书馆的建设问题同时考虑，否则对我们事业的发展而言将是一个无法挽回的损失。

数字信息大量出现，需要用数字化载体进行保存。在数字化载体出现以前，曾经有多种物质承担着文献载体的使命，如甲骨、竹木简和纸。这些载体都相当稳定，例如，我们现在还能发掘出古代的甲骨，而且能直接阅读上面的文字，因为它不需要任何设备，不依赖于人、环境和操作技术。因此，以前，图书馆或档案馆关注的是载体是否出现问题，保存策略、保存计划和保存方法等相对较为简单，各个单位负责保存管理的人，即使没有受过正规训练，凭着经验或实践中的不断摸索，对保护工作也能达到一定认知。数字信息的保存不仅涉及载体的保存，而且更加关注信息本身的保存，也就是信息产生的环境、病毒的干扰等。因此，对于数字信息的保存，过去具有文献保护经验的专业人才已经不能完全胜任，它需要既懂文献保护技术，又懂计算机技术、信息安全技术、信息管理的专家的通力合作，解决在复杂环境下生成的数字信息的保存问题。数字信息的优点自不待言，但它的寿命显著下降，载体上信息的存取依赖于相关的硬件和软件技术环境，而技术过时的速度又在不断加快。在这种情况下，人们不得不开始关注数字信息的保存问题。在数字信息保存方面人们已经尝试了很多方法，为开展数字信息长期保存（Long Term Digital Preservation，LTDP），可信任的仓储（Trusted Digital Repository，TDR）系统的建立是其中的一项重要和核心内容。TDR 系统要实现对数字信息的保存，就要记录很多有关信息本身，信息的硬件和软件环境、变动历史等背景资料和相关元数据。

面对数字信息时代的到来，各单位对数字信息的保存采取了不同的措施。近几年来，清华大学图书馆一直在大力开发数字信息，如将一些最核心的外文期刊、珍藏印刷本数字化，存储大部分的数字期刊。而哈佛大学图书馆的学术期刊仍然以纸质为主。它们为什么不将数字化作为发展的主要方向呢？主要原因是数字信息有各种各样的优点，但是它的长期保存问题一天不解决，大力收藏数字信息就存在巨大的风险。虽然就目前的研究和实践水平而言，并不能说数字信息的长期保存问题已经解决了，但可以肯定地说，已经迈出了很重要的一步。相信这种研究和实践将会促进电子档案、电子图书和电子期刊的更大发展。对于数字档案馆和图书馆的建设也有不可低估的作用。

数字信息保存是指对数字信息的长期保存，其对象是数字信息，其目的在于实现用户对数字信息的有效访问。从原始数据形态来看，数字信息的来源主要有两种方式：一是由其他介质形态转移为数字形态（例如，印刷图书的数字扫描，以及对扫描图像的 OCR 识别版本等）；二是由数字信息系统（例如，文字处理软件、CAD、数字摄像设备、地理扫描设备等）直接产生（也可称为原生数字文献）。不同类型的数字信息有不同的编码机制以及相应的数据格式、处理软件，甚至硬件系统。

要做到确保信息的长期保存和利用，单单保存数据对象本身是远远不够的。数字化信息资源的保存还受到环境因素的影响。就当前的现实环境来看，来自出版和著作权法、电子商务、电子政务等方面的压力，也使图书馆和档案馆在数字环境下的保存功能受到质疑。近年来，无论新推出的国际法规还是一些国家法规或标准，都还没有对数字信息存档问题做出较为强制的规定。因此，数字信息的保存问题很大程度上还要取决于数字信息产生者、出版商、政府机关、公司等自己的意愿。1996 年 4 月召开的国际出版商协会第 25 届大会，通过了出版商关于数字资料保存问题的决议，其中指出，出版商承认包括数字信息在内的各种载体的出版物是一个国家科学文化活动及成就的主要记录，承认国家图书馆是保存国家科学文化活动及成就的保障机构。对于数字信息的选择、存储、利用、版权所有等都要有严格的规定。上述问题是数字信息保存工作者应该认真反省的问题。也许有人认为目前很多的数字化信息资源是纸质信息资源的数字化形式，图书馆只需保存相应的纸质信息资源就履行了相应的职责。但当越来越多的信息资源没有相应的纸质载体形式的时候，我们该怎样来面对这一现实呢？外界的压力和内部发展的需要迫使我们必须对这一问题做出明确的答复。

与上述现象形成鲜明对比的是，与图书馆相关的一些国际组织和非政府组织对数字信息的永久保存给予了密切的关注：联合国教科文组织（UNESCO）和国际科学联盟理事会（ICSU）于 1996 年 2 月联合召开了科学领域电子出版专家会议，讨论了新技术引起的一系列问题和提供的机遇。会议建议，科学家、出版商和图书馆一起制定数字存档的原则与指南，并与国际标准化组织协商，共同制定适当的标准。美国研究图书馆组织 1996 年成立了数字信息存档工作组，该工作组同年撰写了题为《保存数字信息》（Preserving Digital Information）的报告。该报告指出：出版商控制电子出版物的存取，造成的结果是图书馆无法保存电子出版物，最终可能导致用户无法长期存取电子出版物。该报告从文化发展的角度指出：“一种文化在未来的生存能力取决于其成员是否具有敏锐和浓厚的历史意识。”此外，电子出版物的保存问题也引起了国际科学技术信息理事会（International Council for Scientific and Technical Information，ICSTI）的特别关注，经过讨论，该理事会成立了专门工作组研究此问题，并且希望国际图书馆协会联合会（International Federation of Library Association and Institutions，IFLA）也参与到其研究之中。

从本质上讲，图书馆、档案馆等是一个动态的信息资源体系，除满足当代人的信息需求之外，还应该在更大程度上传承人类文化。从学科发展的角度考查，也要求我们必须拥有丰富的信息资源体系，否则什么开发、传递、存储等都成了纸上谈兵。所有这一切都要求我们必须关注信息资源的保存，尤其是数字化条件下信息的保存问题，并为之提供解决方案。当前，无论是发达国家还是发展中国家，各种数字化图书馆的理论研究与应用研究都开展得如火如荼，目的是使本国在社会信息化进程中处于不败之地。从国际上许多国家的做法看，目前有关数字信息保存的研究大多由图书馆牵头，许多新理论、标准、新设想、新的科研成果出自这一领域，这一领域逐渐成为数字信息长期保存的领军机构。建设一个全国性的数字信息库是一个庞大的系统工程，而数字化信息资源的保存问题又是重中之重。

数字信息保存是全社会的问题，需要从国家层面上开展研究，需要一个领军机构建立学科发展方向，因此，有人提出建立“数字信息库”，提供了从国家层面来组织与管理数字信息资源的可能。通过中央站点的统率作用，可在国家层面上组织和领导信息资源的获取与保存。接下来的问题就是到底应该永久保存哪些信息，这需要决策者具备相当的历史责任心和文化判断力，同时也是确定系统信息选择机制的重要决定因素。为此，需要针对新的电子环境下的电子政务、电子商务、电子文件、电子出版物收藏进行有针对性的研究。这些问题不仅已引起保存专家的注意，而且连负责资源建设的人员（决定哪些电子资料需要数字化，哪些资料需要长期保存，哪些信息需要短期保存）、系统人员（负责组织和管理电子化资料存取）和主管人员（决定如何支付这一切）也都参与进来了。可以预见的是，各个数字图书馆、数字档案馆之间保存决策水平的高低，各个国家之间保存决策的优劣，都将取决于在国家层面上对保存职能的研究与认识。有人或许认为在当前的信息环境下，由国家统一组织实施信息资源的保存不适合当前的互联网个性化精神，尤其是在当前知识产权法的约束下，不如由出版商、开发商或其他机构来完成信息资源的保存。如果在数字信息环境下，出版商、开发商或其他社会机构能够主动承担数字信息“保存”的责任，使图书馆、档案馆保存人类文化遗产的职责得到良好的过渡和延续，这也未尝不是人类社会进步的一个标志。

尽管一些比较负责的出版商承担了保存自己出版的电子出版物的职责，但是，考虑到电子产品的易损坏性和商业方面的压力，这并不是长久的解决方案。显然，依靠商业公司因利益需要而产生的短期保存行为，社会信息资源就不会像过去那样继续长久稳定地存在下去。正如美国图书馆协会的执行主席卡罗尔·亨德森（Carol Henderson）所指出的那样，由以赢利为目的的商业公司承担数字信息的保存功能在经济上是行不通的。许多电子资源转瞬即逝，数字信息易于损坏，软硬件使用寿命较短，这恰好说明，在数字环境下，社会比以往任何时候都更加需要加强作为国家公共文化设施的图书馆、档案馆的保存功能，而不是削弱这一功能。而“数字信息库”建设的体系结构恰好为实现这一功能提供了结构上的可能性，同时为了实现信息资源保存的统筹安排，应使这一机制的实现过程在国家或国家委托机构的统一领导下进行。

为保存数字信息也必须将它转存到稳定的存储介质中。但是与传统印刷品不同，数字信息的保存除了考虑保存构成文件的字节外，还要保证文件在长时间后可读或可用。保护数字遗产首先要界定在未来系统中需要体现的内容和特征。如果优良的功能是首要目标，那么就要根据未来的需要而升级，或将系统设计成可随着技术发展而升级。如果保护历史资料的本来面目是目标，那么未来的读者看到的数字文件就是其本来面目。材料的归档是采取适当的保存方式的先决条件，也是保存机构的一个极大的负担。初次归档时的工作对日后的保护很重要。归档时需要正确描述字节的特征和目前的软硬件环境，并用附加信息说明数字信息的形成条件、所有者和其他相关信息。为促进保护，应该集中力量制定不同类别的数字信息的归档标准，并开发自动归档程序。

传统上，信息产品的创造者和保存者的角色都很明确。一般来说，创造者不负责保存，而保存者不掌管创造。在数字信息时代，这种分工则被打破。在数字信息创造的初期就要考虑保护问题，即“防止有价值信息消失的工作涉及数字信息创造者、提供者和所有者的合作”。理想状况是创造者和收藏者在不同时期共同负责保护。由于创造者并不能自觉意识到危险，保存机构可以在生产和保存方面提供指导。创造者的选择会影响随后的归档及保存。图书馆在物理上并不拥有它们所提供的电子期刊，而是由出版者提供并维护更新。因此，在一定意义上，出版者承担了图书馆的角色。创造者使用标准及开放格式、适当的描述和归档、固定的在线资源的域名都有利于日后的保存并降低成本。由于数字信息的保存对大多数机构来说是未知领域，因此在决定涉足这一领域时，要加强合作和交流，避免付出昂贵代价，使我们的后代在未来还可以看到目前的大量数字信息。

以纸介质文献为工作对象的图书馆和档案馆，文献的拥有权和保存权是统一的。为了确保国家层面上的文献资料的永久保存，各国的国家图书馆还兼有国家总书库的职能，法律规定了各出版单位和个人对国家总书库的呈缴本义务。总之，在以纸本文献为主要工作对象的图书馆形态下，国家图书馆是法律上规定的文献资料的权威保存主体，各图书馆个体还对自己的特色馆藏行使天然的保存职能。国家档案馆有权保存各地政府、机关、公司等的档案，也就是各个机构可以将自己的档案交给档案馆来保存。

数字技术的发展改变了图书馆、档案馆文献信息的来源渠道。国家图书馆数字信息主要来源于本馆的纸本数字化资源和从外界购买的数据库，而对于一些网络资源或没有能力购买的数据库，则无法收集，所以，图书馆无法像以往那样行使保存社会信息资源的功能。著作权法关于保护著作权和禁止破解技术保护措施的规定，使出版商更热衷于以加密形式出版发行数字信息，由此导致数字信息的发行更多地以许可方式进行。在这种情况下，图书馆所获得的数字存取的权利只能是有限制的存取。丧失对数字信息的保存权会对图书馆有史以来所发挥的保存人类知识与文化遗产的功能产生巨大的负面影响。档案馆也面临同样的问题。从哪收集电子文件、哪一种类电子文件需要长期保存等都没有明确规定。针对以上存在的问题，档案馆、图书馆需要建立一系列接收和保存制度，使一个国家生产的信息都置于国家的控制之下，使信息得到最大限度的保存。任何一家信息生产单位及出版单位都有责任与义务把生产和出版的信息资源上缴给数字图书馆或“数字信息库”，由它们来统一组织与管理这些信息资源。由于数字信息的易复制性，我们必须采取严格的措施保证送交单位的合法利益，只为用户提供有限的获取和使用信息。

由于数字信息的利用依赖于众多的技术、方法、工具和管理机制，因此，数字信息长期保存的对象除了数字对象本身外，还包括相关技术、方法和工具等。所以，数字保存的任务有：保存数字比特流，即通过对数字存储介质的保护或转移，确保存储其中的物理数字数据能被准确完好地读出；保存数字格式与处理信息，即通过保存有关数字信息编码、格式、标记、结构、压缩、加密等方面的技术方法信息，确保能够识别和解析数字信息内容；保存数字信息处理环境，如相关的软件甚至硬件系统，确保能拥有相应的技术工具来识别、利用数字信息；保存数字信息的内容校验、身份认证、版本演变、知识产权管理机制，确保可信赖、可靠和合法地鉴别使用被保存的数字信息；保存数字信息的知识组织体系信息，确保数字信息被用户理解和有效使用。

仅在国家层面上由“数字信息库”来承担信息资源的保存主体职责，会遗漏一些数字信息，降低其他社会机构对信息资源保存的意识、积极性和责任心。但各商业出版机构、学术机构、信息服务机构或全社会如果仅根据自己意识到的历史责任来自动承担一些数字信息的长久保存任务，没有国家层面的或国际性的协调机构来进行协调协作，势必造成在永久保存方面新一轮或重复或空缺的局面。建立网络型的数字信息保存体系，即由国家层面的机构牵头建立资源共享网络体系，在统一的管理体制下，在建立统一的利益机制和运作中注重用户需求的市场机制。在数字化条件下我们可以建立广泛的网络型数字信息保存体系机制。这一保存机制将整个保存体系分为国家级保存机构和地方级保存机构，其组成成员可以是数字图书馆系统、档案馆系统，也可以是其他社会机构。国家级保存机构可以采取国家投资与成员付费相结合的资金筹措方式，只实施保存功能，只在成员机构的存档资料发生意外无法读出时才提供备用检索；鼓励各保存机构采取足够保险的安全措施。各成员机构可根据自己的特色需求保存部分特色资源，并向国家级保存机构提供数据备份，以降低保存风险。中心保存机构可以作为一定范围内的权威机构保持最全面的数字馆藏，同时对各机构个体的保存行为进行协调控制，避免不必要的重复保存。

在数字信息资源逐渐成为社会信息传播、交流和保存的主流介质的趋势下，长期保存数字信息就成为数字图书馆和其他数字信息系统的战略性问题。因为它涉及对在多变的数字环境中运行的数字信息的保存，以及怎样合法地控制这种变化并保持数字信息的长期存取。这是摆在我们面前亟待解决的现实问题。在电子政务、电子商务、数字档案馆、数字图书馆等建设尚在摸索阶段的情况下，就应认真考虑数字信息长期保存的问题，避免各种建设工作完成后，还存在很多缺失。

数字信息保存问题在社会各领域都暴露出来，也逐渐引起国际图书情报界、档案界、电子政务界等的关注，国际上不同国家或组织近些年来相继开展大量研究。从 1994 年开始，就有一些国家的图书馆、档案馆等机构开展各种网络信息保存的实验性研究项目。影响比较大的除第一章介绍过的项目外，还有美国国会图书馆的网络信息保存实验。1996 年，美国的互联网档案馆开始收集所有可以公开检索到的网络信息并为用户提供检索服务。美国国会图书馆 1997 年开始进行网络信息保存实验项目——Minerva Prototype。该项目的主要目标是“为有关网络信息的选择和收集方面的实际问题提供实验，从而为美国国会图书馆运行一个大规模的网络信息保存项目提供指导和经验”。

联机计算机图书馆中心 2002 年开始进行一个 Web Document Digital Archive 项目，目的是建立一个可以提供长期存取网络信息的持续性服务系统。各国的数字遗产保护现状尽管存在许多不确定性，但许多保存机构在法律、结构、经济和技术框架上进行的数字遗产保护的尝试与努力是非常有价值的。有些国家在制定离线数据产品的保存法规之外，也将在线电子期刊作为国家图书馆长期保存的传统出版期刊的一种延伸形式。至于如何确保科技电子期刊环境稳定，包括动态链接、数据和多媒体播放，目前还缺乏明确的法律规定，只能由出版者自愿合作。一些国家的图书馆已经制定了策略，根据出版物的概念来收集和保存网站内容。

数字信息的长期保存，需要以技术发展作为保障。数字信息长期保存中的更新、迁移、转换等，都使具有数字信息长期保存责任的部门不仅要具有高水平的系统工程技能，还要有足够的经费保证，这是传统图书馆不能担负得起的。因而有必要建立“数字信息库”共同承担这一任务。

目前，一些传统的图书馆、档案馆与信息收藏部门也开始收藏数字格式的信息，有不少图书馆、档案馆还提供网上浏览与借阅。但它们未将保证数字信息的长期保存纳入其职能范围之内。这样就致使一些在网上流动的、没有收容部门的、有价值的信息在当前技术情况下无法长期保存。因此有必要建立“数字信息库”，使它承担对社会、文化、经济、科技等领域数字格式文化遗产的长期保存的整体责任，成为数字信息的资源基地，以保证有价值的数字信息的长期存取。从长远来看，数字信息的保存是一种文化行为，是一种社会公共事业。依靠商业公司的短期保存行为，社会信息资源显然不会像过去那样长久稳定地存在下去。数字信息的转瞬即逝与易于损坏，加之硬件、软件使用寿命较短（同纸质载体相比），使得国家比以往任何时候都更需要加强专业保存机构的保存功能。在当前的信息环境下，在国家层面上建立全国的数字信息存储库是必需的。

“数字信息库”的模式可以借鉴国外数字信息归档系统模式。国外专家认为：“数字信息归档唯一有效与可行的策略是建立分布式档案馆进行管理。”如今，许多国家都组建了分布式归档系统并开始运行。与其他国家相比，我国在建立“数字信息库”时可以将集中式、分布式或网络式结合起来。这种结合管理方式在我国行政管理体制下应该更有优势。

我国数字信息归档系统可以建立以国家图书馆或档案馆为领导，由其他信息保存机构参与的集中共享式社会数字信息资源保存归档体系。对于某一区域来讲，就是形成区域的信息资源保存中心。而且，可以与当前开展得如火如荼的数字图书馆、数字档案馆建设联系起来，使数字图书馆、数字档案馆的建设框架具有长期保存信息资源的功能，同时国家或国家的委托机构在这一过程中进行统筹安排，使信息资源的长期保存在组织上得到保证。不过，仅在国家层面上由国家图书馆或档案馆系统来完成信息资源的保存，在实际操作中会出现一系列问题。

首先，国家获取的信息部分来自公开出版的信息资源，部分来自其他单位呈缴的信息，还存在没有公开出版、单位不愿意呈缴的信息，这样有一部分资源将不能纳入“数字信息库”中。其次，国家层面保存，其他机构是可以不保存，还是继续保存？前者的做法，可能存在一定风险。万一“数字信息库”出现问题，信息不就丢失了吗？另一实际问题是，国家层面保存的信息资源，使用起来没有自己拥有方便。如果国家保存，单位继续保存，则会浪费巨大的保存经费。比如国家关于银行出台一个文件，总行需要保存，分行也自觉保存，支行还有必要保存吗？这种多级保存势必造成资源的浪费。最后，建立“数字信息库”需要一大笔经费，巨大的经费需求如果只依靠国家，那是非常大的一笔投入，最好能寻找一个政府资助、企业投入、商业机构介入、个人融入等多渠道合作的投资建设方式。图书馆共同体或者联盟运作机制也是一种比较好的运作方式，这种方式，基于共同目标，享受共同利益，分担同一风险，需要联盟成员遵循一致标准，建立数字信息归档共同体，以承担对数字信息长期保存的责任，分担建设费用。

数字信息不仅具有传播信息和知识共享的作用，而且具有文化属性。2002年，联合国教科文组织起草了《数字遗产保护指南》(Guidelines for the Preservation of Digital Heritage)，2003年9月起草了《保存数字遗产宪章》(Charter on the Preservation of Digital Heritage)，由此，将数字信息提升到了数字文化遗产的理论高度。《保存数字遗产宪章》为世界上各个国家和地区的图书馆、档案馆、博物馆等机构提供了数字文化遗产资源保护的有关重要方法和步骤，为全世界的数字信息乃至数字文化遗产的长久保存提供了很好的依据。《保存数字遗产宪章》分为四大部分，共十一条。第一部分阐述了数字文化遗产的范围和定义，第二部分阐述了保护数字信息的目的（保护文化多样性和多元性、防止文化遗产丢失、保证数字文化遗产的可存取性和完整性），第三部分指出如何组织数字信息的保护工作（技术框架和法律框架），第四部分是对国际合作和责任的确定。

《保存数字遗产宪章》规定，数字遗产由人类的知识和表达方式的独特资源组成。它包括以数字方式生成的或从现有的模拟资源转换成数字形式的有关文化、教育、科学和行政管理的资源与有关技术、法律、医学及其他领域的信息。那些原生数字资源，除了数字形式外，别无其他形式。数字信息的形式多种多样，且日益增多，包括文字、数据库、静止的和活动的图像、声音和图表、软件和网页等。它们存在的时间一般不长，需要有意地制作、维护和管理才能保存下来。联合国教科文组织认为这类资源大多具有长久的保存价值和意义，因而是一种应为当代人和后代人所保护、保存的遗产。全世界各种语言的各种知识或表达方式都可能有这种呈增长趋势的遗产。

《数字遗产保护指南》针对各种文化机构，如图书馆、档案馆、博物馆、研究所、数据档案馆、出版社、社区机构等，它们均长期收集并保存文献、出版物、地图、手稿、艺术、图像、录音、电影、文化实物、研究和统计信息等世界“记忆”，属于重要的文化遗产。该指南的目的是提供与数字遗产保护有关的所有重要步骤的成功实践的信息和思路。主要起草人为澳大利亚国家图书馆保护部主任科林·韦布（Colin Webb）先生，并得到了该馆一些员工和其他国内外机构的支持。

联合国教科文组织认为，文化遗产是“我们从过去继承来的遗产、我们现在承认的东西以及我们要世世代代传下去的东西”。在数字资料（人类要用计算机来使用的编码资源）中，有许多是要世代相传的。

数字文化遗产的类型包括：

（1）用各种方式，包括互联网联机检索、光盘、DVD、软磁盘以及各种电子图书设备传播的出版物。

（2）“半出版”资料，包括 e-Print 形式的预印论文和其他在特定范围内使用的各种档案。

（3）机构和个人的活动、事务、通信等。目前，世界上有很大一部分商业和政府的记录保存在电子记录系统中。电子邮件和讨论组的信息也可以是重要的数字记录。

（4）记录和分析科学、地理、空间、社会、人口、教育、卫生、环境和其他现象的数据集。

（5）技术辅助教学用的教学用具。

（6）数据库、模型、模拟等软件工具和应用软件。

（7）未出版的资料，包括报告、学位论文、口述历史、民俗录音以及出版作品的草稿。

（8）娱乐产品，包括移动图像、音乐、计算机游戏。

（9）数字广播。

（10）以数字方式生成的艺术作品。

（11）从非数字原件复制的图像、声音和文本的数字复本的藏品。

《数字遗产保护指南》认为，OAIS 参考模型是解决数字文化资源保存的一个很好的工具。在该模型中，系统接收提交信息包（Submission Information Package，SIP，包括以提交格式存在的数字对象、一系列元数据，以及软件等可能的使用手段）。该信息包被接收以后，作为归档信息包（Archival Information Package，AIP）进行储存和管理。如果用户想使用归档信息，系统会提供信息发布包（Dissemination Information Package，DIP，包括数字对象的一个副本以及用户可以使用该对象的工具和便于用户理解的各种信息）。

《数字遗产保护指南》还告诉人们如何进行数字信息的保存工作，如责任的明确、知识产权的管理、与出版社和制作者的合作、被保存遗产的选择、控制和描述数字遗产、管理、国际合作等方面的问题，并指出应该有一个呈缴制度以保证数字遗产的保存。

在数字技术日新月异的今天，数字信息不仅承担着传播信息数据的任务，更是传承历史、记载人类文明的重要工具和手段，因此保存数字信息在今天就显得尤为重要了。

2.2 数字信息保存的必要性

数字信息是人类生活、工作的一部分。人类已经逐渐由传统的生活方式过渡到现代的数字化生活。电子期刊、多媒体读物、电子资料库的出现使知识之间不再是简单的纵向或横向的关系，而是以网状的、多关联的形式存在，从而打破了单一传统文本的线性结构，让人们开始了一种崭新的超文本学习、阅读和工作方式。电子商务、电子支付、数字医院、数字图书馆等，与人们生活息息相关的方面都开始向全方位数字化方向挺进。数字信息的长期保存在现代社会中成为应对数字信息的巨大挑战，数字信息丢失是人们日常生活及办公中不可避免的问题。

数字信息丢失主要是指用户无法接触到数据，如用户突然不能打开文件、文件被破坏或者数据不能读出和使用等。在数据丢失中，有一部分是用户无法读取数据，但数据还存在；有一部分是数据的永久性丢失。不能读取的数据通过技术手段恢复还有读取的可能性，但永久性丢失的数据则永远无法找回。

案例回放：

（1）据对一家致力于防欺诈的非营利组织的研究，来自企业、政府部门和大学的报告显示，2008 年度上半年数据丢失与 2007 年同期相比上升了 69%。

位于圣迭戈的身份失窃资源中心（Identity Theft Resource Center，ITRC）对 2008 年 1 月 1 日到 6 月 27 日期间的 342 份数据丢失报告进行了跟踪调查。其中超过 1/3 的报告来自各大企业，这些企业 2007 年全年的商业数据丢失增长了 27%。

一家信息中心的调研发现，卫生保健供应商和银行业的数据丢失也呈增长态势。目前它们数据破坏所占的比例已经分别占到了 15%和 10%。黑客入侵导致的数据丢失呈下降趋势。取而代之的是，笔记本电脑和其他数字存储工具的遗失成为导致数据频繁丢失的最主要原因，占到所有调研案例数量的20%以上。私人信息的记录疏忽和财务数据的联机泄露导致的数据丢失大概占到15%。

目前美国大约有44个州设立了相关法规来要求数据丢失的企业和组织必须提醒受影响用户。但仅有马里兰州、新罕布什尔州和威斯康星州三个州要求州政府官员提交相关报告和按期公布在线信息。

2008年6月9日，美国交通联合保险协会通报说，马里兰州首席检察官遗失了一台笔记本电脑，里面存有检察院的员工信息和394位马里兰居民的社会保险号码。协会没有透露受数据丢失影响的全国性记录的具体数字，但据发言人威尼估计这个数字超过了3万。

(2) 2006年8月5日，美国宇航局爆出惊人消息：人类首次登月的原始录像带已经丢失。

这些记录了人类首次登月详细资料的录像磁带数量非常庞大，共计1.3万盘。装在2 000个箱子里。其中记录了两名宇航员登月"关键时刻"的录像带15盘，分装在3个箱子中。最初，这些原始录像带被保存在马里兰的格达德空间中心，20世纪70年代被转移到了美国国家档案馆保存，1984年又被送回格达德。1997年，有科学家开始调查帕克思天文台在"阿波罗11号"登月任务中的作用，因而向美国宇航局索要登月录像带，但被告知录像带已经找不到了。为此，美国宇航局成立搜寻队，查找这些录像带的下落。①

(3) 美国1990年的一份众议院报告披露了政府机关电子文件因记录格式过时等原因无法读出或濒临不可读取的若干案例，包括1960年美国人口数据调查结果、卫生与公共服务部的磁盘、防止吸食大麻及其他毒品委员会的文件、公共土地法律审查委员会的文件、记录"越战"期间战俘及战斗失踪人员的战地伤亡文件等。这些电子文件皆因无法识别读取而"名存实亡"。②

除了信息系统的升级换代造成数字信息无法获取外，自然环境、人类破坏等因素也是威胁数字信息安全的重要因素。

(4) 我国是人口大国，人口普查具有特殊的重要意义。据悉，我国1982年第三次全国人口普查的原始数据因记录载体遭到水淹已无法读取，这些数据保存在磁盘上，涉及约10亿人口的基本信息。除约1 200万人的数据经异

① 参见《登月录像丢了》，载《北京青年报》，2006-08-17。

② 参见［美］Jeff Rothenberg著，任志纯译：《保证数字式文献的长久性》，载《科学》，1995 (5)。

地备份得以留存外，其他数据荡然无存。①

（5）继 2006 年 7 月 15 日台风“碧利斯”带来了 407 毫米强降雨肆虐湖南省郴州市北湖区之后，7 月 25 日台风“格美”又以 200 多毫米的强降水再次袭击，致使全区城乡洪水泛滥，给交通、水利、民房以及工农业生产直接带来了重大灾难，与此同时，也给全区档案事业造成了重要影响。全区 3 000 多卷档案资料被淹，其中 500 卷档案资料被冲毁，6 台电脑被损毁。②

（6）1992 年 4 月至 1995 年 12 月，波斯尼亚和黑塞哥维那两个主要民族因波黑前途和领土划分等问题而发生了战争。这场战争是第二次世界大战以后在欧洲大陆爆发的规模最大的一次局部战争。波黑战争使波黑境内 159 个档案馆减少为 93 个，包括部分机读文件在内的大量资料被损毁。③

（7）根据国家计算机网络与信息安全管理中心提供的资料，我国 95%的与互联网相连的网管中心遭受过黑客的攻击；网络涉密案件已经占总泄密案的1/3；中央国家部委的涉密网络有一半以上未达到安全保密要求；因中美撞机事件而在 2001 年 5 月引发的中美黑客大战中，我国有 37%的政府网站受到了美国黑客的攻击，遭受了不同程度的损失。④

（8）2000 年 1 月 6 日，美国《华盛顿邮报》刊文披露：1999 年 6 月期间，美国国家档案馆约 43 000 份电子邮件失踪，这些电子邮件包括 125 个用户的内部文件。据分析，可能是因为有人想删除某一个用户的电子邮件却按错了键，故而造成了这次意外事故。《华盛顿邮报》对此讽刺说：“专门负责保管他人记录的国家档案馆，自己的记录却难逃厄运，真是太荒谬可笑了。”⑤

（9）四川省攀枝花市某商业公司是旗下有 30 家连锁店的大型连锁企业，服务器是 IBM，5 块硬盘做 RAID5，2007 年 6 月，阵列损坏。服务器内存放有价值 400 万元的储金卡账务信息，还有公司与 1 000 多家供应商的财务往来，所有商品的资料、库存信息，所有分店的历史进销货等重要账目。服务器一停止工作，直接影响了几十万人每天的消费，而没有了信息系统的平台，所有的部门都无法开展工作，实际上整个企业陷入了瘫痪。⑥

---

① 参见冯惠玲：《电子文件风险管理》，北京，中国人民大学出版社，2008。

② 参见湖南省郴州市北湖区档案信息网，见 http：//daj.beihu.gov.cn。

③ 参见赵国俊等：《档案部门应建立突发事件应急机制》，载《档案聚焦》，2003（1）。

④ 参见宇文：《对话：对电子政务安全风险的思考》，载《中国计算机报》，2002-12-26。

⑤ 转引自王健：《电子邮件管理再敲警钟》，载《中国档案报》，2000-11。

⑥ 参见《数据灾难，究竟离我们有多远》，见 http：//chinadrs.cn/4news/100120/1755.html，2007-10-29。

(10) 四川省某地市人民医院为该市三甲医院，HIS系统数据库为ORACLE9i，操作系统为Windows Server 2003企业版，通过两台服务器和阵列柜RAID5来架构双机热备份系统，并定期做定时备份。首席信息官认为，理论上来说，这样的架构是相对安全的，有一定的冗错能力，应该不会有太大的问题，但结果并非如此。2006年8月，阵列卡及阵列柜发生故障，存储在阵列柜里的所有数据均无法读取，包括平时做的定时备份。系统陷入瘫痪，整个医院所有的业务流程停止，严重影响了医院的正常运作。经过专业的数据修复公司确认，因阵列信息无法读取，阵列柜内的数据将永久性丢失。经过近一个月的处理，数据终究还是没能找回来，所有系统都必须重建。[①]

数据丢失是2008年以来的最大信息安全挑战。互联网安全方案厂商Check Point软件技术有限公司表示，从最新的国际市场发展动态来分析，数据丢失将极有可能取代病毒、恶意软件、蠕虫及黑客入侵，成为企业信息安全的最大隐忧。

经过近十年的安全攻击洗礼，企业对病毒、黑客、蠕虫、恶意软件等威胁的防范意识已经提高不少，就算2008年此等威胁更为猖獗，企业也不会太容易让它们乘虚而入。然而数据丢失却是一种近年才转剧的威胁，许多企业在这方面没有太多经验。

据身份失窃资源中心统计，2007年全球共有1.27亿条数据记录遭泄露，2008年持续增长。存有公司信息的电脑设备丢失后会带来难以估计的显性和隐性的经济损失：显性损失包括硬件及软件的重置开支，各种行政费用，包括向警察部门、保险公司报失、恢复数据所耗用的工时，以及设备丢失期间所影响的生产力等；隐性损失包括因为损失客户数据而可能导致的法律诉讼费用，以及公司形象受损的无形损失等。

数字信息丢失主要是由于数字信息数据脆弱，容易丢失，也是因为现代信息技术的频繁更新，从而导致数字信息无法读取。数字存储载体的损坏或失效，是造成数字信息内容丢失的重要原因之一。尽管存储技术的发展很迅猛，但是数字信息的存储载体仍然很脆弱。许多数字存储载体对外界恶劣环境的抵御能力低下，许多环境因素都能导致数据丢失。数字存储载体对环境要求较高，保存环境的温度与湿度、空气洁净度、振动及磁场等环境因素不良，都会引起数字存储载体的失效损失，从而导致数字信息内容的丢失。

---

① 参见《数据灾难，究竟离我们有多远》，见http://chinadrs.cn/4news/100120/1755.html，2007-10-29。

存储载体的外形损失是可以观察的，例如变质、破裂、光照、机械撞击、变形等，存储载体的失效有时则是无法感知的。例如：一道闪电可以不留下任何痕迹地使硬盘数据丢失殆尽；又如，轻微的污迹对于传统文献的读取不会产生任何影响，却可能导致整个数字信息内容的丢失。因此，存储载体的变形、载体上的斑点与污物、载体上微小的划痕以及与载体有关的其他污损都可能导致数字信息载体失效而使数据丢失。一般载体的轻微损伤所导致的数据丢失是可以部分恢复或者全部恢复的，但如果载体受损严重，丢失的数据是很难得到恢复的，即数据会由此永久丢失。

一份保存完好的数字信息，其信息内容如果无法让人获取和理解，从实质上看，与这份信息不存在没有什么两样。尽管数字信息出现的时间并不太长，人们却饱尝了采用新技术所带来的始料未及的后果。例如，民主德国政府数千份数字信息与数据库丢失就是前车之鉴。联邦德国政府曾将部分农业文件、劳动统计文件、刑事登记、共产党官员的职员表等文件以数字方式保存，由于产生这些文件的数字系统的文档变质，无从得到，因此这些以数字信息保存的文件的软件编码无法识别，加上存储载体已经被技术淘汰，保存环境不适宜，使系统中的这些珍贵的数字信息对统一后的德国政府来说名存实亡。

数字技术在给我们带来新机遇的同时也产生了新的威胁和问题。最典型的事例是，美国 1960 年的人口调查统计数据存储在只有用 UNIVAC type Ⅱ-A tape drive 才能读的磁带上，而全世界只有两台机器可以读这种磁带，一台在日本，一台在美国国立博物馆。很多类似的信息已经永远无法获取了，这样的实例不胜枚举。早期互联网的很多数字物件已经不存在了，从 1995 年到 1999 年在 IEEE Computer 和 Communications of the ACM 上被引用的文献，在 2000 年时就有 28%不能再获取，到 2002 年这个数字增加到 41%。数字信息保存载体的寿命是一个不确定数。关键的问题是人们没有办法感知数字信息保存受到威胁，由此而产生一种现象，人们不敢轻易放弃传统纸张，对于重要文件采取双套备份。普通纸张可保存几百年，有的可以保存上千年；从理论上讲，光盘的寿命从几年到几十年，计算机硬盘的保存时间可能只有几十年。但整体情况不像人们想象的那样乐观，有的数字信息保存在很短的时间内就出现了问题。

数字信息的丢失给人们带来了难以估量的损失，无数的案例和资料证明，数字信息丢失带来的不仅是经济利益的损失，更是全人类文化遗产的损失。保护数字信息，防止数字信息丢失，刻不容缓。

数字信息除上述的文化遗产、档案文献、濒危数字信息以外，还有很多其他类型，如网络信息、电子图书、电子期刊、电子报纸、数据库（集）、格式化文本、多媒体文件等形式。

电子图书，也称 e-book，是指直接以数字形式出版的图书或者纸质型图书以数字化形式即电子版的方式呈现，并通过电脑或者电子图书阅读器进行阅读的一种电子文献。电子书的主要格式有 PDF、EXE、CHM、UMD、PDG、JAR、PDB、TXT、BRM 等。电子书便携、容易使用、容量大的特点非常适合现代生活。数字版权贸易和互联网技术的发展，使电子书的用户可以以更低的价钱方便地购买到更多的图书，为电子书的流行奠定了基础。1991 年武汉大学出版社推出的《国共两党关系通史》是我国第一部电子图书。目前，中国的电子图书发展迅猛，截至 2007 年年底，中国电子图书总量为 66 万种，其中新增电子图书 13 万种，比 2006 年增长 24.5%，仍然保持强劲的增长势头。增长的图书中，电子化出版的图书比例有较大增加。按从事电子图书销售的业务类型划分，数字图书馆是电子图书的最大买家。2006 年，数字图书馆销售收入为 1.1 亿元，2007 年增长到 1.21 亿元，增长了 10%，这一增长不及整个电子图书市场 14.46%的增长率。

电子图书包括数字化后的纸质型文献，也包括以数字形式出版的图书。数字化后的纸质型文献如《康熙字典》。《康熙字典》是张玉书、陈廷敬等三十多位著名学者奉康熙圣旨编撰的一部具有深远影响的汉字辞书。该书的编撰工作始于康熙四十九年（1710），成书于康熙五十五年（1716），历时七年，因此书名叫《康熙字典》，在很长一个时期内是我国字数最多的一部字典。

数字信息的另一个重要组成部分就是数据库。这不仅是因为数据库在数字信息使用和保存中起着举足轻重的作用，还因为数据库的建设水平是衡量数字信息发展水平的重要标志。无论是馆藏文献资源的数字化建设，还是数字信息资源的购买或者数字信息资源镜像的设立，它们的最终表现形式仍然是数据库。

目前，图书馆的数据库建设包括以下四个方面的内容：

（1）馆藏书目数据库。馆藏书目数据库是开发信息资源的基础数据库，是图书馆全面实现网络化、自动化的基础。其作用是对馆藏进行揭示，便于用户检索和利用图书馆的信息资源。

（2）联合书目数据库。联合书目数据库通常是一个地区或者一个国家的图书馆等信息机构在馆藏书目数据库的基础上，通过联机编目而建立的反映文献资源收藏处所的书目数据库。联合书目数据库有利于地区间的协作采购和文献资源保障体系的建立，是实现馆际互借、资源共享的前提条件。

（3）特色文献数据库。特色文献数据库是图书馆等信息机构根据其文献资源状况与用户的信息需求，选择馆藏中富有特色的文献资源所建立的专门化数据库。特色文献数据库可分为特色文献书目数据库和特色文献全文数据库两个类型。特色文献数据库有利于深层次地揭示和利用文献信息资源，是图书馆等信息机构提高信息资源服务水平和开展信息资源共享的重要途径。

（4）数据库产品。数据库产品的类型多种多样，如光盘数据库、单机版数据库、联机数据库、书目数据库、全文数据库、事实数据库等。这里所说的数据库产品是指数据库生产商开发的，图书馆能够通过购买获得其所有权的各种数据库，即不包括图书馆只能购买其使用权的各种数据库。购买数据库产品有利于提高图书馆信息资源建设和共享的成本效益，是目前图书馆信息资源建设的一种重要而又卓有成效的手段。

E-mail 是数字文化的一种信息，尽管它的到来使过去许多无法想象的事都变成了现实，但这种简短随意的通信方式，抹去了传统信件细腻的思想活动记载。如何保护网络世界的 E-mail 、谁来保护等都是没有明确规定和解决的问题，在现实情况下，多由收件者自己来保管，一旦删除，基本无法恢复。有时由于病毒或编码出错等问题，也会出现无法利用的问题。

实现传统文献数字化，这一趋势就像数字技术本身一样是无法阻挡的。已经有越来越多的工程或项目是针对馆藏数字化的，人们急于建立一个又一个的数据库来满足当前用户的需要。然而数字化工程的费用是高昂的，在其进行过程中也暴露出许许多多的问题。比如数据库软件过时了，信息读不出，这使得数字文献必须随硬件与软件技术的不断发展更新来维护其可读性。更新的费用是高昂的，更新的风险也是大的。因而，对传统文献进行数字化，虽然其最初成本不高，但累加上在保存期间为维持媒体信息能读出而产生的费用，以及因硬件、软件升级而进行的数据迁移等额外费用，就使传统文献数字化的成本大大提高。

许多图书馆都希望自己拥有文献数据库，不少商业网站也在进行文献数字化工作。无协调、无合作地将文献数字化，必然导致重复劳动。因而，怎样避免文献数字化工作中人力、物力与财力的浪费是亟待解决的问题。

网上资源是随上网人数成指数增长的，是否所有的网上资源均需保存，这一问题尚在争论中。例如，瑞典是全面采集所有网上文献并保存的，而澳大利亚则是有选择地采集网上资源并加以保存。出于网上出版物的不稳定性及今天制定的采集原则不一定能充分支持今后研究的考虑，不少人提出问题：网上出版物的时效性很强，今天采集的文献，明天可能成为旧闻或意义不大的资料，将来用户是否需要？当前制定的选择原则能持续多长时间？网上出版物不断更新，应保存同一文献的所有版本，还是仅保存最后一个版本？这些都是有待于进一步研究和解决的问题。

2.3 数字信息保存的主要问题

数字信息保存同样也可以从技术和管理两方面进行，其中数字信息的载体和信息保存更多地属于技术层面，数字信息的原生环境、生存环境及其保护环境则更多地属于管理层面。技术和管理在某些情况下不容易严格区分，谁重谁轻也不好定论，因此，重技术轻管理或重管理轻技术的做法都缺少科学性。如要保证数字信息的长期可读，除了必须保证信息和保存载体的完好无损外，还需确保信息和载体在各种信息环境中正常运营，可以说数字信息保护比以往任何一种保护对技术和管理结合的紧密度要求都要高，甚至从某种程度上说，对数字信息而言，管理就是保护，做好对数字遗产形成、维护和利用三个环节的管理就完成了对其保护的大部分工作。

2.3.1 技术问题

技术层面的保存主要包括数字遗产载体材料的技术保护，数字信息载体、信息环境的技术保护，数字信息长久保存的质量检测，数字信息载体/信息恢复，数字信息保护安全体系的构建，在可移动文化遗产保护架构下我国各种数字信息保护技术的共建共享，在可移动文化遗产保护架构下世界各国数字信息保护技术的交流与合作等。技术问题一直是数字信息能否得到长久保存的首要问题。数字信息遇到的最大风险就是信息不能读取或因为自然、人为等原因而彻底消失。历史上，由于天气、环境灾害、人为破坏等原因导致的数字信息丢失事件屡见不鲜。如何从技术层面上保证数字信息的长久保存，一直是保护技术领域乃至计算机领域研究的重点问题。

长期保存数字信息常用的具体措施有迁移法和仿真法。前者着眼于数字信息本身，通过改变和更新数字信息的格式，使其适应于新的软件和硬件环境，其目的在于确保用户使用当前软硬件有效地访问和浏览过去的数字档案文献信息。后者并不改变数字档案文献信息本身，而是改变数字档案文献信息所在的环境，其目的是构建一个采用新的软硬件技术访问原格式数字信息的环境。仿真法的最大优点在于保持数字信息的外观，最大的缺点是开发和维护这种仿真工具是非常复杂的，也是很困难的。一是成本很高，在实际应用中，要维护多个仿真工具，给人们带来了许多工作，增加了许多负担，而且即使这样也很难确保这些工具对未来计算机平台的有效性，有时难免会出现保存不完整的现象。在迁移、仿真的保存技术策略研究中，可利用 XML 作为迁移中间格式进行保存。

数字信息的长期保存涉及存储系统的建设和存储方式的选择。不同规模、不同条件的档案馆，数字化的进程是不同的，根据不同时期“数字化”发展的水平和数字化信息类型，可分别选择磁盘阵列技术（Redundant Arrays of Independent Disks，RAID）、网络附加信息存储（Network Attached Storage，NAS）、信息存储局域网络（Storage Area Network，SAN）。目前比较先进的存储技术是基于光通道的异构存储区域网技术，实现了异构环境下的块级数据共享。依据数字档案文献生成的阶段和用途可以采取分级存储的方式，实现档案文献遗产在存储设备之间的自动迁移。

随着长期保存系统的不断发展，人们越来越关注系统及服务可信度的认证。有关认证指标的早期研究多从开发一套具备普适性的指标体系入手，忽略长期保存系统的个体差异；而当认证准备进入应用阶段时，本地环境成为一个不容忽视的重要因素。长期保存系统在接受外部认证前，往往需要根据认证指标事先自审。针对这种情况，应建立一套基于风险管理的数字仓储审计方法，把长期保存活动中的不确定因素转化为具体的风险，并加以有效的评估、测量、管理及预防，帮助长期保存系统更好地了解其任务、目标、相关活动及资源等，全面把握自身的优劣势，最终为外部认证做好准备。

在网络世界里，人们开始了对入侵检测技术的研究及开发。入侵检测技术很像在机场安装了多台摄像头，实时观察乘客的行为，以发现安全问题。IDS 可以弥补防火墙的不足，为网络提供实时的监控，并且在发现入侵的初期采取相应的防护手段。IDS 是英文“Intrusion Detection Systems”的缩写，中文意思是“入侵检测系统”。从专业上讲就是依照一定的安全策略，对网络、系统的运行状况进行监视，尽可能发现各种攻击企图、攻击行为或者攻击结果，以保证网络系统资源的机密性、完整性和可用性。但是，人们也逐渐意识到 IDS 所面临的问题——较高的漏报率和误报率。这已经是世界性难题，就像机场的监控录像不能监控到每个角落，不能从人的行为举止完全准确地判断出其是否为恐怖分子一样，IDS 是以被动的方式工作，只能检测攻击，而不能做到真正实时地阻止攻击。机场的监控录像最有价值的地方其实是在恐怖事件发生后，警察通过备份的监控录像查找可疑分子，为破案提供线索。

与传统的纸质文献载体不同，数字信息的载体多种多样，包括软盘、光盘、硬盘等。不论采取什么样的介质进行存储，它们与传统的纸质文献相比，都具有存储信息容量大、读取速度较快等特点。但由于存储载体的变化，数字信息的读取方式也发生了根本的改变。数字信息的读取过多地依赖诸如电子计算机等信息技术设备，对技术设备本身的要求也相对较高，这无疑给数字信息的保存增加了难度。

2.3.2 人员问题

在信息时代，数字信息资源在社会市场竞争中已经超过了原有的能源、人力、土地等资源，具有举足轻重的作用。也许少量的数字信息，就可以使一个人、一个组织甚至一个国家获得巨大的收益或者遭受巨大的损失。保存了这些重要的数字信息，就是保存了一个国家的根本命脉。数字信息对于技术和存储环境等要求很高，这就需要有专业的人员进行数字信息保存。

国外媒体报道，调研机构 IT Policy Compliance Group（IT PCG）调查结果显示，企业数据丢失主要系内部雇员所为，而并非黑客攻击。IT PCG 数据显示：68%的企业表示，每年发生 6 起敏感数据丢失事件；20%的企业表示，每年发生 22 起，甚至更多敏感数据丢失事件。调查结果发现，75%的数据丢失源自内部雇员错误，而黑客攻击仅占到了 20%。

在 1998 年 3 月 6 日颁布的《中华人民共和国计算机信息网络国际联网管理暂行规定实施办法》中规定了网络管理员的管理原则、管理手段、管理职责及应遵守的相关法律法规。网络管理员应熟悉被管理网络的类型、功能、拓扑结构、所处的地理环境，通信设备的性能，软件系统的种类和版本，数据库管理系统的数据结构、数据流量和数据处理流程等。在网络系统工程建设完成后，网络管理员应负责网络的扩展、服务、维护、优化及保障检修等日常管理工作。国际标准化组织只定义了网络管理的五项功能，而对于每个实际网络的管理模式，由于各个网络的实际情况不同，很难确定每个网络应该采用的标准管理模式。但随着实际网络管理经验的逐步积累，人们逐渐从大量的实践中总结出一套行之有效的网络管理模式（见表 2—1）。

表 2—1 **网络管理的职责和内容**

序号	职责	内容
1	网络服务器的管理	配置和管理服务器属性，对服务器上的信息不断地进行充实与更新。
2	网络用户的管理	根据单位人员的工作职权和人员变动情况，为每个用户设置账户、密码和分配不同的网络访问权限，设置对 Web 内容的访问权限等。

续前表

序号	职责	内容
3	网络文件和目录的管理	设置目录和文件的共享权限、安全性权限，导出需共享的目录，建立逻辑驱动器与共享目录的连接。检查文件系统的安全，定期搜索系统信息并与主检查表进行比较，查找所有未授权用户随意修改的文件，并且确保在被修改之后能够恢复文件系统。防止数据丢失和数据修复，备份网络数据和建立数据镜像站点（将数据完全地复制到另一台计算机上），重定向恢复数据文件和对敏感数据进行加密管理等。
4	网络打印机的配置和管理	创建网络打印机服务器，设置网络打印机的策略、共享属性和安全规则。
5	IP 地址的管理	给网络设备分配特定的 IP 地址，对某些计算机的 IP 地址进行动态分配，对一些工作站的访问分配公用 IP 地址。
6	网络安全管理	网络管理员导出监视配置，设置图表视图选项、系统管理报警选项、事件日志类型。建立审核策略，监视网络活动、网络流量和网络服务。进行故障的分组测试，分析网络故障发生概率，严格管理防火墙账号和口令，堵塞入侵者的攻击路径，应对入侵者攻击等。
7	网络布线的日常维护	建立网络布线基准文档，对网络布线故障进行测试与定位。
8	关键设备的管理	对这些网络设备的管理，除了通过分管软件监视其工作状态外，更要做好它们的备份工作。

目前，我国虽然建有很多信息中心来进行数字信息的保存，但是这些数字信息保存人员对自己的保管职责并不是十分明确，只是一味地认为保证信息不丢失就可以，而忽略了其他方面的保管措施，诸如法律和制度的维护、保管政策的制定、资金的维护等方面的问题。数字信息保管人员仅仅关注技术层面的保存是远远不够的，只有加强宏观层面的保存管理，才能够使数字信息长久保存下去。

2.3.3　安全问题

数字信息安全是数字信息长期保存的一个重要组成部分，如果没有建立信息安全战略，会使被保存的数字信息在存储和流转中很容易受到攻击，由此造成数据丢失或者毁坏，带来很大的麻烦。因此，对于任何一家数字信息保存单位来说，保障信息安全都是它们日常工作的一个重要内容。

中国计算机报调研中心进行的调研发现，68%的企业都针对本企业的网络系统安装了相应的企业级防毒产品，其中包括防病毒软件、防火墙、入侵检测系统等；而 32%的企业要求每台接入网络的电脑安装个人单机版防毒软件。调查还发现，6%的企业还没有强行规定企业员工安装防病毒软件。在保障信息安全的另一个重要措施——数据备份方面，首席信息官都非常重视共享数据的备份。90%的企业都已经对服务器上的共享数据进行了备份。此外，有 4%的企业还要求员工个人进行数据的有效备份。只有 6%的企业还没有提出对数据备份的要求。

尽管首席信息官们对自己的信息安全部署非常自信，事实却远没有他们所想象的那么乐观。调查发现，33%的企业在最近半年内发生过重大的病毒爆发、黑客入侵或数据丢失事件。从调查中可以发现，缺乏长远的、整体的信息安全规划，是问题的关键。从调查结果来看，74%的企业到目前为止还没有制定相应的信息安全战略。而 3%的企业虽然已经制定了信息安全战略，却没能够及时更新。今天的信息技术已经是瞬息万变，这种缺乏时效性的信息安全战略，可能会隐藏很多问题。值得庆幸的是，在被调查的企业中，23%的企业不但已经制定了信息安全战略，而且定期进行更新。由此可见，现阶段我国企业在信息安全工作上，应该加强信息安全战略的制定和完善。

中国信息安全的不成熟已经影响到了经济发展。2008 年 3 月 7 日到 5 月 4 日，普华永道与 CIO 杂志、CSO 杂志共同进行了一项全球范围的信息安全状况调查，超过 119 个国家来自各个行业的 7 200 位 IT、安全、商务主管人士接受了这项调查。调查显示，中国受访机构的金融损失比例为 23%，知识产权盗窃比例为 18%，这些指数均为受访各国的最高值。在“定期的威胁与易受攻击性评估”、“制定知识产权保护策略与措施”等方面，中国受访者的情况也都落后于全球平均水平。

另外，中国的公司还忽略了一些信息安全战略和管理流程。比如，74%的中国公司没有首席信息官（调查总数平均值为 68%），59%的中国公司没有总体信息安全战略（调查总数平均值为 43%）。更为突出的是，只有很少部分的中国公司有知识产权的政策流程——这可能解释了为什么在中国非法利用已知操作系统和应用系统弱点是恶意攻击的主要方式，因为在中国盗版软件很常见，而盗版软件不支持软件“补丁”，很容易造成系统漏洞。

我国公安部 2004 年的一份信息网络安全状况调查显示，在被调查的7 072 家政府、金融证券、教育科研、电信、广电、能源交通、国防和商贸企业等信息网络中，发生网络安全事件的比例为 58%。其中，计算机病毒、蠕虫和木马程序造成的安全事件占安全事件总数的 79%，拒绝服务、端口扫描和篡改网页等网络攻击事件占43%，大规模垃圾邮件传播造成的安全事件占36%。特别是，计算机病毒的感染率为87.9%，比2003年增加了2%。上述调查对象都是国内信息安全投入比较高的大行业，防火墙、入侵检测、防病毒等常见安全产品基本都已部署，但仍然遭受了触目惊心的安全危害。

就像“9·11”之后的美国，人们突然发现，以前大家对安全问题的看法已经不适合新形势的需要了，原本人们认为固若金汤的美国本土，被新的攻击手段炸得千疮百孔。同样，对于目前的互联网和网络安全部署大家原本很乐观，但上面列举的这些触目惊心的危害清楚地表明，在层出不穷的攻击手段面前，我们的网络安全保护措施已经落后了。相比之下，安全意识较强的一些大型公司在出现安全问题的数量和控制发生安全问题的成本花费上都有所降低，但是对于安全意识相对薄弱的小型公司来说，不但出现安全事故的次数增加了，而且公司花在安全问题上的成本也在不断上升。

2.3.4 战略管理问题

技术对于数字信息的长期保存具有至关重要的作用，但是长久保存的战略性管理同样影响到数字信息的保存质量。数字信息保存机构人员应该把数字信息的保存当成一种事业、一种战略规划，应该从管理系统的角度来对数字信息保存进行有序规划。数字信息的不稳定性、其存储介质的寿命问题，都迫使人们在不断进行技术更新之外，运用管理思想进行数字信息保存。构建专业的数字信息保存体系，建立完善的风险预警、风险管理、风险评估机制，构建数字信息保存部门间的协作关系，才能对数字信息实行最全面、经济、合法的长期保存。

存储管理是指对数字信息进行的复制、迁移和仿真等形式的处理。具体应当包括：验证数字信息有效性、安装和卸载支持运行平台、文档管理和数据处理、软件更新或升级、扩展服务功能和服务管理。存储管理可以保障数字信息存储者采取有效的保存技术措施，同时也是其有效开展保存和服务的基础。

数字信息的保存与存储应考虑现有和未来的发展条件及环境，格外留心文件的收集、复制、选择和长期保存方案、方法、政策。数字信息的选择要适当考虑数字信息内容、类型、表现形式和载体类型，同时要考虑到获取资源的方式和保存模式的选择。

存储活动是通过存储者的工作来完成的。存储者有责任按照保存授权协议接受待保存的数字信息，包括对提供的数字信息进行审核，检查数据内容的真实性、完整性、有效性和安全性等。如果提交的数字信息存在质量问题，要求数字信息提供者无偿替换，这方面可借鉴我国《电子文件归档与管理规范》(GB/T18894：2002)。

保存者应意识到自己的权力，在一定范围内进行各种操作。在通常情况下，对于归档的数字信息，可以在本单位规定的范围内提供利用，或通过互联网在规定的IP地址范围内开展利用。对于不同的数字信息，各国都有其规定的范围、提供使用的时间。保存者的权力应该主要限制于决定存储地点、复制次数、保存载体、存储系统类型、保存系统模式、IP地址系统内部档案传递的方式和数量等，保存权力的限制直接影响到数字信息长期保存活动的质量，影响到各方利益的获取和维护。

为了保证数字信息的安全性和长期有效性，存储管理应考虑以下内容：(1)定期或不定期对保存的数字信息进行安全性、有效性、物理环境、数据可读性的检查和维护；(2)负责跟踪相关技术的发展，寻找合适的时机进行必需的数据复制、数据迁移和系统仿真等保存技术工作；(3)采取微机管理策略，对数据、系统软件以及责任体系进行备份，建立安全的长期存储系统，负责对数字信息保存整个过程进行质量监督；(4)当存储系统或使用平台出现故障时，存储者应及时采取有效解决措施，并通知利用者。

保存模式的选择是数字信息存储部门对政策与计划的具体落实。在选择保存模式时，保存者需要考虑数字信息的种类、数字信息拥有者的委托协议和保存者的实力等，以经济、稳定和安全的方式保存委托的数字信息。为此，应考虑：(1)存储模式的标准化和广泛性，必须是被相关行业认同和有广泛支持力度的，应得到商业使用者、档案信息资源使用者的广泛支持；(2)存储模式应是公开的，而非私有的，存储模式应有已公开出版的技术资料或公开利用的详细说明书和公开的标准；(3)存储模式应支持元数据，保存格式在其字符流中应有存储元数据的能力，而且对被选的技术有元数据标准支持；(4)存储模式对存储介质的依赖程度尽可能地低；(5)存储模式安全，能实现功能性关闭，如能够限制打印和修改，内容能加密，降低泄露率；(6)用户易用，易用性主要包括是否需要额外增加插件，是否有广泛的支持，是否有高可访问性，等等，同时要考虑个性化的需求，通过服务器的自动工具处理、产生和传递信息，如可视化水印、非常用的图像尺寸和分辨率等。

存储信息的质量管理是指保证保存质量和利用质量，主要包括定期或不定期地检查保存工作，遵守保存授权协议，检查转移数据的迁移和仿真工作。在使用时发现问题后，追踪信息的来源、检查存储过程、跟踪相关技术、提出相应的解决办法。

数字信息的保存应选择合适的数字信息产生的技术平台，使其在产生之初就能满足当前标准与最新技术要求，这是保证数字信息长期存取的第一道防线，同时在可持续发展的原则下为今后随着技术的发展而发展留下一定的兼容和扩充余地。为保证数字信息能够共享并且具有最大限度的互操作性，必须制定一定的数字信息存储规范。这需要管理者把握技术发展脉搏，了解真实的需求和实际应用，正确地挑选产生数字信息的系统硬件、软件与载体，避免产生的数字信息过早地被淘汰。

保存与维护数字信息的存取是一个涉及多因素、有风险的管理过程，它与机构间合作、政策和法规、经济和技术以及商业竞争等因素有关。数字信息长期保存的合作研究，不仅需要在本国进行，更需要在世界范围内跨行业进行。同时，只有通过合作才能更好地完成数字对象的定位、选择、鉴别、编目与保留。广泛合作有利于数字信息格式标准的统一、数字信息迁移路径的公布以及其他可以付诸实施的保护数字信息长期存取的措施。另一方面要加强整合集成、突破难点的观点，将现有的档案保护技术、文物、法律、电子商务、IT 等成果和资源整合，集中解决困难。数字信息已经成为一个不属于任何特定系统的实体，成为一种可以共同享用的财富。数字信息一经产生，无论在任何单位或部门，都会遇到长期存储的问题。尤其是数字图书馆或档案馆、IT、电子商务、标准部门等对这一问题格外关注。近些年在这方面取得了不少研究成果，如果能将这些成果充分利用，建立合作研究的平台，将有利于数字信息长期存取的深入研究，避免低水平的重复。

2.4　数字信息保存的风险

数字信息保存的风险包括收集信息的风险和数据保存的风险。收集信息的风险一方面是由于信息来源不同、呈交制度不固定导致信息丢失或收集信息不全；另一方面是由于数据库产生的动态信息隐藏在许多静态页面之下，“深层信息”没有获得。数据保存的风险还在于是否能使所保存的内容和功能再现。一般来讲，有三种原因造成数字信息不可读。一是存储介质降级：磁带和磁盘的物理生命周期比缩微片和无酸纸要短，存储介质失效造成数据损失。二是相应软件失效：程序的替代版本即使是兼容的，也总是有时间限度的，这将导致文件信息丢失。三是计算机的新系统和外围配置不支持老产品，不可能为了使原有文件可读而长期保留老计算机和外围设备。

2.4.1 长期存储和存取风险

信息存储载体的风险指由于各种存储介质的物理构成不同导致的信息使用风险，如由于长期的物理或化学过程而造成载体的物理劣变、载体的机械磨损或毁坏、访问载体的设备或载体自身过时（如光盘、软盘）。硬件故障带来的风险主要有存储介质损毁或过时、系统各类硬件故障、硬件过时以及网络通信、服务故障等。软件故障带来的风险主要有软件错误、故障或软件过时、病毒或蠕虫袭击；而且软件过时，还面临着数据信息将不能再从原来的存储格式中读取出来的风险。信息存放空间的风险指由于以不同载体形式存在的信息资源在图书馆中存放的物理空间不同而导致的信息资源使用风险。例如，处于网络中的电子资源时效性很强，同一网页过一段时间之后内容可能发生变化，甚至不复存在。即便是将数字信息存储在本地，也存在着未来数据格式转换和长期保存的安全风险。

2.4.2 知识产权风险

数字信息长期保存的知识产权问题涉及数字信息的长期存储管理和网络传播与服务两个大的环节。对于数字信息的长期存储管理可以采取多种技术策略，如拷贝数据方式（原样拷贝、非原样拷贝）、保存管理技术方法（仿真、迁移、刷新）、保存内容深度（分三个层次：保存数字比特流、保存相关元数据、保存数据的支撑运行环境）、保存系统模式（根据“复原”原始系统提供服务的程度，分为阴暗存储系统、半透明存储系统、透明存储系统）等，它们都会从不同侧面涉及不同的知识产权问题，带来知识产权风险。作为服务提供方的数字信息中心以及其他信息服务机构并不能随意地、不加限制地提供服务，而是在一定限度和程度内“合理使用”，服务用户。但目前我国对于“合理使用”中“度”的概念并没有明确界定，不易准确把握。因此，利用长期保存资源提供服务不但有可能侵犯版权所有者的发行复制权、信息传播权等，而且往往还会牵扯到他们的经济利益和其他利益（例如，数据的“唯一发布者”和“核心服务者”权利）等，这些问题都将使长期保存资源在网络传播与服务中面临棘手的知识产权风险。

在数字信息知识产权的问题上，图书馆馆藏文献的数字化的知识产权问题并没有解决，反而已经成为数字图书馆规划与建设不能回避的问题。另外，数据库也存在着知识产权的风险，如果数据库并没有获取许可便私自将内容录入数据库，图书馆购买了这种数据库，其知识产权风险就有可能由数字图书馆承担。批量下载和滥用也是一个比较突出的知识产权问题。数字图书馆的知识产权问题已经引起社会的重视，这也是今后若干年数字图书馆面临的一个重大挑战。

2.4.3 经济风险

数字信息的长期保存是一个动态、持续的过程，在数字信息长期保存过程中需要保存数字信息本身及其相关技术、方法和工具，包括保存数字比特流、保存数字格式与处理信息、保存数字信息处理环境、保存数字信息的验证和管理机制、保存数字信息的组织和利用环节，这一切活动过程都需要经费的支持。因此数字信息的保存比传统纸质文献的保存对经费的依赖性更强，也更为脆弱。因此数字保存系统的成本经费预算必须把各种费用都考虑在内，同时许多费用又处于不断变化中，而且保存成本有时难以精确计算，因此，长期保存成本具有不可预测性。如果保存系统的某一环节缺少了经费支持，就会使整个系统面临瘫痪。

2.4.4 技术风险

主要包括根据保护数字信息任务的不同而采取的不同技术路线或技术方案所带来的风险，软件、硬件不配套所带来的风险，软件、硬件选择中存在的风险等。一个典型的例子是光盘塔的兴衰。从 20 世纪末到 21 世纪初，光盘数据库为主要数据库形式，许多图书馆未做详细技术论证就购置了光盘塔设备，结果在还没有得到充分使用时，光盘数据库技术就已经落后，光盘数据库逐渐被淘汰，磁盘阵列很快就取代光盘塔成为数字图书馆的主要存储设备，从而造成了资金的浪费。有些图书馆购买的软、硬件系统由于开发商退出市场而得不到后续的升级和维护服务。因此，保护数字信息的技术风险必须引起重视。

2.4.5 人员风险

数字保存系统是一个复杂的有机体，不仅包括所需要的技术支持、软硬件和资金等要素，还包括系统开发、运行和维护所需的各种人力资源及相应的组织机构等多方面的支持与配合。但保存周期的长期性和保存过程的难以预测性使得人力资源需求规划（如技能、时间、资金等）更加困难，随着时间流逝，这些组织也许会由于破产而消失或工作使命发生改变，系统赖以生存所需的技术支持和技术保障也将随之消失。而且将来系统还有可能被其他组织或机构接管，或是被适当处置。以上情况都有发生的可能，从而对长期保存系统带来不可估量的损失。在实际应用系统中，除了以上各种类型的风险和威胁外，许多威胁还是相互关联的，甚至会引起连锁反应，风险情形将更加复杂。

保护数字信息的一项基本要求是要有高素质和高业务水平的工作人员。由于保护数字信息的工作具有很强的技术性，需要长期的学习、培训和积累过程，需要不断了解技术的发展动态，创新性地开展技术革新，所以，如果数字保存技术保持故步自封的态度，终将不能适应技术的发展。数字保存技术特别需要与时俱进。技术人员，特别是关键岗位技术人员的流失往往会给保护数字信息的工作带来很大的损失，短时间内难以弥补。此外，技术人员的职业道德风险也需要注意，因为技术人员职业道德的缺失往往带来工作效率和服务水平的低下，从而对数字信息的保存带来损害。

2.4.6 安全风险

目前网络信息安全正遭受严峻挑战。病毒、外部入侵的黑客、拒绝服务攻击、内部的误用和滥用，以及各种灾难事故的发生，时刻威胁着网络的业务运转和网络信息安全。几年前的病毒、冲击波病毒造成的损失仍然令人心有余悸，而后来的“熊猫烧香”、“艾尼”病毒也给很多数字图书馆带来麻烦。几乎所有的单位和个人都发生过网络灾难，造成或大或小的损失。虽然采用了防火墙和防病毒软件，但病毒库升级不及时，防火墙策略设置不完善，或者管理措施不到位，往往是网络安全体系失效的重要原因。

2.5 保存数字信息的可行性认证

2.5.1 法律可行性

《信息安全等级保护管理办法》（公通字〔2007〕43号）（以下简称《管理办法》）已于2007年6月22日，由公安部、国家保密局、国家密码管理局、国务院信息化工作办公室等四个部门制定完成并审批通过。《管理办法》自发布之日起施行，意味着《信息安全等级保护管理办法（试行）》（公通字〔2006〕7号）同时废止。有关部门表示，首先，《管理办法》定级时更为客观地描述了信息系统安全保护等级：“从安全角度来讲，信息系统有自身的属性，不被行政监管、保护手段所左右。所以信息系统的安全等级直接表示为第一级、第二级……第五级，这是一个重大的变化。”其次，新办法不再将监管强度、保护措施与系统定级标准相对应，而是根据信息系统被侵害客体的受侵害程度进行划分。最后，等级保护工作的主要内容是定级、备案、系统建设整改、等级测评、监督检查，而科学、准确、公正地确定信息系统的安全等级是开展信息安全等级保护工作的关键。

2.5.2　政策制度可行性认证

2005年年底，公安部和国务院信息化工作办公室联合印发了《关于开展信息系统安全等级保护基础调查工作的通知》，拉开了2006年信息安全等级保护工作的序幕。

2006年1月9日，胡锦涛总书记在全国科学技术大会上发表了重要讲话，他动员全党全社会坚持走中国特色自主创新道路，为建设创新型国家而努力奋斗，并指出在新时期新阶段，“信息科技将进一步成为推动经济增长和知识传播应用进程的重要引擎”，“建设创新型国家，核心就是把增强自主创新能力作为发展科学技术的战略基点”，“抓住信息科技更新换代和新材料科技迅猛发展的难得机遇，把掌握装备制造业和信息产业核心技术的自主知识产权作为提高我国产业竞争力的突破口”。

2006年1月20日，公安部、国家保密局、国家密码管理局、国务院信息化工作办公室联合印发了《信息安全等级保护管理办法（试行）》，并于2006年3月正式实施。为了配合办法的实施，全国各级公安相关部门已经就相关单位的信息系统安全等级保护基础信息开展了全面调查。

2006年2月，国务院发布《国家中长期科学和技术发展规划纲要（2006—2020年）》，明确指出了未来15年信息安全技术发展的重点：

（1）掌握集成电路及关键元器件、大型软件、高性能计算、宽带无线移动通信、下一代网络等核心技术。

（2）开发网络信息安全技术及相关产品，建立信息安全技术保障体系，具备防范各种信息安全突发事件的技术能力。

（3）重点研究开发国家基础信息网络和重要信息系统中的安全保障技术，开发复杂大系统下的网络生存、主动实时防护、安全存储、网络病毒防范、恶意攻击防范、网络信任体系与新的密码技术等。

2006年3月，中央办公厅、国务院办公厅联合印发了《2006—2020年国家信息化发展战略》（以下简称《战略》），提出了全面加强国家信息安全保障体系、增强国家信息安全保障能力的战略目标。《战略》是继中办发〔2003〕27号文件后提出的包括信息安全工作在内的又一纲领性文件，其战略任务可概括为完成信息安全保障六项工作和提高信息安全保障六大能力。

信息安全保障六项工作可概括为：建立和完善信息安全等级保护制度；建设以密码为基础的网络信任体系；建设和完善信息安全监控体系，加强网络防范，防止有害信息传播；做好信息安全应急处置工作；做好信息安全风险评估工作，综合平衡安全成本和风险，确保重点，优化信息安全资源配置；促进资源共享，加强灾难备份体系建设。

提高信息安全保障六大能力可概括为：信息安全核心产品和技术的自主创新能力；信息安全人才保障能力；信息安全法律保障能力；信息安全基础设施支撑能力；网络宣传驾驭能力；国际影响力。

2006 年 3 月 14 日，全国人大第四次会议讨论通过的《中华人民共和国国民经济和社会发展第十一个五年规划纲要》提出，"积极防御、综合防范"、提高信息安全保障能力的任务。信息安全保障被列入国家"十一五"规划，再显中央对信息安全工作的重视程度。

2006 年 6 月 6 日，公安部、国家密码管理局、国务院信息化工作办公室联合下发了《关于开展信息安全等级保护试点工作的通知》。

2006 年 8 月，信息安全等级保护试点工作会议召开，全面部署了试点工作，并选择了北京、山西、上海、江苏、浙江、安徽、江西、山东、河南、湖北、广东、广西、重庆等 13 个试点省市。11 月底各试点单位完成了试点的各项任务，为在全国范围内开展信息安全等级保护工作打下了基础。信息安全风险评估相关标准的起草工作取得了阶段性进展，《信息安全风险评估指南》正式更名为《信息安全技术信息安全风险评估规范》，并已通过了信息安全标准委员会的评审程序，于 2007 年颁布。与评估标准相配套的《信息安全风险管理指南》已完成征求意见稿，并于 2009 年颁布。

为配合国家科技创新战略和国家信息化发展规划，国家发展与改革委员会、国家科学技术部、国家自然科学基金委员会、教育部、信息产业部等相关部门出台了相关配套政策，增加了对信息安全基础理论、关键产品和核心技术的研发力度。

《国家"十一五"科学技术发展规划》规定：在信息领域，重点研究开发高性能 CPU 和面向网络通信、信息家电、信息安全和工业控制的系统芯片；研究新一代网络与通信关键技术、传感器网络与智能信息处理技术以及新型开放式架构核心路由器、服务器和低成本网络信息终端。国家"863"计划根据国际信息安全技术发展态势，结合我国信息安全技术实际应用需求，重点支持复杂系统下的网络生存、主动实时防护、安全存储、网络病毒防范、网络信任保障等技术和系统的研发。

《国家自然科学基金"十一五"发展规划》在完善学科布局和部署优先发展领域方面面向信息科学研究倾斜，把信息安全领域中的可信计算、包括量子密码的量子调控理论和技术作为未来五年的重点支持领域。

《信息产业科技发展“十一五”规划和2020年中长期规划纲要》提出使集成电路在信息安全和国防安全领域的自给率达到70%以上的建设目标，并重点支持和发展密码技术，安全处理芯片，电子认证、责任认定、授权管理，计算环境和终端安全处理，网络和通信边界安全，应急响应和灾难恢复，信息安全测评等技术和相关产品。

2006年，国务院发布了《国家突发公共事件总体应急预案》、18项国家专项应急预案、57项国家部门应急预案和31个省级总体预案，突发事件的应急管理工作受到了空前重视。其中，《国家通信保障应急预案》、《互联网网络安全应急预案》、《铁路网络与信息安全事故应急预案》等多项预案都与信息安全保障工作紧密相关。相关部门积极落实应急处置预案，重要信息系统的应急处置和灾难备份工作取得了一定进展。

2.5.3　技术认证

基于对称密钥、公开密钥以及安全Hash函数等基本安全技术和算法，电子商务采用以下几种认证技术来解决电子商务应用中遇到的各种问题：(1) 采用信息摘要方法解决信息的完整性问题；(2) 采用数字信封技术保证数据的传输安全；(3) 采用数字签名技术进行发送者的身份认证，并同时保证数据的完整性，完成交易的不可否认性；(4) 采用口令认证技术或公开密钥技术进行身份认证。

信息摘要是唯一的对应一个信息的值，它是由单向Hash加密算法对一个信息作用而生成的，有固定的长度。所谓单向是指不能被解密。不同的信息其摘要不同，相同的信息其摘要相同，摘要成为信息“指纹”，以验证信息是否是“真身”。发送端将信息和摘要一同发送，接收端收到后，Hash函数对收到的信息产生一个摘要，与收到的摘要对比，若相同，则说明收到的信息是完整的，在传输过程中没有被修改，否则，就是被修改过，不是原信息。信息摘要方法解决了信息的完整性问题。

加数字信封技术结合了对称密钥和公开密钥加密技术的优点，并可克服对称密钥加密中对称密钥分发困难和公开密钥加密中加密时间长的问题。它使用两个层次的加密，从而既有公开密钥技术的灵活性，又有对称密钥技术的高效性。数字信封技术在外层使用公开密钥加密技术，享受到公开密钥技术的灵活性；内层的对称密钥长度通常较短，使得公开密钥加密的相对低效率被限制在最低限度。

加数字信封的过程为：使用对称密钥来加密数据，然后将此对称密钥用接收者的公钥加密，称为消息的“数字信封”，再将其和数据一起送给接收者。接收者先用自己的私钥解密数字信封，得到对称密钥，然后使用对称密钥解开数据。

数字签名（digital signature）是公开密钥加密技术的另一类应用。数字签名的过程为：发送方用单向 Hash 加密算法生成信息摘要，将此摘要用发送者的私钥加密，与原文一起传送给接收者。接收者要有发送者的公钥才能解密被加密的摘要，然后用 Hash 函数对收到的原文产生一个摘要，与解密的摘要作对比，若相同，则说明收到的信息是完整的，在传输过程中没有被修改，否则，就是被修改过，不是原信息；同时，也证明发送者不能否认自己发送了信息。这样，数字签名就保证了信息的完整性和发送者的身份认证及不可否认性。

在电子交易中，需对交易文件的日期和时间信息采取安全措施，数字时间戳（Digital Time-Stamp，DTS）就是用来证明信息的收发时间的。数字时间戳服务是网上安全服务项目，由专门的机构提供。时间戳（time-stamp）是一个经加密后形成的凭证文档，它包括三个部分：需加时间戳的文本的摘要（digest）、收到文件的日期和时间及数字签名。

加数字时间戳的过程为：用户首先将需要加时间戳的文件用 Hash 函数加密形成摘要，然后将摘要发送到专门提供数字时间戳服务的权威机构，该机构对原摘要加上时间戳后，进行数字签名（用私钥加密），并发送给用户。

口令认证必须具备一个前提：请求认证者必须具有一个 ID，该 ID 必须在认证者的用户数据库（该数据库必须包括 ID 和口令）中是唯一的。同时，为了保证认证的有效性必须考虑到以下问题：在认证的过程中，必须保证口令的传输是安全的。请求认证者在向认证者请求认证前，必须确认认证者的真实身份。

上述数字信息认证技术保证数字信息在管理与保存过程中的完整性、原始性和真实性，随着电子商务和电子政务技术的发展，数字认证技术会有突破性的进展。

由于我国目前的信息安全保障总体上还处于发展的初级阶段，现在国内主流信息安全产品防毒软件、防火墙、IDS/IPS 等都是从网络层或者应用层进行安全防护，缺乏对服务器操作系统的防护。实现有效的保障服务器系统安全，成为信息化发展建设中至关重要的一环，成为企业、专家以及国家主管部门关注的焦点。

近年来，通过国家政府主管部门、各地方部门等多方面的共同努力与协调配合，我国信息安全保障工作有了较大的进步，出台了一系列关于加强信息安全工作的重大决策。2007 年，国家标准化委员会正式公布了 GB/T 21028：2007《信息安全技术、服务器安全技术要求》国家标准。该标准的发布，是继国务院信息化工作办公室、公安部、国家保密局、国家密码管理局等联合制定了《信息安全等级保护管理办法》之后在推进信息安全等级保护工作方面的又一项重大举措，加深了企业网络安全防护系统的内涵。随着人们对保护数字信息的意识越来越强烈，数字信息的保护技术也得到了长足的发展。GB/T21028：2007《信息安全技术、服务器安全技术要求》只是数字信息保护技术发展的一个缩影，相信随着时代的进步和技术的发展，我国的数字信息领域会有更多的技术出现，以保护数字信息的长久性和可持续性。

第三章 数字信息保存系统的建设

- 数字信息保存工作流程架构
- 数字信息保存系统分析
- 数字信息保存系统类型及功能
- 数字信息保存数据库开发
- 数字信息保存环境分析
- 数字信息保存系统使用权限管理

数字信息保存系统是以互联网为媒介、以文化资产为内涵、以信息技术为工具所打造的数字信息库。就数字保存而言，保存内涵与信息技术二者存在着高度的相关性。尤其对重要的数字遗产信息而言，更是需要合适的信息技术的整合才能发挥出保存本身的价值。因此，适时导入有效率、最符合成本效益的工具、系统、标准与流程等，改进相关技术，才能达到数字保存目标的永久性、连续性、可扩充性与务实性。若从数字保存涵盖的层面来看，凡数据采集与数字化、内涵分析与元数据（metadata）建置、信息检索与数据挖掘（data mining）、使用者互动机制与接口设计、数据呈现与展示、系统安全与数据备份，乃至计算机网络与平台建构等，信息技术均扮演着不可或缺的角色。故本章将从信息技术层面切入，描绘数字信息保存工作流程架构及相关议题，以确保读者对数字保存技术及其应用有一个全面的认识，并从数字信息生命周期的角度提出数字信息保存系统的建设问题。

3.1　数字信息保存工作流程的架构

数字信息是数字保存的核心元素，数字信息生命周期包含生产、保存、传播与使用（呈现）四个阶段。然而，当我们在思考数字保存的意义时，不能单纯地只把它当作一种数据转换的程序看待。若从更深入的角度去分析，就会发现数字保存的发展过程包含下列六个工作流程。

（1）采集：依据不同保存品的类别，以在有系统且有计划的累积搜集文物及展示教育活动过程中，所产出的照片、录音带、录像带、幻灯片及文件手稿等媒体记录，作为数字化的素材。

（2）加工：运用信息技术，将所搜集的媒体数据转换为可以储存、处理及编辑的形式，并对每件数字化保存资源加以组织及分类，进行保存品本身的数据描述记录，以作为保存品本身及各种媒体数据知识化的批注说明及使用者查询时的索引工具。

（3）保存：通过进行整体性的保存环境规划，建构合适的信息系统，并利用系统运作达到数字数据的保存及管理功能。

（4）应用增值：应用信息技术，将数字化的素材结合专业人员的描述批注，配合各种应用及各类使用者的需求，编辑组合成各类网络服务或信息产品。

（5）传播：将所提供的信息服务及产品，利用互联网或电子媒体（E-media）传达给使用者，传送过程考虑使用者的需求及使用端设备的差异，调试兼容性。

（6）使用与呈现：设计多种信息存取方法，包括浏览及查询，以供使用者快速获取信息。

数字保存流程，对应信息生命周期的生产、保存、传播、使用等四个阶段，即可建构出一个完整的数字保存工作流程架构图（见图3—1）。图中的生产阶段可以包含数据采集和数字信息后制作两个程序，并且经过反复校对，达到数据的正确性与完整性；另外，因后加工而产出的大量数字化数据，与保存过程所发展出的信息系统，经由知识发掘的过程之后，可以进一步萃取出有用的知识内容；传播的阶段，是将保存的内容以及后设数据，改编为比较活泼生动的网页形式，以达到普及的目的；最后的使用阶段，则是利用索引

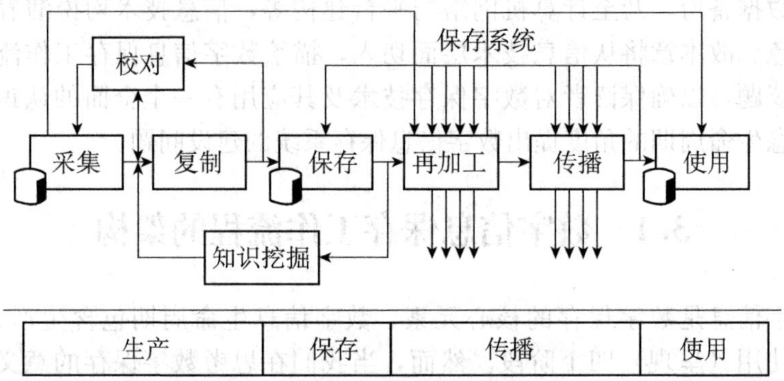

图 3—1　数字保存工作流程架构图

与检索架构，以及多媒体呈现等功能，让使用者利用网络来取得资讯，同时也可连接其他网站或保存系统的信息，达到数字信息的使用。基于以上说明，按照软件工程的模块化观点，可以将数字保存系统切分成数种阶层式的模块来讨论，包括：后设数据、数字保存系统、信息检索技术、图像管理、影音管理、版权管理以及应用系统等模块。如图 3—2 所示，利用阶层模块功能来表示数字保存系统的架构，每一阶层由一个或多个模块来提供特定功能。其中，底层模块提供与数据管理相关的功能，中层模块提供与数字数据应用相关的系统核心功能，上层模块则提供与使用者应用相关的增值应用功能。

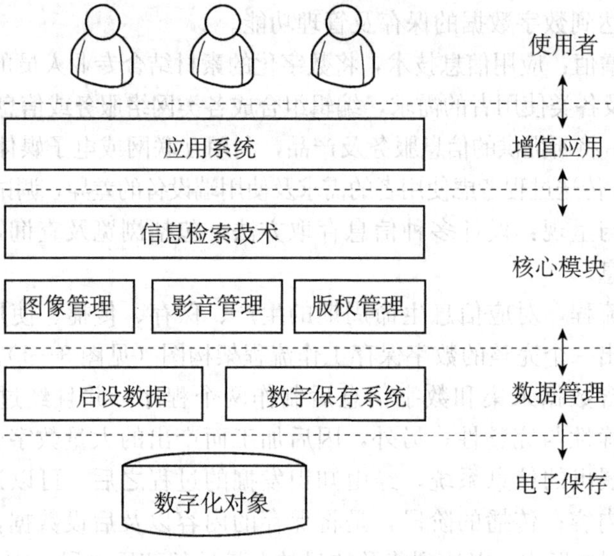

图 3—2　数字保存系统模块架构

数字保存系统的建设方法与传统系统建设方法并无太大的差异，同样是经由规划、分析、设计、开发四个步骤进行。规划是在系统建设前，必须尽可能从各方的需求着手进行通盘的计划；分析、设计是通过完整的系统分析方法，分阶段落实系统规格中的设计，以避免造成数字保存系统功能开发的重复、冲突或不足等情况；开发是经过完整的信息系统规划与分析，并整合领域知识专家的数字保存需求与应用需求，分阶段进行系统与相关的应用功能的开发。按照上述步骤，能建设出符合各项功能需求与目标的系统。

然而对数字保存而言，除了着重在系统层面的考虑外，另一个重点就是后设资料的规划设计。因此要建设一个数字保存系统，必须经过系统规划、元数据分析、系统分析与设计、系统开发等不同的工作程序。其流程如图3—3所示。

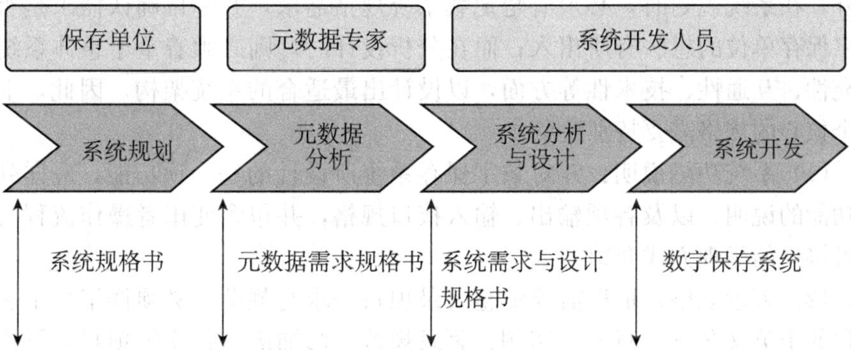

图3—3　数字保存系统建设流程

（1）系统规划：由数字保存单位针对自身数字保存的需求，规划出合适的系统规格与功能说明，并且对各项技术需求进行初步可行性评估，制作出系统规格书。

（2）元数据分析：由元数据专家访谈数字保存单位的内容专家，充分了解数字保存资料的内容与该单位的需求后，设计出一套合适的元数据结构与属性。最后通过制作元数据需求规格书，以确认元数据需求，并作为数字保存单位、元数据专家、系统开发人员三方面的沟通桥梁，促使不同专业领域达成相同共识。

（3）系统分析与设计：为了确保数字保存单位的需求能被完整地呈现于数字保存系统中，系统开发人员在与数字保存单位沟通，并分析使用者的系统功能性需求后，再进行系统的流程与功能设计。最后利用系统需求规格书及设计规格书来描述系统内容，让数字保存单位能快速了解系统全貌，以确保每一个程序的正确性，避免系统完成后与使用者有认知上的落差。

(4) 系统开发：系统开发人员经过专业的技术与知识训练后，依照系统分析文件中的规格，利用各种信息工具开发出系统功能，并且整合相关的信息技术，如数据管理（包含著录、查询、维护）、数据搜索（包含影像比对、全文检索、网页搜索、数据库查询）及浏览（包含分群、分类）等相关技术，以建构出一个完整的数字保存系统。

数字保存系统建设的每个过程，都需要花费相当多的人力与时间，并且需由不同角色的专业人员，通过分工方式针对系统进行客制化处理。尤其是数字保存单位、元数据专家及系统开发人员三方面，只有密切沟通并分工合作，以减少可能产生人为错误的情况，才能让有限的人力被更有效地运用。另外，在系统规划时，必须清楚记载系统规格需求，并一再确认需求是否与数字保存单位的想法有所出入；而在分析设计时，则必须着重于整体系统的扩充性、互通性、技术性等方面，以设计出最适合的系统架构。因此，下面几个核心的规格需要特别注意。

(1) 系统功能说明：针对数字保存系统所设计的每一项功能，应详列各项功能的说明，以及各项输出、输入接口规格，并包含使用者操作流程与使用者接口的呈现方式介绍。

(2) 著录规格：根据需求汇整著录项目需求与规范，必须详记各个著录项目的中英文名称、意义、实例、著录规范、修饰语与备注等项目，以作为数据操作人员在数据编修时的依据与系统设计时的准则。

(3) 数据库字段定义：根据元数据需求规格书中对于著录规范与内容关系架构所设计出来的数据库字段规格，是系统开发人员重要的参考依据。因此资料库字段规格必须详细包含数据表名称、字段名称、字段别名、字段形态、字段大小与备注等说明。尤其是字段名称与别名须尽可能与著录规格相同，并须明确记录该字段是否需索引、是否为主键（primary key）或外来键（foreign key）等信息。

(4) 相关技术需求：在数字保存系统建设过程中，需要整合各项信息与技术，因此对于关键性的技术议题，应详细提供确认、评估及选择技术解决方案的结果，以符合系统发展的目标。

3.2 数字保存系统分析

系统分析是保存系统建设过程中必经的阶段，系统建设成功与否，关键在于分析工作是否完整且彻底。系统分析的目的是将使用者的需求以直接、具体、有系统的方式正确且清楚地记录下来。因此，大部分的关键因素取决于系统分析人员的训练与经验，有经验的分析人员能够快速地掌握使用者的需求，减少系统开发时的错误与时间的浪费。

3.2.1 使用者分析

数字保存系统的主要功能是建置一个完整的数字化环境，并提供各种保存工作流程所需的信息服务。对于每个保存工作，可依照功能需求以及使用模式，对应到不同的使用者族群。因此，在进行系统分析时，必须了解系统可能的目标使用者（target users）。目标使用者不同，保存系统的定位及设计方式亦不同。故通过使用者分析，以清楚掌握保存系统未来的目标使用者、使用习惯、使用动机等因素，并针对不同的目标使用者，设计出合适的系统功能及操作流程，才能为使用者提供丰富、完整的系统服务。一般而言，保存系统的服务对象分为前端使用者与后端管理者。前端使用者可依照使用程度的不同，再区分为一般使用者与进阶使用者；而后端管理者可依照管理范围的不同，再区分为内容管理者与系统管理者。

（1）一般使用者：这类人员使用数字保存系统的主要目的，在于浏览或搜索一般性的信息，以充实自我。因此在系统设计时，需要一个简单、一致的检索与索引接口，以协助这类人员取得相关资料。

（2）进阶使用者：主要是从事保存相关工作的人员，或是使用特定保存资料进行更深一层研究的专家学者及研究人员。此类使用者，除了要更深入了解系统功能外，也需要更准确的信息搜索工具。

（3）内容管理者：主要负责保存品资料的整理工作。在系统建置完成后，他们负责著录后设数据内容，并校对数据的准确性。除了需要经常性地更新资料外，也需掌控资料对外开放的时机和范围。

（4）系统管理者：负责保存系统设计、制作、维护与管理的信息技术人员。他们不但熟悉系统整体的功能操作，而且能使用相关工具技术来维持系统的正常运作与管理各项工作流程。

3.2.2 系统需求分析

不同保存单位的保存系统需求差异甚大，即便是相同性质的保存内容，亦会因研究目的、观点的不同，而有不同的系统需求。也就是说，每个保存单位都有其独立的系统开发工作，且必须依照实际保存单位的需求，才能设计出适合保存单位的数字保存系统。因此系统需求分析，便是通过与保存单位沟通，以了解保存系统的需求，并将系统需求转换为系统开发人员所了解的技术规格。从系统需求分析中，可以了解保存系统可能包含的功能，而系统开发者对领域知识与系统使用者需求的了解程度，对整体保存系统发展的成功与否，影响甚巨。系统分析人员对该领域的了解程度越深，与保存单位的沟通就越容易；越了解保存单位的保存内容，对保存系统的需求掌握亦越正确。系统开发者在了解系统需求的过程中，必须掌握以下重点。

(1) 领域知识的吸收与快速撷取：充分了解该领域的基本运作、思考模式与语汇，有助于分析工作的进行。在分析过程中，亦可通过与保存单位的互动，吸收相关的知识内涵，并转换成对系统发展有用的知识。

(2) 取得保存单位的信任：系统的发展有赖于保存单位相关人员的配合，以对等的心态与本身的专业帮助保存单位解决其所面临的问题，会有助于整体工作的顺利进行。

(3) 充分沟通与了解：通过多次沟通与说明，探讨保存单位的需求，让双方充分了解彼此的想法后，再作判断或提建议，有助于取得彼此的信任，减少双方的隔阂。

(4) 掌握保存内容的内涵：通过对领域知识与保存单位的了解，掌握保存品间的关系及其知识架构。根据该知识架构与保存品间的关系分析，了解整体保存计划所包含的范围、系统功能规模及著录项目。需求分析阶段是系统开发时最重要也最复杂的阶段，必须经过缜密的思考及沟通，才能产生较完整的需求。这也依赖丰富的经验与专业素养，以及在分析的过程中，尽可能了解保存单位的真正需求，从中归纳出保存单位的作业流程、系统功能及管理方式等项目。

3.2.3 软件需求规格书

为了将系统分析的结果直接、具体且清楚地向系统开发人员表达，需将分析出来的需求，用系统化及文件化的方式记录下来。一般常用的方法便是撰写软件需求规格书（Software Requirements Specification，SRS)。SRS 用来描述软件产品的最终使用者的期望需求，它可以用来评估软件开发的成果是否达到当初厘定的使用者需求规格，并作为未来测试及验收的依据。因此在系统分析后，可将需求分析的结果以文字及图形的方式加以说明，撰写出一份容易了解、需求定义明确的软件需求规格书，作为系统分析师与使用者沟通的媒介。

3.3 数字保存系统类型及功能

系统设计是一个非常专业的工作，系统设计人员不仅要对系统规格有充分的了解，也要具备一定的技术背景。尤其在系统范围的掌握上，必须以宏观的角度切入，才能了解哪一个系统的哪一个流程的哪一个操作会有哪些使用者来使用，以及是否需要与其他系统整合等。如此才能清楚、明确地掌握在各子系统之间，如何制定标准的沟通规格，如何传递信息，以及要用什么样的技术来开发。数字信息保存系统的设计，通常必须考虑保存单位的实际使用情境，并根据系统需求设计出适合的系统架构与功能，绝对不能单从技术的角度以偏概全。

一般的数字保存系统，基本上要满足前端检索呈现与后端数据管理两个部分的需求。前者提供一般使用者检索与浏览保存数据的接口，后者为保存单位管理元的管理控制接口。

3.3.1 数字保存系统的几种类型

3.3.1.1 数据库系统

数字保存的目的，是希望通过信息技术来完整保存数据内涵。在保存系统中，必须清楚且完整地呈现出保存品应有的性质与特性，以及与其他保存品间的相互关系。因此，将文字、数值、图表、影像等数字化数据，经过系统的整理后，建设为数据库，除了方便数据管理外，也可提供各式信息的整合应用。由于不同厂商所提供的数据库工具在功能、规格与数据存取的效率上有所差异，因此，数据库的建设有相当大的难度。在数据库的接口设计上，建议采用 WWW 架构，通过网页操作，供多人同时在线著录与检索数据，并能够实现跨使用者平台；不要像过去的数据库，应用程序和数据操作接口往往绑在一起，导致程序散布及更新上的困难。

另外，在进行数据库设计时，除了考虑到元的管理与检索功能外，也要考虑如何将数据库的数据与多媒体的数据互相整合联结，以便日后展示使用时，能够呈现出最完整的保存品信息。

3.3.1.2 多媒体档案管理系统

所谓的数字化数据，不局限于文字内容，往往图片、声音、影像等多媒体文件亦会加以数字化，进行保存。因此，数字保存系统对多媒体数据的管理工作便显得尤为重要。一般市面上的数据库系统仅能对文字性的元数据进行储存、管理，多媒体的数据虽然也能够储存，却无法有效管理，以执行多媒体检索、数据转文件、在线展示等。因此完整的数字保存系统需要拥有多媒体档案管理功能，以负责档案保存与管理工作。

3.3.1.3 检索展示系统

数字保存的另一个目的，是提高保存资料的普及性，让使用者可以通过网络检索及浏览保存数据。由于保存系统中保存了大量的数字化数据，必须通过有效的查询方式，使用者才能从众多数据中寻找出自己所需要的内容，因此在保存系统中，应该建设一个有效的检索展示系统，不只提供适合使用者的检索或浏览方式，在呈现上，也应该结合多媒体图片、影像或全文文件的内容，以完整展示保存资料。另外，由于各领域使用者的习惯与所保存数据的特性有所不同，对于保存数据展示的方式、接口的操作流程、设计的风格等，应与保存单位充分沟通。尤其在使用者界面设计上，若能进行使用行为评估并检讨改进，将可使系统的设计更加完善。

3.3.1.4 缺字系统

在数字化过程中，往往存在某些古字或罕用字无法在系统中输入、显示与查询的情况，这就是缺字问题。尤其在人名、地名部分，往往有相当严重的缺字问题，若不能有效克服，那么整个系统功能势必受到限制。所以数字保存应该导入缺字的解决方案，将缺字系统整合至保存系统之中，以顺利地进行数据数字化工作。

3.3.1.5 权限控制系统

对保存系统而言，除了要具备足够的功能与数据外，不同角色的使用者拥有不同的权限，也是数字保存系统应具备的功能。因此，权限控制系统除了负责维护使用者账号外，也应提供每个使用者权限控制设定，如系统管理权限、数据著录权限、代码维护权限、数据检索权限等。另外，也应该记录使用者操作行为，如何时操作保存系统、修改哪一笔数据、查询什么关键词等，作为人员稽核或是系统评估的参考依据。

3.3.2 数字保存系统的功能

数字保存系统功能设计上要具备一些基础功能，不同保存单位还需要依据本身作业或管理上的目的来发展更多的系统功能，以下是几个常见的系统功能。

3.3.2.1 库房管理功能

任何保存单位皆会面临保存品管理的工作流程问题，而数字化保存数据管理往往与实体的保存品管理是密不可分的。以器物类保存品为例，元管理往往会与其内部的作业控制、研究鉴定、调件取用、修缮、展览出版等作业相关。这些库房管理功能虽然不属于数字保存的核心功能，但却是数字保存工作流程的重要需求。因此在保存系统中，除了基本的保存品数据建设与维护功能外，也应将库房管理的功能与数字保存的数据管理整合，并配合内部作业流程，建构出完整的库房管理功能，以辅助原本的保存管理工作。

3.3.2.2 系统安全机制

系统的安全机制可分成两个方面的能力来探讨，一是系统备份与复原能力，二是系统安全与防护能力。一般影响系统稳定度的因素，不论是人为破坏或自然灾难，都会造成系统无法正常运作。因此平时应规划系统复原程序，包括备份系统的设置、损害范围隔离策略（defect isolation）制定、补强能力的评估等各项作业，以降低系统停机所受到的损失。其中人为破坏部分可能是系统遭受攻击，如网站遭受到的拒绝瘫痪攻击（Denial of Service，DoS），即在短时间内，有大量的网络联机，从而造成网站对外服务中断；也有可能是因为软硬件系统本身的可能缺失，或使用者管理的不当，而遭到入侵或破坏，常见的情形包括账号搜集攻击法（Directory Harvest Attacks，DHA），以及利用操作系统的漏洞来取得系统管理者权限，而规避正常的权限检查程序等。因此在系统服务安全策略的规划上，除了对系统不当使用频率的监控（包括无意义的数据查询、过度频繁的联机需求）外，也应着重于安全稽核作业的完整性，并配合适当的存取控制，如防火墙安全设定、人员权限查核等，以防止恶意攻击。

3.3.2.3 数字权利管理机制

就数字保存目的而言，除了进行数字信息的保存外，也应发展数字信息的应用。因此，当保存系统建设完成后，最重要的工作便是对外开放使用。然而数字化的数据往往轻易就能复制，任何经过授权的使用者，都可能通过正常的步骤存取系统中的保存数据，并将取得的数据经过复制后，再转手提供给他人，从而造成保存单位在权益上的损失。关于这一方面的问题，需要建立数字权利管理机制来控制资料完整性、私密性与使用权利，并提供数字化版权识别、防止非授权的使用及资料窜改、使用及撷取契约机制、记账及付费机制、测量及监控著作使用情形等功能，以确保数字数据使用的合法性。

3.3.2.4　系统扩充性及负载平衡机制

在系统设计时，必须考虑系统服务的质量。所谓系统服务的质量，包括同一时间内系统的最多使用人数和最大处理数据量，这也代表着系统所能承受的流量及负载。若是在网站上只提供文字数据或低分辨率的图片，对系统流量及负载或许不成问题。但是，如果开放高质量图片或影片文件存取，就有可能造成系统负荷不了，甚至不工作。因此在建设保存系统时，在评估过服务质量的需求后，可以加入扩充性及负载平衡机制的功能设计。即使未来面对流量的成长，只要通过系统设备的扩充，就能够维持合理的服务质量。

3.3.2.5　数据备份与异地备份机制

储存及备份机制是信息系统永续经营的基础。它对于数据的长久保存和数据价值的发扬与传播来说举足轻重、不容失误。因此，需要以最经济、快速的方式，提供系统中数据有效、稳定的储存与备份方案，以提升数据安全保障。不同于数据备份，异地备份不仅仅是拷贝数据而已，还是在另一地点建设一套相似的备份系统，并通过网络将数据传送到备份系统。一旦系统发生突发状况无法运作时，备份系统会取代运作任务，使系统的停机时间降至最低，并确保数据的完整，让系统能在最短的时间内恢复正常运作。故建立完善的异地备份机制，是面临重大危难事件后能够快速顺利复原的关键。

3.3.2.6　保存数据交换

保存数据的分享必须架构在相同的著录规范下，但因不同保存单位间彼此对数字化的目的与观点不同，著录规范亦会有所不同，如此将造成彼此间数据无法流通的严重问题。保存数据交换机制的建立，便是为了解决保存数据互通性的问题，以达成分享彼此研究成果的目的。

3.4　数字保存数据库开发

数据库是保存系统重要的核心，通过数据库工具提供的储存、搜索以及管理功能，可以提供保存系统不同方面的应用。然而对数字保存系统的数据库而言，最重要的功能是元管理能力，包含数据的变动（新增、修改与删除）或是应用（查询）等。因此在数据库开发过程中，保存品的元分析是很重要的一环。其分析结果会影响到保存系统的完整性，以及数据库中保存数据著录及检索的精确度，更会影响后续的数据交换与加值利用的可能性。

数据库设计大多使用关系型数据库工具。这样的方式可以快速地处理固定或稳定的数据结构，而且目前市面上有相当多的产品可供选择。然而，在不同的领域所建立的元格式常常有相当大的差异，为了考虑不同的使用者需求，数据结构往往复杂且经常变动，因此关联式数据库会受到很大的限制。例如，在进行数据库字段设计时，要将一个完整的后设数据拆解成数个关系型数据表格，需要复杂的分析工作；或是当数据储存在许多数据表格中时，要将其合并成一个完整的元，也需要复杂的程序设计工作。在系统正式运作后，因需求改变而变更数据结构，更是一件困难的工作。针对这个问题，有些数据库在设计上会采用 XML 数据库工具，由于 XML 具有卷标，可用来储存结构化文字数据，又因具有弹性大、文件结构容易修改的特性，常被用来储存数据结构复杂或变异性高的数据内容，也被广泛应用在数据交换格式上。使用 XML 数据库工具，可让元的结构与内容更具弹性，也可容易地汇出 XML 格式的文件，与其他系统交换。因此该工具被应用于数据库的开发方法上。

3.4.1 元规格分析

对保存系统而言，数据库主要的功能在于管理和保存数据，而数字保存所涵盖的保存数据除了数字化的多媒体数据外，也包含元的内容。因此在着手数据库开发前，首要的工作便是元规格的分析。通过元数据分析才能了解后设数据域位的意义、属性设定以及数据库操作接口的设计和数据著录的方法等重要信息，以充分掌握数据库与元的关系。为了清楚元规格，必须详读元需求规格书中的各项内容，如元结构、元素属性、著录范例、控制词汇或代码清单、相关标准的比对与系统功能需求等，皆是数据库设计时的参考依据。尤其下列几个重要的元特性，更是系统分析人员必须考虑到的。

(1) 多窗体结构：传统的窗体分析方法会在一份表格中显示所有字段数据，造成表格极为庞大、管理不易。然而在元数据分析时，会依据保存品本身的性质切割成许多层次。因此一笔完整的保存品元会包含多个窗体结构。延续上述概念，当数据库设计时，也会将每个层次的数据，依性质切割成许多的数据表格，并且在每个表格中设计联结字段。在元著录的同时，就会通过程序将表格互相串联，将完整的元储存起来。

(2) 多值字段结构：元中，某些著录项目会有多值著录需求，亦即在一个字段中会需要著录一个以上的数据内容。此种结构的数据需要额外的处理方式，以方便使用者著录多笔数据内容。根据归纳分析的结果，一般多值字段结构又可细分成四种不同的建设形式。

(3) 代码选单字段：在元需求中，部分字段并不同于一般的文字字段，可以著录任意数据，而是必须自限定的选项中加以挑选，一般称为“代码”。代码字段在建档时往往作词汇控制用，并且以下拉式窗体呈现。因此在数据的著录接口上，可以使用点选的方式加快数据输入的速度，也可避免数据输入错误或超出代码范围的状况发生。在数据库设计上，除了应考虑到系统著录时对于代码数据的储存方法外，也必须规划额外的代码表格，以提供维护代码选项的功能。

(4) 保存品关系结构：在保存品与保存品之间，往往存在某种关系，这种关系在元分析时，会利用层级关系图与群组关系图来表示。为了表现出这种关系，在数据库设计时就必须建立额外的关系表格，以记录保存品间的关系。不同的关系结构，在设计上也会有所不同。

(5) 字段属性：除了上述的几种结构特性外，在元的设计上，也有几个重要的字段属性会影响到数据库功能设计，说明如下。

必填字段：指在建立元记录时，必须填写重要基本字段，以确保数据的完整性。故应在系统中建立控制机制，以避免不完整的记录被存档。

默认值：某些字段会有预设著录的数据值，例如，若某一类保存品的“保存状况”字段通常为“现况良好”，则可针对此字段设定默认值为“现况良好”。当数据著录时，会自动填入“现况良好”，或依实际情况加以修改，以加快资料著录。

唯一值：其设计目的在于确保保存数据不重复，因此会以唯一值字段用作检查判断。每当数据新增或更新时，会自动检查数据库中该字段所有的数据，实时判断是否重复，以提醒著录人员。

3.4.2 XML 的元规格

由于 XML 具有可自定标签（tag）、可扩充、易于程序处理及可弹性地改变文件结构与内容的特性，因此常被用来呈现结构复杂的数据。而在数据保存中，为了完整地保存数据的特色，在 Metadata 的设计上往往采取复杂的数据结构，而且数据格式也会经常改变。若能以 XML 文件作为 Metadata 的储存单位，Metadata 的架构及内容会有较高的弹性。XML 也常被用来表示 Metadata 规格，如应用于描述数字化资源的 Dublin Core 及描述学习对象的 Learning Object Metadata 等 Metadata 标准，皆定出以 XML 呈现 Metadata 的规范。

3.4.3 XML 数据库设计

近年来兴起一种专为储存 XML 文件的原生型 XML 数据库（native XML

database）工具（如 Tamino、eXist、Xindice 等）。它以 XML 文件为基本储存单位，不需将文件拆解后储存于多个表格，或预先设定各字段的数据形态。因此，容易存取整份 XML 文件，并且不会改变其原本的数据结构与内容。除上述优点外，部分工具还提供 XML 查询（如 XQuery、XPath）、全文检索（full-text searching）、自动索引（automatic indexing）、Java 程序语言整合（Java binding）等机制，可容易地进行程序的开发与应用。

由于 XML 数据库对 XML 文件的处理机制较完整，且有开放原始码的工具可以使用，因此在 XML 数据库设计上，以原生型 XML 数据库工具作为元数据储存媒体，并采用三层式架构。在这架构中，包含了 XML 数据库、应用程序服务器和使用者浏览器三个部分。XML 数据库扮演着数据储存库的角色，主要储存 XML 格式的元内容。应用程序服务器扮演着与 XML 数据库系统及使用者浏览器沟通的角色，所有的系统功能都是在此应用程序服务器上运作的。使用者浏览器则是使用者的操作接口，因为是以网页方式呈现的，所以使用者无须特别安装应用程序，即可使用作系统上所有的功能。

以 XML 为基础的数据库系统，对于数据的输入、储存、查询、取用、交换与管理都是直接针对 XML 处理的。在元分析完成后，就可以快速地将后设数据规格转换成 XML Schema 或 XML DTD 的数据结构定义。利用 XML 结构定义即可快速产生使用者的著录接口（如 W3C 的 XForm 标准），经过著录产出的 XML 文件就直接储存于原生型 XML 数据库。当需要数据查询与取用时，通过 XPath、XQuery 等直接取用数据库中的整个或部分 XML 文件，再通过 XSL 将 XML 转换成一般浏览器可支持的 HTML 格式，如此使用者就可以看到完整的资料了。

3.5 数字保存环境分析

目前国内从事数字保存系统或技术开发的单位不在少数，尤其是在知识经济概念热潮的带动下，不论政府单位还是私人企业，都相继投入此领域。然而此领域所需整合的知识、技术项目相当多，因此，在数字保存环境中仍存在着一些待解决的问题。

3.5.1 内容专家与技术人才的合作

数字保存工作需要结合数字保存知识的内容专家与信息科技的技术人才，但他们彼此间专业领域不同，平时交流、互动机会亦少，以致在目标的认定、语言词汇的表达上差异极大。在这种彼此缺乏了解的情况下，如何让技术人员正确地分析、规划、设计出符合内容专家需要的数字保存系统，是数字保存系统开发的一大问题。加上数字保存环境中使用到多项信息技术，如网络工具、数据库管理、影像视讯处理、信息安全及数据搜索等，即使是资深的技术人员，也往往无法全数熟悉及掌握。现实环境中，大部分的技术虽已发展成熟，也有实际的产品，但这些各自独立的技术核心，需与现有的系统整合，以发挥最佳的效果。这些整合的技巧需要厚实的技术训练，与系统开发整合的实务经验相辅相成，并不能一蹴而就。因此在发展数字保存时，需要有擅长沟通的内容专家及有系统整合经验的技术人才共同参与，才能发挥事半功倍的效果。

3.5.2 元数据分析与系统分析的结合

由于元数据分析的目的在于将复杂的数据内容组织成有系统的数据结构，并从内容意义上建立数据结构间的关系，因此在元数据规格中，会针对数字保存单位的著录需求，规划出适合的数据域位与属性，以符合系统管理与检索上的应用。所以在进行系统分析前，必须先着手进行元数据分析，以掌握元数据的著录需求，接下来再从著录需求与功能需求出发，进行整体数字保存系统的规格分析。为了避免元数据分析的结果与系统设计的内容产生矛盾，必须在系统分析时，参照元数据需求规格书，以充分了解元数据的需求，促使元数据分析、系统开发两方面达成共识，建立沟通的桥梁。

3.5.3 数字信息保存系统的通用性

为了使不同单位间数字保存数据能够交换，有许多组织制定了元数据标准。虽然目前几个常用的元数据国际标准皆已发展成熟，但要将不同类型的数字信息纳入单一的元数据标准架构中，却是一个极富挑战性与争议性的问题。尤其是各领域表达知识的架构不一，所使用的元数据标准与系统功能需求亦有所不同。因此，在系统设计时，如何保留更大的弹性与更丰富的发展空间，使得未来系统需求改变，或是在整合其他元数据标准时比较容易维护及更新，将是重要的课题。

3.6 数字保存系统使用权限管理

随着互联网的蓬勃发展，以网页为基础（web-based）的服务也趋于多样与完整。互联网属于开放性的环境，即所有的使用者都能够在网际网络上获取所需的信息，但高价值或机密性的数据是不允许被任意存取的，若被轻易且大量取得，将使著作权人的权利受到侵害，因此更凸显权限管理的重要性。目前的数字保存系统绝大部分建构在互联网上。所以如何确保数字保存的成果能够开放，并在严格控制的环境下被引用与存取，将会是相当重要的课题。在数字信息保存系统中，为了让多人共同完成数字信息的管理与维护，应给不同职务的使用者赋予合适的权限。再者，由于所有数字信息都具备独立性与完整性，所以权限控制的范围也必须能细分至每一信息。目前的数字保存系统大多以网页为基础，每个系统功能可能包含数个网页的操作流程，所以应将数个网页置于同一权限控制之下，并以使用者为基础建立权限控制机制，以解决多使用者与存取权限（access right）间的复杂关系。

另外，随着数字保存发展日趋完备，使用者往往需要在不同的保存系统中相互联结操作。为了提供使用者一致的使用环境，在权限架构之中也应该引入单一登录（Single Sign-On，SSO）的概念，以避免使用者在不同的保存系统间切换时必须重复登录的不便问题。为了让系统开发人员在系统建设时能够对使用权限有基本的认识，本节将介绍一般使用权限的重要概念，并针对跨系统单一登录系统进行深入说明。在本节最后将提出一个符合数字保存环境的权限控制架构，作为权限管理功能设计时的参考。

3.6.1　使用权限概念

一般常见的使用权限管理方法大致上可分为强制型的使用权控制（Mandatory Access Control，MAC）、随意型的使用权控制（Discretionary Access Control，DAC）与以角色为基础的使用权控制（Role-Based Access Control，RBAC）。

3.6.1.1　强制型的使用权控制

MAC是由系统管理者统一规范安全政策与资源属性，且强制实施，使用者无法自行更动，适用于高机密性的单位，如国防单位。MAC又是以信息的机密等级作为执行权管制依据的，因此又称为以规则为基础（rule-based）的执行权管制。

3.6.1.2　随意型的使用权控制

DAC由使用者自己制定系统操作权限与资源属性。由于DAC是以个体（使用者）为单位作为执行权控制的识别，所以又称为以个体为基础（identity-based）的执行权管制。

3.6.1.3　以角色为基础的使用权控制

RBAC由美国国家标准局（National Institute of Standards and Technology，NIST）提出，是目前被广泛讨论的一种执行权控制。在 RBAC 中，系统权限并不像 DAC 那样直接赋予使用者，而是赋予角色。在企业之中，不同的职务就像不同的角色，可依据职务上的需求给予适当的权限，再指派使用者至角色上。当然也有可能一位使用者同时被指派到多个角色上，所以使用者和角色之间存在多对多的关系。每个角色会被设定其拥有的权限，若以系统的功能为例，权限的设定可以是新增、修改、删除与查询等功能。为让某个角色能完成其所负责的任务，将会从所有的系统功能中，选择授予其适当的权限功能，故角色和权限间也具有多对多的关系。

3.6.2 单一登录系统

自主式架构（client/server）兴起，加上互联网的普遍使用，数据的储存及运算不再集中于单一主机或平台上，这也造成每个系统各自拥有独立的数据库及使用者验证机制。此时，使用者欲进入任何一套系统，必须通过该系统的身份验证（通常为 username / password），造成使用的不便及管理上的困难，故单一登录系统的解决方案就应运而生。使用者只需利用目前广泛使用的浏览器通过一次身份验证后，就可以自由地存取网络上其他的系统服务，而不必再重复身份验证的步骤，如此便可以带来以下几个效益。

（1）减少多次身份认证所花的时间，相对减少身份认证出错的可能性。

（2）避免使用者同时保有多个认证信息而造成混乱。

（3）管理者可以集中管理使用者拥有的存取权，并减少维护的时间。随着单一登录系统技术的发展与应用，在此架构中所定义的成员也越来越多元化。

3.6.3 数字保存权限控制

由于数字保存系统所提供的服务是以使用者为导向的信息平台，因此系统运作上会有不同角色的人员负责执行不同的系统功能，如系统管理、数据著录、资料校对与数据查询等。若组织的结构有了变动，如人员异动，或是职务变更等情形，则需修改使用者、角色与权限关系，这也大大增加了维护的成本和风险。因此数字保存权限控制的主要功能是，在确保数字保存环境下，能针对不同的使用者提供合宜的系统服务，以在适当的时间（right time）提供适当的信息（right information）给适当的人（right people）。为了达到上述目的，采用使用者认证技术，设计出适合数字保存环境的权限控制系统架构。

当使用者通过互联网登录任一数字保存系统时，数字保存系统会将使用者验证信息传送至验证服务器以进行使用者身份确认。若使用者通过身份认证，便可登录保存系统以进行系统操作。而所有的联机动作都会经过 SSL

(Secure Sockets Layer) 加密传输，以确保数据不被窃取。

即使登录成功，使用者每次进行系统操作时，都必须再次检查使用者验证信息，若成功才执行使用者的动作，若失败则输出错误信息，并取消使用者所执行的动作。故进行系统操作时，可能会发生下列三种状况：

(1) 使用者闲置过久，而使得验证信息失效，将显示错误信息，并重新登录。

(2) 若使用者所操作的功能未被核准，则显示使用者并无此项操作的权限。

(3) 使用者成功地执行系统操作，并响应执行结果。

另外，为了避免使用者在多个数字保存系统多次登录，架构中也采用重导模式的单一登录机制，让使用者只要登录一次便可在不同的系统间进行切换。数字保存系统通过共同的验证服务器以达到跨系统权限控制功能。每个数字保存系统都由服务器、数据库、权限控制表（Access Control List, ACL）与系统日志（log）组成，分述如下。

(1) 服务器：提供数字保存操作的系统平台。

(2) 数据库：提供保存数据储存的数据库。

(3) 权限控制表：当采用 RBAC 的权限控制方法时，利用权限控制表来定义系统功能与角色间的对应关系。在网站的环境下，一个完整的系统功能通常需要数个网页操作流程，所以同一功能下的网页将会隶属于同一个权限。

(4) 系统日志：记录使用者在保存系统中的所有操作行为，以及因操作而影响到的保存数据异动内容。通过系统日志可追查出任何时间、任何使用者所做的任何动作，以提供保存系统稽核机制的参考。

就目前的技术发展现况而言，有六类主要的信息技术可以应用在数字保存权限管理方面。

(1) 人机界面：利用相关的软、硬件设施及存取工具，提供完善的操作环境与交互式的图形接口。

(2) 通信网络：提供网络联机，让使用者可以远距离甚至跨国使用，并提供分布式的信息服务，对于信息的传播与利用有非常大的效用。

(3) 自然语言处理：利用自然语言的语法、语意以及自动翻译等处理技术，可以更精确地了解使用者的需求，提供最佳的服务质量。

(4) 信息压缩：利用压缩技术以节省大量的储存空间，并提供快速的传输与存取服务。

(5) 信息安全认证：利用水印（watermarking）、数字签章（digital signature）及加密（encryption）等技术，提供信息与智能财产权的保护机制。

(6) 整合服务：利用智能型代理服务器（intelligent agent）与数据探勘

技术，以整合信息搜集、信息管理及信息传播功能，提供具有自动学习能力的数字保存系统。

3.7 案例分析

以下是中国人民大学实验档案馆数字信息存储情况，它对数字信息存储的基本要求作了详细规定，供参考。

学生科研论文、毕业论文长期数字保存规范　RUCEARP-003

1. 目的

本规范规定了实验档案馆对电子论文长期数字保存工作的要求、规范与流程，以保证电子论文的安全、完整与可读。本规范适用于本馆所收集的全校各院系本科生电子版科研论文、学年论文和毕业论文的长期数字保存过程。

2. 引用标准

GB/T 18894：2002　电子文件归档与管理规范

ISO15489　文件管理国际标准

3. 本科学年论文、电子毕业论文长期数字保存过程及其质量特性与验收标准

序号	流程	职责	质量特性	验收标准	作业文件或记录
1	日常维护和保管	资源部、技术部	√为电子论文资源的长期数字保存提供全面、有力的保障	√是否按照以下各个具体要求执行	《中国人民大学本科电子论文长期数字保存登记表》，见附录一(略)
(1)	管理要求	资源部	√保证电子论文的可读、完整 √保证论文资源建设中形成的管理性文件齐全，有效保管 √建立定期工作检查制、责任制 √建立电子论文风险管理机制，识别论文保管中存在的风险，制定防范与应对措施	√实验档案馆自检与用户使用（反馈）检查结合	

续前表

序号	流程	职责	质量特性	验收标准	作业文件或记录
(2)	环境要求	资源部、技术部	√ 环境温度选定范围：17℃～20℃ √ 相对湿度选定范围：35%～45% √ 存放载体远离强磁场并与有害气体隔离	√ 实验档案馆自检	
(3)	软硬件要求	技术部	√ 硬件维护 √ 软件维护 √ 病毒检测、防火墙等安全措施	√ 实验档案馆自检为主，用户使用反馈检查为辅	
(4)	保管载体要求	技术部	√ 服务器（硬磁盘）作为网络传输和在线利用的存储载体 √ 只读光盘作为脱机备份的存储载体		
2	新进馆论文资源长期数字保存	资源部、技术部	√ 保证电子论文的可读、完整、有序、长久保存	符合下列程序并达到各项要求	《中国人民大学本科电子论文长期数字保存登记表》，见附录一（略）
(1)	入库前检测	资源部、技术部	√ 是否收集齐全、完整、有序、可读 √ 是否存在病毒等其他影响论文的隐患	√ 实验档案馆自检	
(2)	入库	技术部	√ 以硬磁盘为存储载体		
(3)	备份	技术部	√ 以只读光盘为载体，备份论文三份		
(4)	备份的保存与移交（及手续办理）	资源部	√ 一份为本馆的备份 √ 一份移交学校档案馆保管 √ 一份移交学院资料室备份	√ 实验档案馆与接收单位合检	《中国人民大学本科电子论文移交登记表》，见附录二（略）
3	对过去收集的论文的长期数字保存工作	资源部、技术部	√ 保证电子论文的可读、完整、长久保管		《中国人民大学本科电子论文长期数字保存登记表》，见附录一（略）

续前表

序号	流程	职责	质量特性	验收标准	作业文件或记录
(1)	对设备、软件、保存载体进行兼容性测试及载体转换工作	技术部	√如果实验档案馆更新了设备、软件，需要对电子论文备份载体、(新)设备、(新)软件进行兼容性测试 √在不兼容情况下，对电子论文载体进行转换		
(2)	对电子论文保管进行检查及保护工作	资源部、技术部	√对满2年磁盘、满4年光盘进行一次抽样机读检验。抽样率不低于10% √如果发现问题，应该采取恢复措施，包括清洁载体或者重新备份		
4	对论文资源建设中形成的管理性文件的长期数字保存	资源部	√与有效保管电子论文资源同步保管在收集、整理加工、长期数字保存过程中形成的管理性文件以备查考		《中国人民大学本科电子论文资源管理性文件登记表》，见附录三（略）
(1)	接收论文资源建设中形成的管理性文件		√规定要求保管的管理性文件齐全 √管理性文件内容填写完整、规范		
(2)	整理与保管管理性文件		√分类、装订 √作为纸质档案加以保存		

第四章
数字信息存储方式与存储系统

- 数字信息存储体系结构
- 数字信息存储保护的软件系统
- 存储系统开发的关键技术与标准规范
- 技术方案选用原则与评价方法

4.1 概述

随着计算机和通信技术的快速发展，越来越多的重要信息开始采用数字格式进行存储。采用数字技术具有许多优点：借助于信息检索技术，数字技术能够为人们提供高效准确的检索手段；数字信息易于拷贝，能够更加方便地实现分布式存储；数字信息的压缩程度高，可以用更少的空间承载海量信息；借助于网络，人们可以在任意可接入终端阅读所需要的数字资料。数字技术的普及与发展，改变了过去以纸张为主的信息记录方式，各种电子公文、图片、音频、视频等数字文件成为当前主要的信息载体。

人们在享受数字技术所带来的便利的同时，也逐步意识到数字技术给人类文明记载与传承所带来的新挑战。电子文件的阅读与理解需要有专门的软硬件支持，随着软硬件的不断更新换代，许多数字文件已经无法在当前的系统平台中被识别与读取。为了延长数字信息的使用寿命，保证数字信息的长期存取，人们针对不同类型的数字文件，从不同方面提出了多种技术保障手段，如迁移技术、仿真技术、封套技术等。

无论采用何种保证数字信息长期存取的手段，最终的数字文件都必须通过设计专门的存储系统进行存储。一个良好的数字信息存储系统，需要满足多方面的需求，例如：存储系统不仅能够存储字处理软件生成的电子文件，还应该支持视频（如 MPEG 文件）、音频（如 MP3 文件）以及专有软件生成的电子文件；不仅能够处理指定格式的电子文件，还必须对未来可能出现的新文件格式进行支持，或提供开放式应用编程接口方便系统扩展；存储系统应具备增量索引和快速检索能力；存储系统应提供细致的权限控制功能，保证数字资源的长期保存；存储系统不仅应该保存数字资源本身，还应该保存与数字资源密切相关的元数据信息；存储系统应在代价可控的前提下，实现数字资源的存储、操作和存取。

本章主要探讨数字资源主流的存储体系结构以及现有的较有代表性的存储系统，并阐述存储系统开发涉及的关键技术、存储系统技术方案的选用原则和评价方法。

4.2 主流存储体系结构及对比分析

IT 技术的发展经历了三次浪潮：第一次浪潮以处理技术为中心，以处理器的发展为主要推动力，进而快速促进了计算机的普及和应用；第二次浪潮以信息传输技术为中心，以网络的发展为主要推动力。这两次浪潮极大地加速了信息数字化的进程，使得越来越多的人类信息转变为数字形式，从而导致数字化信息爆炸性地增长，进而引发了 IT 技术的第三次发展浪潮，即存储技术浪潮。分析不同的存储技术及其优缺点，可以为数字信息的长期保存提供技术参考方案。

根据存储器件所在位置的不同，存储方式可以分为内置存储和外挂存储两大类，RAM、寄存器等都是典型的内置存储方式。内置存储价格昂贵，容量较小，因此，在实际的信息系统中，人们在保存数据时用得更多的是外挂存储方式。外挂存储根据连接的方式又可分为直连式存储（Direct-Attached

Storage，DAS）和网络化存储（Fabric-Attached Storage，FAS）（见图 4—1）。直连式存储依赖服务器主机操作系统进行数据的 IO 数据的读写和存储维护管理，数据备份和恢复会占用宝贵的服务器主机资源（如 CPU、I/O 通道等），数据量越大，备份和恢复的时间就越长，对服务器硬件的依赖性和影响就越大。由于以上的弱点，越来越多的用户正把目光放在网络化存储上面。

网络化存储根据传输协议的不同，进一步分为附网存储（Network-Attached Storage，NAS）和存储区域网（Storage Area Network，SAN）。其中 SAN 是以块为传输单位的存储方式，而 NAS 则主要以文件为传输单位。集群存储（Clustered Storage）则是一种新的存储方式，我们在后面会作进一步介绍。

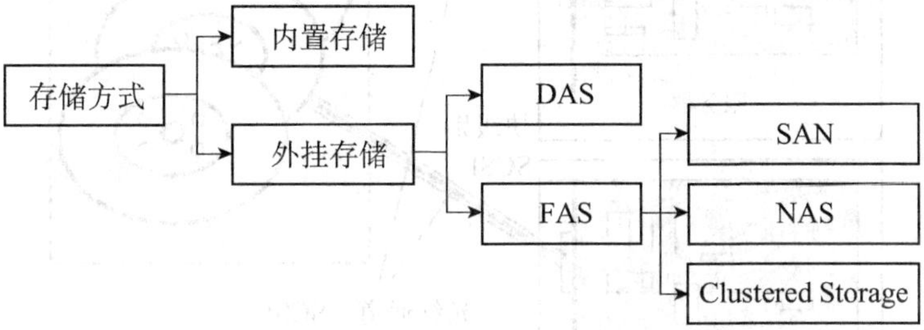

图 4—1　存储方式分类

4.2.1　直连式存储

直连式存储是指存储设备与计算机主机直接相连。目前大多数计算机的主机内部都包含有一个磁盘驱动器，通过 PCI 总线或其他外围总系与 CPU 相连，人们把这种存储连接方式称为直连式存储。DAS 是相对于 SAN 或 NAS 而言的，SAN 通过多个服务器共享外部磁盘阵列的形式对直连式存储进行扩展，而 NAS 则是在网络上增加文件存储的功能。

直连式存储的连接示意图如图 4—2 所示。

图 4—2　DAS 连接示意图

4.2.2 存储区域网

存储区域网是一种通过光纤集线器、光纤路由器、光纤交换机等连接设备将磁盘阵列、磁带等存储设备与相关服务器连接起来的高速专用子网，它的目的是支持存储设备与计算机系统或存储设备与存储设备之间的通信。因为是基于高速光纤网络的存储方式，SAN 比传统的存储和备份技术拥有更大的容量和更强的性能。通常，SAN 被配置成服务器的后端部分，存在于数据中心或者服务器之后。SAN 的连接示意图如图 4—3 所示。

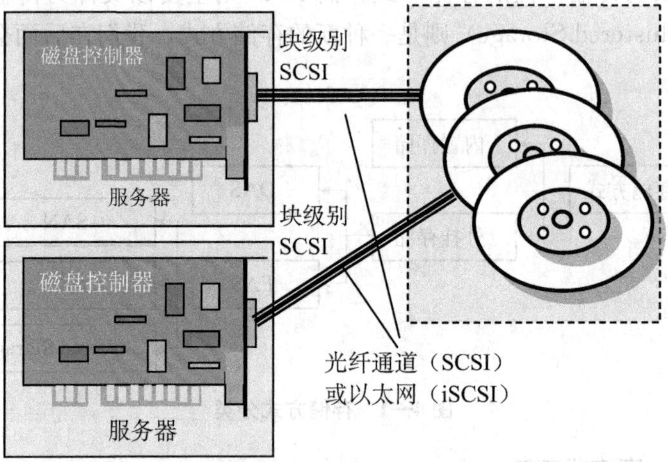

图 4—3 SAN 连接示意图

大多数存储网络为保持传统数据存取接口的一致性，使用 SCSI 接口进行服务器和磁盘驱动器设备之间的通信。因为服务器本身的总线拓扑结构并不适用于网络环境，所以它们并没有使用连接电缆等底层物理连接介质。相对的，人们在服务器和磁盘驱动器之间采用其他底层通信协议作为映射层来实现网络连接，其中常见的映射方式有以下几种。

（1）光纤通道协议 FCP（Fibre Channel Protocol)，最常见的通过光纤通道来映射 SCSI 的一种连接方式；

（2）iSCSI，基于 TCP/IP 的 SCSI 映射；

（3）HyperSCSI，基于以太网的 SCSI 映射；

（4）ATA over Ethernet，基于以太网的 ATA 映射；

（5）使用光纤通道连接的 FICON，常见于大型机环境；

（6）Fibre Channel over Ethernet（FCE)，光纤连接的以太网；

(7) iSCSI Extensions for RDMA (iSER)，基于 InfiniBand (IB) 的 iSCSI 连接；

(8) iFCP 或 SANoIP，基于 IP 网络的光纤通道协议 (FCP)。

由于历史原因，数据中心最初都是由磁盘阵列等存储设备组成的一个个存储孤岛。每一个孤岛都专用于某一特定应用，并以若干个虚拟硬盘驱动器的方式提供使用（如 Logical Unit Number，LUN）。从本质上讲，SAN 就是将一个个存储“孤岛”使用高速网络连接起来，从而使所有的应用可以访问所有的磁盘。可见，SAN 是为存储建立的一个专门网络，这种体系结构的出现是对传统体系结构的一次重大变革，是对整个 I/O 体系结构进行的根本性的重构。

SAN 存储方式可以为企业提供最佳的存储性能，但也要求有技术性较强的管理人员和相对较高的成本支持。例如，操作系统会将 SAN 视为一组 LUN 构成的集合，并在上面维护一个自己的文件系统。这些不能在多个操作系统/主机之间进行共享的本地文件系统，具有非常高的可靠性和十分广泛的应用性。如果两个独立的本地文件系统存在于一个共享的 LUN 上，它们彼此没有任何机制来知道对方的存在，没有类似缓存同步的机制，就可能会发生数据丢失的情况。因此，在主机之间通过 SAN 共享数据，需要一些复杂的高级解决方案，例如 SAN 文件系统或者计算机集群。撇开这些问题，SAN 对于提高存储能力的应用有很大帮助，因为多个服务器可以共享磁盘阵列上的存储空间。SAN 的典型应用是作为以块方式进行数据存取的应用服务器，比如电子邮件服务器、数据库、高利用率的文件服务器等。

SAN 经过十多年历史的发展，目前已经成为业界的事实标准。SAN 存储采用的带宽从 100MBps、200MBps，发展到目前的 1Gbps、2Gbps。

4.2.2.1 SAN 基础设施与兼容性

SAN 通常利用光纤通道拓扑结构，这种基础构架是专门为存储子系统通信设计的。光纤通道技术提供了比 NAS 中的上层协议更为可靠和快速的通信指标。光纤结构类似于局域网中的网段概念。典型的光纤通道 SAN 结构可以由若干个光纤通道交换机组成。

在现今，所有的主流 SAN 设备提供商也都提供了不同形式的光纤通道路由解决方案，以此来为 SAN 架构带来潜在的扩展性，让不同的光纤网在不需要合并的条件下交换数据。这些技术解决方案各自使用了专有协议元素，并且在顶层的架构体系上，有很大的不同。他们经常会采用基于 IP 或者基于同步光纤网络 (SONET/SDH) 的光纤通道映射技术。

光纤通道 SAN 在早期发展的时候面临的一个重要问题是：不同硬件厂商的交换机与其他硬件设备并不完全兼容。尽管基本的 FCP 存储协议总是兼容标准的，但是一些上层的功能却无法完成很好的互操作。与此类似的还有许多主机的操作系统，它们也会在共享某些光纤网络时产生不良反应。在技术标准最终确定之前，市场上曾经出现了许多解决这些兼容性问题的方案，这些创新也都为后期的标准制定与改善提供了极大帮助。

4.2.2.2 SAN 的不足

SAN 通常被用在大型的、高性能的企业存储操作中。通常我们不会见到只有一个磁盘驱动器的 SAN，相反，SAN 通常都是连接了数个大型磁盘阵列的存储网络。因为 SAN 设备通常都是比较昂贵的，所以在台式计算机上，光纤通道总线适配器是比较罕见的。基于 iSCSI 的 SAN 技术曾经被寄望有朝一日能够成为相对便宜的 SAN 方案，但最终它仍然没有走出企业级的大型数据中心环境。目前大多数的桌面计算机依然使用 NAS 协议的技术，比如 CIFS（Common Internet File System）和 NFS（Network File System）。SAN 虽然在大型企业存储操作中应用较为广泛，但是也存在明显的不足。

（1）设备的互操作性较差，不同厂家的设备很难互操作；

（2）构建 SAN 成本高，目前只有实力较大的企业构建自己的 SAN；

（3）管理和维护成本高，企业需要花钱培训专门的管理和维护人员；

（4）SAN 只能提供存储空间共享而不能提供异构环境下的文件共享。

4.2.3 附网存储

附网存储就是连接在网络上的具备资料存储功能的设备。NAS 是一种专业的网络文件存储及文件备份设备，它将分布的、独立的数据整合为大型的、集中化管理的数据中心，支持对不同主机和应用服务器的访问。NAS 底层通过 TCP/IP 协议进行通信，以文件 I/O 方式进行数据传输。可以说，NAS 设备是一种配有大容量存储能力，作为专用 I/O 文件服务器使用的瘦服务器。在实际使用中，我们可以把 NAS 当成一台装有大容量硬盘的计算机，它本身一般不会配置鼠标、键盘、显示器等外围设备，人们所使用的是它所拥有的海量存储。

NAS 被定义为特殊的专用数据存储服务器，包括存储器器件（如磁盘阵列、CD/DVD 驱动器、磁带驱动器或可移动的存储介质）和内嵌的系统软件，可提供跨平台文件共享功能。NAS 通常在一个局域网上占据自己的节点，无须应用服务器的干预，允许用户在网络上存取数据。在这种配置中，NAS 集中管理和处理网络上的所有数据，将负载从应用或企业服务器上卸载下来，有效降低总体成本，保护用户投资。

NAS将存储设备通过标准的网络拓扑结构（如以太网）连接到一群计算机上。可以通过局域网与Unix服务器、Windows NT服务器相连，也可以与Unix客户端和Windows NT客户端相连。NAS是部件级的存储方法，通常使用Unix/Linux下的网络文件系统NFS和Windows下的公用Internet文件系统CIFS等标准化协议提供文件级的数据访问。NAS的连接示意图如图4—4所示。

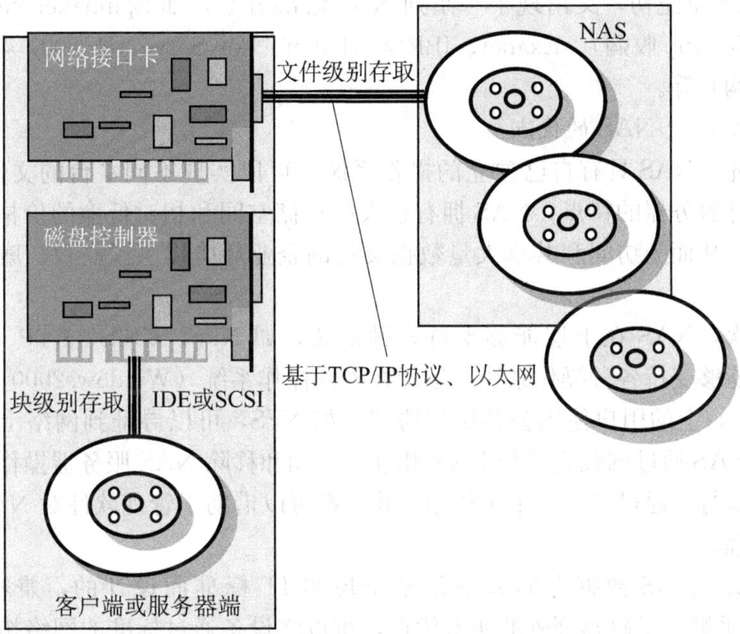

图4—4　NAS连接示意图

4.2.3.1　NAS的历史

NAS最初由Novell公司于1983年提出，用于其文件共享服务器操作系统NetWare和网络协议NCP（NetWare Core Protocol）中。在Unix世界中，SUN公司于1984年发布的NFS（Network File System）协议允许网络客户端共享网络服务器的存储空间。3COM公司的3Server和3＋Share软件是当时第一个为了开放系统服务器而特别设计的服务器（其中包括了专有的软硬件及多台磁盘机），该公司也从1985年到20世纪90年代初期一直领导着时代的潮流。另外，3COM公司还与微软公司在这个新市场上合作开发了LAN

Manager 软件及其通信协议。受到 Novell 公司文件服务器的启发，IBM、SUN 以及其他相当多的公司都开始研发专有的文件服务器。3Server 应该是第一家专门为桌面操作系统开发专有 NAS 的公司。在 20 世纪 90 年代早期，由 Auspex 公司出来的一批工程师成立了 Network Appliance 公司，他们设计的 NetApp Filter 文件服务器可以同时支持 Windows 系统下的 CIFS 协议和 Unix 系统下的 NFS 协议，具有高度的可扩展性，易于部署，从而开创了专属 NAS 设备的市场——这一市场的领导者就是 NetApp 以及 EMC 的 Celerra。

在 21 世纪初，又出现了一系列 NAS 解决方案，如 Spinnaker Networks（已被 NetApp 收购）、Exanet、IBRIX、Isilon、PolyServe（于 2007 年被惠普公司收购）等。

4.2.3.2 NAS 的优点

首先，NAS 具有自己独立的操作系统，可以实现不同平台的文件共享，具有文件服务器的特点；NAS 拥有较大的存储空间和相对低廉的价格，性价比较高，从而为访问和共享大量数据文件的企业环境提供了高效、廉价的解决方案。

其次，NAS 在上层能够支持多种协议，如 NFS、CIFS、FTP、HTTP 等，且能够支持各种操作系统。运行在不同操作系统（Windows2000、Unix、Linux 等）上的用户使用公共访问协议，如 NFS，可以寻址到网络上的存储设备。NAS 通过网线直接与 LAN 相连，增加和移除 NAS 服务器操作不会中断网络运行；通过任何一个工作站，我们都可以借助于管理软件对 NAS 设备进行管理。

再次，NAS 数据存储方案是基于现实 IT 标准而设计的，兼容性高。NAS 几乎继承了磁盘列阵的所有优点，可以将设备通过标准的网络拓扑结构连接，摆脱了服务器和异构化构架的束缚。另外，NAS 采用了 TCP/IP 协议进行数据交换，TCP/IP 是目前网络通信的事实标准，不同厂商的产品，如服务器、交换机、NAS 存储等，只要满足该协议标准就能够实现互联互通，因此 NAS 具有较强的兼容性。在企业数据量飞速膨胀的过程中，NAS 在解决足够的存储和扩展空间的同时，还具有极高的性价比。因此，无论是从简便性还是从成本的角度来说，NAS 自然成为多数企业，尤其是中小企业的最佳选择。

最后，NAS 是即插即用的产品，物理配置灵活。NAS 既可以放置在工作组内，也可以放在混合环境中，如混合 Unix/Windows 局域网的环境中，而无须对网络环境进行修改。NAS 产品直接通过网络接口连接到网络上，在使用时只需要简单地配置 IP 地址，就可被网络用户共享。

目前，各厂商的 NAS 产品几乎都以存储服务器的形式出现，各厂商主推的新一代 NAS 产品具有容量大、价格低、安装设置操作简单、扩展性能良好等特点。需要注意的是，NAS 本身可以看成是一个高效的服务器，它拥有 PC 所具有的典型部件，如 CPU、主板、RAM 等，但它本身的可靠性依赖于其内部设计，如果一个 NAS 产品内部没有支持冗余数据存储、冗余控制器以及冗余电力供应等部件，那么它的可靠性将会比支持冗余功能的 DAS 脆弱很多。

4.2.3.3 NAS 的不足

NAS 支持多种网络协议，并且采用了精简的 CPU 和操作系统，与直连式存储 DAS 或光纤通道方式相比，NAS 有它自己的不足之处。

（1）数据的传输速度较慢。NAS 只能提供文件级而不能提供块级的数据传输。

（2）NAS 设备难以升级。当用户量很大、I/O 操作非常频繁、对 CPU 处理能力要求较高的时候，NAS 很容易达到它的上限值。对于由服务器构成的系统来说，我们可以通过向服务器集群中再增加新的服务器，以提升系统整体的运算能力，因此 CPU 的处理能力可以得到改善。但是 NAS 一般由特殊的专有的硬件组成，多数情况下很难升级。

（3）数据备份时性能较低。NAS 在数据备份时要占用其大部分网络带宽，使其他 I/O 性能受到影响。

（4）只能管理单个 NAS，很难将位于同一局域网中的多个 NAS 集中管理。

（5）一些特定的 NAS 设备缺少普通文件系统所具备的一些典型服务，或者虽然具备这些功能，但其实现方式非常低效。例如，统计每个目录的磁盘空间使用情况的能力、快速定位文件的能力，或者支持 RSync 命令高效镜像的能力。也许有人说在 NAS 中仍然可以使用 RSync，但是通过 NFS 或 CIFS 客户端使用时，我们很难以正常的速度去列举大量的文件，同时还经常会造成网络拥堵。

NAS 与 DAS 的关键不同点在于：DAS 是对现有服务器存储能力的简单扩展，与服务器直接连接在一起，而不是网络连接形式。NAS 则位于网络上，以单独的实体存在，通过网络实现文件共享更加方便。与 DAS 直连方式的服务器相比，NAS 一般具有较少的 CPU，其 I/O 处理能力相对较弱。

4.2.3.4 NAS 的应用与发展

在为客户计算机提供大规模数据存取的环境中，NAS 比常规的集中式存储方式更为有用，它可以为需要负载均衡和容错能力的 E-mail、Web Server 等应用系统提供一种实现简单、费用较低的存储服务。NAS 的最大消费市场需求是不断涌现的大量多媒体数据，传统的 NAS 产品主要应用于企业，用来实现文件共享、数据（远程）备份和网络打印等。而随着计算机在家庭中的普及，以及计算机产品价格的不断下降，现在又出现了家用 NAS 产品，支持家庭的多媒体文件共享、媒体服务器功能，同时支持 Web 网站和 FTP 服务器的架设需求，大部分家用 NAS 设备内置 ARM、PowerPC 或者 MIPS 处理器，并运行嵌入式操作系统。可以说，家用 NAS 产品就是一台多功能的小型服务器，家用 NAS 目前已经成为 NAS 的一种重要应用。

在 NAS 的软件支持方面，目前有很多面向 NAS 分布式存储的开源系统，如 FreeNAS（见图 4—5）、NASLite 以及 OpenFilter，它们大都基于 Linux 系统或 FreeBSD 系统，具有 Web 形式的管理配置接口，可以在一些配置较低的计算机上运行，提供 Samba、NFS、FTP 等服务。

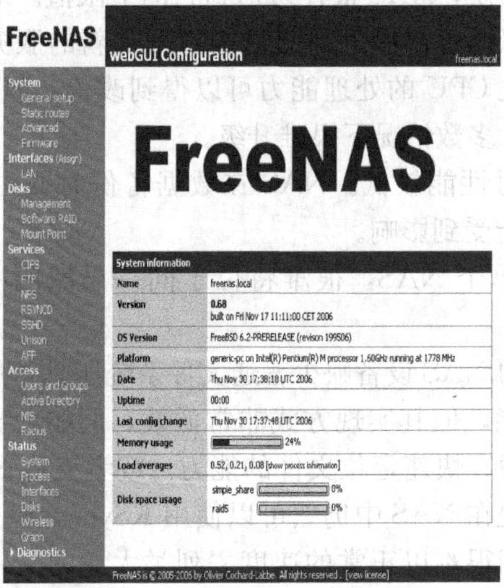

图 4—5 FreeNAS 的主界面

4.2.4 DAS、NAS 与 SAN 的对比分析

按照存储网络工业协会（Storage Networking Industry Association，SNIA）的定义：NAS 是可以直接连接到网络上向用户提供文件级服务的存储设备，而 SAN 是一种利用 fibre channel 等互联协议连接起来的可以在服务器和存储系统之间直接传送数据的网络。NAS 是一种存储设备，有自己简化的实

时操作系统。它将硬件和软件有效地集成在一起，用以提供文件服务，具有良好的共享性、开放性和可扩展性。SAN 技术的存储设备是用专用网络相连的，这个网络是一个基于光纤通道协议的网络。由于光纤通道的存储网和 LAN 分开，因此可以达到很高的性能。在 SAN 中，容量扩展、数据迁移、数据本地备份和远程容灾数据备份都比较方便，整个 SAN 成为一个统一管理的存储池。

从 DAS、SAN 和 NAS 的介绍中可以看出，这三种不同的存储方式，它们对应的文件系统的位置各不相同（见图 4—6）。

在 DAS 中，文件系统直接与存储设备交互，并为文件系统上的应用软件或系统提供数据存取服务。其典型的应用场景是在一台服务器内部运行应用系统，并通过文件系统直接使用本机的存储设备。

在 NAS 中，我们把文件系统和存储设备合到一起，仅提供文件存取服务。NAS 设备的服务功能相对单一，运行在服务器上的应用系统如果需要使用 NAS 设备的存储服务，必须通过网络进行交互服务。

对于 SAN 来说，从应用软件的角度来看，表面上还是在访问本地文件系统所支持的存储设备，但是这些逻辑的存储设备可能位于不同的位置，它们通过光纤通道与服务器连接到一起，并由服务器的文件系统进行统一管理，为上层应用软件提供统一的存储接口。

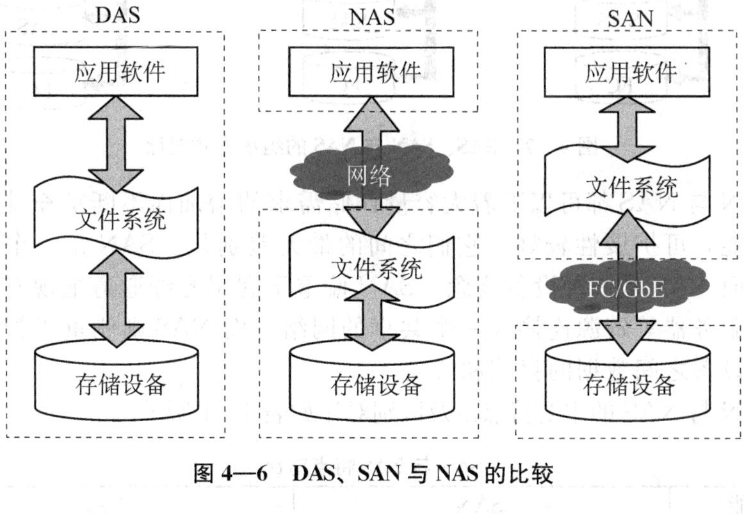

图 4—6 DAS、SAN 与 NAS 的比较

从组织方式的角度来看（见图 4—7），DAS 直接把各种存储设备与文件系统关联到一起，提供本地存储功能；SAN 则是通过以太网或光纤通道连接不同的存储设备，并与文件系统关联到一起。从上层应用软件的角度来看，它们所面对的是一个单一的、逻辑统一的文件系统接口。对NAS来说，不同的NAS设备内部可能拥有不同的文件系统，并通过兼容不同的协议，如NFS或CIFS，为上次的应用软件提供功能有限的文件存取服务。

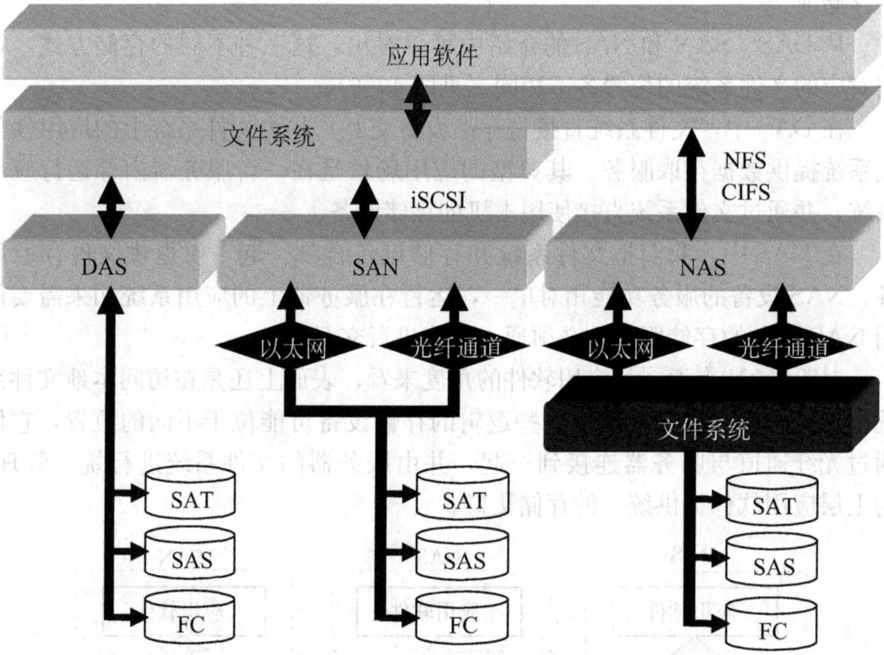

图 4—7 DAS、SAN 与 NAS 的组织方式对比

SAN与NAS都可以随着大容量存储需求的增加而不断扩充其存储容量和性能，可扩展性较好。它们之间的最大差别是，SAN是一个网络的概念，而NAS是一种设备概念。SAN偏重于利用光纤通道把现有的存储设备和服务器等资源连接成一个共享的网络，而NAS则侧重于管理网络与存储设备之间数据的存储和流动。

SAN与NAS的主要特点以及区别对比如表4—1所示。

表 4—1　　SAN 与 NAS 特点对比

功能	SAN	NAS
主要功能	通过存储区域网络访问存储设备	通过 LAN 或 WAN 访问指定服务器后的存储设备

续前表

功能	SAN	NAS
应用领域	通用服务和数据存储，包括 OLTP	文件服务和数据存储
数据传输协议	CIFS、NFS 或 HTTP，取决于客户服务器的文件系统	CIFS、NFS 或 HTTP，取决于客户服务器的文件系统
数据吞吐率	10/100Mbps，1000Mbps	10/100Mbps，1000Mbps
可靠性	冗余硬件及软件，提供系统高可靠性	冗余电源及风扇
可扩展性	增加光纤通道、交换机和存储设备以扩展存储能力	增加 NAS 设备
文件系统	主流在服务器上，作为网络操作系统的一部分	NAS 设备内置简化的操作系统，通过网络操作管理远程文件服务器

4.2.5　SAN 与 NAS 的融合

SAN 和 NAS 经常被视为两种竞争技术，实际上，二者能够很好地相互补充，以提供对不同类型数据的访问，从而走向融合。SAN 是一个面向存储的网络，任何需要访问 SAN 中存储设备的主机都需要接入该网络中，如果有大量客户系统需接入 SAN 网络，会导致造价昂贵、管理不便。NAS 与 SAN 特点不同，为了能够满足用户的不同需求，我们可以把 NAS 以及 SAN 融合到一个网络中，提供存储服务，如图 4—8 所示。

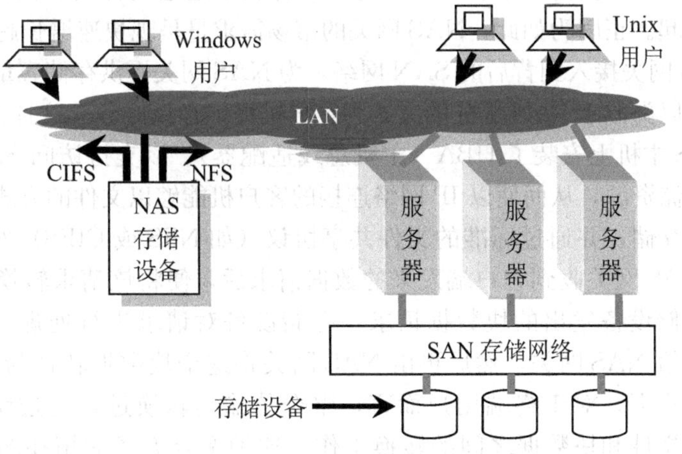

图 4—8　SAN 与 NAS 的混合存储方案

SAN 与 NAS 融合到一起，可以为用户提供更为强大的存储功能，但是 NAS 与 SAN 处理数据请求的方式并不相同。从 NAS 设备的角度来看，应用系统的数据请求本质上是一种文件请求，由应用程序所在的操作系统负责管理，NAS 设备上的内置操作系统则负责接收并执行该文件请求。NAS 中的操作系统在处理请求时，对存储部件执行数据块 I/O 存取操作。SAN 则提供了一种存储互联的机制，使得其上所连接的服务器就像直接连接存储设备一样处理 I/O 请求。这使得网络上连接的服务器中的操作系统可以通过存储网络中的光纤通道协议传输并执行数据块 I/O。因此，NAS 和 SAN 要想相互融合，就必须解决这两种数据访问请求的“翻译”问题，以某种统一的方式来处理应用系统的请求。

SAN 和 NAS 之间另一个明显的差异是所在的网络形式不同。NAS 使用现有的以太网拓扑结构，其上层通信协议基于 TCP/IP 协议，SAN 则使用光纤通道和光纤通道协议。所以 SAN 与 NAS 不能进行简单的互联，需要依靠协议转换使它们能协同工作。

目前主要有两种 SAN 与 NAS 的融合方案：NAS 网关（NAS 头方式）和统一存储系统。

(1) NAS 网关。

NAS 网关是由专门为提供文件服务而优化的部件构成的，这种部件也叫做 NAS 头（NAS head)。NAS 网关对存储资源提供了一种灵活、可扩展的使用方式，能够通过单一结点对 NAS 和 SAN 进行统一管理。另外，当存在大量不同的 SAN 存储阵列时，NAS 网关也有利于把这些种类不同的存储设备连接到一起。正因为如此，NAS 网关的市场需求量呈现快速增长趋势。

NAS 网关接入到背后的 SAN 网络，为 NAS 网关提供存储容量，使 NAS 网关可以以类似于 SAN 服务的方式为客户机提供存储服务。这种方式实际上是在 NAS 主机上安装了 HBA（主机总线适配器），以支持访问 SAN 上连接的多个存储资源，从而使以 IP 网络连接的客户机能够以文件的方式访问 SAN 上的块级存储，并通过标准的文件共享协议（如 NFS 或 CIFS）处理用户请求。当 NAS 网关收到客户端发来的数据请求后，便将该请求转换为向 SAN 连接的存储设备发出的块数据请求，存储设备对请求进行处理，并将处理结果发回给 NAS 网关，然后再由 NAS 网关将这个块数据转换为文件数据，发回给客户端。对于终端用户而言，整个传输与转换过程是透明的，NAS 网关负责文件和块数据之间的转换工作。这种融合方式的拓扑图如图 4—9 所示。

(2) 统一存储系统。

NAS 网关实现了 NAS 对 SAN 的透明支持，统一网络存储则是为 SAN

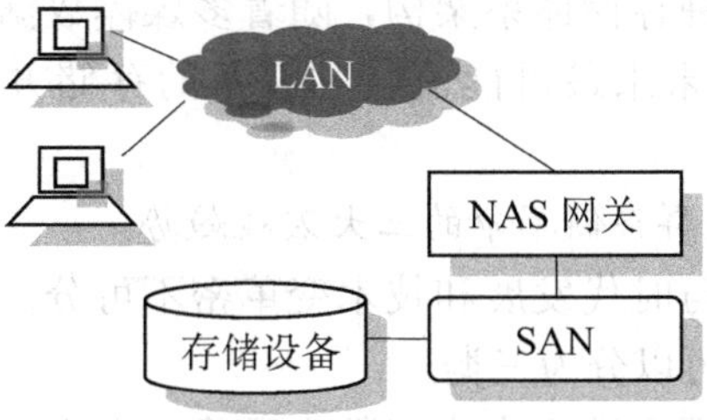

图 4—9　通过 NAS 网关实现 NAS 与 SAN 的融合

提供统一访问 NAS 存储设备的支持，其基本原理是为 NAS 增加对 FCP 的支持，以保证 SAN 可以访问到 NAS 设备中的存储数据，如图 4—10 所示。

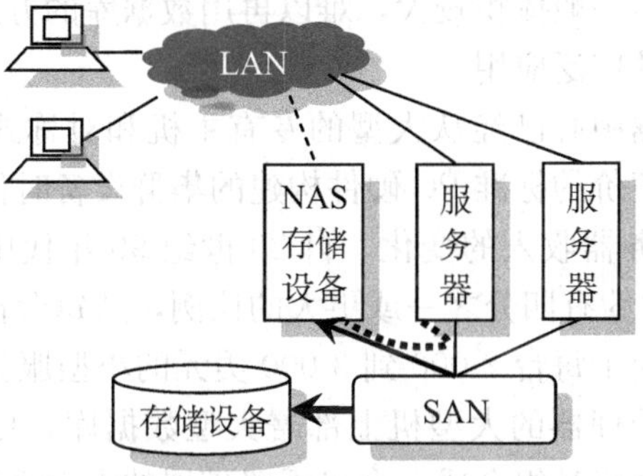

图 4—10　统一存储系统示意图

NAS 具有自己的操作系统和文件系统，可以支持 NFS、CIFS、HTTP、FTP 等网络协议，以提供客户机的访问接口。为了保证 SAN 可以访问 NAS 的存储设备，我们需要为 NAS 设备再增加一个 FCP 的协议支持，通过该协议，实现 SAN 对 NAS 的访问。因此，NAS 设备需要同时安装两个接口卡，通过网络接口卡（Network Interface Card，NIC）提供传统的 NAS 网络访问服务，同时安装一个 HBA 卡并与 SAN 网络建立连接，SAN 通过该接口卡使用 NAS 提供的存储空间。这时，当服务器需要访问 NAS 存储设备上的文件数据时，不需要再通过 LAN 直接访问 NAS 设备，而是直接访问一个统一的 SAN 存储系统，由 SAN 在背后实现对 NAS 设备的访问。

4.2.6　集群存储与应用

SAN 架构适用于数据库类型的结构化数据存储，而 NAS 则更适合文件共享等非结构化数据的存储，DAS、NAS 与 SAN 是目前在数字信息长期保存方面最为常用的三种存储体系架构，随着多媒体数据的不断增长，目前又出现了第四种，也是未来最可能流行和普及的存储方式，即集群存储——Clustered Storage。

4.2.6.1 推动集群存储革命的三大宏观趋势

集群存储的出现与时代发展和技术变革密不可分。总体说来，推动集群存储革命的宏观因素可以分为三类。

（1）非结构化数据和数字内容（数字图像、数字视频、数字音频、计算机模拟数据、扫描文档、网页数据等）的爆炸性增长。

今天参与竞争的企业正面临着日常业务数据的急剧增加，特别是非结构化数据的爆炸性增长给传统的数据存储方式带来的新挑战。非结构数据文件，特别是多媒体文件，一般体积较大，难以再用数据库的方式进行高效管理。

（2）集群计算的广泛应用。

目前，企业数据中心已经从大型的专有主机和对称式多处理（SMP）服务器时代发展到以廉价的标准PC硬件构建的集群设备时代。这一趋势最为有力的证据是全球服务器收入的变化。自20世纪90年代中期起，这个年收益500亿美元的市场中约有四分之一或更大的比例，从每台价格几万或几十万美元的中端服务器转向了每台2 000到3 000美元的小型服务器。同时，企业不再在一个拥有很多处理器的大型机上部署大型数据库，更多的情况是购买一组现成的服务器，并将其组合成一个可无缝扩展的大型系统。

通过服务器集群计算，可以更好地保证系统整体的可用性、可靠性，并保证其性能，因此越来越多的企业开始使用服务器集群方法来处理大量计算机化的关键任务和服务。例如，Google就是采用了大量计算机构建的集群实现分布式存储和并行运算，解决数据量巨大导致的存储问题以及运算速度问题。

（3）更廉价、更快的行业标准企业级硬件的激增。

推动转向集群存储的第三个宏观趋势是行业标准硬件组件的性价比曲线明显下降。这一趋势是摩尔定律所预示的持续运动的一部分：随着时间的推移，企业将以更低的成本获得更高的计算能力，并实现商品硬件的经济效应。低成本的硬件保证了集群架构经济实惠的优点。例如，Google的一次查询会读取数百兆的数据，占用几百亿个CPU周期，为了处理这一“高性能计算”工作负荷，Google的架构采用了数千个普通PC及相关通信设备组成的集群。该集群架构实现了卓越的性能，而其成本则远远低于使用少量昂贵的高端服务器所构建的系统。

4.2.6.2 传统意义上的集群存储

集群存储体系结构可以把多个存储设备组织到一起形成一个存储容量更大、可靠性更高的存储实体。集群存储又可以分为传统意义的双向简单故障转移集群与命名空间聚合存储，以及新的分布式文件系统集群存储。

(1) 双向简单故障转移集群。

在过去的存储行业中，集群是指在一对冗余节点之间的主动故障转移。更准确地说，这种方式是一种冗余备份技术而非集群技术，但 NAS 供应商通常称其为“双向集群”。双向集群主要解决存储过程中的数据安全性问题。通常，这些解决方案能使新控制器磁头接替发生故障的控制器磁头，并允许新控制器磁头继续访问和写入原故障控制器磁头对应的数据卷。这种处理方式具有明显的缺点：可扩展性不强、系统规模有限、管理复杂以及实现成本相对较高。随着非结构化数据的快速增长，这类解决方案难以满足企业发展的未来需求。

(2) 命名空间聚合。

这种类型的集群存储解决方案本质上将存储管理连为一体，提供透明服务。这些解决方案既可以完全由软件（即软件虚拟化）实现，也可以是软件与硬件的混合实现。该方式创建了存储资源的单一命名空间和集群，使它们看起来就像一个大型数据管理池，为系统使用存储服务提供单一的公共访问点，屏蔽了底层存储设备的差异性。从最初成本角度来看，这种架构方法有时不乏吸引力，但 IT 管理员仍在管理、发展和配置“存储孤岛”（异构型存储仓库），不过现在他们又多了一个虚拟化层。最终，这种解决方案会带来更高的复杂性、更重的管理负担以及更高的长期运营成本。

4.2.6.3 分布式集群存储

与 SAN 和 NAS 相似，分布式集群存储是一种新的网络存储方式，它允许用户组合和添加存储节点，所有这些节点都是访问同一个数据池的。这些解决方案直接驻留在存储层上，其中文件系统可以完全分布在任意数量的节点上。由于软件驻留在存储层上，因此它可以完全控制数据在构成集群的所有存储节点中的存储方式。这与命名空间聚合/虚拟化产品形成了对比，后者只控制特定存储仓库写入哪些数据。智能软件可以保持节点对称和分布均衡，从而使集群作为一个统一的智能系统协同工作，同时每个节点可以独立运行，并与其他节点进行通信以传输文件，从而满足用户的需求。集群中的每个节点都是一个对等体，也就是说每个节点都了解对方的必要信息。由于分布式集群存储的这些特征，与上述任何其他解决方案相比，它的可用性、可靠性、可扩展性、总吞吐量以及易管理性最高。

分布式集群存储主要解决大规模文件的可靠性存储，在设计时需要综合考虑系统的可靠性、性能以及可扩展性等因素。

(1) 可靠性，即数据的高可用性。对于数据存储来说，任何数据的丢失或暂时性的不可使用都会导致巨大损失。存储又是计算机系统中最易出问题的部分，我们无法保证任意时刻机器、网络及磁盘都是可用的，因此系统必须具有快速恢复机制以及副本机制来保证高可用性。例如 Google File System 缺省任何数据块都有三个以上备份分散在不同的 Chunk Server（块服务器）上。

(2) 性能。存储系统供本系统内部使用和其他系统调用，系统内部会在数据排重、数据索引，以及数据分类等诸多环节需要很高的读写性能，而其他系统的调用获取内容如查询搜索，读取详细的内容（如声音、视频流），随着业务量的增加也需要很高的读写性能。因此性能是另外一个需要重点考虑的部分。

(3) 可扩展性。一般而言，技术复杂度伴随数据规模的增加呈指数上升。100 万级的数据和 1 000 万级、上亿级是完全不同的处理方式。目前两种极端的处理方式是，中小规模应用（100 万级）一般都采用关系数据库存储，非结构化海量数据（亿级）处理一般都采用分布式数据存储。

多媒体数据的增长，使得数据规模快速膨胀，文件格式也呈现多样化，系统中不仅包含文本信息，还会有 MP3、图片、视频等多媒体数据，同时数据之间既有纵向的层次关系，又有横向的关联关系。要保证高存储系统的可靠性和高性能，必须将数据分散到多个节点（主机）上去。例如，Hadoop 提供了在计算节点上存储数据的分布式文件系统（DFS），在集群中提供非常高的聚合带宽，DFS 被设计成节点故障由框架自动处理。其中 DFS 由一个主节点（NameNode）和 n 个数据节点（DataNode）组成。分布式文件系统经常与并行运算结合在一起，Hadoop 中也提供了并行运算框架 M/R，M/R 同样由一个任务节点（JobTracker）和 n 个作业节点（TaskTracker）组成。NameNode 同时也可以做 DataNode，JobTracker 同时也可以做 TaskTracker，这样就实现了文件系统和计算系统的重叠复用，即 NameNode 也可以作为 JobTracker，DataNode 也可以作为 TaskTracker。Hadoop 的分布式文件系统和 M/R 并行计算系统结构如图 4—11 所示。

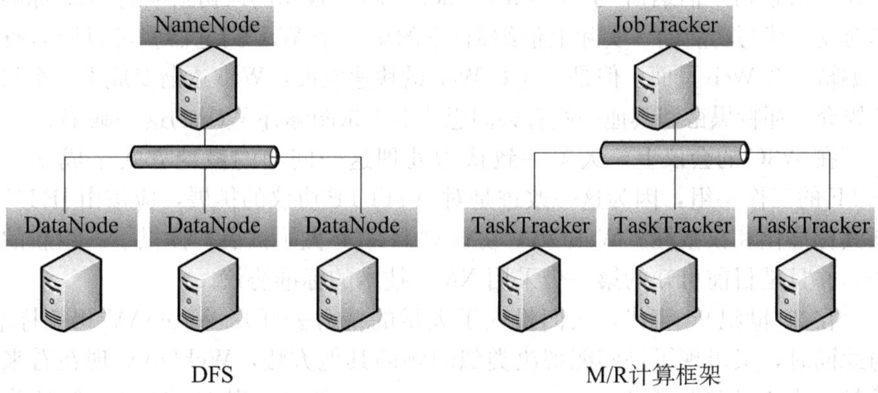

图 4—11 DFS 与 M/R 计算框架示意图

4.3 数字信息存储保护的软件系统

为实现数字信息的存储与保护，仅有存储设备等硬件设施还远远不够，同时必须有相关的软件系统提供支持。本节主要介绍常见的数字信息存储系统及其特点，相关人员可以在对比它们的优缺点的基础上选择合适的系统，或者进行二次开发以改进原功能，实现数字信息的长期保存。

4.3.1 WebDAV

WebDAV（Web-Based Distributed Authoring and Versioning）是一种基于 HTTP 1.1 协议的通信协议，允许用户合作式地编辑和操作在远程 Web 服务器上的文件。WebDAV 扩展了 HTTP 1.1 协议的功能，它在 GET、POST、HEAD 等几个 HTTP 标准方法以外添加了一些新的方法，不仅能支持常见的 HTML 和 XML 文件，还支持文本、图形、电子表格等文件格式，使得应用程序可以直接将文件写到 Web 服务器上。它不仅支持文件锁定及解锁功能，还支持文件的版本控制。

WebDAV 协议使用户可以在远程服务器上创建、删除和修改文档，这一功能不仅对于文档的共享编辑非常有用，对通过 Web 进行文件存储和远程访问也非常有用。现代操作系统大都内置了 WebDAV 的支持，在配置了正确的客户端、网络速度许可的条件下，访问 WebDAV 中存储的文件与访问本地文件一样方便。

4.3.1.1 WebDAV 的历史

WebDAV 的研究开始于 1996 年。当时吉姆·怀特黑德（Jim Whitehead）在 W3C 工作，他主持了两个关于互联网上兴趣相同人员的分布式创作问题的会议。由蒂姆·伯纳斯-李（Tim Berners-Lee）设想的最初版本的 Web 标准是同时支持读写功能的，实际上伯纳斯-李的第一个 Web 浏览器就可以同时查看和编辑一个 Web 页面。但是，随着 Web 的快速发展，Web 逐渐变成了一个只读的媒介。怀特黑德和其他一些有共同想法的人试图弥补 Web 的这一缺陷。

在 W3C 的会议上，大家一致认为处理这一问题的最佳方式是成立一个 IETF 的工作小组，因为这一改进是对原 HTTP 协议的扩展，应该由 IETF 保证其标准化和权威性。WebDAV 协议对 HTTP 做了扩展，提供了一组新的方法，并且是目前可知的第一个采用 XML 技术的标准协议。

在 20 世纪 90 年代，人们投入了大量的精力去开发 WebDAV 相关标准，与此同时，又出现了许多能解决类似问题的其他方法，WebDAV 现在看来更像是一种内容管理（content management）方式。现有的内容管理系统（Content Management System，CMS）不管是私有的，还是开放应用程序接口（API）的，都提供了与 WebDAV 相似的功能。远程内容交换仍然可以通过 FTP 进行管理，版本控制、文件锁定等则更多的是采用版本控制系统实现，目前 Subversion 软件已经超越了 CVS，成为主流的版本控制软件。Wiki 系统同样允许通过 HTTP 协议进行分布式创作编辑。这些应用目的不同的远程协作系统的出现，使得直接完全应用 WebDAV 的应用系统相对较少。

4.3.1.2 WebDAV 对 HTTP 的主要扩展方法

WebDAV 在提供标准 HTTP 协议的基础上，又增加了若干新的 HTTP 方法，以支持分布式编辑和操作，这些方法是对现有方法（如 GET、PUT 等）的补充，可以用来执行 WebDAV 事务处理。新增加的比较典型的 HTTP 方法包括以下几种。

(1) PROPFIND 方法：用于获取一个或多个资源的一个或多个特性。当客户机向服务器提交对某个集合 PROPFIND 请求时，该请求可能会包含一个值为 0、1 或无穷大（infinity）的深度（Depth）：Depth 为 0 则指定将获取指定 URI 处的集合的特性；深度为 1 则指定将获取该集合以及位于该指定 URI 之下与其紧邻的资源的特性；深度为无穷大则指定将获取该集合及其包含的所有成员 URI 的特性。由于深度为无穷大的请求需要遍历整个集合，因而会大大增加服务器的负担。

(2) LOCK 方法：为资源添加锁，从而限制其他人的修改操作。

(3) UNLOCK 方法：解除资源的锁，从而允许他人继续修改该资源。

(4) PROPFIND 方法：获取资源属性信息。

(5) PROPFIND 方法：资源属性修改。

WebDAV 涉及的相关方法如图 4—12 所示。

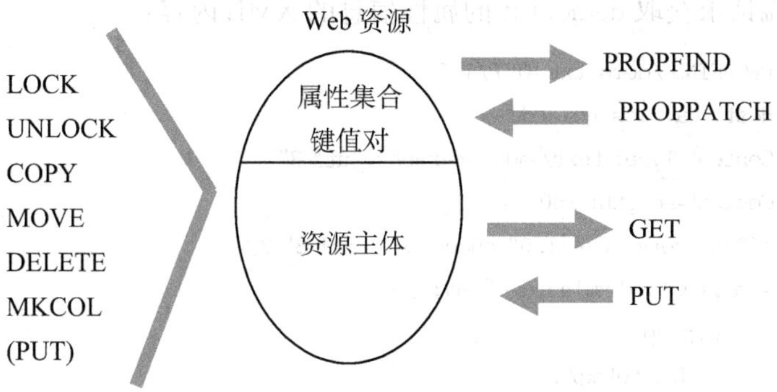

图 4—12　WebDAV 方法与作用范围

4.3.1.3　WebDAV 的交互过程

客户端与服务器端通过 WebDAV 进行交互时，首先由客户端向服务器端发起请求，申请获取文件的锁定，锁定成功后，打开文件，服务器端把资源的属性信息发送给客户端，并进而把资源内容发送给客户端。客户端对接收到的文件进行编辑修改，修改完成后，再通过 PUT 命令把新文件交付给服务器端，实现永久保存。处理完毕后，还需要通知服务器端解除对资源的锁定信息，从而保证该客户端对资源处理完毕后，其他客户端能够有机会重新获取锁定，进行编辑修改。整个交互流程如图 4—13 所示。

在交互过程中，WebDAV 对属性信息的描述通过 XML 予以实现。以保证设计的可扩展能力和对国际化编码 i18n（i18n 来源于英文单词“internationalization”的首末字符 i 和 n 之间的字符数为 18）的支持。以下是通过 PROPFIND 命令交互时传递的 XML 信息示例。

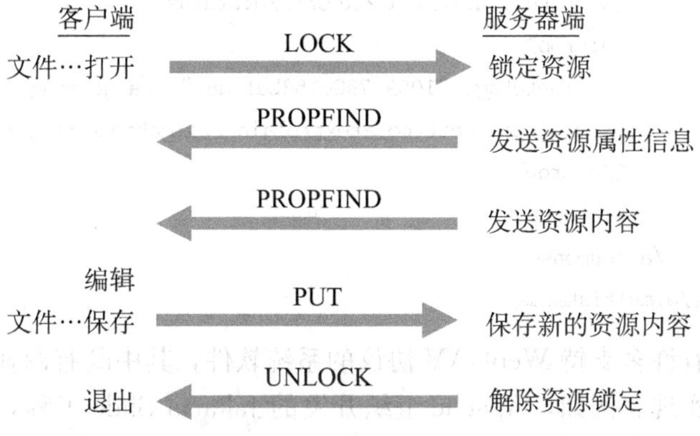

图 4—13　服务器与客户端通过 WebDAV 的交互流程

客户端请求获取 demo.txt 的属性信息的 XML 内容：

```
PROPFIND /demo.txt HTTP/1.1
Host: dav.ics.uci.edu
Content-Type: text/xml; charset = "utf-8"
Content-Length: 160
<?xml version = "1.0" encoding = "utf-8" ?>
<d:propfind xmlns:d = "DAV:">
  <d:prop>
    <d:getetag/>
    <d:getcontenttype/>
  </d:prop>
</d:propfind>
```

服务器端响应结果信息：

```
HTTP/1.1 207 Multi-Status
Server: DAV-demo-server/1.0
Date: Tue, 09 Feb 1999 00:52:55 GMT
Content-Type: text/xml; charset = "utf-8"
Content-Length: 321
<?xml version = "1.0" encoding = "utf-8" ?>
<a:multistatus xmlns:a = "DAV:">
  <a:response>
    <a:href>http://dav.ics.uci.edu/demo.txt</a:href>
    <a:propstat>
      <a:status>HTTP/1.1 200 OK</a:status>
      <a:prop>
        <a:getetag>"10598798c153be1:a82"</a:getetag>
        <a:getcontenttype>text/plain</a:getcontenttype>
      </a:prop>
    </a:propstat>
  </a:response>
</a:multistatus>
```

目前已有许多支持 WebDAV 协议的系统软件，其中既有商业软件，也有众多的开源实现。例如，Apache 组织开发的 Jakarta Slide 工程，能够完全支持 WebDAV 协议，支持基本的版本控制功能，具有识物和锁定等功能，由于该社区后期缺少开发人员，该项目目前已经停止开发；另外，mod _ dav 是一个为 Apache HTTPD Web 服务器提供 WebDAV 支持的扩展模块；PyDAV 则是一个采用 Python 语言编写的 DAV 服务器。目前 Apache 组织又推出了 JackRabbit 作为 Slide 项目的替代品，人们可以根据需求基于 JackRabbit 构建数字信息的文件存储系统。

更多有关 WebDAV 相关的工程列表可以参考迈克尔·贝斯特（Michael Best）维护的网站 http：//webdav. org/projects/。有关 WebDAV 工作小组的信息，可以访问 http：//www. ics. uci. edu/pub/ietf/webdav/。另外，大部分有关 WebDAV 的资源都可以在格雷格·斯坦（Greg Stein）维护的 WebDAV. org 站点（http：//www. webdav. org/papers/ ）访问到。

从上面的分析可以看出，WebDAV 是一种基本的实现文件共享和版本控制的协议，对于数字信息的长久保存来说，通过 WebDAV 可以进行文件的存储和共享，但是我们还必须采取一定的手段，对数字资源的背景信息等元数据进行描述。

4. 3. 2 DSpace

DSpace 是一个支持组织机构内部数字资源的采集、索引、保存和分发的数字仓储系统。该系统最初由麻省理工学院图书馆和 HP 实验室合作开发，可以运行于 Windows 平台和 Unix/Linux 平台下，遵循 BSD 开源协议。该软件背后采用了 PostgreSQL、Oracle 等关系数据库，编程语言则采用了流行的 Java 语言，经过两年多的努力，DSpace 最初于 2002 年 10 月投入使用。DSpace 是一个专门的数字资产（digital assets）管理系统，它管理和发布由数字文件或位流（bitstreams）组成的数字条目（item），并且允许创建、索引和搜索相关的元数据以便定位和存取该条目。

4. 3. 2. 1 DSpace 的体系结构

DSpace 系统采用了流行的分层架构方式，整个系统分为存储层、业务逻辑层和应用层，每层由一系列组件构成，用来完成资源存储、用户界面等功能，层与层之间通过接口关联。各个组件的功能通过 Java 编写的存储 API 调用实现，可通过修改 Java 程序来满足自己需要的特殊功能。DSpace 的系统结构如图 4—14 所示。

（1）存储层（storage layer）。

存储层的功能是对数字内容和相关的元数据进行存储。DSpace 使用关系数据库存储所有的组织机构信息、内容元数据、电子用户、授权信息，以及

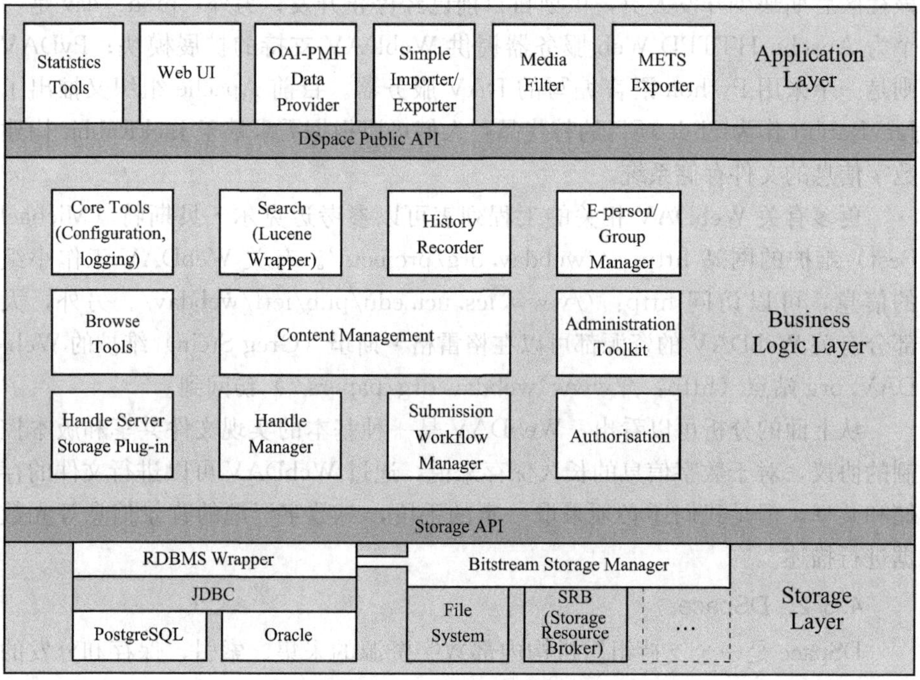

图 4—14 DSpace 系统体系结构

工作流的状态信息。DSpace 使用的大部分存储功能都可以由支持事物的关系数据库实现，但目前 DSpace 使用了一些 PostgreSQL 和 Oracle 特有的功能，如果要切换底层的数据库，比如转换为 SQL Server 数据库，还需要对内部代码进行部分修改。

存储层除了通过 Java 数据库连接（JDBC）实现对关系数据库的存取之外，还要负责位流的存储管理。数字资源的内容以位流的形式保存到文件系统中，也可以通过 SRB 协议实现分布式存储。

核心存储层屏蔽了底层对数据库和文件的具体操作，对上层的业务逻辑层提供透明服务。

（2）业务逻辑层（business logic layer）。

业务逻辑层负责实现具体的功能模块，包括内容管理、工作流管理、电子用户管理、授权、浏览和检索、配置管理、日志管理等，该层的各个组件的功能都定义了统一的接口和具体实现，对外部应用层以接口形式提供服务。

业务逻辑层在具体实现时，还使用了大量的开源组件，如索引、查询部分就使用了 Lucene 开源框架。

(3) 应用层 (application layer)。

应用层提供了基于 Web 的用户界面，来应用和管理 DSpace 系统。此外，还提供了一系列的接口服务，如元数据获取标准 OAI-PMH 的数据获取和提供、数字条目批量导入工具等。该层的各个组件的功能是通过 Java 语言编写的 Servlet 和 JSP 页面实现的。

应用层本质上是针对业务逻辑层的一种呈现，目前基于 Web 方式提供应用服务。如有需求，也可以在业务逻辑层的基础上开发桌面形式的应用服务。

4.3.2.2 DSpace 的数据模型

DSpace 主要服务于学术及研究机构，然而一个学术机构多半是由数个学术单位组成的。各学术单位的研究领域亦不尽相同，若是将各单位的资料未经分类全部摆放在一起，将会显得杂乱无章，增加管理和使用上的困扰。为此，DSpace 定义了一套分层数据模型对数据进行组织和管理。

首先，DSpace 系统可依其使用机构的需要成立数个社区 (communities，对应系、实验室或研究中心)，每个社区内可拥有多个资源集合 (collections，对应研究领域、研究项目或技术报告集等的专题内容集合)，而每一个集合可能包含数个项目 (items，对应具体的数字存档对象，是 DSpace 中实际地封装和管理数字对象的基本单元) 以描述其属性，这些项目由 DC 元数据来描述，项目再分为数据束 (bundles)，数据束由位流组成，位流是不可以再划分的、最小的描述单位。每个位流与一种数据格式相关联。因为提供长期保存服务是 DSpace 服务的一个重要方面，所以获取用户提交的文件的特定格式是很重要的。DSpace 的对象模型类图如图 4—15 所示。

4.3.2.3 DSpace 的主要功能特点

(1) 数据描述：DSpace 采用 DC 元数据对数字资源进行描述，这些元数据又进一步分为三种类型，即结构型元数据 (structural metadata)、管理型元数据 (administrative metadata) 和描述型元数据 (descriptive metadata)。结构型元数据包含了如何给用户显示条目或条目中的比特流的信息。管理型元数据包含了保存元数据、来源元数据和授权策略元数据。该类元数据大部分都保存在关系数据库中，其中来源元数据储存在 DC 元数据核心集记录中。另外 DC 元数据核心集记录中还复制了一些其他的管理型元数据 (如比特流字节大小和 MIME 类型)。描述型元数据主要用来描述社区、集合及条目记录信息。

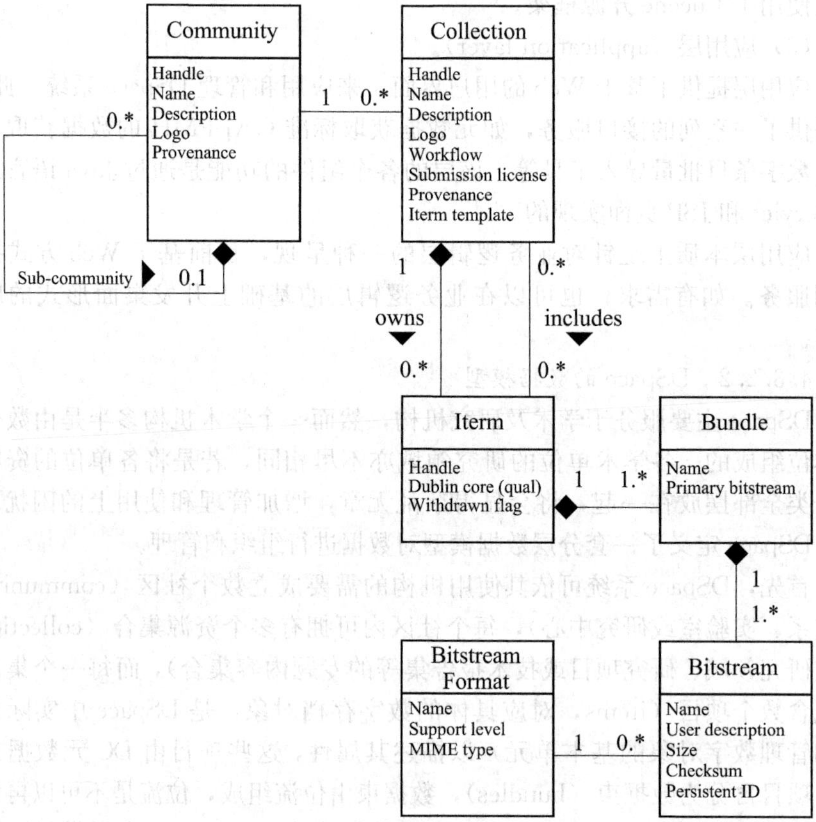

图 4—15 DSpace 对象模型类图

(2) 统一标识符 Handle：在 DSpace 系统中描述型元数据元素标识符（Identifier）的限定词 URI 的值是由 CNRI（Corporation for National Research Initiatives）提供的 Handle 系统专门负责赋值，用以解决死链接或链接更换问题。

(3) 数据导入与导出：DSpace 提供了数据导入和导出接口，方便数据的转换和备份。

(4) 用户和数字对象的管理：包括用户授权管理、对数字对象的权限管理。

(5) 数据浏览与检索功能：支持全文检索功能。

(6) 统计与订阅功能：通过日志记录，对系统使用情况进行统计分析，可以得到对管理员或用户有帮助意义的统计报表。另外，如果用户对某一专题或条目感兴趣，可以通过订阅方式持续跟踪其变化情况。

4.3.2.4 DSpace 系统的优势和不足

DSpace 系统结构合理，支持 OAIS，具有较为完善的功能，并遵从相关标准，支持任意类型的内容存储，在国外学术机构中得到了最为广泛的应用。同时，DSpace 作为一套不断完善中的开源系统，目前在应用过程中还存在一些不足：

（1）内置的 DC 元数据支持一些简单修饰符，但如果要扩展到其他的元数据方案，需要对数据库结构进行修改，这必然给今后 DSpace 系统的升级带来困难。

（2）内置的很多功能都和源代码高度绑定，而且与后台数据库结构绑定。为了实现功能上的重大改进，必须对数据库结构和相关的源代码进行修改，这样就限制了系统的可扩展性。

（3）系统对中文支持较弱，检索、查询以及用户界面都需要进行一定的改动才更适合国内用户。

（4）DSpace 作为一个数字存储系统，更侧重于数字信息的有效管理。在数字信息的安全性，如存储安全性、访问安全性方面有待加强。

4.3.3 Fedora

Fedora 最初是 1997 年由美国国防部高级计划研究署（Defense Advanced Research Project Agency，DARPA）和美国国家科学基金会共同资助的关于复合数字对象模型的研究项目。它提出由结构内核（structural kernel）和功能分发层（disseminator layer）来共同组成一个复合数字对象，即将数据和对数据的操作分离。其中，结构内核容纳以比特流形式存在的数字对象的内容，描述该数字对象的元数据，以及对这个数字对象及元数据进行存取控制的有关数据。功能分发层是对这些数据的操作，它包括主功能分发器和内容类型分发器，功能分发器支持有关结构内核数据类型和对内核数据进行读取的服务功能，内容类型分发器则支持内嵌数据格式的转换机制。康奈尔大学在此模型框架上建立了基于 CORBA 的原型系统。

Fedora 模型框架具有灵活、可扩展的优点，因此它得到了众多研究机构的广泛关注和研究，尤其是弗吉尼亚大学图书馆。从 1999 年夏天开始，弗吉尼亚大学图书馆不仅建立了原型系统，而且在此基础上不断深入研究。由于康奈尔大学提出的基于 CORBA 的原型系统只是简单的实验性系统，不具备实用性，于是弗吉尼亚大学图书馆在丰富数字对象和仓储框架的基础上，提出了采用关系数据库管理后台数据和使用Java完成系统功能的解决方案。

从2001年9月开始，该项目就得到梅隆基金支持，由弗吉尼亚大学图书馆和康奈尔大学共同合作，全面开发完善Fedora系统，以便其更广泛地适用于图书馆、博物馆和档案馆等数字内容管理领域。系统于2003年5月发布1.0版，至2007年12月，Fedora的最新版本是2.2。

4.3.4 Drupal

Drupal是一个基于Web的开发源代码的内容管理系统（Content Management System，CMS），其基本架构采用了PHP+Mysql的方式，在功能上仿照了PHPNUKE、XOOPS等系统的模块化设计方式。系统以极少的代码实现了非常强大的功能，可以便利地创建、组织、处理和删除各种类型的信息，可作为个人或群体发布、管理、组织不同内容的工具。Drupal包含了广为人知的Blog、协同写作、讨论区、出版流程、新闻聚合、用于内容共享的XML发布以及内容管理等功能，同时作为一个优秀的内容管理平台，开发者可以针对各种需求，以开发插件的方式提供功能扩展。

Drupal提供了非常优秀的模块化结构，方便系统的维护和扩展；支持强大的个性化环境，每个用户都可以对网站内容和表现形式进行个性化设置，同时，其模板系统将内容和表现分离，可以很方便地控制网站的外观；系统提供了基于角色的权限系统，无须对每个用户进行授权，只需要把用户纳入对应的角色中即可；另外，Drupal还提供了良好的缓存机制用于提高系统的性能，并具备URL改写功能，以提供面向搜索引擎和用户的友好URL命名机制。

Drupal作为一个流行的内容管理系统，非常适合于快速构建小型的社区网站和资源分类目录网站。但对于数字信息的长期保存来说，缺少方便的数据备份、恢复机制，缺少对文件的元数据的管理维护，因此并不适合直接拿来作为一个专业的数字信息存储系统。

4.3.5 LOCKSS

LOCKSS（Lots of Copies Keep Stuff Safe）是由美国国家科学基金会和梅隆基金资助、斯坦福大学图书馆组织实施的项目，致力于为图书馆保存和利用Web电子材料提供相应的工具和支持。LOCKSS开放源代码，以P2P方式提供无中心的数字保存基础设施，它支持任意类型和格式的Web出版内容的保存，能同时保存历史背景、外观样式等背景信息，并与OAIS保持兼容。

LOCKSS项目的出现最初是为了解决图书馆和数字资源供应商（如出版

社）之间的利益协调问题。我们知道，图书馆不是数字资源的主要制造商，但数字资源的长期保存对于数字图书馆而言却极为重要。图书馆常用的数字资源获取方式是从资源供应商那里租用数字资源。供应商提供数字资源的使用功能，但并不承担资源的永久保存、永续使用的责任。LOCKSS 项目为数字资源长期保存与利用提供了一个较为实际的运行模式。通过建立供应商与图书馆、图书馆与图书馆之间的协作平台，LOCKSS 提出了从电子资源出版、发布到永久性保存与利用等一整套解决方案。它使图书馆能够对数字资源进行永久保存，不受供应商变化、本地资源丢失等因素的影响，为读者提供持续的、永久性的电子资源存取服务，保证图书馆的社会效益。

LOCKSS 系统包括四个工作模块，分别是资源采集模块、保存和检测模块、发布访问模块和管理模块。

资源采集模块类似于搜索引擎的网络爬虫，允许 LOCKSS 经过授权后从资源提供商那里获取并保存新发布的资源，收集的资源将被放在一个本地的 LOCKSS 存档箱中，即使资源提供商在以后无法继续提供服务，外部用户依然可以从存档箱中获取访问。

保存和检测模块使每一个图书馆的 LOCKSS 存档箱都通过互联网来对其已搜集和保存的信息进行不断检测。LOCKSS 以 P2P 方式对内容的完整性和安全性进行检测，一旦发现问题，就可以通过其他 LOCKSS 系统修复内容。这种存档箱之间的互补合作避免了为每份信息进行单独的备份，保证了系统内容的正确性和高效的可访问能力。

发布访问模块引入本地缓存概念，以提供系统的访问性能。

管理模块提供了基于 Web 的操作界面，允许管理员锁定新的期刊以进行保存，跟踪现存期刊的保存状态，控制对现存期刊及其他功能模块的访问。

目前，LOCKSS 项目已经得到了广泛应用，包括哈佛大学图书馆在内的一批著名院校图书馆都加入了 LOCKSS 项目。Springer 在 2004 年就与 LOCKSS 建立了合作关系。2006 年 6 月，OCLC 也加入了 LOCKSS 联盟。我国的中国科学院文献情报中心、清华大学、香港中文大学、香港大学、香港理工大学等机构也都加入了 LOCKSS 联盟。随着 LOCKSS 项目在全球的普及，将会有更多的机构团体基于 LOCKS 来解决数字化信息的永久保存与利用难题。

LOCKSS 主要应用于图书馆领域，在应用于档案等其他领域数字资源的长期保存时，还应该根据各自的特点进行扩展。

4.3.6　对比分析

从上面的介绍中可以看出，WebDAV 是一种支持远程互操作的资源存储协议，并不能当作一种功能齐全的数字信息存储保护系统。Drupal 则是一种小型的内容管理系统，适合于数据规模不是很大，对资源的安全性、长期保存能力要求不高的应用。DSpace、Fedora、LOCKSS 三者具有许多相似之处，它们都参考或遵循了 OAIS 参考模型，采用了分层的模块化架构方式，提供了接口或 API 支持系统的灵活扩展，这三者要解决的问题也主要面向图书馆和情报学科。LOCKSS 主要解决资源的共享利用和本地永久保存问题，或者说是对资源的一种永久备份和提供服务的能力。

DSpace 和 Fedora 都涉及数字资源的长期保存问题，在数字对象的支持和体系架构方面具有很大的相似性，但二者也具有明显的区别。

（1）在对数据的处理方式方面，Fedora 把数据和元数据封装在了统一的数字对象内部，DSpace 则把数据和元数据作为两个独立的实体进行处理。

（2）在对内部数据的管理和访问方式上，DSpace 直接把数据和元数据暴露给最终用户，由最终用户直接操作内部数据，Fedora 则以 Web Service 的方式提供透明交互。

（3）在数据模型方面，DSpace 的数据模型包括 communities→collections→items→bundles→bitstreams，Fedora 则把各种资源统一成数字对象，本身不直接支持 collections 的概念。

（4）在元数据的灵活程度方面，DSpace 中内置了支持一些简单的 DC 元数据的修饰词，如果要扩展到其他的元数据方案，需要对底层数据库进行修改；Fedora 则可以通过扩展外部的应用程序来实现，相对更为灵活。

（5）在易用性方面，DSpace 经过简单的部署之后，可以直接投入使用；而 Fedora 只提供了一个核心框架，是一个数据对象存储、管理、检索和交换的基础平台，利用它提供的开发接口可以实现复杂的功能，但起点较高。

（6）在可扩展性方面，DSpace 与底层的数据库高度捆绑，如果要实现功能上的重大改进，必须对整个系统比较熟悉，因此难度较大；Fedora 的可扩展体系结构提供了开发附件的外部模块的能力，通过其开放接口即可实现，不用修改核心代码，扩展起来较为方便。

通过以上分析，我们可以认为，对于功能相对简单的数字信息存储，可以采用 DSpace 系统实现，而对于复杂的数字信息存储应用，则可以以 Fedora 为核心进行二次开发实现。在大规模数据应用场景下，还应该选用 SAN、NAS 或者集群方式保证存储的具体数字资源的安全可靠性。

4.4 存储系统开发的关键技术与标准规范

实现数字信息长期保存和有效利用的主要技术是数字对象管理技术和开放存取技术。数字对象管理技术是组织机构实现内容组织和长期保存的关键技术，其核心内容是数字对象框架。数字对象框架分为两层：数字对象和数字对象容器。数字对象是机构仓储的核心概念，它是一个被唯一标识的网络实体，可以封装、描述数字资源，并且提供访问数字资源的机制，主要包括唯一标识符、系统元数据、数据流和数据发布器四个部分，数字对象可用METS、IMS Content Packaging等来进行描述。数字对象容器用来容纳数字对象，并提供对数字对象进行管理和访问的接口。在数字对象容器内，按层次结构来组织多个数字对象，相关的数字对象构成了一个资源集合，机构内一个部门或实体的多个资源集合组成一个社区，一个机构的所有社区则组成一个完整的机构仓储。

开放存取技术是实现互操作和开放存取的关键技术，主要包括基于OAI-PMH的开放元数据互操作技术、基于DOI的永久性保存与利用技术、基于全文检索和Web Service的开放存取技术等。通过这些技术可以从多个途径为机构内外的用户提供数字资源的存取服务。此外，机构仓储还需要支持如OAIS参考模型、METS元数据标准、OpenURL、DOI和Web Service等标准规范。

4.4.1 OAI-PMH

OAI（Open Archives Initiative）最初是由保罗·金斯伯格（Paul Ginsparg）、里克·卢斯（Rick Luce）等人在1999年10月于圣达菲的Universal Preprint Service会议中促成的。当时由于各资料库系统之间彼此互不隶属，相关资料或不同领域的资料分散存储，不能统一集成，限制了数字资源的流通与使用。这次会议上针对学术性电子化预刊本（electronic preprint）及相关的文献资料，与会代表达成了关于形成一套可以互操作（interoperability）的标准技术架构的共识，并因此有了OAI。

2001年1月，OAI发布了名为OAI元数据获取协议（Open Archives Initiative Protocol for Metadata Harvesting，OAI-PMH）的网络通信协议，为网络上元数据的互操作问题提供了一种可行的解决方案。该协议采用互联网和元数据（metadata）两种技术，平衡了增强功能与实现难度之间的矛盾。

OAI-PMH协议提供了一个基于元数据获取的独立于具体应用的互操作

框架。OAI-PMH 框架定义解释了数据提供者（Data Provider，DP）与服务提供者（Service Provider，SP）这两个角色的分离，其中 DP 是以 OAI-PMH 方式发布元数据的管理系统，SP 则以 OAI-PMH 为基础获取元数据来建立增值服务。一个元数据仓储系统可以既是 SP 又是 DP，然而 SP 与 DP 功能的分离有利于分工，使得一些机构成为专业的数据发布者，而另外一些机构则专注于针对特定用户群体开发有特色的增值服务。OAI-PMH 协议能够简化数字资源内容，加快和提高相关资源的传播利用，提高数字化资源的存取效率，同时可以扩展可获得的数字资源的种类范围。

4.4.2 OpenURL

URL 是网络的一项核心技术和基本模块，许多系统通过在链接源中嵌入链接对象的 URL 来建立链接机制。但是，URL 具有明显的缺点：一个 URL 只能指向网络上特定位置的一个数字资源，它与资源之间是一种双射关系，如果在多个位置具有相同的资源，就需要多个不同的 URL，它无法满足从多个链接中选择特定链接的要求。另外，URL 是静态链接，如果资源的位置发生了变化，则需要及时更新 URL，使它能够体现资源的新位置，避免使其成为死链。URL 不能考虑用户的合法性以及资源的上下文关系，造成“适当拷贝问题”（the appropriate copy problem）。为了克服这类问题，赫伯特·范德索培尔（Herbert Van de Sompel）在 1999 年研制 SFX 系统时，提出了 OpenURL 框架。

OpenURL 即“开放链接”，是一种解决不同的数字资源系统互操作、进行资源整合的方法和技术标准。开放链接是一种附带元数据信息和资源地址信息的“可运行”的 URL，可用来解决二次文献数据库到原文服务的动态链接问题，服务提供方（通常是图书馆）维护的链接解析器能够在相关服务网页上动态生成开放链接。

OpenURL 与传统 URL 的区别如下：

（1）OpenURL 具有上下文相关性。传统的链接目标是预先定义好的、静态的、直接指向目标的，是上下文无关链接。OpenURL 链接则是一个挂接点，将当前的上下文环境提交给链接服务器，由链接服务器动态计算出目标链接，与使用者的需求是相关的，因此是上下文相关的。

（2）OpenURL 具有更强的灵活性。传统链接描述的是具体目标，是一种一对一链接，无法实现一次性对多个数据源的统一检索。在 OpenURL 方式中，通过链接服务器可将服务类型进行扩展，可实现一次性对多个数据源的统一检索。

(3) OpenURL 具有更好的可维护性。传统链接方式中，一旦目标发生变化，每个链接点都要进行更新维护，若更新不及时，往往造成许多失效链接，因此传统的链接方式维护工作量比较大。在 OpenURL 方式中，链接服务器根据元数据动态产生目标链接，只要目标的基本 URL 不发生改变，内部数据的变动就不会影响链接的准确性，因而大大减少了维护的工作量。

例如，假设某数据提供商支持 OpenURL 功能，其 OpenURL 链接服务器地址为 http：//www. myserver. com/openurl，支持的参数包括：

Atitle：论文的标题。

Journal：期刊刊名。

Date：论文发表的年份。

Volume：论文卷。

Issue：论文期数。

Issn：期刊的 ISSN。

现在要查询文章标题为"OpenURL 简介"的文章，对应的 OpenURL 的地址为 http：//www. myserver. com/openurl? Atitle = OpenURL% E7% AE%80%E4%BB%8B。其中，"OpenURL%E7%AE%80%E4%BB%8B"为"OpenURL 简介"的 URL 编码后的文本。

目前基于 OpenURL 框架的参考链接系统产品多达几十种，其中较成熟、应用较广的系统有 SFX、WebBridge、LinkFinderPlus 等。

4.4.3 DOI

DOI (Digital Object Identifier) 即数字对象标识符。国外的数字文献生产商较早采用唯一标识符来标识其出版的电子文献，并形成了很多应用于不同环境的标识符方案，如 SICI (Serial Item and Contribution Identifier)、BICI (Book Item and Contribution Identifier)、PII (Publisher Item Identifier) 等。但大多标识符方案仅仅定义了标识符名称空间及标识符构成机制，尚未构成一个完整的包含解析系统的标识符系统。1994 年，美国出版商协会 (The Association of America Publishers，AAP) 成立了非营利性组织国际基金会 (International DOI Foundation，IDF)，在美国国家创新研究组织 (The Corporation for National Research Initiatives，CNRI) 的配合下，专门研究设计出来了一种既能保护知识产权又能保障版权所有者商业利益的系统，即 DOI。

DOI系统主要由标号体制、元数据、解析系统和政策框架四个部分组成。其中标号体制定义了DOI唯一标志符的语法和语义问题，DOI是由一组字母、数字和其他符号组成的字符串，中间以“/”分隔，例如10.1109/TOH.2008.21。其中，所有DOI前缀都是以“10”开始，代表国际DOI基金会，以与其他处理系统相区别。紧接的4位数字是IDF注册登记机构分配给DOI注册者的前缀号码，一般每个成员都有一个前缀号码，但也有可能有多个前缀。后缀是由获得了前缀并拥有存放权利的组织机构自行定义和分配的号码。DOI具有唯一性特点，因此又被形象地称作互联网上的条形码。

DOI具有唯一性、永久性、开放性、动态维护性、多项解析、动态追踪、版权保护等特点，这些特点决定了它在学术出版中的基础地位。作为在源头确定的唯一标志，DOI贯穿于学术交流的整个过程，实现了对数字对象的整合，促进了数字资源的有效共享。目前，国外Elsevier、Blackwell、John Wiley、Springer等大型出版商大多使用DOI对数字资源进行标识，形成了比较完整的命名、申请、注册、变更等管理机制，DOI的解析系统发展也比较成熟。在此基础上，一些生产商相继推出各种与DOI相关的增值服务。例如CrossRef Search结合Google检索技术与DOI系统的定位服务，实现了CrossRef Search检索结果到生产商全文之间持久、有效的链接。

4.4.4 SRW/SRU

随着信息资源数字化的发展，越来越多的数据库出现。由于各种数据库结构不同，给使用者的检索与利用带来很多障碍。为解决系统的异构性，实现异构数据库中数据的检索与利用，美国图书馆界开发了Z39.50通信协议标准，用于实现异构信息系统之间的通信。Z39.50是基于国际标准化组织的开放式系统互联参考模型的应用层协议，与实际使用的TCP/IP网络协议有所差异，使得Z39.50无法直接与Web连接；另外，Z39.50是一个重量级的协议，其复杂性限制了协议的广泛应用。为解决这一问题，人们对Z39.50作了许多改进，如采用XML对操作进行编码。在2001年举行的第一届SRW/U官方会议上，人们提出了以Web服务方式实现Z39.50的一些规范，这些规范的基础是Z39.50和包括XML、SOAP、URL和HTTP的Web技术，并于2004年2月发布了SRW/SRU协议1.1版。

SRW（Search/Retrieve for the Web）是一个针对Web应用的信息检索协议，提供基于Web Services的各种用户访问机制。它定义了一个通用的、抽象的模型，各个系统可以将其具体实现映射到该抽象模型上，实现了不同网络资源、分布式数据库的统一检索功能，其设计理念是将信息检索视为各种查询检索服务的集合。

SRW/SRU 协议 1.1 版提供了三种服务：Search/Retrieve、Scan 和 Explain。后来为满足图书馆联合编目的需求，又增加了 Update 操作。SRU（Search/Retrieve URI Service）与 SRW 是彼此互相合作的网络服务，可以看成是 SRW 的简化版。两者的区分主要在于信息联结的机制不同，SRW 的信息检索是通过 HTTP 的 POST 方法发送 XML、SOAP、RPC 等消息实现的；而 SRU 不使用 SOAP，它的请求信息是通过 HTTP 的 GET 方法发送的，其信息检索请求与 OpenURL 相同，都是通过对 URL 进行格式编码予以实现。

4.4.5　DC 元数据

DC 元数据即"都柏林核心（Dublin Core）元数据"，由联机计算机图书馆中心首倡于 1994 年，因创始地在美国俄亥俄州首府都柏林而得名。其维护机构为都柏林核心元数据倡议（Dublin Core Metadata Initiative，DCMI）。1994 年 10 月，联机计算机图书馆中心的斯图尔特·韦伯（Stuart Weiber）和埃里克·米勒（Eric Miller）参加了在芝加哥召开的第二届万维网协会（W3C）年会。在会议的休息时间，他们与来自计算机界的几位专家简短地谈到互联网上的信息检索问题，大家的兴趣聚焦到建立一套元数据元素集合用以描述网络资源上，于是促成了 1995 年 3 月第一届 DC 会议的召开。该会议制定了包括 13 个元素的 DC 元数据的最初形式。1996 年在都柏林召开的第三届 DC 会议上，又增加了描述（description）和权限管理（rights management）两个元素。DC 元数据希望能够通过这 15 个元素用以描述资源对象的语义信息，目前已成为 IETF RFC2413、ISO15836、CEN/CWA13874、Z39.85、澳大利亚、丹麦、芬兰、英国等国际或国家标准。这 15 个元素见表 4—2。

表 4—2　资源对象的语义信息

题名 Title	格式 Format
创建者 Creator	来源 Source
日期 Date	权限 Rights
主题 Subject	标识符 Identifier
出版者 Publisher	语种 Language
类型 Type	关联 Relation
描述 Description	覆盖范围 Coverage
责任者 Contributor	

目前DC元数据是DCMI通过一定的组织形式和程序进行活动的成果。DC元数据早已不是简单的15个元素的集合，而是包括由一系列扩展元素、元素修饰词、编码体系修饰词、抽象模型、应用纲要等规范组成的标准规范体系，成为一般性资源描述，特别是互联网语义信息描述（Semantic Web）的基础性规范。我们通常所说的DC，也常常不单指这一规范体系，还用来泛指DCMI和它的活动。可以认为DCMI、其活动和通过其活动所取得的标准规范成果是三位一体的，如图4—16所示。

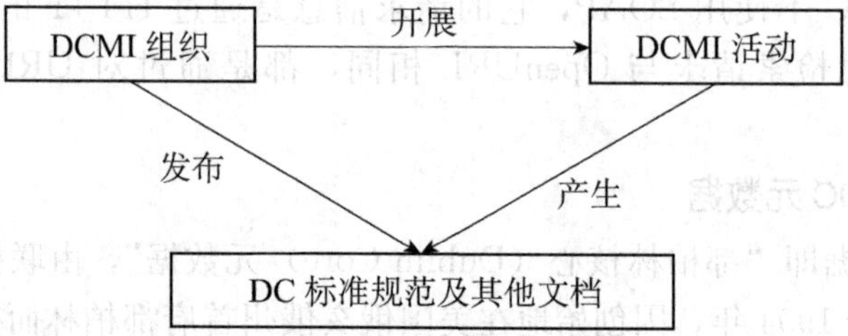

图4—16 DC元数据相关范畴

4.5 技术方案选用原则与评价方法

4.5.1 选用原则

构建存储系统的技术方案，可以有多种不同的方式。根据技术实现途径的不同，大致分为三类。

4.5.1.1 完全自主开发方式

由本单位工作人员，根据数字信息的特点和保存目标，从头实现一个完整的数字资源存储系统。

完全自主开发的方式，能够最大限度地适应服务单位的特殊功能需求。由于整个系统由本单位人员开发实现，因此，组织机构对整个系统具有高度的可控性，能够及时、灵活地集成新的功能需求，并根据存储理念的不断发展，持续改进系统。

自主开发方式要求单位拥有较强的开发力量，开发周期长，时间和人力成本较高。如果大量规模不大的组织机构都采用这种方式建设自己的存储系统，从社会成本的角度考虑，会因大量的重复劳动而导致社会资源的浪费。

4.5.1.2 直接采用现有的存储系统

组织机构直接选用相对成熟先进的开源项目，进行数字资源的保存、管理与存取利用。从本章内容中，我们已经看到了大量的可供组织机构直接利用的存储系统。

采用这种方式，可以大幅度降低数字资源存储的软件成本。另外，许多开源项目最初都由一些著名公司或科研院所开发，开发人员整体素质较高，所开发的软件的可靠性和功能都具有一定的保证。同时，一些开源项目已经得到了广泛应用，基于它们构建存储系统具备更好的开放性。

开源存储系统的开发计划不受特定组织机构的控制，如果需要新的功能，只能期待开发社区在以后的版本中提供支持，普通用户无法确定具体的版本和时间。开源存储系统虽然提供了丰富的帮助文档和使用手册，但对系统的安装、配置与管理人员的技术要求较高，同时，系统的默认设置或不当设置会带来严重的安全问题。

4.5.1.3　*采购存储系统软件和服务*

组织机构从相应的软件提供商处购买存储软件系统，并由软件提供商提供相应的技术支持。

这种方式把软件开发工作交给了专门的软件厂商，对组织机构而言，不需要满足特殊的技术要求，从而让组织机构把精力集中于内部的业务问题。一些新的功能需求和业务集成问题，可以通过协商的方式由软件厂商进行二次开发，以提供支持。

采购存储系统需要花费一定的软件费用。部分软件厂商为降低成本，可能会在软件内部进行简化设计，或缺少严格的测试过程，从而带来隐含的软件质量问题。另外，一旦软件厂商倒闭或转型，组织机构将无法获取后继服务，无法保证系统的长期运行，也就很难实现数字资源的长期保存。

在对数字资源存储系统进行选用时，应兼顾以下几点。

(1) 长期服务能力：一个理想的解决方案在服务时间上应具有一定的可延展性，能够在相当长的时间中保证数字对象的长期存取能力，同时应具备一定的进化升级能力，当相关技术、保存要求等发生变化后可以继续延用。

(2) 数字对象范围：系统应充分认识到数字对象的复杂性，能对各种格式、各种媒体的数字信息进行存储管理。

(3) 易用性：在保证功能需求和内部架构合理的前提下，保证最终用户的使用操作尽量简单，提供主流的操作界面和操作手段，以减少用户的软件学习成本；经济上以尽量低的代价保证系统的推广应用，并尽可能地为行政和法律方面的管理提供方便。

(4) 风险可控：理想的解决方案应保证系统的安全可靠性，确保收藏的数字资源不会因意外情况导致不可恢复的后果；应提供全套的备份方案、权限控制方案以及系统平时运行维护的管理方案。

（5）功能全面：保留尽可能多的文件原始功能、外观等特征，给每个文件指定人为可识别的标签信息和元数据，方便文件管理。

（6）灵活性：系统可根据不同的保存要求，提供不同代价的选择方案，并可以在将来对任一份特定的文件或者特定类型的文件以及文件组合更改保存方案。

（7）可扩展性：系统不仅能为现有技术条件下的数字信息提供保存方案，也应考虑到将来可能出现的软硬件技术和信息类型，并提供存储管理功能，因而理想的解决方案在技术上的可行性应可以进行验证，在系统功能上应具有较强的可扩展性。

4.5.2 评价方法

不同的存储系统或解决方案有其特点和不足，孤立地分析评价孰优孰劣，无益于理想方案的设计。在此，我们给出几种不同的比较评价方法，供大家根据实际需要对特定系统进行分析和评价。

4.5.2.1 原则比较法

原则比较法的基本思路是对比不同存储系统及解决方案的特点，根据实际需求确定最终的存储方案。采用原则比较法时，需要我们根据实际工作的要求，确定保存该数字资源的主要目的与要求，并根据保存的目标与要求，得出数字资源存储的基本原则。例如：对于数字档案，我们必须真实完整地保存它所有的信息，并通过保存元数据记录其背景信息；而对于普通数字资料，我们更关注信息的内容。根据信息保存要求的不同，我们确定保存的基本原则，并依据这个基本原则对预选的技术方案进行评价，查看它们是否满足保存的要求，并从中挑选出最为理想的方案予以采纳。

从理论上来说，面对实际问题，采用原则比较法作为具体的评价方法，可以帮助我们从目前已有的技术方案中，挑选出能够满足特定目的的最佳技术解决方案。但是，对原则比较法而言，如何把握评价的原则性与灵活性，并没有一个可供操作的具体方式，采用这种方式得出的方案只是一种理论结果，它在具体应用中的可行性还有待实践检验。

4.5.2.2 实验验证评价法

原则比较法试图从理论上对可能的解决方案进行对比分析从而选择最佳的解决方案，然而目前仍然缺少对理论的合理解释，其可信度受到一定程度的质疑。为了能够给出更令人信服的结论，我们可以将各种解决方案放到准实际环境中去考察其效果，根据实验结果对各种方案进行对比分析，由实践决定方案优劣。

实验验证评价法根据我们需要保存的数字资源，对可供选择的技术解决方案分别进行实验，然后根据最终的实验结果挑选出能够满足实际需求的最佳方案。实验验证评价法较之于原则比较法更为实际，它可以把现实中错综复杂的各种因素分割开来分别实验，并进行分析对比。然而，实验环境需要纳入现实当中的各种复杂性因素，而各种复杂性因素很难在实验环节就全部体现出来。对实验验证评价法来说，如何设计实验以涵盖尽可能多的功能需求至关重要。

4.5.2.3　用户需求分析对比法

用户需求分析对比法是指在选择存储方案时，充分考虑用户的实际需求，以用户需求为主要考虑因素去评价和选择最佳技术解决方案。

以用户需求为评价标准体现了存储系统设计的最终目的。但是，不同用户的需求变化多样，甚至在一定程度上无法两全。需求不同，系统实现的代价也不尽相同。另外，用户功能能否实现还受到现有技术条件的限制。因此，在比较各种用户需求时需要我们对需求进行仔细划分，分清哪些需求具有普遍性，哪些需求具有特殊性，哪些在当前尤为重要，哪些在目前更容易满足和实现，还有哪些需求实现的代价较高。最终采用的技术方案应该能够在这些需求之间达到一个最佳的平衡点。

4.5.2.4　功能点分析法

功能点分析法以功能点对比方式确定技术方案。在该方法中，我们列举出存储系统必须具备的功能需求和尽可能多的其他相关需求，把它们以表格等形式进行记录，并最终对指定的系统所拥有的功能进行分析，如果满足表格中的某个功能点，则记录到表格中，最终分析整个表格，经人工分析和总结，给出系统相对全面的一个评价。表 4—3 就是一个简单类型的功能点分析表格。

表 4—3　　　　功能点分析表格示例

功能类型	功能点	存储系统 S1	存储系统 S2	存储系统 S3
必备功能	用户角色	支持	支持	支持
	存储容量	T 级	T 级	T 级
	文件格式	10 种	不限	5 种
	……	……	……	……

续前表

功能类型	功能点	存储系统 S1	存储系统 S2	存储系统 S3
可选功能	邮件通知	支持	支持	无
	订阅服务	支持	支持	支持
	……	……	……	………

本章介绍了数字信息长期保存的存储体系结构和现有的存储系统，存储系统设计开发用到的关键技术、标准规范，以及技术方案选用原则和评价方法。存储体系结构主要解决数字资源的文件存储问题，即选用什么样的方式来存储大量的数据文件，并保证它们的可靠性，目前许多机构采用的是 DAS 与 NAS 融合的存储方式，未来的一种发展趋势则是过渡到集群存储方式上。另外，对于简单的应用来说，可以通过定制 DSpace 等开源系统实现数字信息的存储；而对于较为复杂的应用，则可以以 Fedora 为核心，进行二次开发以实现支持特定功能的数字信息存储系统。无论什么样的存储系统，都必须综合考虑具体应用的服务能力、服务范围、安全性、性能等因素，选用 DAS、NAS、SAN 或集群存储等合适的存储方式。

第五章

数字信息长期保存的技术保障措施

- 数字信息保存技术
- 仿真技术
- 介质更新
- 迁移技术
- 封套技术
- 保存元数据

5.1 概述

随着信息技术的快速发展，未来的信息系统可能会无法读取或解释现在系统所创建的电子文件，即使电子文件本身的物理存储情况依然良好。因此，我们必须采取有力的技术保障措施，实现数字信息的长期保存。

数字信息的存储介质和保护技术的发展如图 5—1 所示。图中列出了用于数字保存的不同介质，以及用来实施数据保护的相关技术。从图中，既可以看出存储介质从纸张、胶片等模拟存储方式向磁盘、光盘等数字存储方式的发展趋势，也可以看出数据从旧存储介质向新一代存储介质可能进行的转移过程。对于数字信息来说，其创建、修改和分发非常容易，但是存储数字信息的光盘等存储介质的可靠性却远不如纸张、胶片等模拟介质，这给新时代的数字信息保护提出了很大的挑战。本章主要从现代数字信息保护需求出发，探讨用于数字信息保护的技术策略。

数字信息保护既包括对数字对象本身的保存，还包括对数字对象所包含的具体含义的解释。因此，保护技术应该能够重建数字对象的原有格式和承载的功能，确保其权威性和可存取性。保护技术本身是一项非常复杂的工作，所涉及的数字信息对技术环境的依赖性较强，而且，随着新的信息技术的快速发展，如果没有相应的处理措施，老的依赖于特定技术环境的数字信息就会很快处于无法读取的危险境地，可见，数字资源的保护要比传统的纸质资源的保护更为困难。最近，人们已经提出了许多用于数字保护的技术途径，如仿真、迁移、封套等，但目前依然缺少一个大家公认的保护方法以确保数字信息的持续可读。

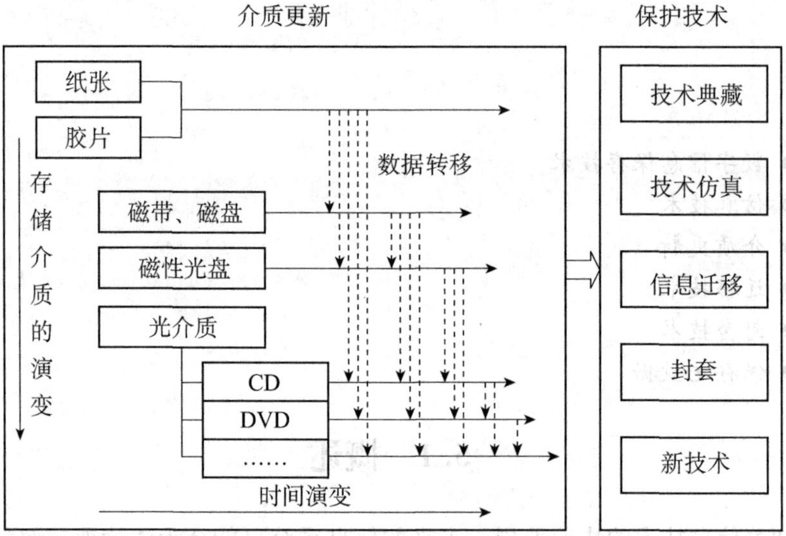

图 5—1 数字信息保护策略的演变

当前的数字保护策略大致划分为两类。第一类是较为保守的方法，即保存原先所有的技术环境，以便能在未来对数字信息进行解码。这一类又可以进一步分为两种技术。一种技术是保存供未来使用的所有计算机软硬件平台的工作副本，这也被称为技术典藏策略。另一种技术是在新的计算机软硬件平台上通过仿真方式模拟过时的软件平台和操作系统，也被称为技术仿真策略。

第二类方法是克服文件格式的技术过时问题。这一方法也可以分为两种技术，第一种技术是把原有的数字资源转换为不依赖于创建时软硬件环境的新格式，即介质更新和信息迁移策略。第二种技术又被称为封套技术，即把数字对象以及与存取数字对象相关的所有必需信息打包到一起，进行保存。

5.2 系统保存

系统保存（system preservation）又名技术保存（technology preservation），其做法是将信息以其最原始的格式储存，并且将计算机系统保存起来，可以只保存计算机硬件（含操作系统），或是只保存应用软件（可能含数据库系统或其他相关软件），或者将计算机软硬件皆保存下来。虽然这是保存电子档案最简单的方式，只要保存计算机的系统，就可以维持数字信息的可用性；但是，一直保存过时或是快被淘汰的计算机系统，不但成本高，且需大量存放空间，有点像建立一座计算机博物馆。

一般而言，这个策略花费的成本很高且不能维持太久，所以适用于短时间的保存。或许这个方式被认为适用于某些类型的数据，如会议留声机数据，或是包含着数千个数据的柯达幻灯片，然而保存留声机或是幻灯片这样的技术，已经跟数字技术完全不同。因为，数字技术会随着计算机软硬件的快速变化而一直进步。况且在大部分的情况下，并不需要将整个系统保存起来。这个策略必须视情况而定，若只为了储存几个电子档案，实在是没有必要对整个系统作保存。技术典藏的解决方式假设所有过时的设备都被完全保留下来，从而能够恢复任意旧有的软硬件配置。这种策略包括对原始应用程序、操作系统和硬件平台的保存。

主张技术保存的人强调有必要重新运行原有环境以便完全重现数字对象的外观和行为。对于某些数字对象来说，通过保存数字对象和对应的存取工具可以确保数字对象的可访问性，在短期内这是一种最佳的解决方案。

但是，对于长期保存来说，保存空间、维护和花费代价等都非常巨大，导致这种方式的可行性较差。一些典型的问题有：设备老化损坏、注释遗失、产品供应商破产、存储介质过时等。同时，这种策略限制了资源的可携带能力，因为这些资源严重依赖于保存在指定位置的硬件环境。

5.3 仿真技术

仿真是制造一个能运行过时软硬件的软件，是在这个软件中对某一硬件进行模仿，使得原始设备与功能在现行软硬件上运行。仿真是延迟技术淘汰的一种方法。通俗地说，仿真器是升级的软件，如现在一般的软件都具有向下兼容性就有仿真的意味。尽管这种方法具有一定的可行性，但由于新型硬件和软件不断涌现，制造一个执行过时软硬件的软件，具有很大的挑战性。

这种策略与技术典藏方式有许多相似之处，它也涉及了对原始应用程序的保存工作。仿真程序被设计运行于未来的计算机平台上。仿真程序能够模拟旧硬件平台和操作系统软件的行为，比如用于运行老的计算机游戏和可执行文件等。但是，这种策略不涉及过时硬件和原始操作系统软件的保存问题。仿真的目标是保存数字对象的外观和功能，其本质是拷贝资源的技术上下文，允许原始对象或其更新后的拷贝对象能够在未来继续使用。罗森博格展示了仿真过程中各种元素之间关系的概念视图，如图 5—2 所示。技术仿真通过提供虚拟机的方式让应用程序运行在不同的平台上，虚拟机本身与操作系统相关，但虚拟机对上层的应用程序提供了统一的、无差异的服务。Java 虚拟机可以看作是这样一种形式，一般说来，只要操作系统能够部署 Java 虚拟机，所有的 Java 应用系统就可以在该软硬件环境中运行。

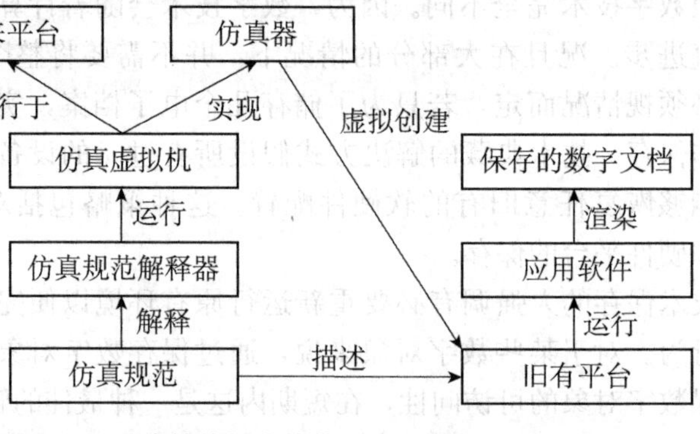

图 5—2 罗森博格提出的基于仿真技术的数字保护

亨德利（Hendley）认为，当维持原有数字资源的物理环境对用户来说至关重要的时候，可以采用仿真技术。技术仿真的主要应用场合是：数字资源不能被转换成独立于软硬件环境的格式，从而持续向前迁移。

沃（Waugh）等指出应用软件本身可能包含病毒，随着时间的流逝，可能会导致信息丢失，特别是，仿真技术需要保存大量的信息。他们考虑到，如果目标是把软件本身当作人工制品进行保存，并且未来的用户组织缺少足够的知识去理解数字信息的格式，仿真就会非常有效。

格兰杰（Granger）讨论了仿真技术的潜在优势，如可以重现资源的外观样式；也指出了仿真可能存在的不足，如技术变化、创建仿真规范的复杂度等。最终他给出的结论是仿真技术并不是数字保护的终极解决方案，而是数字保护技术的一部分。

相反，拉塞尔（Russell）声称仿真技术是数字资源超长期保存的最佳解决方案，尤其是对那些数字资源价值不明、未来何时可能再次使用也无法知晓的情况。伍德亚德（Woodyard）指出，对于像可执行文件一样的复杂数字资源来说，仿真是一种比迁移技术更为适宜的解决方案。基里亚尼（Gilheany）讨论了实现永久保存计算机功能的仿真器的必需内容。罗森博格主张并推荐使用仿真技术作为数字保护的最佳解决方案，并在 NEDLIB 进行了相关实验。

后来，霍尔兹沃思（Holdsworth）和惠特利（Wheatley）考虑了罗森博格的方法，当平台过时的时候，设计仿真器规范将会使得仿真器的生产效率大大降低，从而使永久保存信息陷入极大风险，因为现有相关规范并不能确保在未来可以根据该规范设计出对应的仿真器。他们提出了一些可以使用仿真技术的指导方针，并对仿真是否是一种有效的数字保护方法争吵不休，尤其对于那些不存在电子形式的文档的系统来说。在仿真器实现采用的编程语言方面，霍尔兹沃思也建议使用被广泛使用的编程语言如 C 语言实现仿真程序。

仿真策略需要设计能运行于新软硬件平台的仿真器，这一方法允许在新的更高级的系统中运行先前的软件，以原生格式查看数字文档。但是，为了模仿过时的信息系统，这个方法需要有运行在原系统硬件上的详细规范。因此，这一方法需要硬件制造厂商的广泛参与，而许多硬件厂商可能不太情愿为所有的软件开发人员提供所有的硬件规范，因为这些规范所涉及的技术可能在他们开发的一些高级系统中依然还在使用。另外，仿真器的研发并不是一件简单的事情，即使拥有开发仿真器的技术规范，也不能确保在有限的时间内开发出仿真器来。再者，仿真器不是保存，而是模仿原有程序，这就导致了系统运行时可能会出错，声音可能会消失，从而导致仿真结果与原始文件的呈现样式存在差异。

仿真方式需要对过时的硬件和操作系统软件给出详细的规范描述，因此，人们需要开发仿真规范的标准格式，至于仿真程序是模拟整个技术环境，还是只模拟存取数据所需要的部分功能模块，目前还存在一定的争论。

5.4 介质更新

造成数字信息不能长期存取的一个重要原因就是存储介质本身受到机械损伤或本身老化而损坏，为降低介质风险，许多国家都制定有行业规范或国家标准，对数字信息的存储介质作出规定。例如，我国国家档案局在《办公自动化电子文件归档与电子档案管理方法》中规定，电子文件应"拷贝至耐久的载体"，禁止用磁盘来保管电子文件，并分先后次序对信息载体进行推荐：只读式光盘、一次写入光盘、可擦式光盘、磁带。为防止存储介质恶化而使数字信息无法存取，人们提出了介质更新技术（refreshing）。

介质更新就是通过拷贝方法将数据流从原有存储介质转移到新存储介质上，保护数据本身不受存储介质质量变化的影响。在任意时间点，数字信息都必须通过一定的介质形式进行存储，如软盘、硬盘、光盘、磁带等。随着技术的快速发展，早些时间所使用的在当时较为先进的存储介质与存取设备极有可能会被逐步淘汰。例如，现在的主流 PC 机已经很少配备软盘驱动器，早先的 5 英寸软盘和 3 英寸软盘所存储的信息只能在一些型号较老的计算机中才能读出，或者通过一些特殊的专用设备进行读取。曾经被广泛采用的 CD、DVD 等存储介质也极有可能在不远的将来被其他更为先进的存储设备取代。因此，数字信息要实现长久保存和长效使用，就必须采取积极措施，通过定期更新存储介质的策略，解决数字信息保存所面临的因存储介质的变化而带来的潜在威胁。

5.4.1 存储介质的发展历史

5.4.1.1 穿孔卡片（Punched Card）

穿孔卡片最早于 1725 年由鲁修（Basile Bouchon）发明出来，用来保存印染布上的图案。但是它的第一个真正的专利权，是美国统计专家赫曼·霍列瑞斯（Herman Hollerith）博士在 1884 年 9 月 23 日申请的。这个发明用了将近 100 年，一直用到了 20 世纪 70 年代中期。赫曼·霍列瑞斯当时把穿孔卡片用于美国人口普查之中并取得巨大成功。它是一种由薄纸板制成，用孔洞位置或其组合表示信息，通过穿孔或轧口方式记录和存储信息的方形卡片，是早期计算机的信息输入设备（见图 5—3）。

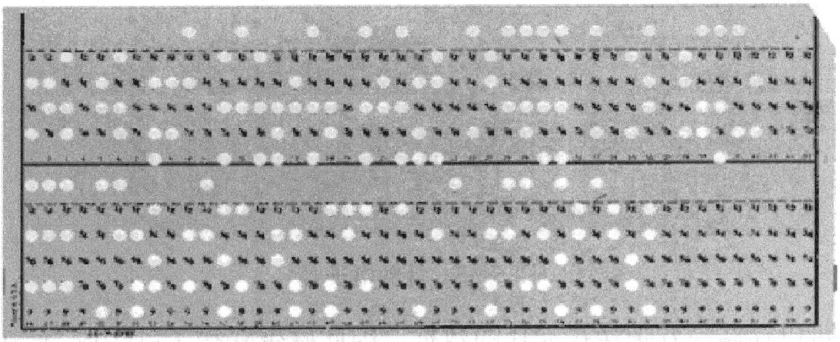

图 5—3 穿孔卡片

上图是一个典型的穿孔卡片，可以看出，存储在穿孔卡片中的数据量非常有限，因此它的主要用途并不是存储数据，而是更多地用于存储配置信息。

5.4.1.2 穿孔纸带（Punched Tape）

穿孔纸带是利用打孔技术在纸带上打上一系列有规律的孔点，以适应机器的读取和操作，加快工作速度，提升工作效率。亚历山大·贝恩（Alexander Bain，传真机和电传电报机的发明人）在 1846 年最早使用了穿孔纸带。纸带上每一行代表一个字符，显然穿孔纸带的容量比穿孔卡片大很多（见图 5—4）。

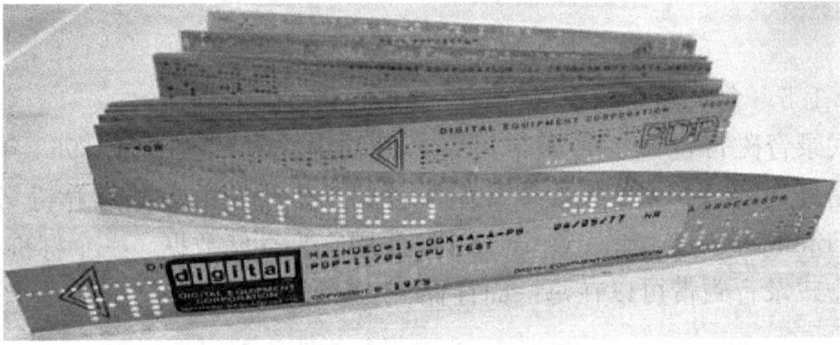

图 5—4 穿孔纸带

5.4.1.3 计数电子管（Selectron Tubes）

1946 年，美国无线电公司开始了对计数电子管的开发，它是早期计算机所使用的内存方式。大的计数电子管长达 10 英寸，能够保存 512 字节（0.5K）的数据（见图 5—5）。由于这种计算电子管价格昂贵，因此在市场上只是昙花一现，很快就消失了。

5.4.1.4 磁带（Magnetic Tape）

在 20 世纪 50 年代，IBM 公司率先使用磁带作为数据存储介质。由于一

图 5—5　计数电子管

卷磁带可以存储一万张穿孔卡片的数据，因此磁带获得了巨大成功，成为 20 世纪 80 年代中期之前最为流行的计算机数据存储方式（见图 5—6）。

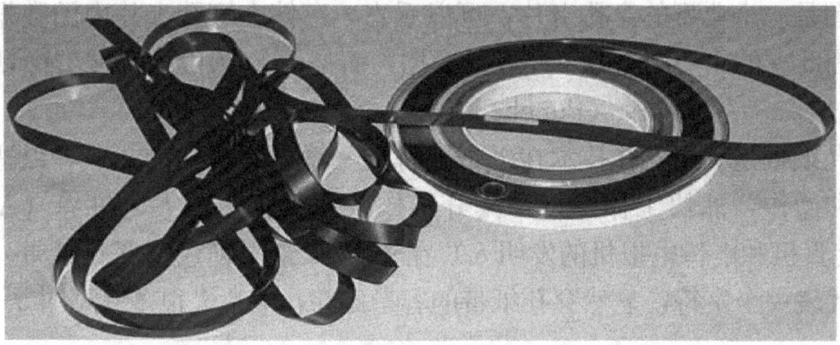

图 5—6　磁带

5.4.1.5　盒式录音磁带（Compact Cassette）

盒式录音磁带也是一种磁带设备，最初由飞利浦公司于 1963 年开发出来，但是直到 20 世纪 70 年代才开始流行起来。早期的一些计算机 ZX Spectrum、Commodore 64 和 Amstrad CPC 使用它来存储数据。一个标准的 90 分钟长的盒式录音磁带可以在每一面存储 700K 到 1M 的数据信息（见图 5—7）。

图 5—7　盒式录音磁带

5.4.1.6　磁鼓（Magnetic Drum）

一个磁鼓有 12 英寸长，每分钟可以转 12 500 转。它在 IBM650 系列计算机中被当成主存储器，每个磁鼓可以保存 1 万个字符（不到 10K）（见图 5—8）。

图 5—8　磁鼓

5.4.1.7　软盘（Floppy Disk）

第一张软盘发明于 1969 年，当时是一张 8 英寸软盘，可以保存 80K 的只读数据。1973 年，人们又制造出一种尺寸相同、容量为 256K 的软盘，并且可以对存储的数据进行反复读写。之后，软盘的发展趋势便是磁盘直径越来越小，容量越来越大。到 1990 年之后，我们可以找到容量为 250M 的 3.5 英寸高密度软盘（见图 5—9）。

图 5—9　软盘

5.4.1.8　硬盘（Hard Disk Driver）

IBM 公司于 1956 年 9 月 13 日推出了 305 RAMAC 计算机，该计算机唯一的革新便是超大的海量数据存储能力：在当时可以存储“高达”4.4M的数据（500万个字符），这些数据被保存在50个24英寸的磁盘上。截至1961年，IBM共生产了1 000台305RAMAC计算机，IBM出租这些计算机的价格是每月3 500美元。

硬盘目前仍然是一种还在不断发展的产品。图5—10右侧的日立Deskstar 7K500是第一个容量达到500G的硬盘，是最早的IBM 305 RAMAC计算机硬盘的12万倍。硬盘今后的发展趋势很明显：价格越来越便宜，容量越来越大。

图5—10 世界上第一款硬盘机与现在主流的硬盘

5.4.1.9 激光视盘（Laser Disc）

激光视盘发明于1958年，但是直到1972年，第一张视频光盘才面向公众展示，到1978年，才开始在市场上销售。那个时候的光盘是只读的，但是能够保存达到VHS录像机水准的视频信息，因此很有吸引力（见图5—11）。

图5—11 激光视盘

5.4.1.10 CD（Compact Disc）

光盘来源于激光视盘，但是它的体积更小，容量更大，最初于1979年由

SONY公司和飞利浦公司联合发布，并于1982年上市。一张典型的5英寸光盘，可以保存700M的数据信息（见图5—12）。

5.4.1.11 DVD（Digital Versatile/Video Disc）

DVD是一种使用了不同激光技术的CD，它采用了780纳米的红外激光（标准的CD使用625纳米到650纳米的红外激光），这种激光技术使得DVD可以在同样的面积中保存更多的数据。一张双层DVD可以存储8.5G的数据（见图5—13）。

图5—12 光盘

图5—13 DVD

5.4.1.12 未来的存储介质

现在最引人瞩目的，是蓝光DVD和HD-DVD这两种竞争的光盘技术（见图5—14）。蓝色激光使存储的容量进一步增长。目前看起来，蓝光DVD要更流行一些。蓝光DVD技术采用波长为450纳米的蓝紫色激光，通过广角镜头上比率为0.85的数字光圈，成功地将聚焦的光点尺寸缩到极小限度。此外，蓝光DVD的盘片结构中采用了0.1毫米厚的光学透明保护层，以减少盘片在转动过程中由于倾斜而造成的读写失常，这使得盘片数据的读取更加容易，为大大提高存储密度提供了可能。

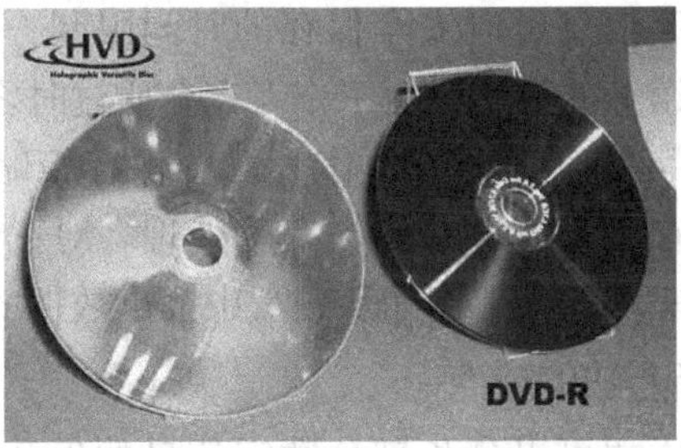

图5—14 蓝光DVD与HD-DVD

5.4.2 介质更新策略

从存储介质的发展历史可以看出，存储介质的更新变化越来越快，早期主流的存储介质随着技术的快速发展，面临严峻的挑战。

首先，存取设备的淘汰会严重威胁到数据的读取利用。随着计算机软硬件的发展，早期存储数字信息的存储介质，很难找到相应的数据读取设备，从而导致数据无法利用。而如果被动地保存任意时期所采用的存储介质及其读取设备，则维护困难，代价较高，可行性较差。

其次，受技术限制，早期所采用的标准存储介质空间利用率较低，现实使用中有足够的动力要求对早期的存储介质进行更新，把历史数据转存到容量更大、可靠性更高的存储介质之中。

最后，随着技术的变革，日常采用的主流存储介质也会不断更新变化，我们无法要求人们在任意时期都永远采用固定不变的存储介质。例如，20 世纪末期经常使用的 5 英寸软盘很快就让位于后来的 3.5 英寸软盘，而现在数字信息的存储则更多地使用光盘这一存储介质。在未来，肯定会有更为方便、快速、容量巨大的存储设备出现。因此，以不变应万变的思路在数字信息的长期保存方面是行不通的。

数字资源可以保存到任意介质上，只要介质本身可以表示二进制信息，如 CD、DVD 等。罗森博格定义了比特流的概念。比特流是一串有意义的比特序列，中间不受空格、标点符号或者特殊格式的限制，也就是比特序列可以包括特殊符号。要保护比特流，第一个要求就是确保比特流可以保存到稳定的媒介当中。如果在媒介退化或过时之前，还没有把其中的信息转移到其他媒介中，就会造成数据丢失。因此，数字保护应在介质过时导致数据不可访问之前，把数据拷贝到新的介质当中。

为实现定时更新，存储介质的生命周期必须能够实现预测，介质的生命周期决定了其中的数字信息可以安全保存的时间限制。生命周期规格说明能够提示图书馆、档案馆等的数字保存工作者在介质过时之前及时予以更新。

但是，简单的数字信息拷贝方式作为一个保存策略来说并非十分有效，我们还必须保证信息在未来能够一样被存取处理。对比特流的读取检索还需要相关的硬件设备和驱动软件，例如从磁盘中读出数据的磁盘驱动器。

5.4.3 介质更新方法的缺点

采用介质更新的方式可以延长部分数字信息的生命周期，但由于数字信息通常与其存储介质、格式、软硬件环境等密切相关，通过简单的介质更新的方式并不能真正达到长期存取的目的，因此这一方法存在明显不足。

(1) 介质更新方式仅能有限度地实现数字信息的长期保存。对于以内容为主、对软硬件环境依赖程度较低的数字信息，通过介质更新延长其保存时间是一种简单易行的策略。但是，很多数字信息只能在特定的硬件支持下，通过特殊的软件才能识别读取，简单地把数字内容拷贝到新的介质中，将会丢失这种特定的依赖关系，当软件过时、设备更新之后，最终转存的信息无法继续存取。例如，早期的基于 MS-DOS 操作系统设计的应用系统所产生的众多文件，现在已经无法在新的操作系统中直接打开，很多早期的软件开发商现在已不复存在，当时形成的大量文件也就很难再还原出它们的本来面目。

(2) 简单的介质更新方式不能满足用户对信息的检索利用要求。介质更新只是把原有的数字信息转移到新的存储介质中，形成一个等价的复制品，并没有对数字信息的结构特性、描述信息、组织方式等进行额外的维护管理，因此不能满足用户对信息的各种检索需求，信息的展现和利用能力不足。

(3) 在实际操作过程中，有些数字信息需要有专门软件才能读取；有些数字信息虽然可以直接存储，但可能会丢失相关的结构信息、环境信息，或者与存取密切相关的数字编码、压缩、加密信息。同时，数字信息能否继续使用依赖于相应的应用系统，而这些应用系统又与数据库系统、操作系统以及硬件结构等密切相关，如果仅仅保存了最终的数据内容，而没有保存对应的软、硬件环境，那么人们依然无法利用保存下来的这部分数据。另外，信息技术的变化速度远远超过了存储介质的老化速度和更替速度，即使原先采用的存储介质完好无损，对应的软件也可能早已过时甚至消失。因此，单纯采用介质更新的策略来保存数字信息存在很大风险。

介质更新通常是通过拷贝直接完成的，这一过程往往需要周密计划，才能有序地将不断积累的数字信息在超出原存储介质安全存储期限之前，转移到新的存储介质之中，在拷贝过程中还需要采用校验技术（如数据计算循环冗余校验码）或数字摘要技术（如 MD5）校验更新前后数字信息是否保持一致。其中，数字摘要算法是精心选择的一种单向函数，我们可以很容易地计算出一个任意长字符序列 X 的摘要 H，但要想从摘要 H 反过来找到原始的字符序列 X，则实际上是不可能的。同时，若想找到任意两个不同的字符序列，使得它们具有相同的摘要，那么实际上也是不可能的。

介质更新除了常规意义上的由旧存储介质转移到技术密集度更高的新存储介质上之外，还应包括同一种介质的检测与替换。比如以大量光盘形式存储的数字图书信息，由于光盘数量众多，介质出现存取问题的可能性较大，因此，人们在冗余备份的基础上，还应通过自动或手工方式定期检查光盘状态，发现有问题的光盘要及时更换，保证信息的有效性。

介质更新可以说是目前最普遍、简单的一种方法。例如将五又四分之一的磁盘片数据转到三又二分之一的磁盘片上，或是将九轨磁带数据转到光盘片上。但是这样的操作，基本上需要每三年至五年做一次（其更新时间的延长或缩减需视其媒体而定）。采用此策略一定要定期更新，不然不能保证更新后的数据可以继续使用。

将数据复制到新的介质上，看起来虽然可以完整地将数据保存下来，但是这样的方式亦有其一定的限制。一般而言，更新的方式仍然需要某特定软硬件来读取使用该数据，所以其编码格式有一定限制范围；另一方面，选择要复制到哪一种媒体上，也必须要深思，因为牵涉到软硬件的兼容问题。目前计算机使用的主要媒体种类有三种：磁盘、磁带及光盘。然而这些媒体都会受时间因素的影响而降低其质量，因此，必须定期更新。

5.5 迁移技术

5.5.1 数字信息迁移技术简介

数字信息长期保存的一个重要挑战就是要持续把旧格式的数字信息转换为目前软硬件系统所能支持的格式，这种转换过程既包括软件系统、文件格式的转换，也包括存储介质格式的转换。数字信息迁移技术是指随着技术变化定期地转换数字信息存储介质和格式，将数字信息从一个软硬件环境转换到新的软硬件环境中，以保持信息的完整性、可靠性、持续可利用性和对新技术环境的适应性。通过数字信息迁移技术，一方面可以保证存储信息的载体的存取能力，另一方面还可以保证用户对数字信息的检索、显示和其他利用需求，从而为用户提供更为长久的服务。

迁移技术是实际应用过程中比较成熟和广泛使用的方法。由于技术的更新换代，数字信息随时处于无法利用的风险之中，因此我们需要把文件迁移到新的、可以兼容的软件应用系统中或者把文件存储到新格式的存储介质中，在迁移过程中还必须详细记录有关的操作日志。随着时间的变化，数字信息可能会执行多次迁移操作，整个操作过程链也必须有完整的数据记载。迁移的例子比较多见，例如，把 WordStar 格式文件转为 WordPerfect 格式，再依次迁移到 Word3.0、Word5.0、Word97、Word2000、Word2003、Word2007 格式，这样随着软件版本的更新不断地进行迁移。

迁移技术包括了介质更新的手段，但与简单的介质更新相比存在显著的差异，单纯拷贝转移的方式无法适应计算机软硬件环境的变化，即使信息以当前大家公认的某种标准格式存储，继续向新的标准、应用程序迁移依然必要。这种迁移无论是时间、代价还是处理过程的复杂性都远远高于简单的介质更新方式。

5.5.2　数字信息迁移策略

由美国国家航空和航天局空间数据系统咨询委员会研制的OAIS，将迁移技术分为四类：更新（refreshment）、复制（replication）、重新打包（repackaging）和变换（transformation）。更新用于确保数字对象比特流的可持续访问；复制和重新打包确保提供的数字对象的可管理性与有效性；变换实际上就是修改数字对象的比特流，也就是人们常说的迁移过程。

信息迁移的重点不在技术方面，而更关注内容和使用现有技术保证资源的可访问性。该策略可以减轻数字信息只能在相似介质中拷贝的工作，以及减少应用程序的向后兼容能力，还可以把数字资源转换为少量的不依赖于软硬件环境的标准格式，以减少工作量。

第一种解决方案包括把数字资源从不稳定的介质向更为稳定的模拟介质转换，如纸张或胶片。虽然模拟介质具有更好的长期保存能力，但可能无法提供足够的与原始对象呈现有关的信息。这种方案也可能导致原始对象的功能和外观丧失严重。例如，我们无法把电子表格中的方程式缩微到胶片上，把交互式的视频打印出来，或者把一个多媒体文档保存到一个平面文件中。

第二种方案，如果软件保持向后兼容，可以简单地进行迁移。例如，大多数流行的文字处理软件包，其最新版本一般都可以创建、读取、修改先前版本的文件。这种策略在短期内对重要应用程序创建的数字资源来说可能没有问题，但对于长期保存或格式更为复杂的资源来说，就无法完全依赖于这类工具了。与此同时，考虑到系统的可操作性，保持应用程序对先前文件格式的兼容性将会越来越困难，因此基于兼容假设的数字迁移策略只能是一种短期行为。

第三种方案则把最初的格式多样的数字信息限定为较少的更易管理的标准格式。相对于非标准格式，标准格式不易变化，并且能够表示复杂结构的文件信息，从而构成原始资源。在决定把数字资源转换为哪一种格式的时候，应该基于数字资源的结构，由管理人员根据文献集合的组成和用户对文献的利用需求决定。例如，一个重要的争论是给定保存处理数字资源的能力的最高优先级，还是保存数字资源的格式或可视化外观。

来自美国保护与存取委员会和研究图书馆组织的一个任务小组的报告给出了多种不同的迁移策略。特别是，惠特利在 CAMiLEON 项目中试图把迁移归为更规范的情况：最小迁移、典藏迁移、重建、人类转换迁移、自动转换迁移。他对每一种情况都进行了测试，并讨论了对数字保护的用处。

最近，CEDARS 项目提出了根据需求进行迁移的概念，即保存原始对象并提供可以运行于当前计算机平台的迁移工具，在需要的时候供用户使用。如果当前平台过时，迁移工具就不再工作，因此，在这种情况下，保存问题的重点集中于对迁移工具的维护。保存原始比特流和迁移工具与仿真策略是一致的。

多数人认为迁移策略是一种比较有效的保护技术，例如，亨德利认为这种迁移策略在未来非常有前途。贝尔曼（Bearman）也相信迁移是最有前景的保护策略，是到目前为止唯一较好的保存方法。拉塞尔（Russell）指出迁移策略是最可行的方法，至少对于短期和中期保存是这样。但是，对于那些很难从内容中抽取出格式的文档，如多媒体资源，迁移并不是一个简单的选择。迁移活动需要被分割为多个步骤，这一过程就会非常复杂。实际上，对于一些多媒体资源，如果不在功能上做一些折中处理，迁移就不太可能实现。拉塞尔认为，迁移的花费代价，从长期运行来看，可能会超过未来仿真所需的技术本身或详细的技术规范保存所需要付出的代价。

沃等人相信成功迁移的关键在于原始数据格式相关知识以及替换格式与原格式的功能匹配程度。他们认为对于短期和中期的数字信息保存而言，通过迁移可以得到积极的管理。另一方面，罗森博格则摒弃了在电子文件不可访问之前进行周期性的迁移策略。劳伦斯（Lawrence）等人尝试使用迁移涉及的风险因素，并分析了许多商业迁移工具的相对精度。这一实际调查导致了大家对迁移工具许多关键需求的认同：访问源文件规范，分析源格式与目标格式的差异，识别无法匹配情况下的风险程度，从源文件向目标规范精确转换，等等。

但是，现存的迁移技术或工具都无法满足所有需求。技术标准可能会快速变化，这种策略可能无法确保数字信息的持续可访问性。然而，XML 作为一种标准格式，最近已经在数字图书馆、电子商务、Web 应用等许多领域得到了大家认可，基于 XML 的标准化可能会对数字保存问题有所帮助。

综上所述，数字信息的迁移策略可以简单地划分为两种情况：一种是改变数字信息的存储介质，另一种是改变数字信息的存储格式。

改变数字信息的存储介质是将数字信息从稳定性低的介质上迁移到稳定

性更高的介质上。将数字信息转移到纸张或缩微胶片上，要比保存在数字介质上稳定得多，并且不需要特定的软硬件去检索和读取这些信息。这种方式的最大优点是简单易行，对于一些文本文件、阅读文档，采用这种方式完全可行，但如前面所述，许多数字文件难以直接转换为模拟形式存储的格式，如Excel表格中背后计算需要的方程式。再者，随着信息规模的快速膨胀，低存储密度的介质难以应对这一挑战，人们更倾向于选择存储密度更高的存储介质。改变存储介质还包括把数字信息从原有的存储格式迁移到在当前时代更为流行和稳定的新存储格式上，如把数字文件从纸张转移到磁介质，从磁介质转移到光介质等，这种迁移就是前面所讨论的介质更新策略。因此，我们也能看出，许多保护策略之间并没有绝对的分隔界限，最终的目的是采用各种有效的手段，实现数字信息的长久保存。

另一种主要的迁移方法是改变数字信息的存储格式，即将数字信息从品种繁多的格式迁移到相对稳定的标准格式。目前存在种类繁多的文件格式，这些不同的文件格式增大了数字迁移的难度。对于数字文件保护中心机构来说，将种类繁多的数据迁移到较少的、标准化的格式，可以大大降低数据维护的难度，有利于保证数字信息的长期存取能力。例如，在保存公文文档时，可以把众多办公软件产生的不同文档以标准的PDF文件格式存储，以保证这些文档在未来较长的时间内仍然可以存取利用。改变数字信息存储格式，向标准化迁移的方式是目前许多组织机构经常采用的保护手段。但是，这一方式也不能完全解决问题，标准化本身也不是一成不变的，而是持续改进的。另外，许多文档要么难以转换，要么在转换的过程中会丢失许多关键描述信息，这也给格式迁移带来了不小的挑战。

5.5.3 数字信息迁移技术的挑战

迁移方法必须对每个所需要的文件进行存取处理，如果在文件所依赖的硬件和软件系统更新之前还没有进行迁移，那么就很难再对这些数字信息进行迁移处理。再者，已有经验告诉我们，很多数字信息难以实现无损迁移，在迁移的过程中，极有可能出现失真现象，比如我们从微软的Office2003格式迁移到Office2007格式，就会出现格式不兼容问题。由于实现不同版本文件的良好兼容非常困难，多数公司都会在一定的时机放弃对旧产品的兼容处理，而把精力集中于新格式、新功能的开发方面。

迁移技术最关键的一个问题是迁移时机的选择，人们很难预测什么时候、哪些信息需要进行迁移以及所需要的经费，并且难以预测数字信息需要迁移的周期。因此，作为一种过渡性的解决方案，迁移技术看起来是一种灵活的和经济可行的解决方案，但从长远来看，迁移策略可能会更加昂贵、费时。

5.6 封套技术

封套是指通过提供额外信息详细描述如何解析数字对象，以克服文件格式技术过时问题。这种策略涉及在未来计算机平台上创建原始应用程序，以创建或存取数字对象。封套的部分处理过程可能是把文件迁移到一个更简单的文件格式。

封套概念与 Bento 容器类似，用于增加计算机应用程序之间的兼容性。Bento 是一个复合内容的存储和交换规范，为实现平台和内容的无关性而设计。因此，它提供了一个在不同平台中传输任意类型的复合对象的便捷容器。

我们可以使用容器或包装器的物理或逻辑结构实现封套，容器或包装器提供了所有信息部件之间的关系，包括数字对象以及包括元数据在内的支持信息。OAIS 参考模型也描述了封套应包括的支持信息类型，它们包括用于恰当解释比特流的表征信息，描述对象源的出处，描述对象与容器外其他信息关系的上下文，引用唯一标识对象，提供对象未被更改的证据。

通用保护格式（The Universal Preservation Format，UPF）是一个基于封套理论的数字保存方法。它是一个自描述的存储技术，通过把数字对象和元数据捆绑在一起来防止技术过时带来的问题。普雷明格提出的数字罗塞塔石碑是一种保持数字文档长期访问的概念模型，描述了以数字文档的原生格式保持长期访问的三个必须过程：知识保护、数据恢复和文档重构。数字罗塞塔石碑是一种用于存储与数字对象相关的表征信息的方法，通过这些表征信息，人们在以后就能够解释这些数字对象所包含的实际内容。与封套有所不同，它可以降低复制成本，提供存储空间的利用率。

罗森博格大力推动了封套技术的发展与广泛应用，谢泼德（Shepard）等人也极力支持封套技术用于数字信息的长期保存。但是，贝尔曼则对罗森博格的这一理论持有异议，因为如何实现元数据的封套策略在具体实践中还不清晰。

沃等人也探讨了封套技术是否适合作为长期保存的最佳技术，并给出了封套面临的三个挑战：应用系统生成封套文件的需求，包括对文件格式的注释信息在内所带来的潜在的存储开销，未公开发布的数据格式的信息。但是，即使文件格式规范可以公开获取，它们也往往不完整，文件规范的实际组成经常会包含一些非标准的元素。

封套可以看作是一种特殊的迁移技术，尽管在很长的一段时间里，注释信息可以延缓迁移的需求，但是最终封套信息还是需要进行迁移的。因此，封套技术可以应用于一些众所周知的文件格式，而且这些数字资源的访问频率很低。

5.7 保存元数据

元数据，简单来说就是关于数据的数据（data about data）。它是一种广泛存在的现象，在许多领域有其具体的定义和应用。以关系数据库中的数据表为例，数据可以是数据表中的每一行记录，而元数据则可以是表的字段名称，如 ID、姓名、性别等。对于数字信息来说，元数据主要可以分为三大类：描述型元数据、管理型元数据和结构型元数据，其中，人们关注最多的是描述型元数据，如有名的“都柏林核心”。

传统信息的存储载体相对比较稳定，大都可以直接由人类阅读，因此早期人们很少关注信息的保存策略问题；随着数字化信息的出现和大规模普及，信息存储载体的寿命显著下降，信息的存取严重依赖于相关的软硬件技术环境，而技术更新的速度又在不断加快，在这一背景下，数字资源的保存问题开始引起人们的关注。开发数字资源保存系统是实现数字信息保存的重要方式，保存系统要实现对数字资源的保存，就必须记录资源本身、资源依赖的软硬件环境、变动历史、技术参数等信息，这样就形成了保存元数据的概念，即：保存元数据是有关资源保存相关信息的描述型元数据。

5.7.1 保存元数据的作用

在数字信息保护过程中，保存元数据就是指那些确保信息长期使用的元数据元素，记录资源本身、资源的硬件和软件环境等相关信息，满足数字信息的长期保存需要。传统信息资源保存所需要的元数据都非常直观，但对于数字信息资源来说，其保存元数据需要有详细具体的规定才能保证在未来能够为人们所理解和利用。通过保存元数据，可以提供以下功能：

（1）存储支持保存决策和行为的技术信息；

（2）记录保存所采用的仿真、迁移等技术策略；

（3）记录保存策略达到的效果；

（4）保证数字信息的长久真实性；

（5）记录馆藏管理、权限管理等管理信息。

以上信息应该能够为保存管理人员提供足够的信息，使其在数字信息的长期保存方面能够采取适当的行为，保证被保存对象在技术不断更新的情况下依然能够被重复检索和使用。

5.7.2 保存元数据的框架

保存元数据的框架是对那些与被保存数字对象相关的信息类型的描述或归纳。2000 年 3 月，联机计算机图书馆中心和研究图书馆组织进行合作，试图制作一个能够满足以下要求的保存元数据框架。

（1）全面性：保存元数据应该涉及保存过程的所有方面，能够体现一个完整的数字保存系统的所有信息需求。

（2）结构化：保存元数据框架应该是对数字保存系统主要功能构成描述的一个完善和补充，应该能从总体上表现数字保存系统主要的功能模块和处理过程。

（3）广泛适用性：保存元数据框架应该能够适用于多种数字对象、多种数字保存活动以及多种多样的数字资源保存机构。

如果人们能够在保存元数据框架方面达成一致，将会大大促进数字保存系统的开发，增进系统之间的交互性，有利于元数据的交互和资源共享。联机计算机图书馆中心和研究图书馆组织在研究过程中认识到，开发这样一个元数据框架并不需要从头开始，美国国家航空和航天局空间数据系统咨询委员会发布的 OAIS 信息模型可以作为研究的起点。OAIS 参考模型的目的是保证数字资源的长期保存和使用，它从功能模型和信息模型两个方面规定了一个资源保存系统应该具备的条件。其中，OAIS 的信息模型就是一个保存元数据的框架。采用 OAIS 作为保存元数据的推荐框架，具有很多优点。一方面，OAIS 能够满足联机计算机图书馆中心和研究图书馆组织对保存元数据框架的基本要求；另一方面，OAIS 已经为人们所熟知和接受，并出现了一些基于 OAIS 信息模型制定的保存元数据方案。

5.7.3 保存元数据的研究现状和意义

在 OAIS 信息模型中，除了数据对象（内容信息本身）外，其他信息我们都可以称为元数据。但对于保存元数据的定义，存在两种不同观点：一种观点认为保存系统中所有的元数据都应该是保存元数据，在 OAIS 信息模型中，就应该包括内容信息的表征信息、保存描述信息、包装信息和信息包描述信息；另一种观点则认为，保存元数据应只包括有关保存的元数据，就OAIS信息模型来说，信息包的描述信息不应包括在内。目前，人们更倾向于第一种观点，即保存元数据包括保存系统中涉及的所有元数据。

目前在数字信息长期保护方面还没有一个统一的或通用的保存元数据格式，但是，有关研究项目已提出了若干元数据方案，例如英国的CEDARS、澳大利亚的PANDORA、欧洲的NEDLIB以及LC Digital Repository等（见表5—1）。

表5—1　　CEDARS、NEDLIB和PANDORA保存元数据方案比较

项目名称	OAIS参考	检索	独立于技术策略	独立于资源类型	独立于资源层次
CEDARS	采用OAIS术语，针对信息模型中各种术语给出元数据	支持	是	是	是
NEDLIB	同上，但无上下文信息，表征信息也没有细分	支持	是	是	是
PANDORA	可以准确地向OAIS信息模型映射	不支持	是	针对特定资源给出保存元数据	区分不同资源层次的元数据

上述元数据方案一般都建立在OAIS基础之上，通过细致的研究比较详细地定义了用于描述数字信息长期保护的元数据元素和子元素集合。除此之外，美国国会图书馆也定义了用于描述长期保存的数字信息的核心元数据；而美国研究图书馆组织专门成立了工作小组，对数字信息资源系统的长期可持续发展利用进行研究，成为数字信息长期保护方面的重要知识来源。

数字资源的长久保存和利用问题已经得到了人们的高度重视，建立全面的、结构化的、具有广泛适用性的保存元数据方案，可以有效减少数字保护系统建设的费用，促进不同系统之间的互操作性，提升信息共享能力，因此，积极探索借鉴或复用有关元数据集的机制，为数字信息资源及其服务系统的可持续发展建立可靠的保障体系，具有重大意义。

现代存储技术带来的数字资源的保存逐渐引起了人们的重视。由于技术的快速发展，未来的数字系统可能会无法读取、解释老的系统所生成的数字文件，即使这些数字文件本身的存储情况依然完好。因此我们必须采取一定的技术措施以应对新技术给人类带来的新挑战。本章介绍了长期保存数字信息的技术保障措施，包括技术保存、技术仿真、介质更新、迁移、封套技术以及保存元数据。通常而言，对于存储介质的损坏问题，可采用介质更新策略；对于数字信息的格式类型过时问题，则可采用迁移策略；对于数字信息所依赖的软硬件过时问题，可以采用仿真策略。

维护数字信息长期存取的许多技术措施都是有风险的，这种风险是以丧失数字信息的完整性与可靠性为代价的。维护数字信息长期存取的技术措施大多是复杂、昂贵与困难的，受财务、技术与人力资源等因素制约。因而，制定一个科学的策略，既能使数字信息的长期存取成为可能，又能做到风险最小，人力、物力、财力可以承受，就十分必要了。由于上面所讨论的每一种策略都不能完全令人满意，因此，随着信息系统及其操作环境的不断演进，有必要采用一些混合策略实现过时格式数字文档的长期存取，选择的那些策略既需要满足组织的需求，还应该不超出财力、物力和人力资源的限制。

第六章

数字信息保存相关标准

- 国际标准
- 数字信息保存标准的比较
- 我国数字信息保存标准研究进展

开展标准制定的研究可以提高数字保存的意识，强调信息保存的长期规划的重要性；可以基于用户需求和功能需求，构建数字信息保存的框架，明确不同部门的共同关注点；可以参考相关部门的数字信息保存标准和最佳实践；可以提供数字信息保存的证据，制定具体的政策和决策；可以诊断不同部门在数字信息保存方面存在的问题和挑战，学习借鉴不同国家、组织、机构所进行的数字保存活动与实践。

6.1　数字信息保存的相关国际标准

近年来，越来越多的国家意识到标准的重要性，而且标准不断向国际化靠拢。国际标准化组织档案/文件管理分技术委员会（ISO/TC46/SC11）和文献影像技术标准化技术委员会（ISO/TC171）的标准化工作，反映出国际社会在数字信息存储领域取得的共识，其关于数字信息长期保存的系列标准有助于明确数字信息长期保存的方法和策略，为各国各领域保存数字信息提供了标准和指南，为开展国家相关标准规范制定提供了基础和框架。数字信息长期保存的国际标准也为数字信息的质量检验与国际认可提供了最优化评估的准则，同时也是机构数字信息存储是否采用国际先进经验、管理是否高效、服务是否满意的主要标志。目前，与数字信息保存相关的主要国际标准有：

（1）《信息与文献——文件管理第 1 部分：原则》（ISO15489—1：2001，Information and Documentation—Records Management-Part 1：General）；

（2）《信息与文献——文件管理第 2 部分：技术指南》（ISO/TR15489—2：2001，Information and Documentation—Records Management-Part 2：Guidelines）；

（3）《信息与文献——档案馆与图书馆材料存储要求》（ISO11799，Information and Documentation—Document Storage Requirements for Archive and Library Material）；

（4）《空间数字与信息迁移系统——开放的档案信息系统：参考模式》（ISO14721：2003，Space Data and Information Transfer Systems—Open Archival Information System—Reference Model）；

（5）《电子图像信息电子化存储的真实性和可靠性建议技术报告》（ISO/TR15801，Electronic Imaging-Information Stored Electronically-Recommendations for Trustworthiness and Reliability）；

（6）《电子图像：扫描文件的图像压缩方法选择指南》（ISO/PDTR 12033，Electronic Imaging：Guidance for Selection of Document Image Compression Methods）；

（7）《电子文件信息的长期保存》（ISO/TR18492，Long-term Preservation of Electronic Document-based Information）；

（8）《文件管理——电子文档长久保存的格式标准第 1 部分：PDF1.4（PDF/A—1）适用》[ISO19005—1，Document Management—Electronic Document File Format for Long-term Preservation-Part 1：Use of PDF1.4（PDF/A-1]；

（9）《信息安全管理实践规范》（ISO/IEC17799，Code of Practice for Information Security Management）；

（10）《信息与文献——文件管理元数据第 1 部分：原则 》（ISO/DIS

23081—1，Information and Documentation—Records Management Processes-Metadata for Records-Part 1：Principles)；

(11)《信息与文献——文件管理元数据第1部分：概念与实施》(ISO/WD23081—2，Information and Documentation—Records Management Processes-Metadata for Records-Part 1：Implementation Issues)。

标准的制定、实施、完善是一个复杂且为时漫长的系统工程。在标准还不完善、不健全、没有统一规范的情况下，我们希望数字信息生成和保存部门尽量选用成熟的、业界公认的标准，使系统具备开放性和可扩展性。通过国际项目的进展和标准的建设不难发现：在数字信息长期存储方面，国际通用的做法是实现了跨领域、跨行业、跨系统、跨国际的合作研究；项目的开展坚持可持续发展；项目组成员由不同领域的专家组成；数字信息的保存研究系统、全面、多层次、广角度地深入开展。

6.1.1　ISO15489

6.1.1.1　ISO15489制定的背景

ISO15489由国际标准化组织内信息与文献技术委员会下设的档案/文件管理分委会(ISO/TC46/SC11)起草，于2001年9月由国际标准化组织(ISO)正式发布。它是世界上第一个关于文件管理的国际性标准。

该标准的制定得益于澳大利亚文件及档案工作者的贡献，澳大利亚在1996年2月发布了世界上第一个关于文件管理的国家标准AS4390。其后，澳大利亚的文件及档案工作者们开始同国际标准化组织合作，力图使这一标准上升为国际标准，以期得到国际认可。ISO15489—1的简介中明确申明："ISO成员国一致要求以澳大利亚的国家标准《AS4390文件管理标准》为基础将国际上最优化的文件管理方法确定为标准，正是在这种背景下，制定了ISO15489。"但是该标准又与AS4390有着显著的不同，它综合了世界范围内不同国家文件管理实践的实际情况，因而有着更加广泛的适应性。①

ISO15489分为基础标准ISO15489—1和技术报告ISO/PDTR15489—2两部分。按照《ISO指南72》中管理体系标准的分类，文件管理体系标准有三类。A类：管理体系要求标准。B类：管理体系指南标准。C类：管理体系相关标准。ISO15489—1属于管理体系要求标准，ISO/PDTR15489—2属于管理体系指南标准。

---

① 参见安小米、焦红艳：《文件管理国际标准ISO15489》，载《城建档案》，2002(2)。

第 18 次 ISO/TC46/SC11 工作会议上，西班牙国家标准委员会提出了 ISO15489 文件管理体系家族的结构关系，如图 6—1。该关系选用了 ISO 27000 家族结构的模式，由术语、要求和指南构成。指南又可分为支持规划—实施—检查—改进工作的指南（PDCA）和提供具体控制的实施指南。①

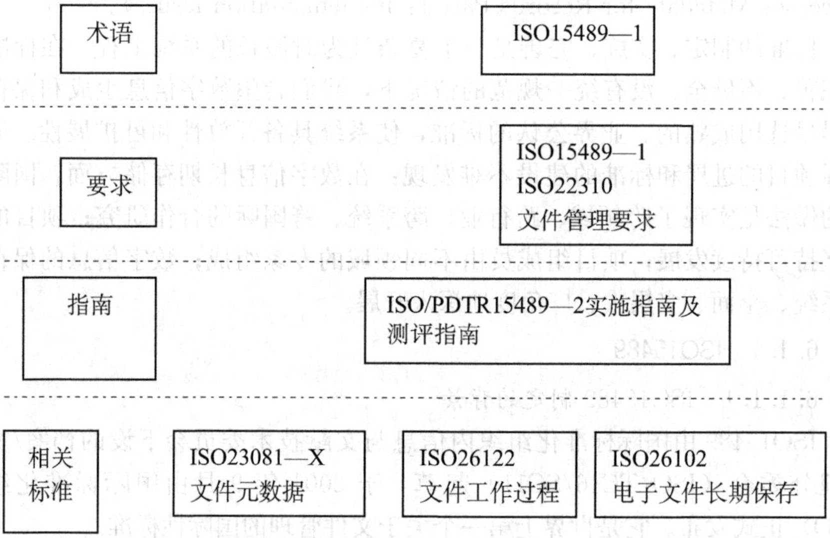

图 6—1　文件管理体系家族的结构关系（引自 Car Lota Bustelo, 2007 年 5 月 ISO/TC46/SC11 第 18 次工作会议 PPT）

ISO15489—1 和 ISO/PDTR15489—2 均适用于任何公共或私人机构在其活动过程中形成或收到的所有形式或载体的文件的管理。ISO15489—1 是对文件管理规划的总体原则和需求的描述，可以为所有国家所接受。ISO/PDTR15489—2 是 ISO15489—1 的实施指南，列出了符合 ISO15489 的可供选择的文件管理程序和管理方法，属于非强制性的标准，各个国家和机构可以根据实际情况有针对性地选用。②

6.1.1.2　标准的主要内容

ISO15489—1 致力于为文件形成机构（无论公共或私人）的内外用户，提供文件管理的指南。所列的所有要素均推荐采用，旨在确保适宜的文件能

① 参见安小米等：《基于 ISO15489 的文件档案管理核心标准及相关规范》，北京，中国标准出版社，2008。

② 参见安小米、焦红艳：《文件管理国际标准 ISO15489》，载《城建档案》，2002 (2)。

形成、捕获和得到有效管理。

ISO15489—1 主要内容如下：

（1）适用于任何公共机构、私人机构或个人在进行活动过程中形成或收到的所有格式和/或载体的文件的管理；

（2）为机构确定文件的管理职责、管理方针、管理程序、管理系统和管理流程提供指导；

（3）支持质量管理框架，提供符合 ISO9000 和 ISO14000 的文件管理指导；

（4）为文件系统的设计和实施提供指导；

（5）不含档案机构内归档文件的管理。

ISO15489—1 是为以下人员准备的：

（1）机构的管理人员；

（2）文件、信息和技术的专业管理人员；

（3）机构内的所有职员；

（4）其他负责文件形成和保存的个人。

ISO15489—1 共分为 11 个章节，依次为标准适用范围、引用标准、术语和定义、文件管理的意义、规章制度环境、方针与职责、文件管理要求、文件和系统的设计与实施、文件管理的过程及其控制、监控和审计、培训。其中，方针与职责规定了遵守本标准的机构应该建立方针、程序和方法，以满足业务活动在证据、责任和信息等方面的需要。在文件管理要求中规定了文件管理规划的原则及规划的具体内容和文件的特点。文件和系统的设计与实施以满足机构的运作需求为前提，并使其与机构的规章制度相符。标准中主要规定了文件系统的特点、文件系统实施战略的具体内容、文件系统的设计与实施方法、对文件系统的终止。在文件管理的过程及其控制中，对如何确定文件系统需捕获的文件，如何确定文件的保管期限，文件捕获的目的和方法，文件进入系统时的登记，文件的分类、存储、保管、利用、跟踪和处置计划的实施这一系列管理过程，以及对文件管理过程的记录都做了详细的规定。在监控和审计中规定了要定期对文件系统进行承诺/一致性监控。在进行评估时要从机构的业绩和用户对系统的满意度来考察。此外，该标准还提出了建立文件培训规划的相关内容。

ISO/PDTR15489—2 是 ISO15489—1 的实施指南，适用对象是机构内的文件管理专业人员和负责文件管理的人员。为方便所有需要文件管理的机构实施 ISO15489—1，ISO/PDTR15489—2 提供了一种实施方法，给出了机构在执行 ISO15489—1 时应该考虑的程序。[①]

ISO/PDTR15489—2 共分为 6 个章节，依次为：标准适用范围，方针和职责，战略、设计和实施，文件管理过程及其控制，监控和审计，培训。该标准指南均是为 ISO15489—1 提出的文件管理规划提供具体的实施战略方案，如战略、设计和实施，这一部分对 ISO15489—1：2001 规定的文件系统的实施框架进行了详细说明，为文件系统的设计与实施提供了一些指导。ISO15489—1 为文件管理业务提供了指导，在文件管理过程及其控制部分则是致力于指导文件管理业务的具体实施。

6.1.1.3 ISO15489 的主要特点

从不同的角度分析，ISO15489 主要有以下 10 个方面的特点。[②]

(1) 适用范围广泛。该标准中文件管理的工作环境是文件的形成机构，主要针对电子文件的管理。虽然原文中提到该文件不适用于档案机构内归档文件的管理，但适用于我国档案行政机关的档案室，其文件概念包含我国机关档案室的档案概念。

(2) 最佳实践规范。该标准为文件管理提供了一种最佳实践的业务规范。文件最佳实践的准则及标志体现在管理产品控制、管理过程控制和管理服务控制三个方面。

(3) 优化管理原则。该标准中文件管理的过程及其控制应用了以下最优化管理方法和理念：以用户为核心的服务战略及文件连续体管理思想；文件管理规划及文件管理承诺、文件管理合同制、文件管理外包制；全面质量管理方法及全程控制、前端控制、跟踪与审计手段；风险管理、基于证据的治理、客户关系管理等。

(4) 全员参与责任意识。该标准的职责中提到文件管理职责应由机构内所有员工分担，不仅包括文件管理人员，还包括相应的信息专业人员、行政人员、业务部门负责人、系统管理员及形成文件的其他人员。文件管理责任的分工与实施采用了供应链、工作流程与跨职能部门团队合作和伙伴参与等先进的管理方式。

(5) 业务驱动服务。该标准强调文件管理的用户满意在于文件服务对机构的职能、活动和事务的需求满足；为业务提供证据和信息，支持机构的法

---

① 参见安小米、焦红艳：《文件管理国际标准 ISO15489 》，载《城建档案》，2002 (2)。

② 参见安小米等：《基于 ISO15489 的文件档案管理核心标准及相关规范》，北京，中国标准出版社，2008。

律、规章制度执行与承诺、满足业务要求和责任要求及减少机构风险，支持机构业务的可持续发展；促进客户关系改善、提高产品质量、提高生产能力、企业竞争能力。

（6）元数据全程管理方法论。该标准中对元数据的概念给出了更为准确的解释："元数据是描述文件的背景、内容、结构及其整个管理过程的数据。"新的元数据定义及管理要求有力地维护了文件的真实性、可靠性、完整性和可用性。

（7）业务集成。该标准强调文件管理的重要性，文件管理是机构管理、规划及业务活动的有机组成部分，应当树立文件信息管理与业务管理、集成管理的意识。

（8）职业化和社会化管理。本标准强调了制定专门的文件管理要求及管理办法的必要性。机构所有人员都需要接受文件管理培训，而文件管理工作则既可设立专职人员管理，又可外包，由社会化的文件管理专业咨询或服务机构承担。

（9）与其他数字信息和文献国际标准的兼容性。该标准支持 ISO9000、ISO14000 等 ISO 和 IEC 系列标准及相关法律规定制度环境。

（10）使文件管理过程及过程控制方法系统化、制度化、规范化与常规化。

6.1.1.4 ISO15489 的应用及评价

本章采用国外数据较为齐全的网络学术资源数据库作为文献研究工具，主要分析来自外文数据库 ProQuest 系列数据库①、EBSCO 系列数据库②、Web of Science③ 的学术文献信息，采用"ISO15489"篇名检索、引文和文本检索的方式，共检索到有效论文 173 篇。

检索结果发现，国外专门研究 ISO15489 的论文在研究内容上有逐渐深入和丰富的特点，从描述性的 ISO15489 标准介绍，转向分析、评价性的 ISO15489 有效应用研究，研究中采用了文献研究、案例研究、比较研究等多种研究方法。研究结果分析显示，各国学者对 ISO15489 的一致认识是，ISO15489 综合了世界各国文件管理的先进经验，反映了文件管理的最佳实践

---

① 参见 http://proquest.umi.com/pqdweb?RQT=306&TS=1057559260，2008-08-11。

② 参见 http://web.ebscohost.com/ehost/search?vid=2&hid=113&sid=1b3db488-6abd-4498-9a3c-51c0641c1a80%40sessionmgr107，2008-08-11。

③ 参见 http://apps.isiknowledge.com/UA_GeneralSearch_input.do?product=UA&search_mode=GeneralSearch&SID=4Cn71Eejin1OH8E4acC&preferencesSaved=，2008-08-11。

模式，为跨部门、跨项目、跨国的文件管理提供了国际认可的管理标准、管理框架和管理实施方法，与ISO系列标准和ICA国际标准有较好的互操作性、连贯性，具有较强的先进性、前瞻性和实用性，适用于指导纸质、电子和网络工作背景下的一切文件的管理，对文件和档案管理专业的发展起积极的推动作用。①

国外研究视角多元化，涉及文件管理、档案管理、图书馆管理、信息管理、文献管理、信息资源管理、法律、审计、行政管理、管理科学等领域。

国外应用者和应用领域的多样化。通过资料分析发现，国外ISO15489的应用者主要以文件管理、信息管理和图书档案管理人员为主，涉及信息管理人员，IT技术、研发人员，法律与标准制定和研究人员，高校师生等。ISO15489在国外的应用领域较广，主要应用于管理、教育、研究等涉及文件管理活动的领域。如：为机构文件管理任务的完成提供综合指南和具体工作的原则与方法；为机构制定和评估文件管理规划、文件管理程序、文件系统提供支持和依据；为文件管理最佳实践的实施提供国际认可的管理框架；为文件管理责任的承诺和绩效分析提供审计和测评的框架；为全球性的文件管理项目提供制定文件管理规划的框架；为电子文件和数字档案馆的管理系统的构建提供参考依据；为国家政府机构绩效评估和组织文件管理能力评估提供审计工具。

从ISO15489标准被引用数量的角度分析，ISO15489已被列为国际标准ISO/TS23081：2007、ISO18492：2005等的引用标准，成为ISO/TR15801等电子文件管理标准的参考标准，与其他文件管理的主要国际标准相兼容。同时，目前ISO15489已被澳大利亚、法国、英国、日本、俄罗斯、瑞典等18个国家采纳为国家标准，已有英语、汉语、法语、日语、俄语等16种语言版本。② 我国2007年将ISO15489列入国家标准采标计划，采用翻译采标但局部应用的本土化模式。

6.1.2 ISO/TR15801

6.1.2.1 ISO/TR15801制定的背景

以电子形式产生、捕获和存储的信息越来越多地被作为商业活动的依据，

---

① 参见安小米：《基于ISO15489的文件档案管理核心标准及相关规范》，北京，中国标准出版社，2008。

② See Faurio, David, ISO/TC46/SC11 Records Management Current World Situation, The 18th ISO/TC46/SC11 meeting, May 11, 2007, Spain.

为此，电子化存储的文件的真实性和可靠性越来越受到关注和重视，在合同的讨论中或法庭上可能会需要这样一些依据。如，存储在系统内的信息可能被用在法庭上。组织的电子文件管理人员必须确保电子文件在从产生到消亡的整个文件生命周期内已得到妥善保管。如果没有描述组织电子文件信息产生、归档、存储和输出利用与原始文件信息连续相符的政策规定，那么在法庭上法官将无视，至少会质疑该电子文件信息内容的证据价值，不利于案件审理。为了为电子文件作为证据的合法可用性这种棘手的法律问题提供标准方面的帮助和参考依据，1999 年，英国标准协会在伦敦发布了 PD0008：1999《电子信息存储的法律可接受性和证据价值》（Legal Admissibility and Evidential Weight of Information Stored Electronically），该实务守则应用成本高，但在法庭上，当你组织的电子文件的真实性、完整性和可靠性遭到质疑时，这份实务守则能够被用来证实电子文件的真实性、完整性和可靠性。基于 PD0008：1999，2004 年，国际标准化组织发布了标准 ISO/TR15801。[①]

产生或存在于计算机系统中的特殊电子图像内容从它在系统中产生或被输入进来后就没有发生改变，这种数据包含物理源文件的数字影像。在将来可以证明数字图像是原文件的精确拷贝，对这些问题的重视是保证电子文件真实性的重要措施之一。技术报告 ISO/TR15801 推荐了以图像格式生成电子商业信息或其他信息的存储方法。即使已存储信息的真实性没有受到质疑，对组织而言，遵照报告中推荐的方法也非常有价值。

此外，ISO/TR15801 的用户应该意识到这些建议的实施不能机械地保障信息凭证作用的可接受性。当存储的电子信息在法院被利用时，建议这份技术报告征求法律建议以保障在相似法律环境中的准确实施。

6.1.2.2　ISO/TR15801 的主要内容

ISO/TR15801：2004 介绍了电子信息存储管理系统的实施和运行，在这个系统中，从电子文件产生到消亡的整个生命周期，电子文件的真实性、完整性和可靠性是非常重要的。信息、文件电子化存储的整个生命周期涵盖从电子文件最初的捕捉到最终销毁的整个过程。

ISO/TR15801 共分为 8 个章节，依次为适用范围、规范性引用文件、术语和定义、信息管理策略、管理职责、程序和过程、可使用的技术、审核跟

---

① See Michael Steemson，ISO15489：It'll a Vital Number：Better Remember It. http：//www.caldeson.com/iso15489.html，2008-11-15.

踪。该标准在信息管理策略方面规定了信息管理政策文件的组成部分和具体内容，主要包括以下部分：所涉及的信息内容，即信息的范围、类型的界定和整理；有关存储介质的政策；有关影像文件格式和版本控制的要求；有关信息管理标准；保留或废除政策的界定；信息管理功能的职责；监督政策执行的职责；政策文件应该得到上级组织管理部门的批准，而且要定期修订。在管理职责方面，该标准主要规定了组织信息安全管理的相关内容。该标准在“程序和过程”这一章节中提出，组织应当保留组织内的每个信息管理系统程序手册，描述与操作和使用系统相关的所有程序，包括系统输入、操作、系统输出。该章还详细规定了其应当包括的内容、方法和过程。该标准规定的与其相关的技术内容包括系统描述手册、存储介质和子系统因素、访问级别、系统完整性检查、图像处理、压缩技术、格式的叠加和转换、环境因素、迁移、信息的删除与清除。此外，该标准还描述了审核跟踪信息的相关内容，以规定信息被用作合同或事件的凭证时需要提供的详细支持信息，即审核跟踪信息，包括提供所有与存储信息和信息管理系统相关的重要事件的历史记录，以利于将来管理系统的重建，支持存储的信息。

ISO/TR15801：2004 可适用于任何信息管理系统，包括传统文件的影像、工作流和 COLD/ERM 技术，以及使用任何类型的电子存储介质，其中包括一次写入和可擦写技术。

技术报告 ISO/TR15801 基于真实性和可靠性的考虑，描述了电子信息存储管理系统的实施和操作，提出电子图像信息电子化存储建议。这份技术报告覆盖了各种影像文件，如信件、表格、绘画等，或者是直接产生的，或者是输入的，或者是通过网络形成的，在任何时候，系统都承担了对影像文件的控制。

虽然技术报告 ISO/TR15801 没有涉及在信息被存储或导入系统之前对其真实性评价的过程，但是它能够被用来证实从系统输出的信息是原始文件的真实输出。

这份技术报告中的建议既有宽泛、概括的内容，也有一些具体而详细的内容。建议用户在使用这份技术报告时要结合当地资料，特别要结合各自司法权范围内与政府和法律要求相关的文件。

能够执行这份技术报告大多数建议的组织将来可能是证明文件真实性的首选。然而，有可能因为经济的原因，某些特殊的建议不能实施。在这种情况下，应该对由于不能实施本技术报告而采取冒险做法的决定进行评估。①

6.1.2.3 ISO/TR15801 应用及评价

采用“ISO/TR15801”引文和文本检索 ProQuest 系列数据库，共检索到有效论文 2 篇。

检索结果发现，国外引用 ISO/TR15801 的论文具有以下特点：发表引文的期刊主要是文件管理类期刊，其涉及的领域有文件管理和 IT 信息技术。

分析引文中 ISO/TR15801 引用的目的及用途可以发现，ISO/TR15801 在国外的用途主要有三个方面：（1）基于真实性和可靠性的考虑，提出电子图像信息电子化存储的实施操作方法及建议；（2）为实施文件保存项目的组织提供证明文件真实性和可靠性的技术报告；（3）在商业活动中，为组织已存储的电子化信息的真实性提供凭证，如被作为合同或时间的凭证。

6.1.3 OAIS 及 ISO14721：2003

6.1.3.1 OAIS 产生的背景

1990 年美国航空数据系统咨询委员会（The Consultative Committee for Space Data System，CCSDS）与国际标准化组织（ISO）合作，决定开发一套航空数据处理标准，辅助航空研究。在项目的准备阶段，CCSDS 发现这个课题缺乏研究基础，也就是说，对于“数字保存”，既没有统一的概念和术语，也没有统一的数字归档系统的基本功能需求，甚至没有对数字信息重要性的统一定义。在缺乏沟通平台的情况下，CCSDS 决定第一步就是创造一个这样的平台。1995 年，CCSDS 成立的国际工作组，采纳了这一策略，着手开发一个“开放性档案信息系统参考模型”（a reference model for an open archival information system）。其主要作用和价值如下：

（1）能够定义数字信息长期保管系统的基本组成要素。

（2）能够对关键的内、外部系统的接口进行详尽描述。

（3）明确系统所存信息的主要特性。

（4）列举档案系统所需满足的最低要求。

（5）为数字保存的相关描述和分析提供全面、一致的框架。

（6）为日后相关标准的制定提供一个可靠的基础，并为软件商开发数字保护产品提供参照点。

在开发参考模型的早期阶段，CCSDS 就意识到，必须将范围扩展至航空

---

① See ISO/TR15801，First Edition，Electronic Imaging-Information Stored Electronically-Recommendations for Trustworthiness and Reliability，2004 - 02 - 01.

数据领域之外。参考模型要专注于数字资料长期保管的基本问题，且这些问题能够切入其他具体领域的实际应用。因此，项目组决定将模型的创建过程，在互联网上向任何感兴趣的个人或机构开放。由此，吸引了众多的来自政府、私人企业以及学术机构的有识人士的参与，并超越了其只为航空数据领域服务的最初目的。参考模型代表了一个共同的基础，在这个基础之上，又形成了人们对数字保管需求的共同理解。这样，原本孤立的保管活动，融合成一个共同的发展目标。参考模型从初稿、审核到修改、再审核，每一步都是在开放、交互的状态下完成的。草稿分别于1997年5月和1999年5月经历两次修改，并于2000年6月作为ISO标准（草案）发表。经过CCSDS各成员的不懈努力，2003年2月24日，国际标准ISO14721：2003《空间数据和信息归档系统——开放档案信息系统——参考模型》（Space Data and Information Transfer Systems—Open Archival Information System—Reference Model）终于诞生了。自OAIS发布以来，很多数字档案研究和开发的项目都以OAIS作为优先遵守的标准规范。来自图书馆、档案馆、科学数据、文化传承等领域的相关项目和系统都纷纷以其为准，进行系统的规划和设计。

OAIS参考模型，全称Open Archival Information System，指“开放档案信息系统”，是美国NASA（National Aeronautics and Space Administration）和CCSDS联合制定的一项标准，为数字信息长期保存和利用的国际档案标准，旨在为基于长期保存目的的信息系统建立一个参考模型和基本概念框架，以维护信息系统中数字信息的长期保护和存取。这一参考模型针对数字信息的长期保存和维护的档案系统提供一个概念性的框架，描述了一个档案系统存在的环境、档案系统的功能组织以及支持档案处理的信息基础结构。其中，“Open”（开放）是指这个参考模型在一个开放的论坛上开发和发布，所有感兴趣的人士皆可参与其中，而不是指档案的存取不受限制。“archival information system”（档案信息系统）是指接收和保管信息并为指定团体（designated community）提供利用的人或系统的组织。这个定义，强调了档案保管系统或机构的两个基本功能：第一，保存信息，并使信息的长期稳定性得到保证；第二，为利用者提供所存信息的获取之道。

OAIS参考模型同时支持数字化的和物理存在的存档信息。它特别对数字化信息给予了较多关注，这些数字信息或者是作为档案的主体，或者是作为对数字化资源以及物理存档资源的支持信息存在。OAIS参考模型提供了一个完整的档案信息保存功能，包括摄入、档案存储、数据管理、存取和分发。它同时论述了数字信息从一种媒体或格式到另一种媒体或格式的移植、信息表示的数据模型、信息保存中软件的作用、档案系统之间数字信息的交换等。它还确立了各个档案功能内部和外部的接口，以及在这些接口之上的一系列高层服务。

OAIS参考模型框架适用于所有致力于长期保存数字资源并提供利用的系统和组织，从而为很多组织和机构包括政府部门和数字图书馆所采用，例如美国国会图书馆、大英图书馆、OCLC等许多组织在其项目中都应用了这一参考模型。我国国家图书馆制定的《中文元数据方案》也采用此模型。国内军队院校数字图书馆应用软件系统（Military Academy Digital Library Application Software System，以下简称MDLS）同样在总体框架结构上采用OAIS参考模型，包括该参考模型所提出的框架、术语与概念。

基于OAIS模型的档案系统的六大"必备职责"（mandatory responsibilities）如下：

（1）与信息形成者协商，并获取适当的信息。

（2）对信息进行充分的控制，以实现长期保管的目标。

（3）定义档案利用者的专业范畴，即指定利用团体。

（4）保证所存档案能够为"指定团体"所独立理解（即"指定团体"无须信息形成者的帮助，就能够理解信息内容）。

（5）遵循现行保管政策和程序，保证信息对意外情况的防范能力，并保证信息发布的真实性。

（6）使所存信息能够为利用者所获取。

OAIS档案系统的第一职责就是制定标准，用于档案的挑选。一旦接收范围确定，下一步就是促使信息形成者或所有者，将信息转移到OAIS保存。第二个职责就是确定OAIS在保管信息的同时，还对其具有充分的逻辑控制权。例如，如果OAIS必须为某份文件创建新的版本，那么它就必须有这个权力，利用当前技术来执行这一操作。第三个职责就是决定档案用户的专业范畴，即指定利用团体。这一点是第四职责的先决条件。信息总是在某个特定的背景下形成的，因此，理解信息的形成背景，对于理解信息内容本身至关重要。正因如此，OAIS不仅要保存信息，还要保存充分的背景信息。背景信息保存的多少，取决于利用者的专业范畴，指定团体的范围越大，所需的背景信息就越多，反之，所需背景信息就越少。第四和第五两个职责涉及保管程序和存取机制。对于前者，OAIS必须就信息的保管建立明确的政策和程序，并对保管对象做出明确的定义。第六职责是OAIS要通过实施存取机制（access mechanisms），将所存信息尽其所能地提供给用户，最大限度地满足利用者的需求。

6.1.3.2 OAIS的主要功能

要实现OAIS的上述六大职责，单靠其内部机制是不够的。OAIS还必须与外部实体协调好，才能完成其最终目标。参考模型对这些外部实体做了描述，并就各实体之间以及实体与OAIS之间的交互关系做了分析。图6—2描述了OAIS的外部环境。在OAIS之外，由三个与OAIS相互独立、相互作用的实体组成外部环境，它们分别为外部管理、信息形成者和用户。

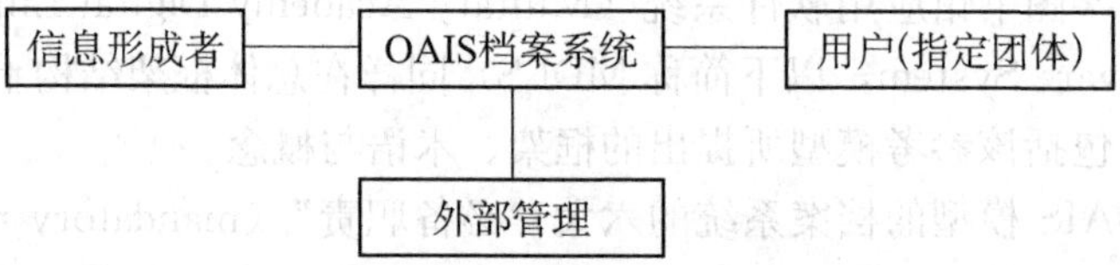

图6—2 OAIS的环境模型

(1) 外部管理。外部管理实体的职责包括制定、修改并强制执行有关管理OAIS活动的高层决策。例如，战略计划、定义OAIS的接收范围等。该实体同样要对OAIS的资金进行管理，如监管OAIS的维护费用，并定期审查OAIS的绩效和性能表现等。有一点要明确，即外部管理实体并不负责系统的日常运作，日常运作由OAIS内部的"系统管理模块"来实现。

(2) 信息形成者。信息形成者是指利用OAIS参考模型，对信息进行长期保管的个人、机构或第三方系统。信息形成者将需要保存的信息及相关元数据移交给系统。形成者与OAIS之间订有移交协议（submission agreement)，就两者的相互关系、职责作出明确规定，如移交的信息类型、所需提供的元数据，以及移交传输的后台管理等。

(3) 用户。用户包括利用OAIS所存信息的个人、机构或第三方系统。参考模型就不同用户的类型作了定义，称其为目标用户。作为用户的子集，目标用户无须信息形成者或专家的帮助，就能独立理解OAIS所存信息的内容。确定目标用户的范畴，是OAIS保管环节的重要内容，也是决定元数据管理的重要依据。如果OAIS包含某个特定专业的学术论文和数据库，那么，目标用户就是该专业里具有特定水平的专家或研究人员，他们可以利用这些信息，从事该专业的基础或应用研究。同样，如果OAIS所存内容包含收支平衡表、纳税申报单或其他财务记录，那么，目标用户就可能是政府管理机构、会计人员或其他财务研究人员。在这两个例子里，理论上讲，OAIS的利用者可以是任何人，但实际上，只有那些掌握了相当专业知识的人，才能够在无须帮助的情况下，理解并利用这些信息。因此，这些人士就组成了目标用户。

可以看出，为实现“独立理解”目标，目标用户的范围越宽，所需保管的元数据就越多，反之越少。目标用户可以宽泛到“社会公众”，然而在这种情形下，要实现对信息的“独立理解”也就很困难了。

外部管理、信息形成者、用户的概念所代表的是其功能性，而非单纯的组织角色。因此，所有这些角色，既可以被包含在一个组织机构里，也可分散于多个不同的组织机构中，关键是要明确各角色之间的逻辑分离。

在 OAIS 中定义了六项功能和三种信息包，共同组成了 OAIS 参考模型的框架结构。

OAIS 参考模型由六个功能模块组成，图 6—3 描述了 OAIS 的功能模块。

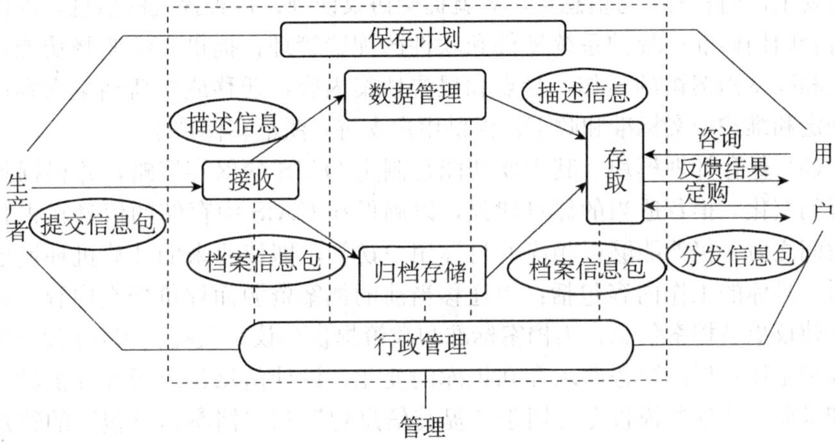

图 6—3 OAIS 的功能模块

(1) 接收模块。接收模块负责从信息生产者那里接收提交信息包（SIP），并对内容存储和内容管理做好准备，以便所提交信息能够在档案系统中进行存储和管理。具体功能包括：接收提交信息包；对提交信息包进行质量确认；生成符合档案系统数据格式和文件标准的档案信息包（AIP）；从档案信息包中抽取描述信息存入档案数据库，并使之随着档案存储和数据管理而更新。简而言之，接收模块作为与信息生产者联系的接口，管理接收过程中所有程序，并为归档保存做准备。

(2) 归档存储模块。归档存储模块负责长期存储与维护。具体功能包括：从接收实体接收档案信息包，并将它们添加到永久存储库中；管理存储体系；更新档案资源的存储媒体；进行例行的或专门的错误检测；提供灾难恢复功能；为满足定购要求而提供档案信息包供用户存取。“归档存储模块”与外界并不发生直接的联系。

（3）数据管理模块。数据管理模块主要负责为两类描述信息提供保管、维护和存取服务。这两类描述信息分别是识别和证明档案资源的描述信息、识别和证明行政管理数据的描述信息。其中行政管理数据是用来管理档案馆的。数据管理模块的具体工作内容有：维护数据库；执行数据查询功能，并生成查询结果报告；当数据生成、修改或删除时，及时更新数据库。

（4）行政管理模块。行政管理模块向档案系统的所有工作提供服务，主要负责 OAIS 的日常运作。作为 OAIS 内外部交互的中心，它既与其他五个模块进行合作，又与 OAIS 外部的形成者、用户和管理层产生直接的交互。它的主要工作内容有：与信息生产者就提交协议谈判；审查提交的信息，确保它们符合归档标准；维护系统硬件和软件的配置管理；提供系统监督功能，如监控和改良档案馆的运作，盘点和报告档案内容，迁移或更新档案内容；负责制定和维护档案标准和政策；提供用户支持；激活存储请求。

（5）保存计划模块。其主要功能是制定 OAIS 的保存策略，并根据外部环境的变化，推荐适当的修订建议，以确保在 OAIS 中存储的信息在很长一段时间之后，仍然能够被相应的目标用户访问，即使原来的计算机环境已经过时。具体的工作内容包括：为迁移当前的档案资源而评价档案内容，并且定期建议更新档案信息；为档案标准和政策提供建议；监控技术环境的变化；监控指定用户群的服务要求和知识库的变化；设计信息包模板并提供设计帮助和检验，使这些模板专门用于“提交信息包”和“档案信息包”的特定提交活动；设计详细的迁移计划、软件原型和检验计划，以实现“行政管理”的迁移目标。

（6）存取模块。其主要功能是支持用户，尤其是目标用户，使其可以判定、了解、定位以及存取存储在 OAIS 中的信息，让用户可以请求并接收信息产品。具体的工作内容包括：处理查询请求，并向数据管理模块提交问题；接收查询结果项，并按需要将其转换成适当的格式输出给用户。存取模块同样要对归档信息的安全控制和访问权限负责。它代表 OAIS 与用户进行直接交互，因此，它是决定 OAIS 信息能否满足用户需求的最基本模块。

OAIS 提出了三种信息包的概念来说明文件形成者向 OAIS 的提交过程和 OAIS 向档案利用者的分发过程。OAIS 对于提交给它的信息包、它所存储的信息包以及它分发给其他利用者的信息包进行了区分，分别将这些信息包叫做提交信息包、档案信息包和分发信息包。

提交信息包是信息生产者提供给 OAIS 的信息包。它的格式和具体内容通常情况下是生产者和 OAIS 之间协商的结果。多数的提交信息包通常有一些内容信息和分发信息包，但它可能需要多个提交信息包来形成一个完整的内容信息和相应的分发信息包，从而进一步形成一个档案信息包。一个提交信息包也可能包括需要被包括在多个档案信息包中的信息。提交信息包对应的打包信息通常会以某种形式存在。

在 OAIS 中，一个或多个提交信息包需要被转换成一个或多个信息包进行保存。档案信息包有一系列完整的分发信息包和相关的内容信息。一个档案信息包还可能会由多个其他的档案信息包组成。档案信息包的打包信息需要遵守 OAIS 内部的标准，并且在 OAIS 的管理下，它还可能变化。

根据利用者的请求，OAIS 需要以分发信息包的方式提供一个档案信息包的所有或者部分内容给利用者。一个分发信息包也可能包括多个档案信息包，并且它可能有也可能没有完整的分发信息包。打包信息需要以某种方式显性出现，以使消费者可以明确地辨别所要的信息。根据分发媒体和消费者需求的不同，打包信息可能以多种方式存在。

以下介绍 OAIS 信息模型。

对于每一个信息包来说，它都是一个包含名为内容信息和保存描述信息两种信息对象的容器。如图 6—4 所示。

内容信息是 OAIS 作为最初保存目标的信息，它由内容数据对象和表征信息组成。内容数据对象包括物理对象和数字对象。物理对象是一种实实在在的可以看得见的物体，它传达了一种值得保存和分发的信息，且该信息能够单独使用。数字对象是由一组比特序列组成的对象。

表征信息的目的就是要将比特流转变成更具意义的信息。表征信息实现这一目的的方法是描述格式、数据结构概念、哪种格式或哪种数据结构用在了比特序列中，由此使得字符、数字、像素、数组、表格等更有意义。它由结构信息和语义信息组成。除了内容信息外，档案信息必须包含那种能在不确定的时期内，随着时间的推移而理解内容信息的信息。具有这种功能的特殊的信息对象，合起来就被称为“保存描述信息”。保存描述信息包括以下几类信息：

(1) 参考信息，是识别内容信息的信息。它确定一个或更多的机制，为内容信息提供指定的标识符。它还向外部系统（如分类系统、参考系统和注册登记系统）提供标识符，使它们清楚地查阅特定的内容信息。在 OAIS 参考模型中，虽然不是所有的，但大部分的参考信息都将复制到封装描述中，以方便用户存取自己感兴趣的内容信息。

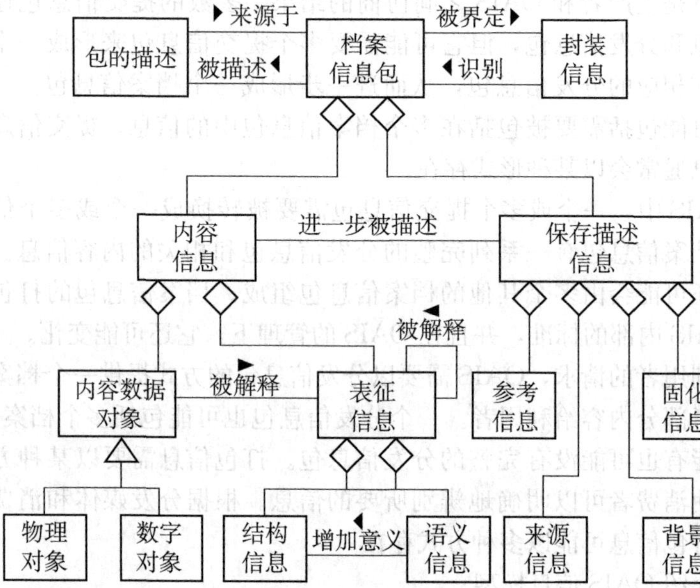

图 6—4 OAIS 的信息模型

（2）来源信息，说明内容信息历史的信息。这包括内容信息的起源或来源、自内容信息产生以来所发生的任何变化、自内容信息产生以来哪些人保管过它。

（3）背景信息，说明内容信息与它所处环境之间关系的信息。这包括为什么要创建内容信息、它与现存于其他地方的内容信息对象有什么样的关系等。

（4）固化信息，用于检测数据的完整性——或证实关键码，或检验关键码，以保证特殊的内容信息对象免于被不明不白地改动。针对具体的内容对象，固化信息为之提供特殊编码和错误侦察方案。固化信息并不包括完整性维护机制，这是由 OAIS 的基础服务部门提供的。

封装信息是一种实际存在的或逻辑存在的信息，它将信息包中的组成部分捆绑或联系在一起，并在具体的媒体上形成一个可识别的实体。

描述信息是用来帮助用户查找、分析并定购其感兴趣的信息的。它通常来源于内容信息和保存描述信息。

数据对象和表征信息共同构成了数字资源的内容信息，要实现数字资源的长期保存和利用，还必须对数字内容的特征加以描述，即保存描述信息。保存描述信息包括以下四个大的方面。

（1）引用信息：对内容信息标识符的识别和描述，从而能够在系统内部和外部都可以无歧义的实现资源的引用，如 ISBN、URN。

（2）来源信息：记录内容信息的历史，如内容信息的来源、维护历史、保存活动等。

（3）上下文信息：记载内容信息与其环境之间的关系，例如为什么创建该内容信息，该内容信息和其他内容信息的关系等。

（4）验证信息：记载用于确保文件不被非法改动的有关验证信息，如校验和信息、数字签名等。

内容信息和其相关元数据（保存描述信息）通过包装信息关联、打包在一起形成一个完整的可以识别的信息包，该信息包通过描述信息来描述它的特征和属性，以方便用户检索和查询。综上所述，一个信息包共由四部分组成，即内容信息、内容信息的保存描述信息、包装信息和信息包的描述信息。

OAIS 信息模型并没有假定某一个特定类型的数字对象，也没有限定某一特定技术，其开放性的架构为该模型发展成为一个全面、结构化并具有广泛适用性的元数据框架提供了很好的基础，正因为如此，OAIS 得到了广泛的应用，成为众多保存项目设计保存元数据框架的基础。

信息包及其描述对象，在其生命周期里（形成者—OAIS—用户）需完成四个阶段的转换流程。图 6—5 描述了各信息包在 OAIS 的转换流程。

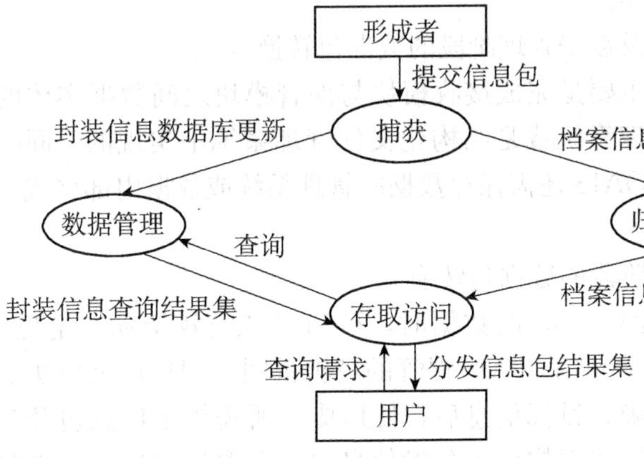

图 6—5　信息包的转换流程

（1）信息形成阶段的信息包转换。

当形成者决定向 OAIS 提交信息时，就必须遵循提交协议，让所提交的信息满足 OAIS 的需求。提交协议规定了提交信息包的具体要求，如内容、格式以及保管期限等。提交信息包是信息形成者向OAIS提交的信息包，包括信息内容本身、OAIS维护信息所需的数据以及帮助用户理解和利用信息的数据等。

形成者在一个数据提交期限里定期将提交信息包向OAIS移交。提交期限的长短取决于实际情况，有时可以持续很长时间直至最终数据的形成，有时则短至一天内有多个提交期限。在提交明细里，要反映内容与载体的映射关系，包括文件及其元数据的编码，以及文件在案卷中的逻辑分配等。

（2）信息接收阶段的数据包转换。

当提交信息包已经纳入OAIS后，它的形式和内容也会随之变化，并转换成档案信息包。事实上，保存信息与提交信息的形式并不总是一致的。例如，在提交时，有些存储介质已过时，需要将信息转至新的载体上；有些信息，如唯一定位标识，只有在文件被OAIS接收后，系统才会添加上去。

提交信息包向档案信息包转换时，其映射关系是多样的：一对一，一对多，多对一，多对多，一对零。

接收模块将收到的提交信息包转换成一系列的档案信息包，并转移到档案存储模块和数据管理模块。接收模块同样要对接收信息进行分类，以确定它们的保管层级，并适时更新保管层级的著录信息。此外，OAIS和外部组织都可能提供相关的描述信息或查找帮助信息。这些信息都需要封装在提交信息包里一并加以保存。

（3）归档存储及数据管理阶段的数据包转换。

在这一阶段，主要是完成接收模块与保管模块之间数据实体的映射，这主要是在数据库管理系统或是结构化文件管理系统中实现的。同时，为保证数据的长期利用，OAIS还需保存数据库管理系统或数据内部格式，以便将来向另一系统转换。

（4）存取访问阶段的数据包转换。

当用户需要访问OAIS的数据时，可通过“查找帮助”定位所需信息。“查找帮助”向用户提供了OAIS保管的逻辑视图，用户可据此决定所需的档案信息包。当用户确定目标信息后，便形成了所需档案信息包及其封装描述信息的逻辑视图，这些就构成了分发信息包。存取访问模块分别与归档存储模块和数据管理模块联系，将用户所需的档案信息包调出，并与相关的包装描述信息一并作为一个分发信息包向用户发布。

无论OAIS将当前的资源维护得多么完好，最终都需将大部分资源迁移到不同的媒体或不同的硬件、软件环境中去，以维持它们的可存取性。当打算保存 OAIS 中的数字信息时，对它所作的迁移就称为“数字迁移”。按照增加信息丢失风险的顺序排列，主要的数字迁移方式有以下四种。

（1）更新：含有一个或更多的档案信息包的媒体或含有部分档案信息包的媒体，被过去常用于保管档案信息包的同类型的媒体取代，这一拷贝迁移过程就是更新。

（2）复制：若迁移过程不改变封装信息、内容信息和保存描述信息，这就是复制。在这一过程中，过去用于携带这些信息对象的比特被迁移到同类型或新类型的媒体上去。更新也是一种复制，但不同的是，复制也许要改变“档案存储”的映射体系。

（3）重包装：若迁移过程中对封装信息作了某些改动的话，则涉及的就是“重新包装”。封装信息对界定并阐明内容信息和保存描述信息起着至关重要的作用。如果内容信息和保存描述信息本身就是由若干成分组成的话，那么，封装信息也将就此予以界定和说明。

（4）转化：要求对内容信息或保存描述信息作一些改动的数字迁移方式。目的是要实现最大限度的信息保存。它分为可逆转化和不可逆转化。

6.1.3.3　OAIS 参考模型对数字信息长期保存的价值

（1）为数字信息的长期保存提供了一个共同的术语和概念框架。

OAIS 参考模型规定了许多与数字信息长期保存相关的术语和概念（限于篇幅，此处不作介绍），这将有助于人们理解数字信息的长期保存。并且，遵循这些术语和概念，将有助于人们在一致概念的基础上，共同交流和探讨数字信息的长期保存问题，以避免概念的混淆和语义的分歧所带来的交流障碍。

笔者随意从中国期刊网上检索出一篇关于数字信息长期保存策略探讨的论文，该论文列举了几项数字信息长期保存的技术策略。

“转换技术”：格式转换不仅是数字信息资源建设的需要，也是数字信息长期保存的需要。广义的转换不仅指格式的转换，还包括程序的转换、字符编码的转换、媒体的转换、操作系统的转换、硬件系统的转换等。

“迁移”：随着技术的变化定期转换数字信息的一种处理过程，它使数字信息从一个硬件、软件的配置向另一个硬件、软件的配置转换，或是从旧的计算机技术向新一代的计算机技术转换，这一定期整体行为能使数字信息适应技术更新而不断地被转换，使信息在将来也可以被存取。

从定义中，可以明显地发现，这两个概念混淆不清。如“转换技术”中的“操作系统的转换、硬件系统的转换”与“迁移”中的“从一个硬件、软件的配置向另一个硬件、软件的配置转换”就存在概念上的交叉。类似概念混淆不清的情况在别的论文中也有发现。如果用这样的概念去交流探讨问题，那肯定是不行的。而 OAIS 参考模型将“迁移”划分成四种类型——“更新”、“复制”、“重新包装”和“转化”，并对它们分别进行了明确的定义。这样一来，概念清晰、逻辑清楚，可以避免因语义分歧而形成交流障碍。

（2）为数字信息的长期保存提供了最基本的功能描述。

OAIS参考模型认为负有长期保存数字信息职责的档案馆应该履行最基本的六大功能：接收、档案存储、保存计划、行政管理、存取和数据管理。

在接收数据之前，“行政管理”要与信息生产者签订“提交协议”，规定好数据提交的内容，提交的格式、程序和方式。这可以说是把住了信息长期保存的“源头关”。

在接收信息生产者提交的数据时，“接收”功能要严把质量鉴定关。除鉴定提交的数据是否有媒体读写错误、是否符合规定的提交格式外，还要检测数据的完整性及真实性。对不合格的数据要进行修复或重新提交。对合格的数据才打包成档案信息包移交给“档案存储”。

“档案存储”负责存储档案信息包，为其选择恰当的存储媒体，并判断存储级别，按级别的不同采取不同的安全保管措施，并对档案信息包进行复制且异地存储。该功能还履行错误检测及灾难恢复等职责。

“保存计划”专门负责监控技术的变化，监控指定用户群知识库的变化及其对服务需求的变化，并制订详细的保存策略和迁移计划。而“行政管理”则负责具体的迁移活动。迁移的目的是为了使保存的数据不因技术的过时而无法存取利用。

长期保存的最终目的是利用，否则将数据保存得再完好也徒劳无功。“存取”功能负责将档案信息包加工成分发信息包而发送给用户利用。而“数据管理”功能管理档案信息包的描述信息，这些信息是为用户查找、检索信息服务的。

（3）对需要长期保存的信息进行了范围界定。

数字信息时代，确定应该保存哪些信息对象不是一件很容易的事。

首先，数字信息具有技术依赖性，存取数字信息需要复杂的技术环境，如硬件、软件。为此，只保存信息内容本身是不够的，还需要保存能够读取并处理数字信息的工具，而且，随着技术的变化还得保存那些变化了的工具。

其次，数字信息易变化，不稳定。数字信息很容易被改变且不留痕迹。不论这些改变是有意还是无意的，都会影响数字信息的外观，影响人们对它的感觉，甚至影响数字信息原有的功能。数字媒体的损坏也会改变甚至丢失数字信息，而且保存活动本身也或多或少地会更改数字信息。为此，就需要额外的能够证明数字信息的来源及其真实性、可靠性等方面的信息。

最后，由于数字信息的易变性及其媒体寿命的短暂性，所以必须在数字信息生命周期的初期就开始采取保存活动，否则信息一旦丢失就无可挽回。但是，这时的数字信息有可能还处于知识产权的保护期限内。即便数字信息已不处于知识产权的保护期限内，读取与处理它的软件却也有可能处于知识产权的保护期限内。

OAIS引用模式描述了作为引用模式的数字档案的基本结构，对需要长期保存的信息进行了非常明确的分类，所以，它往往成为编制元数据方案的框架，尤其是编制“保存元数据方案”的框架，它主要致力于存储服务器的设计和实施工作。数据创建、数据管理、数据存储、保存规划、管理和获取是数据流和数据管理的主要内容。

英国、美国、澳大利亚等国在研究数字信息的管理与存储时，都基于ISO14721等国际标准。ISO14721在电子文件管理、数字信息保存方面提供了研究思路、解决总体方案和实现方式，它为各个国家开展此方面的研究提供了宏观的研究方向和微观的解决措施，因此，OAIS逐渐成为数字信息保存的经典实践。

6.1.4 ISO/TR18492

电子文件的信息管理存在于信息的生产阶段、保存阶段和利用阶段，它主要涉及存储格式、保存元数据、标示符、文件格式、信息模型、存储空间、信息有效检索等问题。有了保存，电子文件信息的获取才成为可能。ISO/TR 18492：2005为保管机构利用和保管电子文件信息提供了指导性建议，以及一个有清晰结构的方案和实用的方法。它能最大范围地应用于公共部门和私人领域，以确保电子文件信息的可利用性和真实性。

电子文件信息管理解决的关键问题是长期存储、可以读取的问题，这也是电子文件信息保护研究中必须突破的难题。电子文件的长期存储是指，通过营造适当的存储环境，使数字信息资源能够较为持久地循环运转，不断再现。它涉及在新的框架下或环境下怎样延续和如何延续等问题，它需要人们现在选择技术时要考虑到未来，考虑到应用的广泛性，营造一个良好的技术环境，使电子文件信息的存取路径畅通、无障碍。

6.1.4.1 ISO/TR18492：2005颁布的背景

由于计算机硬件和软件普遍存在技术过时现象、数字存储介质寿命有限等，又因缺乏统一的国际标准和普遍适用的技术指导文件，电子文件的信息管理和保存出现了很多问题，如电子文件丢失，一些不符合要求的电子文件信息进入数字信息长期保存和共享利用的环境中。这些都要求有一个规范性的标准或技术性指导文件，将其应用于电子文件的管理和保存中，为电子文件信息的存储和长期保存提供一个有清晰结构的方案和实用的方法，使它能最大范围地应用于公共部门和私人领域。

近年来，世界各地开展的有关电子文件管理的项目有以下几个。

(1) 澳大利亚，《国家档案绿皮书：数字文件的保护方法》(1999)；

(2) 荷兰，《数字资源保护检测平台：内容、背景和现状》（荷兰国家档案馆，2001)；

(3) 法国，《法国档案的方向：电子和手工管理文件》(2002)；

(4) 南非，《政府体系电子文件管理指南》(2000)；

(5) 英国，《电子文件管理、鉴定和保护指南》(英国国家档案馆)；

(6) 美国《联邦规则》第36条，第十二章，B章，“电子文件管理”（国家档案与文件管理署)；

(7) 1999年启动的有十几个国家和地区参加的InterPARES“真实性电子文件的长久保管项目”和Erpanet“欧洲电子资源保护和利用网络项目”等。

ISO档案/文件管理标准化委员会专门设立了电子文件长久保管项目组(ISO /TC46/SC11/WG7)，管理协调与电子文件长久保存有关的参照标准。

OAIS已经成为ISO的正式标准（ISO14721：2002)。

6.1.4.2 解读ISO/TR18492

ISO/TR18492为保存基于文档的电子信息提供战略和最佳实践框架，使之能够广泛运用到不同的私人领域、公共部门，在一段时间内，保护基于文档的电子文件信息，保证这些信息可以获得，维护这些电子文件信息的真实性证据作用和长期可用。ISO/TR18492技术报告中的长期保存，这个“长期”并没有具体的保存年限，不同组织可根据实际需要界定不同的时间期限。

ISO/TR18492考虑到计算机硬件和软件普遍存在的技术过时现象以及数字存储介质的寿命有限等问题，为保管机构保管和利用电子文件信息提供了策略和最佳实践的清晰框架，使它能广泛地应用于公共部门和私人领域，以确保电子文件信息的长期可利用性和真实性。ISO/TR18492考虑了技术上中立的信息技术标准在信息长期存取中的作用。该标准指南同样认为，为确保电子文件信息的长期保存和检索，IT专家、文件管理者和档案工作者需要共同努力。ISO/TR18492没有涵盖真实电子文件信息的产生、获取和分类的全过程，它适用于由信息系统产生的作为业务活动凭证的所有形式的信息。[①]

ISO/TR18492 主要是提供关于电子文件信息真实性长期保存和检索利用的方法指南。当电子文件保存期超过产生和保存信息所使用的技术的预期寿命时，为长期保存和检索真实电子文件信息，本指导性技术文件提供了实用的、方法性的指导建议。该技术报告共分为7个章节，依次为适用范围、规范性引用文件、术语和定义、代号与缩略语、长期保存、长期保管方案的要素、建立长期保存策略。其主要内容包括长期保存策略的目标，长期保存战略框架及其要素分析（介质更新、元数据、迁移技术），长期保存策略开发的原则、质量控制、安全管理、环境控制和监控等，并没有涵盖真实电子文件信息的产生、获取和分类的全过程。该标准适用于 IT 专家、文件管理者和档案管理人员。

ISO/TR18492 主要针对利用和维护真实性电子文件信息的存储机构或者为存储仓库提供技术指导，保证存储的信息能够被未来参考利用。该技术报告为需要对电子文件信息进行保存的机构、组织、个人提供了清晰的战略发展框架以及能够广泛运用于公共、私人领域的最佳实践指南，保证电子文件信息的真实性和永久可用性。

ISO/TR18492：2005 从电子文件信息长期存储的目标、存储方案、长期存储策略等方面规定了电子文件信息长期保存的实用方法和措施，它的宗旨是提供一个各个领域都能应用的方案或建议。

（1）电子文件信息长期存储的目标。

电子文件信息的长期存储应确保电子文件信息在未来可读、可理解、可识别、可检索和真实。电子文件信息在产生之初、存储之时、利用之时和永久存储这四个过程中都有可能变得不可读。在未来可读意味着构成电子文件信息的比特流可进入计算机系统或设备上，并经计算机的翻译，向人们呈现出可以识读的信息内容。电子文件信息可理解是指，计算机能通过描述说明潜在的比特流而利用信息，使比特流实际代表的信息得到翻译，电子文件的信息不但要让计算机理解而且要让人类理解。然而，分散的文件信息不是由内容决定的，而是通过产生和使用的背景获得的（如元数据）。因此，保管机构应意识到确保电子文件信息的可理解性与确保纸质文件的可理解性有很大不同。纸质文件物理特性很典型地反映出它们产生和使用的背景，而产生和

---

① See ISO/TR18492, Long-Term Preservation of Electronic Document-Based Information, 2005-10-01.

使用电子文件信息的背景通常存在逻辑上的联系而不是物理上的。电子文件的可识别性是指，在进行可识别的电子文件信息组织、分类和描述时，要使用户和使用系统能够依据某一特性如姓名或ID号码区分信息对象，以共同属性形成电子文件信息目录，以利于查询和检索，无法提供这样的识别方式会严重限制查询和检索。电子文件信息可检索，意味着抽象的信息对象（或部分）能被检索和显示。由于它需要用到将信息对象的逻辑位置（如数据域或字符串）与物理位置连接起来的钥匙和指示器，所以信息对象的可检索性不可避免地与设备驱动、软件应用、文件系统或操作系统联系起来。电子文件的真实性是电子文件保存的目的所在，如：随着时间推移，可靠的信息没有被改变、更改或破坏。

(2) 电子文件管理的技术核心。

电子文件全程管理方案应提供限制利用文件信息，保护其免受蓄意和意外的更改或破坏的方法。由此可采取介质更新来确保介质的耐久性；在自动化工具存在时，文件信息从一个技术平台迁移到另一个技术平台是一种应对技术过时的有效方法；当无自动迁移工具，数字信息和影像被存储在淘汰系统中时，则需要更有效的措施，在现今的技术环境下，多采用仿真淘汰的信息系统的方法。

电子文件管理普遍的控制技术措施包括：使用WORM（如不可重写式）磁性或光学介质；安全的委托服务器能够阻止直接利用电子文件信息，通过网络提供“只读”利用；循环冗余核对作为一种建立电子传输可靠性检查的技术，对于证实电子文件信息自产生之时起一直未变尤其适用；单向作用（如SHA-1）使用一种规则系统压缩电子文件信息到固定长度的字节，可有效地成为电子文件信息独特的“指纹”，以证实它未被更改。

其一，介质更新。

介质的有限寿命和技术过时说明介质定期更新不可避免，介质更新是电子文件全程管理中的基本需求，此过程常伴随电子文件信息被重新格式化。文件信息被重新格式化时，因为被转移到不同的物理载体上，它经历了比特流的改变或者特征代码变更，但其物理形式或大量内容没有改变。重新格式化不依赖于产生文件信息的软件。大的存储容量和高的数据迁移率是格式化过程中考虑的关键因素，在介质格式化和拷贝时，这两个因素最终取决于电子文件信息的迁移时间。为保证所有格式化的文件信息的准确性，需要比较格式化前后生成的循环冗余码和散列摘要值，以证实其没有改变；对比格式化前后的文件信息。

其二，拷贝电子文件信息。

拷贝电子文件信息是，在不改变其结构、内容或背景的前提下，用同样的格式将其从旧的存储介质迁移到新的存储介质上，以保持其真实性和可处理性。当电子文件信息被拷贝到目标存储介质上时，其潜在的比特流保持不变。拷贝电子文件信息的情况包括迁移时拷贝、介质有误时拷贝和定期拷贝。

其三，保存元数据。

元数据（关于数据的数据）由背景、处理和使用时产生的信息构成，它有利于保证电子文件信息的检索和保护，有利于保证其真实性。

将来，存在于先进目录管理系统中的元数据将会被共同利用。元数据的捕获和使用设计应考虑将来在共享的环境中也能被使用，为此可参照 ISO/TS 23081—1 保存元数据。

其四，迁移电子文件信息。

在电子文件的管理中常遇到以下情况：过去使用的软件、存储格式无法获取；操作系统不能频繁更新；无自动迁移工具等；必须保证将真实电子文件信息从一个应用环境迁移到另一个新的应用环境，而在结构、内容和背景上几乎没有丢失。

电子文件信息在产生或接收中使用了大量格式，这为管理带了诸多不便，因此，在电子文件迁移时，应尽量迁移到少量的标准化格式上。标准化格式是统一的、被广泛使用的格式，可能覆盖大部分特殊种类的文件信息。应避免使用个性化的文件格式。值得考虑的中立技术格式是 PDF/A-1、XML、TIFF 和 JPEG。

电子文件迁移具体可分解为十步，涉及十方面的内容。电子文件迁移时第一步是分析淘汰信息系统。了解系统的功能和其中包含的文件信息：系统各种功能的原理；如何捕获元数据以及元数据与文件信息的关系。第二步是分解淘汰信息系统结构，以使其界面、应用和数据库服务成为明显的组成部分。若系统和用户界面、应用程序块、数据库服务和数据库本身是分离的，是独立的部分，那么淘汰系统可以分解；若界面和数据库是独立的，但应用系统和数据库服务形成一个模块，那么淘汰系统处于半分解状态；若界面、应用系统和数据库服务被连在一个模块中，那么淘汰系统就是不可分解的。第三步是设计目标界面，保持目标界面与淘汰界面的联系。第四步是设计目标应用程序。第五步是设计目标数据库。第六步是安装和全面测试目标环境。第七步是产生和安装必要的闸道器。为确保在目标系统中一致和准确地复制淘汰系统的功能和迁移电子文件信息，应设计、产生和安装闸道器。典型的闸道器有两个作用：一是隔绝选定的部分，使其免受其他变化的影响；二是在组成成分间充当需求和数据的翻译者。用淘汰文件信息的样本仔细检测闸道器，以确保文件信息一致性和精确性。第八步是将淘汰数据库迁移到目标数据库中。第九步是将淘汰应用程序迁移到目标应用程序中。第十步是将原有界面迁移到目标界面中。

(3) 电子文件信息的长期存储策略。

为了长期存储真实的、可处理的电子文件信息，需要制定详细的可操作的保护政策，确保电子文件管理过程的连续性和一致性。保护策略应考虑以下因素：提供真实的、可处理的文件信息长期保护的部分说明；确认保护目标和责任；描述保管机构保管电子文件信息的种类，如合法性或物理属性；详细介绍保管机构执行的关于电子文件信息管理的最有效方法；确认迁移活动的环境、迁移的方法和原理；说明选择信息质量审查方法的依据；明确保管机构人员的作用和外界的责任。为此，我们在电子文件的管理过程中可从不同的方面实施控制、保护和检测等。如使用自动程序控制更改/删除电子信息，被更改/删除的电子文件信息应通过应用程序/软件自动记录。所有的历史资料和工作记录宜存储在不可更改的一次写入的介质上，避免任何更改/删除。此外是控制使用电子文件信息。只有被授权的个人可利用存储设备，当被授权人员移动存储介质时，宜进行记录，如对移动原因进行简要解释。负责保管的人员宜定期审查工作日志以检查相关人员是否遵守规则。工作日志宜作为本机构遵守自己政策的证据被保存下来。

6.1.4.3 ISO/TR18492：2005 的应用前景

ISO/TR18492：2005 的内容符合电子文件管理的需要，既有宏观层次的条例，又有微观层次可操作的细则。其用途主要表现在以下几个方面：第一，深入理解电子文件的可读性、可用性和真实性，它将电子文件管理的目标细化为具体的细则，因此，实施的可能性较大。为电子文件管理提供综合的管理指南和具体工作的原则、方法，是电子环境下文件管理的最佳实践。第二，从技术层面提出了电子文件管理的方案和确保电子文件信息质量的检测方法，既有管理方面的要求，又有技术上的控制手段。

ISO/TR18492：2005 在国外已有较好的应用。国外对 ISO/TR18492：2005 的研究有三个特点。首先，研究 ISO/TR18492：2005 的论文逐渐增加，在电子文件管理研究论文中引用 ISO/TR18492：2005 的越来越多。其次，研究内容逐渐深入，从描述性或介绍性转向分析性和应用研究。如有的研究中采用引用文献、比较研究等。最后，国外学者的一致观点是 ISO/TR18492：2005 为电子文件信息长期保存提供了好的方法和建议，与电子文件管理的其他标准具有较好的互补性和连贯性，具有一定的先进性、前瞻性和持续发展性。

我国在电子文件信息保存方面的标准化研究起步较晚，研究范围较窄，已有的某些规范仅局限在具体的保管环境和技术参数的选择上。我国目前这方面的研究一般是在国际标准颁布以后进行的，大多等同于采用国际标准，少数是通过编辑性修改或格式修改而得来。目前，国内对该技术型指导文件的应用显然不如国外广泛。作为一个较为成熟的和实用性较强的标准，它应该在国内得到大力宣传和广泛推广。

除了及时将此标准转化为国内标准外，还需要对 ISO/TR18492：2005 进行持续的、深入的专门研究、成果交流和推广应用。在进行标准的介绍时，重点是要分析和评价该标准的应用范围和领域，深入研究该标准的核心内容和框架。该标准的研究者和应用者应是多种多样的，其中包括设计文件管理人员、技术设计及技术管理人员、标准研究制定者、法律和审计顾问。而我国目前的情况是，研究和应用该技术性指导文件的人多限于标准的制定者和电子文件管理者。该标准应用面应该很宽，涉及教育、研究、实践，具体可应用于档案、图书、电子政务、电子商务、政府机关、法律、银行等领域，可以作为研究和工作的指南或国家战略和机构制度制定的参考依据。因此，有必要深入开展 ISO/TR18492：2005 的宣传、教育工作，在多个领域推广此标准，让大众理解此标准的意义、核心内容及应用范围。ISO/TR18492：2005 的突出贡献是使文件管理过程及控制方法系统化、制度化、规范化与常规化，使文件管理过程处于被控制和管理状态。按此标准管理文件可以给机构带来以下好处：使管理工作更加规范，为文件保存环境提供保护和支持，为机构活动证据存在与否所伴随的风险管理提供依据，保证宏观管理与微观管理的一致性、连续性和效率；限定职权范围，保护员工、客户和拥有者的权利，维护机构、个人及一些社会记录，支持企业业务的可持续发展。

6.1.5　ISO19005—1

ISO19005—1：PDF/A-1 电子文档长久保存的格式标准［ISO19005—1, Document Management-Electronic Document File Format for Long-term Preservation-Part 1：Use of PDF1.4（PDF/A-1），2005－09－01］。

6.1.5.1　ISO19005—1 制定的背景

信息化应用的持续加深和拓展，使越来越多的电子文档文件需要实施科学、规范的管理，并进行长期、有效、安全的保存。

PDF 的英文全称是“Portable Document Format”，中文直译为“可移植文件格式”。PDF是表示或显示电子文件的一种格式。PDF文件既可以直接由PDF生成，也可以由其他电子文件格式，如微软的Word格式、金山的WPS文字处理格式等转换而来，甚至还可以由纸张、缩微胶片和其他载体的文件被数字化后加以转换而生成。PDF现已被世界上的很多商业团体、政府机构、图书馆、档案部门等机构或个人采用。PDF在电子文件管理领域与档案管理领域众多格式中凸显优势，成为档案保存的电子文件的最佳选择格式，在国际上引起高度重视的原因有两点：(1) PDF可以独立于计算机特定的软件与硬件，能不失真地保存电子文件。因此，不受计算机技术更新换代的影响。换言之，采用PDF格式的电子文件可以长期保存。(2) PDF可以保证对长期保存的电子文件在未来利用方面具有逻辑上的可读性和内容上的可理解性。换言之，它可以保证电子文件以可读的形式加以显示，并保持其页、段、节、章的高度有序性。

推动PDF成为国际标准的主要有美国的两个部门：一个是美国的司法部，另一个是美国的国家档案馆。美国司法部要求庭审文件必须保持20到40年的合法可用性，而美国国家档案馆则对政府文件提出了永久保存的要求。为适应这些需要，PDF在社会上的使用范围和影响日渐扩大。在1995年的美国海运石棉案中，美国联邦法院首次认定了PDF文件在凭证上的有效性，表明了PDF的重要性和保存长期性；1999年美国证券交易委员会（SEC）开始在工作中使用PDF提交文件。由此，制定PDF的国际标准ISO19005—1（PDF/A-1）就被提上国际标准化组织专门委员会的议事日程。ISO19005—1（PDF/A-1）制定的主要进展如下。

● 2003年8月，制定ISO19005—1（PDF/A-1）国际标准的联合工作组成立；

● 2003年12月，国际标准化组织专门委员会通过了ISO19005—1（PDF/A-1）国际标准的初稿；

● 2004年5月，ISO19005—1（PDF/A-1）国际标准获得国际标准化组织包括中国在内的134个成员国的一致通过；

● 2004年9月，国际标准化组织专门委员会通过了ISO19005—1（PDF/A-1）国际标准的修订稿；

● 作为电子文件管理中的电子文件长期保存格式新标准，国际化标准组织于2005年12月正式发布的国际标准ISO19005—1（PDF/A-1）为电子文件长期保存提供了参考和依据。

6.1.5.2 解读ISO19005—1

PDF最早是由Adobe公司于20世纪90年代初在“页面描述语言”（即

Postscript语言）基础上建立的。1993年第一版PDF规范正式发布，之后Adobe公司对PDF规范不断更新，而2005年12月，国际标准化组织正式颁布的ISO19005—1（PDF/A-1）则是根据PDF规范的第四版制定的。ISO19005—1（PDF/A-1）针对PDF1.4版以上的格式提出使用PDF长期保存电子文档的技术要求。

ISO19005—1（PDF/A-1）编制的目的是：（1）定义一种基于PDF的文档格式——PDF/A，这种格式的文件可以以保持长期可读性的方式来表示电子文件，而不必考虑创建、存储、显示该文件的工具和系统是什么；（2）提供一个在该文件内以元数据方式记录电子文件背景信息和历史记录的框架；（3）定义一个在该文件内表示电子文件逻辑结构等语义信息的框架。

ISO19005—1（PDF/A-1）共分为六个章节，依次为使用范围、规范性引用文件、术语和定义、符号说明、一致性级别、技术要求，还规定了如何使用便携文档格式PDF1.4长期保存电子文件，主要内容包括标准PDF/A-1文件的符号说明和兼容级别的要求，对PDF文件结构、图形、所使用的字体、透明技术、附注、文档操作、元数据、逻辑结构和交互式菜单九个方面的技术要求。ISO19005—1（PDF/A-1）为构成PDF文件提供了一个完整的结构框架，适用于以下情况：包含字符、光栅和向量数据的文档，不涉及将纸质文档或电子文档转换成PDF/A格式的具体过程；特定的技术设计、用户界面、软件实现或者渲染的操作细节；文档存储的特定物理方法，如存储介质和存储条件；对计算机硬件和操作系统的需求。

6.1.5.3 ISO19005—1的应用及评价

笔者通过“引文和文本检索”（citation and document text）的方法检索英文ProQuest系列数据库，检索到专门研究以及引用ISO19005—1的有效论文共15篇，调查并分析了国外“ISO19005—1”研究及其应用的现状和特点。

检索结果发现，国外专门研究ISO19005—1的论文数量并不多，其研究内容主要还处于描述性ISO19005—1介绍阶段。

国外引用ISO19005—1的论文具有以下三个特点。第一，发表引文的期刊涉及多学科多领域，主要有文件管理、档案管理、IT信息技术、信息管理、政府和行业协会管理等。第二，发表引文最多的期刊主要是文件管理类期刊，其次是信息技术类期刊，说明影响最大的领域主要是文件管理领域。九种期刊按引文发表数量多少排序分别是：*Information Management Journal*（2）；*Records Management Journal*（1）；*AIIME-doc Magazine*（4）；*IT Professional Magazine*（1）；*Program*（1）；*Business Wire*（3）；*DTTP*，

Documents to the People（1）；*American Printer*（1）；*Control Engineering*（1）。第三，根据国外引用 ISO19005—1 的论文的内容分析，ISO19005—1（PDF/A-1）作为电子文件长期保存格式的国际标准，引起了许多国家档案部门和文件部门的高度关注，被广泛采用。

分析引文中 ISO19005—1 引用的目的及用途可以发现，ISO19005—1 在国外的用途主要有两个方面。

（1）按 ISO19005—1（PDF/A-1）国际标准生成 PDF 文件，可以使文件部门和档案部门将 PDF 文件集成至一个统一的管理信息系统中。

（2）实现 PDF 文件跨平台、跨系统的交换，从而有利于数据交流，可以实现 PDF 文件在一国乃至国际范围内的数据共享。

6.1.6 ISO/IEC17799：2005

6.1.6.1 ISO/IEC17799：2005 制定的背景

BS7799 标准是国际上具有代表性的信息安全管理体系标准，标准包括两个部分。其一，BS7799—1：1999《信息安全管理实施细则》。其二，BS7799—2：1999《信息安全管理体系规范》。国际标准 ISO/IEC17799：2000 由英国标准协会（BSI）筹备起草（BS7799—1：1999），随后被联合技术委员会——信息技术 ISO/IEC JTC 1 按照特殊的“快速程序”所采纳，并由 ISO/IEC 联合技术委员会①的子委员会 27（ISO/IEC JTC1 SC27②）发布，该标准同时得到了 ISO 和 IEC 各个成员体的批准。ISO/IEC17799：2005 替代了 ISO/IEC17799：2000，是 2000 年的修订版。

信息安全的主要内容为保密、完整和可用，并对维持组织的竞争优势、现金流转、赢利、守法和商业形象起着至关重要的作用。然而，各组织及其信息系统和网络正面临着广泛来源的安全威胁，这些威胁不仅包括计算机辅助欺诈、间谍活动、破坏、火灾或水灾，还包括计算机病毒、黑客捣乱、Dos 攻击等。随着对信息系统和服务的依赖程度的增加，组织面对安全威胁时将更为脆弱。ISO/IEC17799 作为信息安全管理实务规范，针对信息安全管理

---

① ISO（国际标准化组织）和 IEC（国际电工委员会）形成了一个专门体系，进行世界性的标准化工作。ISO 或 IEC 成员体国家通过各自机构建立的技术委员会参与了国际标准的制定和推广，这些技术委员会要设法应对一些特殊领域的技术活动。ISO 和 IEC 技术委员会在共同感兴趣的领域中合作。其他与 ISO 和 IEC 有联络的国际性组织、政府和非政府机构也参与了这项工作。

② ISO/IEC 联合技术委员会的子委员会 27（ISO/IEC JTC1 SC27）是信息安全领域最权威的：得到国际认可的标准化组织，它已经为信息安全保障领域发布了一系列的国际标准和技术报告，为信息安全领域的标准化工作做出了巨大贡献。

给出了详细的、文件化的、易操作的建议，给组织的信息安全管理提供了最佳实践指导。ISO/IEC17799 的目的是“为启动、实施或维护其机构安全的人员所使用的信息安全管理提出建议。它希望为发展机构的安全标准和有效的安全管理实践提供一般基础，并在机构内部的事务中使用”①。

6.1.6.2 解读 ISO/IEC17799

ISO/IEC17799（见表 6—2）是一个详细的安全标准，包括安全内容的所有准则，由 11 个独立的部分组成，每一部分都覆盖了不同的主题和区域。

（1）安全策略。其主要内容包括：信息安全策略文档，复审信息安全策略。本部分的目标：按照业务需求和有关的法律法规，为信息安全提供管理指导和支持。管理层应当提出一套清晰的策略指导，并且通过在组织内发布和维护信息安全策略来表明对信息安全的支持和承诺。

（2）信息安全组织。其主要内容包括：管理组织机构内部的信息安全；保护组织信息处理程序的安全和被第三方访问的信息资产的安全 ；当信息处理外包给另外一个组织的时候，维护信息的安全。

（3）资产管理。其主要内容包括：合理保护组织机构的资产；信息分类，确保信息资产得到适当程度的保护。

（4）人员安全。其主要内容包括：减少人为失误、偷窃、欺诈或设备误用所造成的风险；确保用户清楚信息安全的威胁和利害关系，使用户准备好在日常工作过程中能够支持组织的安全策略；把安全事故和安全故障的损失降到最低程度，监测这些事故并从中吸取教训。

（5）实物和环境安全。其主要内容包括：区域安全，防止未经授权的访问，预防对组织机构和业务信息的破坏以及干扰；设备安全，防止资产流失、被损害或者被破坏，防止对业务活动的破坏，防止对信息和信息处理设备的损坏或盗窃。

（6）通信和运营管理。其主要内容包括：操作过程和责任、第三方服务交付管理、系统规划和验收、防止恶意软件、信息备份、网络安全管理、媒介信息处理、信息交换、电子商务服务、监测。

（7）访问控制。其主要内容包括：访问控制的业务需要、用户访问管理、用户责任、网络访问控制、操作系统访问控制、应用程序和信息访问控制、移动计算和远程工作。

---

① Information Security Management，Code of Practice for Information Security Management，ISO/IEC17799，2001-12-06.

(8) 信息系统的访问、开发与维护。其主要内容有：系统的安全要求、应用程序软件和数据的安全、密码管理措施、系统文件的安全。目的：确保信息安全保护深入到操作系统中，阻止应用系统中用户数据的丢失、修改或误用，确保信息的保密性、可靠性和完整性，确保 IT 项目工程及其支持活动是在安全的方式下进行的，维护应用程序软件和数据的安全。

(9) 信息安全事件管理。其主要内容有：报告信息安全事件及其安全隐患；不断改善应对信息安全突发事件的处理方案，确保信息安全管理方法的持续、有效性。

(10) 商务持续性管理。其主要内容包括：商务持续性管理程序，商务持续性和风险评估，编制并实施商务持续性计划，商务持续性计划框架，测试、维护和重新评估商务持续性计划。目的：防止商业活动的中断，防止关键商业过程遭受重大失误或灾难的影响。

(11) 依从。其主要内容包括：依从法律法规要求，安全策略和技术依从评审，系统审核考虑的因素。目的：避免违背刑法、民法、条例或契约责任以及各种安全要求；确保组织系统符合安全方针和标准；使系统审查过程的绩效最大化，并将干扰因素减到最少。

表 6—1　　　ISO/IEC17799 的内容分析

标准号	英文名称	中文名称	主要内容	发布时间
ISO/IEC 17799	Code of Practice for Information Security Management	信息安全管理实务规范	为制定、实施、维护和促进组织机构信息安全管理，ISO/IEC17799：2005 提供了一系列指导方针和原则。 ISO/IEC17799：2005 包含目标控制的最佳实践指导，主要包括对信息安全管理以下 11 个方面的控制： ● 安全策略； ● 信息安全组织； ● 资产管理； ● 人员安全； ● 实物和环境安全； ● 通信和运营管理； ● 访问控制； ● 信息系统的访问、开发与维护； ● 信息安全事件管理； ● 商务持续性管理； ● 依从。	2005

实施 ISO/IEC17799 并不能使组织机构完全避免信息安全遭破坏，但实施该标准使信息安全被破坏的可能性降至降低，因此能够降低投资和信息安全事故发生后的破坏程度。

6.1.6.3　ISO/IEC17799 的应用及评价

通过“引文和文本检索”的方法检索英文 ProQuest 系列数据库，笔者检索到专门研究以及引用 ISO/IEC17799 的论文共 109 篇，调查并分析了国外“ISO/IEC17799”研究及其应用的现状和特点。

检索结果发现，国外专门研究 ISO/IEC17799 的论文共有 10 篇。

国外研究和引用 ISO/IEC17799 的论文具有以下两个特点。第一，国外发表论文的期刊涉及多学科多领域，主要有信息系统管理、信息管理、计算机安全和 IT 信息安全技术等。第二，发表论文最多的期刊主要是信息系统管理类期刊，其次是信息安全技术类期刊，说明 ISO/IEC17799 影响最大的领域主要是信息安全领域。六种期刊按引文发表数量多少排序分别是：*Information System Management*（9）；*Information Management & Computer Security*（6）；*Business Wire*（6）；*Information Management Journal*（5）；*Security Technology & Design*（4）；*Computer Weekly*（4）。

ISO/IEC17799 国际标准对我国而言有三点借鉴意义。

（1）资产的分类与控制。强调核查所有信息资产，以维护组织资产的适当保护，并做好信息分类，确保信息资产受到适当程度的保护；强调实施风险评估。

（2）系统开发和维护。标识系统的安全要求，确保安全被构建在信息系统内；控制应用系统的安全，防止应用系统中用户数据丢失、被修改或误用；使用密码控制，保护信息的保密性、真实性或完整性；控制对系统文件的访问，确保按安全方式进行 IT 项目和支持活动；严格控制开发和支持过程，维护应用系统软件和信息的安全。

（3）构建信息安全管理体系（ISMS）。信息安全管理体系属于风险管理的范畴，是一个系统化、程序化和文件化的管理体系，体系的建立需要基于系统、全面、科学的安全风险评估。

6.2　数字信息保存标准的比较

ISO/TR15801 与 ISO/TR18492 标准都是电子文件长期保存方面的标准，数字化保存都以保证电子文件的可靠性、真实性和完整性为目标。ISO/TR18492 主要规定了电子文件保管机构在“确保真实电子文件信息长期利用”方面应采取的长期保存策略、方案以及相关技术。ISO/TR15801 主要基于可靠性、真实性和完整性的考虑，描述了电子信息存储管理系统的实施和操作，提出了电子图像信息电子化存储建议。这些建议有利于保障数字存储信息的凭证作用，但又不能机械地保障信息凭证作用的可接受性。如存储在系统内的信息可能被用在法庭上，用户可以咨询自己的法律顾问以保证正常的法律和日常需要。①

国际上对数字信息管理和存储方面的研究逐渐深入。从描述性或介绍性转向分析性和应用研究，如研究中采用引用文献、比较研究等。国外学者的一致观点是，ISO15489 、ISO14721、ISO/TR18492：2005 等为数字信息长期保存提供了好的方法和建议，与电子文件管理的其他标准具有较好的互补性和连贯性，具有一定的先进性、前瞻性和持续发展性。如英国、美国、澳大利亚的电子文件管理战略都基于 ISO15489 和 ISO14721，并吸纳了世界范围内有广泛影响的研究成果，如 InterPARES、文件连续体理论、文件全生命周期管理理论等。这样，可以使本国的数字信息管理战略尽可能多地借鉴国际经验，并拥有坚实的实践基础和理论基础。

另一发展趋势是国际化。不同国家的组织、个人团体正致力于开发数字资源长期保存系统，尽管研究的角度不同、保存目标不同，但中长期保存系统与 ISO14721 系统参考模型保持一致。

表 6—2　　标准主要内容的比较分析

标准号	英文名称	中文名称	主要内容	发布时间
ISO/TR 15801	Electronic Imaging-Information Stored Electronically-Recommendations for Trustworthiness and Reliability	电子图像信息电子化存储的真实性和可靠性建议技术报告	ISO15801：2004 介绍了电子信息存储管理系统的实施和运行，在这个系统中，从电子文件产生到消亡的整个生命周期，电子文件的可靠性、真实性和完整性是非常重要的。其主要内容包括以下八个方面： ● 适用范围； ● 规范性引用文件； ● 术语和定义； ● 信息管理策略； ● 管理职责； ● 程序和过程； ● 可使用的技术； ● 审核跟踪。	2004

① 由于不同国家（有时同一国家内部）的法律和规定有所不同，所以用户所得到的法律建议应该包括所有相关的司法规定。

续前表

标准号	英文名称	中文名称	主要内容	发布时间
ISO/TR 18492	Long-term Preservation of Electronic Document-based Information	电子文件信息的长期保存	ISO/TR 18492：2005 在计算机硬件和软件出现技术过时以及数字存储介质超过有限寿命时，为真实电子文件信息的长期存储和检索提供了使用的方法指南。其主要内容包括以下七个方面： ● 适用范围； ● 规范性引用文件； ● 术语和定义； ● 代号与缩略语； ● 长期保存； ● 长期保管方案的要素； ● 建立长期保存策略。	2005

由于数字信息长期保存涉及许多方面的复杂问题，因此在建立、接收、连接、利用和保存数字信息时应充分考虑所采用的有关政策、流程、技术、格式和工具对长期保存的影响，建立系统化的策略体系和操作规范。例如，采用标准、开放的数据处理技术和格式，建立知识产权确认和授权转移规范，建立数据检验鉴别体系，采用标准元数据格式并建立完善的元数据，建立长期保存技术选择模型和操作规程，建立严格的数据存储系统保障机制等。

开发用于互操作性的开放型标准，是数字信息长期保存的前提。国外对数字信息保存标准的建设具有成套性、系统性。如从电子文件管理的标准和规范到数字信息保存的策略、数字化存储载体、存储格式、数字保存技术、权益管理、数字信息质量的评价等，数字信息保存方面的标准、规范、指南是基于一个项目进行研究而制定的。在开展项目时，针对性较强，集中解决的问题较突出，解决的方案也较为具体化，因此，参考价值高、可操作性强。

制定并发布数字信息长期存储系统功能需求规范。为确保各级各类政府机关、个人数字信息管理系统的性能和质量，避免低水平重复研发现象，有关主管部门应尽快出台并推动执行我国数字信息长期存储系统功能需求规范。数字信息在不同的领域存储目标是不一样的：档案系统要求的是保证电子文件的真实性；在图书出版界，它强调的是可获取利用和公开发送、传播。因此，数字信息存储系统应根据这样的目标，构建安全、可靠、稳定和经济的数字保存构架。该规范发布后，可通过对数字信息管理系统的质量认证、推介示范产品等措施推动实施。

全面了解已进行、正在进行或将要进行的数字信息长期存储研究动态和相关标准建设，是保证“数字子信息存储”标准的规范性、科学性、先进性、连贯性和前沿性的基础，为此，在开展有关标准建设前，要分析目前数字信息存储标准进展情况，比较国内外的差异，明确研究问题，构建基于用户的数字信息长期保存系统。

6.3 我国数字信息保存标准研究进展

我国数字信息长期保存标准制定、修订研究的目标包括三个大的层面。(1) 战略层面：长期保存的战略规划、制定、实施、监察等，其中涉及数字信息长期保存的社会背景、实施原则活动总目标及不同要求。(2) 管理层面：谁负责数字信息的长期保存、其职责范围，以及数字信息保存战略的角色分配和责任体系的构建，监测数字信息存储的效果，评价数字信息保存中的风险。(3) 操作层面：如何实施数字信息长期保存活动。为了实现这些目标，需要研究以下问题：国内外相关标准的应用领域、范围和可操作性，其尚需要补偿和完善之处；为了保证数字信息的原始性、真实性，应采取哪种保存方案、工作流程，如何进行审核跟踪，如何鉴别其真实性等；为了保证真实性，如何选择存储介质技术策略、存储格式、管理原则和标准，如何保证其科学性、连续性、前瞻性、先进性、规范性、通用性和可操作性。因此，在标准建设方面，需要总体规划，统一设计，集中攻克。

具体到我国的数字信息保存标准建设，可由国家档案局或国家图书馆牵头，采取联盟、联席会议等方式，联合地方单位的力量，加强与政府数字信息元数据标准制定与推广部门的联系和交流，统一数字信息组织、指引、发现、保存的标准，科学组织、有效推进数字信息存储的基础研究。跟踪国外数字信息标准建设，借鉴吸收有关研究成果，整合全国的力量，以委托、合作等方式系统研究数字信息长期存储的特点、需求、流程、方法、模式以及我国数字信息长期存储的总体框架和保障体系。

2002 年 10 月，科技部科技基础条件平台工作重大项目“我国数字图书馆标准与规范建设”启动。该项目由国家科技图书文献中心、中国科学院文献情报中心和国家图书馆联合发起，有近 20 个单位参与项目的研发和建设。项目主要针对数字图书馆系统的数字资源建设与服务，制定出我国数字图书馆标准规范发展战略与标准规范框架，制定数字图书馆核心标准规范体系，建立数字图书馆标准规范开放建设与开放应用机制，促进我国数字图书馆的快速、经济和可持续发展。该项目研究的内容涉及建设数字图书馆的战略、机制、标准规范和实践指南等诸多方面，包括总体框架与发展战略、开放建设机制、资源加工与操作指南、唯一标识符应用规范、基本元数据标准、专门元数据规范、资源集合描述元数据规范、数字资源检索与应用、元数据标准规范开放登记系统、发展趋势与应用要求研究。该项目建有“中国数字图书馆标准规范建设”网站，并在网站上阶段性地更新发布所有的标准规范、实用指南和技术报告。

此外，其他标准规范体系还有国家高等教育数字图书馆标准规范体系、全国党校系统数字图书馆建设标准规范体系，国家数字图书馆工程也正在组织制定国家数字图书馆标准规范体系。许多图书馆，如上海图书馆、广东中山图书馆、清华大学图书馆、上海交通大学图书馆等，也都制定了自己的有关数字图书馆标准规范。一些商业机构的数字图书馆建设也是基于自行研制的标准规范。

这些标准规范之间存在的差异，将导致各数字图书馆系统在资源共享、互操作等方面遇到障碍，从而大大增加我国数字图书馆建设成本，降低资源的使用效率。

中国自 1995 年开始跟踪国际数字信息保存的研究，在数字图书馆建设中一直在技术和标准化两个方面进行努力，而标准规范的发展逐步解决了信息孤岛问题，所以数字信息的保存取决于标准规范的建设。

6.3.1 元数据标准建设

元数据是数字信息长期保存的主要保存内容，我国在元数据标准建设方面主要涉及三类标准。

(1) 基本元数据标准。

基本元数据标准项目是我国数字图书馆标准与规范建设项目的一个子项目。基本元数据是关于信息资源对象的基本描述信息，是根据信息资源的共同特点确定的元数据集合。基本元数据的目标是，分析在开放、分布和异构的环境中建设数字图书馆系统，可持续地提供统一的数字信息服务，为数字图书馆系统的资源建设、保存、服务和交流提供一个统一的、可供参考的、根据信息资源对象的共同特点确定的基本元数据集合。

在基本元数据的基础上，还制定了基本元数据扩展规范、基本元数据应用规范、基本元数据著录规则，以及基本元数据与其他元数据的映射规范。基本元数据扩展规范为基本元数据提供了一个元素修饰词和编码体系修饰词集合；

基本元数据应用规范对如何应用基本元数据的各方面提供了指导性的规范；基本元数据著录规则对利用基本元数据进行信息资源对象的著录细则做出了指导性规定；基本元数据与其他元数据的映射规范则定义了基本元数据与 MARC (Machine-Readable Cataloging，机读编目格式标准)、CCFC 以及其他领域（电子政务、教育学习等）元数据之间的映射规则。

（2）专门元数据规范。

专门元数据和基本元数据一样，也是我国数字图书馆标准与规范建设项目的一个子项目。专门元数据规范按照所专指描述的信息资源对象的不同，划分为 11 个规范，分别是古籍、舆图、拓片、家谱、地方志、学位论文、期刊论文、会议论文、音频资料、网络资源、电子图书规范。专门元数据分为三层结构：核心元数据、系列核心元数据和个别元数据。和基本元数据一样，各专门元数据除了制定元数据规范外，还制定了著录规则等相应规范。

（3）资源集合元数据规范。

资源集合元数据规范也是我国数字图书馆标准与规范建设项目的子项目。资源集合（collection）可以指任何物理的或数字化对象的聚合。例如：图书馆馆藏、博物馆藏品、数字化档案、Internet 目录和学科导航、网页索引、文本文件集合、数据库集合、CD-ROMs 和网络资源集合，它们都属于资源集合。资源集合元数据是关于资源集合本身的描述信息，是把资源集合当作一个整体来描述的，目的是将资源集合的描述信息有选择地呈现给外部，让用户或应用程序能发现、选择、比较、访问和使用资源集合。资源集合元数据规范定义了一系列关于资源集合的描述属性，并制定了相应的扩展规则、使用指南等规范。

在元数据标准研究方面，我国在数字图书馆建设中做过大量工作，主要开展了以下内容的研究。

（1）描述性元数据标准。

数字图书馆的主要特征之一就是重视元数据与对象数据。而早期发展的数字图书馆，非常重视描述性的元数据，比如：我国图书馆界的 CNMARC 能否作为数字图书馆的元数据？如果将其作为描述性元数据，那么还需要具备什么要素？对于非传统资料的描述，是否可以使用 DC 作为数字图书馆的元数据，现在发展到对于传统资料是否也可以使用 DC 作为数字图书馆元数据。

1999 年国家图书馆在 CNMARC 上进行了元数据扩展试验，确定了目次、篇名、URL 指针等在 CNMARC 中可以作为描述性元数据，通过 URL 指针与传统资料数字化后的对象相链接。同时，对于知识库的建立和多库多重标引利用 RDF 元数据标准进行了成功的试验。清华大学数字图书馆项目在使用 METS 为元数据方面取得成功。2002 年国家科技基础性工作专项资金重点项目《我国数字图书馆标准与规范建设》中，对于使用 DC 作为元数据进行了规范和定义。2004 年，广电总局《广播电视音像资料编目规范第 1 部分：电视资料》通过审查，并已作为行业标准发布，该标准是根据 DC 基本原理针对电视资料进行深度标引建立起来的。

（2）元数据交换标准。

由于元数据标准的不同，在元数据交换使用中，不同元数据标准也需要转换，所以元数据交换标准成为共建共享的重要因素之一。

使用 CNMARC 作为元数据，可以继续使用 ISO2709 作为交换标准。但是 ISO2709 是比较早的交换标准，在涉及多次转换和数量很大的目次、篇名、摘要等方面存在一定的问题。使用 XML 进行 MARC 的交换，这个交换格式将成为新的标准，目前国内有几个单位的系统已经能够实现 MARC 的 XML 交换。

CNMARC 和 DC 的基本元数据进行转换，然后通过 OAI 进行元数据捕获，成为一种新的转换和获得方式，并且 OAI 已经成为标准。在很多检索系统中，也已经实现检索元数据与 DC 的转换，再通过 OAI 进行捕获。

随着数字资源长期保存命题的出现，迁移、转换、仿真的需要，对于元数据的要求进一步提高。目前已经发展到需要管理性、技术性、保存性的元数据。在处理影像资料库时，需要对色彩、参照物、处理时的技术装备的参数等逐一标引，这些影像可以在出版印刷时，保证对原件最大的还原程度。

在早期的数字图书馆中，元数据基本是封闭的、不可交换的，逐步发展到现在则按照某个标准统一元数据和进行元数据的交换。

由“数字图书馆”软件构造的数字图书馆系统属于最早的数字图书馆系统，基本是按照人对计算机的理解设计的系统，所以元数据标准和交换都与后来的元数据标准和交换有很大的不同，后来改为“内容管理”软件以后，这个问题依然没有解决，只是在外部再做一层接口，使之可以接受交换来的数据，而不能把内部的元数据交换出去。

以中文检索为核心的数字图书馆，在建设初期，没有很好地解决元数据的标准和交换问题。2000 年以后，逐步增加了对于 CNMARC 元数据的支持、对于 DC 的支持、对于交换的支持、对于元数据捕获的支持。现在以中文检索为核心的数字图书馆系统已经基本上解决了描述性元数据的标准和转换问题。

以资源建设为核心的数字图书馆系统建设，多半是先建立资源，再根据资源建立元数据。现在这些元数据逐步调整到遵守元数据标准和元数据交换标准了，这也是中国资源建设和服务逐步标准化的体现。

以工程建设和系统集成为核心的数字图书馆建设，一般以用户需求为主要驱动力，标准化程度取决于用户对于标准化的认识和理解。比如CALIS建设，整体的标准化程度就很高，要求各供应商遵循标准，而不是由一个供应商垄断工程。中央电视台资料馆的系统，主要考虑内容标引采用的标准，对于交换还没有严格的规定，虽然借助了DC，但是行业的统一还需要元数据行业内部的交换和多元数据格式的转换工作。

军事科学研究数字图书馆，没有简单地沿用中图分类法和科图分类法，而是重新制定了分类标准，并在军队院校系统中推广应用。而很多单位的元数据标准中的分类和主题多是沿用中图分类法和科图分类法，遇到边缘学科和跨专业时显得比较勉强。

远程教育采用的课件标准、全国文化信息资源共享工程的标准等都是按照元数据标准规范在本行业内进行扩展的典型。

6.3.2 对象数据相关标准

对象数据很复杂，有原生与派生两大类，有发布服务与长期保存两大目的。所以，对于不同的类、针对不同的目的必须采用不同的标准。

6.3.2.1 对象数据加工标准

对于派生对象数据，需要根据一次加工、多次使用的原则制定相应的加工标准。在《我国数字图书馆标准和规范建设》中，有一组专门对于对象数据加工建议的规范和指南。对象数据比较多样性，所以在规范和指南中粗略地对发布服务和保存进行了规范。

(1) 图像型对象数据。传统文献利用扫描、数码拍照获得图像型文件，目前大部分数字图书馆系统资源建设都采用了这个方法。该方法的好处是遵循原文原样，是一次加工、多次利用的第一步。中国的四库全书采用的就是这个图像型的对象数据。由于计算机采用的文字编码和历史遗留下来的文字形态有较大的差异，所以图像型的对象数据有利于研究使用者对于知识性和记录性的对照，它包括保存型、发布型、压缩型等多个标准，这些标准不是数字图书馆重新制定的，而是对工业标准的沿用。

(2) 全文型对象数据。全文对象的实现方法有很多，其中一种是人工输入/校对，一种是OCR软件/校对。如果是由图像型对象数据转换成的全文型的对象数据，则准确率和格式是很重要的标准。如果全文的准确率不能达到原来文献的准确程度，那么其知识性就存在一定的问题。当然，准确率与成本是成正比的，还有就是版式对于反映文献的记录性是很重要的。四库全书的全文版就是利用OCR软件/校对的方法在图像化的基础上形成全文型的对象数据。学术期刊基本都是全文型的对象数据。非准确的全文不能成为对象数据，只能用来检索需要的中间结果。

（3）流媒体型对象数据。流媒体主要指音频和视频的对象数据，这类数据也包括原生与派生两大类。派生的流媒体型对象数据以模拟转换或者其他介质转换成数字对象居多。这部分也遵循这个行业的音频、视频的标准。保存型和发布型的差异较大。中央电视台资料馆在流媒体对象数据处理上具有一定的规范和标准。

（4）知识库型对象数据。知识库主要包括单点知识和体系知识两大部分。这个部分多是元和对象数据紧密耦合在一起。《不列颠简明大百科全书》就是基于SGML的单点知识型的数据结构。清华大学的建筑数字图书馆和数学数字图书馆就属于知识体系型的数据结构。

6.3.2.2　对象数据相关标准

（1）数字对象唯一标识符（Digital Object Unique Identifier，DOI）。根据数字对象唯一标识符进行标识码标准研究并进行部署使用，是数字对象调度的方式、方法之一。目前，军事科学研究数字图书馆已经规定了军队院校的DOI体系结构。

（2）XML数据封装。目前，对于对象数据结构使用XML进行结构化的封装，成为主要对象数据透明的方式、方法之一。

（3）开放链接（OpenURL）标准。早期的对象链接多采用内部链接技术和URL链接技术。在开放链接标准问世以后，CSDL、CALIS、NLC等都执行了这个标准。美国Google公司也执行这个标准，并与我国多家数字图书馆沟通。

（4）对象使用标准。中国数字图书馆早期的数字对象使用标准基本上是企业自己的相关标准，国际标准化程度不够。最近几年，数字对象的使用标准逐步向国际标准转化。现在的资源供应商基本都支持国际主流的PDF、MP3、MPEG、JPEG等标准来使用数字对象，减少了多种阅览器下载不兼容的问题。

6.3.3　其他重要的标准

很多早期只支持GB2312/GB18030标准的数字图书馆系统，改而支持

ISO10646国际标准。由于使用了ISO10646国际标准，多语言的实现归一到一个统一编码下，这样国际上使用中文信息便减少了大量的信息编码不兼容带来的乱码等问题。CALIS和NLC都率先支持ISO10646国际标准。这个标准可以支持71 000个汉字，基本解决了中文古籍用字的需求，也解决了中国少数民族地区用字的需求。

(1) 分类的标准。目前在数字图书馆中使用最多的是中图分类法、科图分类法、少儿分类法。对于更有效地在元数据中对数字资源进行归类和聚类，分类法起到了比较大的作用。在网络资源如何分类这一问题没有彻底解决以前，大部分数字图书馆会沿用中图分类法、科图分类法、少儿分类法。

(2) 信息联检联查标准。目前，数字图书馆把书目作为主要元数据的系统，联合编目仍然是主要的工作方式。在信息联检联查方面继续采用ISO23950/Z39.50协议，这个协议主要使用在图书馆界，是由图书馆间的纸介质协议和技术支撑共同保障的，其修正版功能将更为强大。

(3) 馆际互借标准。数字图书馆把传统图书馆的馆际互借作为一种延伸服务，在馆际互借方面遵守ISO10160/ISO10161协议。把元数据与物理馆藏互借结合也是数字图书馆业务与传统图书馆业务的紧密耦合。CALIS和NLC都采用这个标准的馆际互借协议，该协议也是由图书馆间的纸介质协议和技术支撑共同保障的。

(4) 开放档案信息系统标准。ISO14721/OAIS标准已经在很多国家的图书馆、档案馆中采用。由于这个标准仅为概念模型，所以中国的有关研究机构正在进行相关探讨。清华大学的建筑数字图书馆系统，尝试采用开放档案信息系统概念模型的标准，北京大学数字图书馆研究所也做了很多相应的工作。这个是长期保存、物理资源与数字资源统一管理的重要模型。原来的内容管理系统都没有统一的标准，自OAIS成为标准以后，内容管理就有了标准，应该逐步执行。该标准涉及的提交信息包由于会产生重要的包交换，所以提交信息包的国际标准正在申请过程中，档案信息包也可能会产生交换，所以这个部分的国际标准也在制定中。国家数字图书馆工程将采用这个标准构造数字资源保存与管理的核心。

在国际数字信息保存领域，标准规范建设一直作为重要基础而得到重视，对标准规范的研发也已经取得了很多成果。DC在数字图书馆元数据领域得到应用；“开放档案信息系统”已成为ISO标准（ISO14721），并于2002年正式发布；元数据编码和传输标准已在NISO进行了登记，并已成为数字图书馆领域的事实标准；美国国会图书馆在基于保存的元数据研究方面也已取得了一些成果。

我国数字图书馆研究与实践领域对标准规范建设也十分重视，除对国外相关标准规范进行跟踪研究外，还注重对中文信息处理相关标准规范的研究。2002 年，科技部调拨专款启动“我国数字图书馆标准与规范建设”项目，其成果对全国数字图书馆建设具有重要的指导作用。

可以预见的是，数字图书馆有关标准规范建设将会继续得到关注与发展，数字资源永久保存、中文信息处理等有关标准规范将成为研究的主要方向之一。

第七章

数字信息的容灾与抢救

- 数字信息灾难的种类
- 数字信息的容灾备份
- 数字信息的灾难恢复
- 数字信息灾备系统工程

20世纪80年代，国外灾备起步，1983年美国联邦货币监管中心要求金融机构起草了有关数据灾难备份及恢复的指导性文件，主要强调数据库的备份和恢复，通过运送备份磁带到专门的存储地实现安全存储。进入90年代，随着计算机的迅速发展和普及，过去集中式的计算机使用模式变成了如今分布式的网络架构使用。90年代中后期，出现了业务连续性的概念，并开始逐渐取代单纯的灾难恢复。与灾难恢复相比，业务连续性不只局限于传统的IT系统，而且涵盖了人为操作失误、网络故障、流程中断等。2000年后，因为突发性灾难事件增多，国际上的一些企业开始特别重视业务连续性规划和管理，这推动了灾备理论和体系不断向前发展。

我国的灾备工作开始于2000年后。2004年，国务院信息化办公室发布了

《关于做好国家重要信息系统灾难备份的通知》，要求国家重要信息系统在面临自然灾害、网络攻击、战争、破坏、故障等灾难因素时，要做好灾备需求分析，提升系统容灾能力，落实责任制。2005年4月，国务院信息化工作办公室下发了《重要信息系统灾难恢复指南》，为灾难恢复工作提供了一个操作性较强的规范性文件。2007年11月《信息系统灾难恢复规范》正式成为国家标准。2008年的四川特大地震和南方的冰雪灾害，加快了容灾系统建设的步伐。我国在灾备法律保障、指挥协调机制、信息发布和收集技术平台、社会力量动员等方面有了长足的进步，初步形成了有效的监督、保障和执行体系；除专项灾难恢复法律、法规之外，各行业还有很多与灾备相关的法律、规定，比如政府行业有安全涉密法、保密法、机房网络安全管理制度。但也存在很多不足，比如管理架构有待整合，缺乏统一协调机制，信息资源需进一步共享等。

7.1 概述

7.1.1 数字信息灾难的种类

数字信息灾难的种类主要有人为事故、蓄意破坏、设备失效和自然灾害等。

7.1.1.1 人为事故

任何单位都可能会受到很多潜在灾难的威胁。潜在的事故包括文件和记录级别的数据删除、数据损坏或者数据泄露。这些损失很隐蔽，与其他威胁相比更加难以发现，并且在相当长的时间内不会引起注意，给灾难恢复增加了很大的难度。比如有些数据，一不小心将其删除的话，如果马上请求恢复，也许能够得到妥善处理；如果这些数据长时间没有被报告，那么将给灾难恢复工作带来很大的麻烦。

7.1.1.2 蓄意破坏

由于网络漏洞的存在，黑客可通过网络非法入侵计算机系统，造成系统和数据的破坏和泄露。它包含下列内容：利用网络攻击计算机系统，通过各种渠道获取秘密信息；通过电子邮件等泄露国家秘密情报；通过增加、删除、修改等方式破坏歪曲信息内容；制造、传播计算机病毒等让系统陷入瘫痪等。

7.1.1.3 设备失效

比如说电力设备，如果电力设备突然失效，那么业务控制和数据处理等诸多方面都会受到影响。此外还有数字信息存储载体的耐久性。一般而言，磁带、磁盘的使用寿命不超过 10 年，光盘使用寿命也不过 30 年，与能保存千年以上的纸质载体相比其寿命相差甚远，而且它们还要受温度、磁场、记录存储格式、硬件配置等多方面的影响。

7.1.1.4 自然灾害

自然灾害有地震、暴雨、飓风、海啸、火山爆发等，其破坏性很大且难以避免，当然这种灾难属于小概率事件。

7.1.2 数字信息的存储方式

数字信息的存储方式主要有磁盘存储、磁带存储和光盘存储三种方式。

7.1.2.1 磁盘存储方式

(1) 不同操作系统下的文件存储方式不同。Windows 操作系统环境下的文件存储格式主要有 FAT 和 NTFS；Linux 操作系统环境下的文件存储格式主要有 EXT2 和 EXT3；Mac 操作系统环境下的文件存储格式主要有 HFS。

(2) 服务器的数据存储方式主要有 RAID0～RAID7 等。

(3) 网络中的存储方式主要有 DAS、NAS 和 SAN 等。

DAS 是 Direct Attached Storage 的缩写，指"直接附加存储"，即将外置存储设备通过连接电缆直接连接到一台服务器上。采用 DAS 存储方案的服务器结构与 PC 机架构相同，外部数据存储设备采用 SCSI 或 FC 技术直接挂接在内部总线上，数据存储是整个服务器的一部分。在这种情况下，数据和操作系统都未分离。它的优点是：能够解决单台服务器的存储空间扩展、高性能传输，还可以构成基于磁盘阵列的双机高可用系统，满足数据存储对高可用性的要求。其缺点是：数据备份和恢复要占用服务器的主要资源，因此，许多单位的日常数据备份常常在深夜或系统不繁忙时进行，以免影响正常系统的运行。

NAS 是 Network Attached Storage 的缩写，指"网络附加存储"。NAS 作为一个网络附加存储设备，采用了信息技术中流行的嵌入技术，使 NAS 具有无人值守、高度智能、性能稳定和功能专一的特点。它的优点是：设备内置的优化独立存储操作系统，可以有效地释放系统总线资源，全力支持 I/O 存储。它主要用来实现不同操作系统平台下的文件共享应用。与传统的服务器或 DAS 存储设备相比，NAS 设备的安装、调试、使用和管理非常简单，采用 NAS 可以节省一定的设备管理维护费用。

SAN 是 Storage Area Network 的缩写，指"存储区域网络"。它采用的是FC技术，支持多种高级协议。它的最大特性是将网络和设备的通信协议与传输物理介质隔离，这样多种协议可以在同一个物理连接上同时传送，高性能存储体和宽带网络使用单I/O接口，使系统的成本和复杂程度大大降低。

SAN和NAS最大的区别就在于：NAS有文件系统和管理系统，而SAN却没有这样的系统功能，其功能仅仅停留在文件管理的下一层，即数据管理。SAN和NAS并不是相互冲突的，而是可以共存于一个系统网络中，但NAS通过一个公共的接口实现空间的管理和资源共享，SAN仅仅是为服务存储数据提供一个专门的快速后方通道。

7.1.2.2 *磁带存储方式*

目前磁带存储主要有两种：LTO（Linear Tape-Open，开放线磁带）、DLT（Digital Linear Tape，数码线磁带）。

（1）LTO。它是开放磁带系统，能够保证更多数量的并行信道。第一代的LTO技术可同时支持8条信道，而以后的版本将提供16条信道，它利用了最为先进的伺服以及磁头技术，将磁轨通过伺服监视器进行编排，并对磁带上的磁头进行控制，从而确保精确度并避免发生覆盖现象。另外，LTO还可提供超过当前任何线磁带技术能达到的实密度（100兆/平方英寸）高能录制。这一高线密度通过增强的逻辑格式予以支持，它包括对用户数据的多条数据轨道进行紧密跟踪录制，而这些用户数据又通过多轨道运行的纠错编码来加以保护，这一保护措施还可应付偶发错误率突然上升的情况。

（2）DLT。它采用线记录技术，利用直线盘形的记录原理。其特点是大容量、高速度。DLT的发展是要解决较早的QIC（1/4英寸盒带）问题。DLT也用来替换旧式的4毫米宽和新的8毫米宽磁带格式。DLT把4毫米宽或者8毫米宽磁带的速率提升了3～4倍，存储容量方面也增加了4倍。它主要应用于中、高端数据库存储和磁带库中。

7.1.2.3 *光盘存储方式*

目前光盘存储主要有CD-R、DVD-R和BD等，用于对数字信息进行存储。这三种类型的光盘既可以用于单张的数据存储，也可以组成光盘组进行信息存储。

7.1.3 我国《信息系统灾难恢复规范》的主要内容

《信息系统灾难恢复规范》规定了信息系统灾难恢复应遵循的基本原则，适用于信息系统灾难恢复的规划、审批、实施和管理。它是各行业实现信息系统灾难恢复的具体指导性文件，主要内容如下：

(1) 灾难恢复行业相应的术语和定义；

(2) 灾难恢复概述，包括灾难恢复的工作范围、灾难恢复的组织机构、灾难恢复的规划管理、灾难恢复的外部协作、灾难恢复的审计和备案；

(3) 灾难恢复需求的确定，包括风险分析、业务影响分析、确定灾难恢复目标；

(4) 灾难恢复策略的制定，包括灾难恢复策略制定的要素、灾难恢复资源的获取方式、灾难恢复资源的要求；

(5) 灾难恢复策略的实现，包括灾难备份系统计数方案的实现、灾难备份中心的选择和建设、专业技术支持能力的实现、运行维护管理能力的实现、灾难恢复预案的实现等内容。

同时，附录 A 对灾难恢复能力等级评定原则、灾难备份中心的等级等也作了规范要求，在附录 A 中对灾难恢复能力作了等级划分，共 6 级。

第 1 级，基本支持；

第 2 级，备用场地支持；

第 3 级，电子传输和部分设备支持；

第 4 级，电子传输及完整设备支持；

第 5 级，实时数据传输及完整设备支持；

第 6 级，数据零丢失和远程集群支持。

附录 B 对灾难恢复预案框架、附录 C 对相应行业 RTO/RPO 与灾难恢复能力等级的关系比例作了规范要求。

7.2 数字信息的容灾备份

数字信息保护有两层含义：一是逻辑上的保护，比如防止病毒破坏、黑客入侵等；二是物理上的保护，比如人为的错误或不可抗拒的自然灾难。前者需要系统的安全防护，后者需要数据存储备份、容灾和数据恢复等保护。

7.2.1 数字信息容灾技术

数字信息容灾技术主要有快照技术、主机型远程容灾、存储系统型异地容灾、虚拟化容灾技术和 CDP 容灾技术等。

7.2.1.1 快照技术

快照是通过软件对要备份的磁盘子系统的数据快速扫描，建立一个要备份数据的快照逻辑单元号 LUN 和快照 cache，在快速扫描时，把备份过程中即将要修改的数据块同时快速拷贝到快照 cache 中。快照 LUN 是一组指针，它指向快照 cache 和磁盘子系统中不变的数据块（在备份过程中）。在正常业务进行的同时，利用快照 LUN 实现对原数据的一个完全的备份。它可使用户在正常业务不受影响的情况下，实时提取当前在线业务数据。其“备份窗口”接近于零，可大大增加系统业务的连续性，为实现系统真正的 7×24 运转提供了保证。

远程镜像技术往往同快照技术结合起来实现远程备份，即通过镜像把数据备份到远程存储系统中，再用快照技术把远程存储系统中的信息备份到远程的磁带库、光盘库中。

7.2.1.2 主机型远程容灾

简单地说，就是通过安装在服务器的数据复制软件，或是应用程序提供的数据复制、灾难恢复工具（如数据库的相关工具），利用 TCP/IP 网络连接远端的灾备服务器，实现异地数据复制。主机型远程容灾的优点是在服务器较少的环境下，所需的成本较低，用户不需更换太多现有的系统架构，也不用担心后端存储系统的兼容性问题，只需支付软件的授权费和灾备端的硬件设备费用即可。但如果是在服务器数量较多的环境下使用，管理上的复杂程度就会增加，整体的投入也会增加。它的缺点是软件安装在应用程序主机上，运行时会消耗主机的运行资源，如果硬件的等级不高，就可能给应用程序带来影响。

7.2.1.3 存储系统型异地容灾

存储系统型异地容灾是基于存储系统（光纤磁盘阵列、NAS）的模式。通过存储系统内建的固件（firmware）或操作系统，利用 IP 网络或 DWDM、光纤通道等传输界面连接，将数据以同步或异步的方式复制到远端。与主机型远程容灾相比，存储系统型远程容灾的优点是，将数据与运行分开，对主机系统的运行资源影响较小。另外，运行机制大多是利用镜像来复制数据，并借助高速缓冲存储器加速 I/O 存取，两端的数据差异时间点比较小，加上存储系统本身具备一定的容错能力，所以具有一定的运行性能和可靠性。其缺点是构造成本较高，在数据库的一致性容灾方面存在很大的缺陷，在多点到一点的容灾架构上存在不适用性。

7.2.1.4 虚拟化容灾方式

虚拟化容灾是一种网络存储型远程容灾架构，是在前端应用服务器与后端存储系统之间的存储区域网络（SAN）加入一层存储网关，前端连接服务器主机，后端连接存储设备。它的角色就好像是存储网络中的交通警察，所有的I/O都交由它来控制管理。现在出现了旁路（side-band）的控制方式，对于I/O流量进行旁路监控和分流，实现异地数据复制。虚拟化容灾的优点是功能强大。除了不占用主机运行资源以及不具备存储平台局限性之外，成本较低是虚拟化容灾的最大优势。首先，构造时不需更换原有的IT基础架构，只需在原本的存储区域网络中加入存储网关，本地端的主机和存储设备可以是任何品牌，灾备端的主机和存储设备也不需和本地端相同，用户甚至可以在灾备端采用等级较低的存储系统（如SATA磁盘阵列），虚拟化容灾无疑是最佳的选择。

7.2.1.5　CDP容灾技术

CDP（Continuous Data Protection，持续数据保护）容灾技术是虚拟化容灾方式所衍生出来的一种实时系统备份技术，是一种容灾和备份的合成技术，其价值在于能在故障瞬间完成任何时间点的故障恢复，达到快速、连续的作用。它从根本上克服了传统备份中低恢复能力和非精细时间策略的先天弱点。它与目前基于存储复制的容灾数据复制技术不同的是，除了能对灾难导致的数据物理破坏提供修复外，还能对逻辑错误导致的数据破坏提供修复。

7.2.2　数字信息容灾备份方式

目前比较实用的数据备份方式可分为本地备份异地保存、远程磁带库与光盘库备份、远程关键数据备份加定期备份、远程数据库复制、网络数据镜像、远程镜像磁盘备份等六种。

(1) 本地备份异地保存，是指按一定的时间间隔（如一天）将系统某一时刻的数据备份到磁带、磁盘、光盘等介质上，然后及时地传递到远离运行中心的、安全的地方保存起来。

(2) 远程磁带库、光盘库备份，是指通过网络将数据传送到远离生产中心的磁带库或光盘库系统保存。本方式要求在生产系统与磁带库或光盘库系统之间建立通信线路。

(3) 远程关键数据备份加定期备份，本方式定期备份全部数据，同时生产系统实时向备份系统传送数据库日志或应用系统交易流水账等关键数据。

(4) 远程数据库复制。在与生产系统相分离的备份系统上建立生产系统中重要数据库的一个镜像拷贝，通过通信线路将生产系统的数据库日志传送到备份系统，使备份系统的数据库与生产系统的数据库数据变化保持同步。

(5) 网络数据镜像，是指对生产系统的数据库数据和重要的数据与目标文件进行监控与跟踪，并将对这些数据及目标文件的操作日志通过网络实时传送到备份系统，备份系统则根据操作日志对磁盘中数据进行更新，以保证生产系统与备份系统数据同步。

（6）远程镜像磁盘备份，利用高速光纤通信线路和特殊的磁盘控制技术将镜像磁盘安放到远离生产系统的地方，镜像磁盘的数据与主磁盘数据以实时同步或实时异步方式保持一致。磁盘镜像可备份所有类型的数据。

7.2.3 数字信息备份类型

数字信息备份的类型有以下几种：完全备份、增量备份、差异备份和三者的不同组合形式。

7.2.3.1 完全备份

完全备份，每个档案都会被写进备份档，如果备份之间的数据没有任何更动，那么所有备份数据都是一样的。备份全部选中的文件及文件夹，并不依赖文件的存盘属性来确定备份哪些文件（在备份过程中，任何现有的标记都被清除，每个文件都被标记为已备份，换言之，即清除存盘属性）。

7.2.3.2 增量备份

跟完全备份不同，增量备份会先看看档案的最后修改时间是否比上次备份的时间来得晚，如果不是的话，那表示自上次备份后，档案没有被更动过，所以这次不需要备份。换句话说，如果修改日期比上次更动的日期来得晚，那么档案就被更动过，需要备份。使用增量备份最大的好处在于，它的速度比完全备份快很多。但缺点是，如果要复原一个档案，则必须把所有增量备份的磁带都找一遍，直到找到为止。如果要复原整个档案系统，那就得先复原最近一次的完整备份，然后复原一个又一个的增量备份。

7.2.3.3 差异备份

差异备份跟增量备份一样，都只备份更动过的数据。但前者的备份是累积量，一个档案只要自上次完整备份后曾被更新过，那么接下来每次做差异备份时，这个档案都会被备份（当然，直到下一次完整备份为止）。这表示差异备份中的档案，都是自上次完全备份之后曾被改变过的档案。如果要复原整个系统，那么只要先复原完全备份，再复原最后一次的差异备份即可。增量备份是针对上一次备份（无论是哪种备份），备份上一次备份后所有发生变化的文件（增量备份过程中，只备份有标记的选中的文件和文件夹，它清除标记，即备份后标记文件，换言之，清除存盘属性）。与增量备份所使用的策略一样，平时只要定期做一次完全备份，再做差异备份即可。所以，差异备份的大小，会随着时间的推移而不断增加（假设在完全备份时，每天修改的档案都不一样)。

7.2.3.4 不同备份类型组合

(1) 完全备份和差异备份。在星期一进行完全备份,在星期二至星期五进行差异备份。如果在星期五数据被破坏了,则只需要还原星期一的完全备份和星期四的差异备份。这种策略备份数据需要较多的时间,但还原数据使用较少的时间。

(2) 完全备份和增量备份。在星期一进行完全备份,在星期二至星期五进行增量备份。如果在星期五数据被破坏了,则只需要还原星期一的完全备份和从星期二至星期五的所有增量备份。这种策略备份数据需要较多的时间,但还原数据使用较少的时间。

7.2.4 数字信息的备份设备

数字信息备份设备主要有磁盘阵列、文件服务器、光盘塔、磁带机和NAS(网络附加存储)等。

7.2.4.1 磁盘阵列

磁盘阵列是将多个类型、容量、接口甚至品牌一致的专用磁盘或普通磁盘连成一个阵列,使其能以某种快速、准确和安全的方式来读写磁盘数据。采用数据备份和磁轨备份两种技术的磁盘阵列都有。其优点是具有很高的可靠性、安全性、稳定性,缺点是价格太高,后期维护管理需聘请专业人员操作。

7.2.4.2 文件服务器

文件服务器是专门负责文件管理,包括上传下载共享备份等工作的服务器。文件服务器采用直接数据备份的方式,将数据文件直接存储备份在其硬盘上面。其优点是操作简单、使用方便,缺点是会产生误操作、病毒侵害、网络攻击等诸多安全问题。

7.2.4.3 光盘塔

光盘塔由几台或十几台光盘驱动器并联构成,通过软件控制某台光驱的读写操作,使之按照人们的要求自动读取信息。它的优点是可以按需求保存数据,且保存的数据具有可移动性。其缺点是光盘容量非常有限、购买光盘的花费大、刻录机寿命不长、由人工操作,而且光盘易丢失损坏。

7.2.4.4 磁带机

磁带机一般指单驱动器产品,通常由磁带驱动器和磁带构成,它是一种经济、可靠、容量大的专用数据备份设备。它的优点是单位存储价格低、具有良好的异构平台的兼容性、对病毒有较强的免疫能力。但是在中低端的磁带机中存在以下缺点：磁带会发霉，因此需要防潮；容易脱磁，所以不能接近磁性物品；放久了有可能黏带，存取数据时还可能卡带，也可能因为外力造成磁带断裂；其速度相对于硬盘而言慢了许多，数据恢复不稳定、复杂等。

当前市场上的磁带机，按其记录方式来分，可分为两大类：一类是数据流磁带机，另一类是螺旋扫描磁带机。

（1）数据流磁带机。数据流技术起源于模拟音频记录技术，类似于录音机磁带的原理，它通过单个或多个静态的磁头与高速运动的磁带接触来记录数据。这种技术的缺点在于对磁带的张力要求很高，耐用性较差。数据流磁带机按磁带的宽度分为 QIC（Quarter-Inch Cartridge），即 1/4 英寸和 1/2 英寸两种。1/2 英寸磁带机是多磁头读写，其数据传输率较高，容量较大。1/4 英寸磁带机是单磁头读写，每记录一轨后，都要通过跳轨来做反向记录，记录和检索速度都比较慢。DLT 磁带机采用的就是数据流读写技术。

（2）螺旋扫描磁带机。螺旋扫描技术起源于模拟视频记录技术，类似于录像机磁带原理，它和数据流技术正相反，磁带是绕在磁鼓上，磁带非常缓慢地移动，磁鼓则高速转动，在磁鼓两侧的磁头也高速扫描磁带进行记录。若它在一定时间内没有收到移动磁带的命令，就会放松磁带并停止转动磁鼓，以防止不必要的介质磨损和避免介质长期处于张力状态。所以，这种技术相对于数据流技术而言具有可靠性高、速度快、容量大的特点。DAT 磁带机采用的就是螺旋扫描读写技术。

7.2.4.5 NAS（网络附加存储）

它将硬盘连起组成阵列，就是一个小型磁盘阵列柜，通过网线与计算机或服务器连接并进行数据传输，用浏览器即可管理操作，简单易用，同时又具有磁盘阵列柜可靠、安全的性能。中高端的 NAS 都会采用磁轨备份方式以保证数据的高度准确，而且还可以支持差异备份。它的优点是集中管理和备份，有效确保数据的内外部安全；即时文件/数据保护，通过简单的设置，可轻松实现定时、定盘数据备份，通过 NAS 进行数据异地存储/备份，有效提高数据的容灾能力，从而使数据能够得到更有效的保护。

7.3 数字信息的灾难恢复

7.3.1 数字信息容灾方案

真正的容灾必须满足三个要素：首先，系统中的部件、数据都具有冗余性，即一个系统发生故障，另一个系统能够保持数据传送的顺畅；其次，具有长距离性，因为灾害总是在一定范围内发生，因而充分长的距离才能够保证数据不会被一个灾害全部破坏；第三，容灾系统要追求全方位的数据复制，也称为容灾的“3R”（Redundance，Remote，Replication）。

国际标准 SHARE78 对容灾系统的定义有以下几个层次：从最简单的仅在本地进行磁带备份，到将备份的磁带存储在异地，再到建立应用系统实时切换的异地备份系统，恢复时间也可以从几天到小时级到分钟级、秒级或零数据丢失等。目前针对这几个层次，都有相应的容灾方案，为灾难恢复方案的几个层次提供了一个简单方法论。

（1）0 层：无异地备份数据（No Off-Site Data）。使用 0 层灾难恢复解决方案，可称为没有灾难恢复计划，主要表现为：数据仅在本地进行备份恢复，没有任何数据信息和资料被送往异地，没有处理意外事故的计划。在这种情况下，恢复时间不可预测，事实上也不可能恢复。例如，目前，我们在机房内所做的数据备份，其备份介质通常保留在机房内，用于本地的数据恢复。当灾难发生时，数据备份和设备有可能一同被毁，无法进行恢复。

（2）1 层：有数据备份，无备用系统（Data Backup with No Hot Site）。使用 1 层灾难恢复解决方案，通常将需要的数据备份到磁带上，然后将这些介质运送到其他较为安全的地方。但在那里缺乏能恢复数据的系统，若数据备份的频率很高，则在恢复时丢失的数据就会少些。此类业务应能忍受几天乃至几星期的数据丢失。例如，PTAM（Pickup Truck Access Method）是许多数据中心所采用的一种标准备份方式。在完成所需的数据备份后，用适当的运输工具将它们送到远离本地的地方，同时备有数据恢复的程序。灾难发生后，一整套系统安装需要在一台未开启的计算机上重新完成，系统和数据可以被恢复并重新与网络相连。这种灾难恢复方案相对来说成本较低（仅仅需要运输工具和存储设备的消耗），但需要的恢复时间长，且数据不够新。

（3）2 层：有数据备份，有备用系统（Data Backup with Hot Site）。使用 2 层容灾解决方案，会定期将数据备份到磁带上，并将其运到安全的地点。在备份中心有备用的系统，当灾难发生时，可以使用这些数据备份磁带来恢复系统。这种方式虽然需要数小时或几天的时间来恢复数据，但不可预测的恢复时间减少了。2 层相当于在 1 层上增加了备份中心的灾难恢复。备份中心拥有足够的硬件和网络设备来维持关键应用的安装需求，这样的应用是十分关键的，它必须在灾难发生的同时，在异地有正运行着的硬件提供支持。这种灾难恢复的方式依赖于 PTAM 方法去将日常数据放入仓库，当灾难发生的时候，再将数据恢复到备份中心的系统上。虽然备份中心的系统增加了成本，但明显降低了灾难恢复时间，系统可在几天内得以恢复。

（4）3层：电子链接（Electronic Vaulting）。使用3层容灾解决方案，是在2层解决方案的基础上，又使用了对关键数据的电子链接技术。电子链接将磁带备份后更改的数据进行记录，并传到备用中心，使用这种方法会比使用传统的磁带备份更快地得到更新的数据。所以，当灾难发生后，只有少量的数据需要重新恢复，恢复时间会缩短。由于备用中心要保持持续运行，所以与生产中心间的通信线路要保证畅通，这无疑增加了运营成本，但消除了对运输工具的依赖，提高了灾难恢复速度。例如，某企业在每天下班后，将当日的流水全部记录下来，通过网络传到备份中心，备份中心在备用系统上将所有业务重做，保证与生产中心的一致性。这一领域的产品可以分四层，即存储设备层、操作系统及系统软件层、数据库层和应用程序层。

（5）4层：使用快照技术拷贝数据（Point-in-Time Copies）。使用4层灾难恢复方案，对数据的实时性和快速恢复性要求更高些。1～3层的方案中较常使用磁带备份和传输，在4层方案中开始使用基于磁盘的解决方案。此时仍然会出现几个小时的数据丢失，但同基于磁带的解决方案相比，此方案通过加快备份频率，使用最近时间点的快照拷贝恢复数据会更快，系统可在一天内恢复。4层灾难恢复可有两个中心同时处于活动状态并管理彼此的备份数据，允许备份行动在任何一个方向发生。接收方硬件必须保证与另一方平台在地理上分离，在这种情况下，工作负载可能在两个中心之间分享，中心1成为中心2的备份，反之亦然。在两个中心之间，彼此的在线关键数据的拷贝不停地相互传送着。灾难发生时，需要的关键数据通过网络可迅速恢复，通过网络的切换，关键应用的恢复也可降低到小时级。

（6）5层：交易的完整性（Transaction Integrity）。使用5层灾难恢复方案，要求保证生产中心和数据备份中心的数据的一致性。在此方案中只允许少量甚至是无数据丢失，但是该功能的实现完全依赖于所运行的应用。5层除了使用4层的技术外，还要维护数据的状态，要保证在本地和远端数据库中都更新数据。只有当两地的数据都更新完成，才认为此次交易成功。生产中心和备用中心是由高速的宽带连接的，关键数据和应用同时运行在两个地点。当灾难发生时，只有正在进行的交易数据会丢失。由于恢复数据的减少，恢复时间也大大缩短。

（7）6层：少量或无数据丢失（Zero or Little Data Loss）。6层灾难恢复方案可以保证最高一级数据的实时性，适用于那些几乎不允许数据丢失并要求能快速将数据恢复到应用中的情况。这种解决方案提供数据的一致性，不依赖于应用而是靠大量的硬件技术和操作系统软件来实现。这一级别的要求很高，一般需要整个系统应用程序层到硬件层均采取相应措施。

(8) 7层：解决方案与具体业务相结合，实现自主管理（Highly Automated, Bussiness Integrated Solution）。7层灾难恢复方案在第6层的基础上，集成了自主管理的功能。在保证数据一致性的同时，又增加了应用的自动恢复功能，使系统和应用恢复的速度更快、更可靠（按照灾难恢复流程，手工操作也可实现整个恢复过程）。7层可以实现零数据丢失率，同时保证数据立即自动地被传输到恢复中心。7层被认为是灾难恢复的最高级别，在本地和远程的所有数据被更新的同时，利用了双重在线存储和完全的网络切换能力。7层是灾难恢复中最昂贵的方式，但也是速度最快的恢复方式。当一个工作中心发生灾难时，7层能够提供一定程度的跨站点动态负载平衡和自动系统故障切换功能。现在已经证明，为实现有效的灾难恢复，无须人工介入的自动站点故障切换功能成为一个应该纳入考虑范围的重要事项。

7.3.2 数据恢复的类型

数据恢复是把遭受破坏或误操作导致丢失的数据恢复出来。数据恢复不仅对文件进行恢复，还可以恢复物理操作的磁盘数据，也可以恢复不同操作系统的数据。但是在一些特殊情况下则完全不能恢复，例如，数据被覆盖、被低级格式化、磁盘盘片严重损伤等。

数据恢复的类型主要有硬件恢复、软件恢复、服务器和数据库恢复等。

(1) 硬件恢复：主要是对硬件的固件损坏进行修复，如硬盘的电路、磁头、盘片等出现故障时进行的恢复。主要可以采用PC3000和相关的修复技术进行恢复。

(2) 软件恢复：对由病毒的破坏和人为因素造成的对各种操作系统的损坏、文件误删除、误格式化、误分区、文件丢失等文件破坏进行恢复。主要采用相应的软件进行数据的恢复，如Winhex、FinalData、R-Studio等数据恢复软件。

(3) 服务器和数据库恢复：主要采用专门的软件对服务器和数据库进行恢复。如服务器RAID1、RAID10、RAID5和数据库Oracle等。

服务器存储系统非常重要，硬盘作为服务器数据存储的主要设备，同时也是一种技术含量高、制造精密的设备，服务器硬盘的发展目前已达到每分钟10 000转或15 000转，普通的SATA硬盘也非常接近这个转速，在运行当中，一点细小的故障都有可能造成硬盘物理损坏，所以一般服务器都采用RAID磁盘阵列存储，以加强服务器硬盘的容错功能。

应时刻注意服务器硬盘的运行状况，对服务器硬盘指示灯多观察。一般来讲，服务器外观每一块硬盘都有指示灯，正常情况下一般会是绿色，指示灯出现特殊情况时，就需要采取相关措施，仔细检查硬盘设备是否正常。一旦硬盘受损或数据丢失，请不要惊慌，一定要保持头脑冷静。当然，如果确认服务器数据硬盘存在故障，需要进行开盘处理，此时就应该选择专业的数据恢复公司来进行数据恢复。

7.3.3 数据恢复流程

数据恢复可以分为三级流程：一级流程是软性数据恢复，采用的方式是使用专用数据恢复软件和人工方式进行恢复；二级流程是硬件外体的恢复，恢复方式是检修外电路；三级流程是硬件内体的恢复，修复方式是在超净实验室内打开盘腔进行修复。

7.4 数字信息容灾系统工程

容灾是一项系统工程，在建立容灾系统之前，首先要进行全面的系统分析，其中包括业务系统风险分析、容灾系统对业务系统的影响分析和投资效益分析。风险分析是分析检查那些可能造成数据损失或者系统瘫痪的外在和内在因素。既然是容灾，则必须充分考虑业务系统所在地的自然环境，针对可能发生的灾难，准备相应的容灾对策。容灾系统肯定对业务系统的性能有一定影响，因此，对于那些高负荷运行的业务系统必须认真进行负荷计算。建立容灾系统，除了需要购买必要的设备外，还要考虑系统维护管理和通信线路的使用。

设计容灾系统，必须提出设计指标。既然建立容灾系统是为了数据或者业务的快速恢复，那么容灾系统的设计指标就与业务系统的数据恢复能力密切相关。RPO（Recovery Point Objectives，恢复点目标），是指若想恢复至可以支持业务运作，系统及数据应恢复到怎样的更新程度。RPO代表灾难发生时已经备份的数据与生产中心数据的时间差。RTO（Recovery Time Objectives，恢复时间目标），是指灾难发生后，从IT系统停机导致业务停顿开始，到IT系统恢复支持业务运营之时，所需要的时间。RTO表示业务从中断到恢复正常所用的时间。此外，设计容灾系统还需要考虑选择容灾备份中心地点。数据库容灾要保证备份数据库的一致性，最好能够对备份数据库进行对生产系统无干扰的实时检验。通常情况下，容灾系统投资较大、使用概率较低，因此，需要对总体投入成本（TCO）和投资回报率（ROI）进行认真的分析和计算。

7.4.1 数字信息容灾计划

决策者在实施容灾系统工程时，必须制订详细的容灾计划。制订容灾计划，可以帮助用户根据自己的业务模式来确定容灾系统的设计要求，根据系统分析决定容灾系统设计参数，根据业务系统的区域网络环境选择合适的容灾技术。容灾计划还应该包括规划灾难发生后的应急程序，建立启动容灾系统的管理机构和各方面的行动小组，并提前考虑一些非技术的因素。

容灾工程的系统分析包括业务系统的风险分析、容灾系统对业务系统的影响分析和容灾系统的投入产出分析等。

（1）业务系统的风险分析。建立容灾工程的最终目的是保证在灾难对业务数据造成破坏后业务数据的可恢复性，所以，首先要分析本地区影响业务数据安全性的灾难有哪些种类，其次是依据灾难的类型来确定数据恢复的方案。

（2）容灾系统对业务系统的影响分析。数据复制操作的发起来自业务系统，不论来自系统的计算层、网络层，还是存储层，肯定会影响到业务系统的性能，对于那些要求高性能的业务系统或者已经是高负荷运行的业务系统，必须分析建立容灾系统对业务系统性能的影响。不同容灾技术对业务系统的影响不同，比如，一个采用同步数据复制技术的容灾解决方案，如果容灾备份中心与业务中心距离超过 100 公里，需要考虑数据传输的时延对业务系统 I/O 性能造成的影响，距离越远，业务系统 I/O 性能下降的速度越快。

容灾系统备份系统运行平稳后，需要对备份数据（数据库）的可用性进行检查，一些容灾解决方案采用的是主/备工作方式，正常情况下，备份中心的数据是不能够打开使用的，只有在业务系统工作中断，或者切断容灾进程的情况下，才能够对备份数据（数据库）的可用性进行检查，这样做，势必对业务系统的正常运行产生影响。

容灾系统包括传输数据的网络，由于网络传输拥堵或者中断等原因，数据复制同样会造成业务系统性能的下降甚至业务运行的中断，当等待传输的数据溢出数据复制发起端的缓冲区时，有可能造成数据的丢失或者数据传输次序的混乱，破坏备份数据库的一致性，使数据库不可恢复。

（3）容灾系统的投入和产出分析（CBA）。TCO 和 ROI 是衡量容灾系统投入和回报的主要指标，CBA 强调的是投资产出的分析，从业务系统发展的角度考虑容灾系统投资的合理性。

首先，要考虑准备建设的容灾系统与正在运行的业务系统的延续性，为了建立新容灾系统而对原有系统进行大规模改造的情况，应该尽量避免。其次，要考虑系统扩展对容灾系统的影响，特别是存储容量增加的影响和通信线路负荷的影响，由于单业务容灾系统使用概率很低，CBA 的结果倾向于选择专业的数据容灾中心服务方式。

（4）容灾系统的设计指标。要建设容灾工程必须提出容灾系统设计指标，作为衡量和选择容灾解决方案的参数。目前，国际上通用的容灾系统的评审标准为 SHARE78，主要内容有：

- 备份/恢复的范围；
- 灾难恢复计划的状态；
- 业务中心与容灾中心之间的距离；
- 业务中心与容灾中心之间如何相互连接；
- 数据是怎样在两个中心之间传送的；
- 允许有多少数据被丢失；
- 怎样保证更新的数据在容灾中心被更新；
- 容灾中心可以开始容灾进程的能力。

SHARE78 只是建立容灾系统的一种评审标准，在设计容灾系统时，还需要提供更加具体的设计指标。建立容灾系统的最终目的，是为了在灾难发生后以最快的速度恢复数据服务，所以，容灾中心的设计指标主要与容灾系统的数据恢复能力有关。最常见的设计指标有 RTO 和 RPO。

各种容灾解决方案的 RTO 有较大差别，基于光通道技术的同步数据复制，配合异地备用的业务系统和跨业务中心与备份中心的高可用管理，这种容灾解决方案具有最小的 RTO。容灾系统为获得最小的 RTO，同样需要投入大量资金。

RPO 是反映恢复数据完整性的指标，在同步数据复制方式下，RPO 等于数据传输后延的时间，在异步数据复制方式下，RPO 基本为异步传输数据排队的时间。在实际应用中，考虑到数据传输因素，业务数据库与容灾备份数据库的一致性是不相同的，RPO 表示业务数据库与容灾备份数据库的时间差。发生灾难后，启动容灾系统完成数据恢复，RPO 就是新恢复业务系统的数据损失量。

不同容灾解决方案的 RTO 和 RPO 是不相同的，下面列举几种容灾解决方案的 RTO 和 RPO 的对比：

设计容灾系统不能只看 RTO 和 RPO，对于不同的业务系统和用户的特殊要求，其他一些指标有可能成为选择容灾解决方案的主要因素。譬如，某些地区为了防范一些特定自然灾害，要求容灾备份中心与业务中心保持足够的距离，在这种情况下，容灾备份中心与业务中心的距离要求，成为容灾系统的重要指标。

大部分业务系统都是数据库应用结构，业务系统容灾实际上就是数据库容灾，实现数据库容灾的难点是始终要保证数据库的一致性，为了保证容灾备份数据库能够随时打开运行，必须对容灾备份数据库进行可用性检验。由于大部分容灾技术都是采用逻辑卷数据复制方式，难以保证容灾备份数据库在所有检验时间点的一致性，有可能出现单次检验失败的情况，所以不得不进行重复检验。把容灾备份数据库的检验成功率作为容灾系统的设计指标是必要的。

通信网络是容灾系统的组成部分，通信线路的质量也是容灾系统的性能指标之一。其中包括网络的数据传输带宽、网络传输通道的冗余和网络服务商的服务水平（网络年中断率）。如果容灾系统使用的通信网络是确定的，为了比较不同容灾解决方案，可以以单位存储容量的数据库在同一通信网络上数据完全恢复所用时间作为一项设计指标。如果要求容灾系统具有防范各种灾难的能力，特别是具备抵御人为破坏的能力，则需要把容灾系统的数据备份作为一个设计指标。这是因为所有通过网络对业务中心的人为破坏和管理人员的误操作，同样都会影响到容灾备份中心。只有采用离线数据备份的方法，才能够防范人为的灾难。

从经济角度考虑，最佳的容灾解决方案不一定是性能最好的容灾解决方案，容灾系统的总体投入 TCO 和投资回报 ROI，对许多用户来说是十分重要的设计指标。TCO 包括建立系统、维护系统和扩充系统的总投入，由于容灾系统的启用概率很低，新技术的发展和新产品的性能价格比的提高，必定造成容灾设备的贬值。所以，对于容灾系统，TCO 越高，ROI 越低。

由于业务不同模式的 IT 系统在升级过程中会采用新技术和新产品，所以业务系统任何变动都会引起容灾系统相应的变化，势必加大系统升级的投入。要想把这种变化的影响降到最小，容灾系统的灵活性和兼容性也应该是十分重要的指标。

综上所述，进行容灾系统设计时，必须根据业务系统的使用情况，综合考虑地理环境、网络条件、投资规模、业务系统长远发展规划等各种因素，制定合理的可行的容灾系统设计指标。

7.4.2 灾难恢复的步骤

灾害与风险具有不可预测性，我们也难以每次都准确捕捉到即将面临的威胁，但通过以下七大步骤，可以大幅提高业务持续性与容灾恢复计划的效率，增加自身的抵抗力。

步骤一：认识威胁的存在。业务持续性与容灾恢复（BCDR）计划的第一步是要认识到面临着有形的威胁，并且它会对资产构成损害。管理层只有意识到这一问题，以下的步骤才能顺利展开。

步骤二：列出并分类可能面临的威胁。物理及社会环境都会影响到所面对的威胁种类。在列出威胁之后，应当根据它们对系统可能造成的影响予以分类。容灾响应的成本应当视对系统恢复时间的要求而定。恢复时间越快，响应成本就越高。有些关键系统必须在若干分钟内恢复运行，而有些可以宕机几个小时到几天不等，也不会产生太大的影响。

步骤三：规划BCDR技术基础架构。BCDR基础架构主要是由一座主数据中心、一个用来复制资源的远程站点和一条高速网络组成。最佳的BCDR战略应当自始至终贯穿“冗余”这个概念。大型机和服务器应当配备数据备份工具，这样当任何组件遇到问题时，就能立即切换到本地备份作为第一道防线。在BCDR战略中，供电稳定性是一大关键。根据行业分析，供电中断是最常见也是最容易预防的威胁。

此外，网络部署如果缺乏审慎的规划，也会变成一种负担。因此网络连接不仅要留有足够的冗余，而且必须根据广域网（WAN）拓扑中的不同路径来防止某一威胁造成系统的中断。

步骤四：盘点IT资产。在企业规划完BCDR基础架构拓扑后，下一步就要准确盘点其IT资产，这能了解自己有哪些资源与流程需要被保护。

步骤五：设置服务等级预期，定义恢复策略。CMDB不仅储存了硬件与软件资产的详细信息，同时也收集了服务等级协议信息，定义出这些IT资产的运行时间和恢复参数。如步骤二中所提到的，管理层对服务等级预期的认可至关重要，它决定了某项IT资产需要在多少时间范围内进行恢复，同时也直接影响了BCDR的预算开支。只有在明确的资产、配置和服务等级协议知识的基础上，才可定义出突发情况恢复策略。

步骤六：制订BCDR恢复计划。突发情况恢复计划详细定义了部门与个人在保持技术系统可用性方面的角色与责任，以及在发生紧急情况后恢复 IT 系统的流程。一份有效的计划应当包括资源要求、培训要求、培训与测试的频率、维护计划，以及数据备份计划等要素，并覆盖从紧急情况发生时的通知，到处理团队到位后的恢复措施，到最终恢复正常运行的所有流程。

步骤七：测试 BCDR 恢复计划。专家认为，容灾恢复计划中最重要但却经常被忽略的一个方面就是在制定了正式的策略和流程之后，没有定期去测试它。恢复计划必须接受持续的测试，以检验其效率与完善度，并根据 IT 基础架构和流程的变化做出相应的调整。

现实环境的复杂性或许使我们无法规避每一次威胁，但是通过适当的技术、明确的服务等级预期、务实的恢复策略、完善的恢复计划，以及严格的测试机制，完全可以将灾害所带来的损失减少到最低。

7.4.3 数据收集和关键需求分析

要确定关键性需求，每个部门应该将本部门执行的功能文档化，经过一定的分析来确认部门内部和外部的主要职能。部门的日操作记录可以对确定关键性需求起到辅助作用。以下是一些辅助问题：

(1) 如果灾难发生而没有现有的设备和部门架构，部门能运转多长时间？

(2) 在部门内，什么任务的优先级最高（包括关键的手工功能和处理）？这些任务被执行的频率是多少？

(3) 执行最高级别的任务，需要哪些人力、设备和供应等？

(4) 对于关键的设备及供应，在灾难的环境中应如何替换？

(5) 上述这些关键信息的替换需要多长时间？

(6) 部门内有没有可供参考的手册和操作步骤？灾难发生时这些是如何替换的？

(7) 任何供应、设备和操作过程或手册等，有没有在异地存放？

(8) 确定原始文档的存储设备和安全性。在灾难发生时，这些信息如何被替代？有没有更多的地方来保存？

(9) 当前计算机的备份过程是什么？如何恢复备份？任何关键的备份拷贝有没有在异地存放？

(10) 在灾难发生后，临时性的操作步骤是什么？

(11) 一个部门的运转中断，对其他的部门有什么影响？

(12) 依赖于正常运转以外的服务商和供应商有哪些？

(13) 有没有经过跨部门培训的人员？

(14) 谁负责维护部门异常计划的执行?

(15) 灾难恢复计划有没有其他的考虑?

在上述问题的基础上,还需要对以下信息进行文档化,主要有备份地址列表、关键电话号码记录、通讯目录、分发记录、文档目录、设备目录、表格目录、保险政策目录、主要的计算机硬件目录、主要客户列表、主要供应商列表、计算机硬件和软件列表、通知列表、办公用品供应列表、异地存储地址列表、软件和数据文件备份和调度、电话目录等资料和文档等。

关键性需求可以通过问卷的方式来获得,问卷主要是将每个部门的关键性工作记录在案,并找出最小的必备资源,如人力、设备、供应商、文档等资源。

确定了各部门的关键性需求并将其文档化以后,管理层就可以为各部门在整个企业的灾难恢复过程中设置优先级别。每一个部门的操作可以按照下面的方式给出优先级。

(1) 基本操作(必需):服务中断超过一天,将严重危害到系统的运转。

(2) 推荐操作(关键):服务中断超过一个星期,将严重危害到系统的运转。

(3) 其他操作(非关键):这些信息的存在可以方便业务操作,如果丢失也不会影响到系统的正常运转。

根据 RTO 和 RPO 的不同,各公司采取的策略也会有所不同。以下是一些通用的标准,可以根据这些标准将应用进行分级。

(1) 必需:从停机算起,RTO<8 小时,RPO 在 15 分钟以内。

(2) 关键:从停机算起,RTO<72 小时,RPO 从停机的那一天开始。

(3) 非关键:从停机算起,RTO<168 小时,RPO 在 48 小时以内。

7.4.4 风险分析

计划小组负责准备风险管理的流程及其影响的分析。它们包括一定范围内的灾害,如自然、技术或人为的灾害。

针对几种假定的灾难设想,每一个职能领域都应当分析和判断相应的潜在结果和影响,在风险分析阶段还将评估关键文档和重要记录的安全性。

在多样的中断过程中,IT 系统更容易受到损害。作为风险管理的一部分,有些风险是可以通过技术、管理和操作执行方案来避免的,但不可能避免所有的风险。灾难恢复计划就是一种用来弥补这些风险管理和安全操作不能涉及的灾难的高可行性方案,它可以提供一种紧急事件发生后的快速恢复手段。

7.4.4.1 风险管理过程

风险管理过程范围广泛，包括确定、控制和减轻IT系统的潜在风险。从风险管理的行为分析，可以分为两个主要功能。

(1) 通过减少或消除风险，进而避免或减少破坏性的事件。这些措施主要是针对自然、人为和技术方面的威胁而进行的安全控制，以此减少或消除风险。

(2) 降低或限制灾难对系统造成的后果。主要措施是预估可能的事件，并在事件发生后采取相应措施，建立基本的灾难恢复计划。

7.4.4.2 风险分析

风险分析是灾难恢复计划过程中的重要步骤，隶属于风险分析阶段。这一过程集中分析系统需求、过程及其内部的依赖关系，并使用这些信息判断可能发生的意外事件及其优先级。风险分析的过程主要有：

(1) 确定关键资源；

(2) 确定中断的影响及允许的停机时间；

(3) 设计恢复的优先级。

7.4.4.3 建立可靠的系统

恢复计划的目的是保证员工和设备在灾难发生过程中的安全。风险分析的主要目的之一是确定在任何时候应采取的正确防范措施。对灾难的防范和准备工作应从企业的最高管理层开始，管理层的支持体现在对先进的安全和风险防范技术的选择，以及对未知风险的准备等方面。灾难预防技术包括两个方面：流程方面的预防和物理方面的预防。

(1) 流程方面的预防。流程方面的预防与日常的操作相关，主要是操作规则的定义，相关主题为安全和恢复。流程防范是同每一个员工的行为相联系的，为每一个员工分配相应的职责。流程防范的目标是针对不同的灾难类型定义相应的操作，并使这些操作成为规则。

(2) 物理方面的预防。从场所的建造开始就为预防灾害做准备，包括为建筑物配备特殊设备。如为不同的设备配置火灾保护，这些特殊的考虑包括计算机区域设置、火灾侦测装置和灭火装置、记录保护、空调设备、热敏和通风设备、电子供应系统和UPS系统、双路电源保护、突发事件过程和档案系统等。

7.4.5 灾难恢复

灾难恢复主要从业务持续和规划灾难备份技术两个方面来进行。

7.4.5.1　业务持续计划涵盖的主要阶段

（1）第一阶段，分析阶段。包含风险评估、影响分析及可恢复性评估。此阶段提供对灾害潜在损失、各种冲击及现行恢复能力等方面的量化的分析评估。

（2）第二阶段，设计阶段。包含恢复策略制定及灾难恢复整体解决方案设计。此阶段根据分析阶段的结果来制定出恢复策略、技术方案，规划及设计出为实现业务持续所必需的行动与解决方案。

（3）第三阶段，实施阶段。包含业务持续计划设计及业务持续计划的演练和维护。

7.4.5.2　规划灾难备份技术方案

根据国际标准 SHARE78 的定义，灾难恢复解决方案根据方案的成本和将带来的效益的不同而分为七级，这将方案的成本和 RTO 与 RPO 联系在一起。

在此基础上，灾难备份技术方案可以分为四个类别。

（1）关键业务应用灾难备份方案（热备份）。关键应用灾难备份方案对应国际标准 SHARE78 的定义灾难备份技术方案的第 7 级，在对数据提供最高级别的保护的基础上，增加了自动化功能，在出现问题或发生灾难时发出报警，一旦决定把应用切换到灾难备份中心，则自动完成灾难备份中心应用启动需要的各个操作步骤，保证在最短的时间内恢复。

适用环境：

RPO≈0，没有或基本没有数据丢失；

RTO<1 小时，应用恢复时间在 1～2 个小时内。

技术方案：

专用的，活动的灾备中心；

最高级别的业务连续性；

端到端的灾备服务，包括应用和流程；

自动监测应用运行状态；

自动完成应用和业务切换。

（2）存储为中心的灾难备份方案（温备份）。存储为中心的灾难备份基本对应国际标准 SHARE78 的定义灾难备份技术方案的第 5 和第 6 级，采用数据复制技术，是对数据进行保护的最高级别灾难备份方案。

适用环境：

RPO≈0 ，对于非常重要的数据，没有或基本没有数据丢失；

RTO<4 小时，应用恢复时间在几个小时内。

技术方案：

专用的灾备中心；

数据的最高级别保护，没有或基本没有数据丢失；

采用同步（同城近距离）或异步（不受限制远距离）磁盘镜像技术，与应用无关；

灾难时根据预先定义的流程，手工恢复。

(3) 中等程度应用灾难备份方案（冷备份）。中等重要程度应用灾难备份方案对应国际标准 SHARE78 的定义灾难备份技术方案的第 3 和第 4 级。

适用环境：

RPO≤24 小时，对于比较重要的数据，允许的数据丢失量在 1 天以内；

RTO≤24 小时，应用恢复时间在 1 天以内。

技术方案：

建立灾备中心；

重要数据一天内进行多次备份，备份数据通过网络异步传输到备份中心；

制定备份策略，利用数据备份软件和工具进行备份；

灾难时根据预先定义的流程，手工恢复。

(4) 数据磁带远程传送灾难备份方案（无应用备份）。数据磁带远程传送方案对应国际标准 SHARE78 的定义灾难备份技术方案的第 1 和第 2 级，是最基本的磁带备份解决方案。

适用环境：

RPO≥24 小时，允许的数据丢失量在 1 天；

RTO>24 小时，应用恢复时间在 1 天以上。

技术方案：

不需要自己建立灾备中心；

把数据的备份介质运输到保存地；

发生灾难时，采用数据中心外包或使用第三方机房恢复数据和应用。

恢复计划主要考虑在灾难发生后，如何快速有效地恢复 IT 系统，计划的制订应当考虑影响分析中所涉及的风险，而且在系统设计和实施的阶段，它与系统的架构设计相集成。在设计恢复计划时，应考虑下面的情况：

(1) 系统恢复。系统恢复应针对关键应用主机，如集中式和分布式。

(2) 网络恢复。网络恢复计划主要针对以下方面：

- 关键商业应用系统的内部局域网和网络设备的支持；

- 外部广域网和电信服务；
- 待恢复系统和终端用户间的通信。

（3）启动各灾难恢复小组。灾难恢复管理组负责协调恢复过程中所涉及的各个项目组。在异常情况下，准确快速的决定会起到关键作用。管理组将负责包括财务决定在内的所有决定。成功的灾备计划，即使在关键成员不能工作的情况下，也可以恢复并维持业务的运转。

（4）最终用户恢复。最终用户的恢复计划，在传统的灾备计划中常常被忽略，合理的灾备计划为终端用户提供了一种可工作的机制。

7.4.6 维护和修改

灾难恢复计划应反映系统的需求、执行的流程和规则。因为应用需求、新技术的不断升级以及新的内部和外部规则的变化，IT 系统也会随之改变。所以，要确保灾难恢复计划的有效性，就必须定期检查和修改计划。一般来说，当每年或当计划涉及的内容有重大改变时，灾备计划需要作相应的检查，而有些内容更需要作频繁的检查，如人员的联系途径等。以下是至少需要定期检查的几个方面：

（1）运行环境要求；

（2）安全要求；

（3）技术程序；

（4）硬件、软件和其他的设备；

（5）各项目组的成员名称及联系方法；

（6）关键信息记录（电子或书面文档）。

7.4.7 测试和培训

灾备计划的测试是灾备方案准备过程中的一个关键要素。测试可以暴露灾难恢复计划的不足之处，测试也可以帮助我们评估计划执行人员的快速响应能力和效率，灾难恢复计划的每一个要素都必须测试，保证其恢复过程的准确性。测试包含以下几个方面：

（1）从备份磁带恢复系统；

（2）执行恢复计划的各项目组之间的协调；

（3）内部和外部的互联；

（4）使用备份设备时的系统性能；

（5）正常业务操作的恢复。

测试过程中让灾难恢复计划的关键人员重复执行灾难恢复计划，这样做可以不断更新文档，并修补可能的遗漏，以保证即使关键人员休假，灾难恢复计划也可以执行。

培训是对测试过程的补充，主要目的是明确灾难恢复计划中各成员的责任，培训内容包括：

(1) 计划的目的；

(2) 跨项目组的协调和沟通；

(3) 汇报制度的流程；

(4) 安全要求；

(5) 项目组特有的流程；

(6) 成员的责任。

7.4.8 具体实施程序

具体的实施过程主要有以下几个方面：

(1) 项目启动及项目组的选择。

此阶段包括取得管理层的正式同意、选择项目协调人员和项目组成员、信息收集方式的标准化以及项目资源的调度等方面的内容。

(2) 数据收集和需求分析。

此阶段包括收集业务过程的信息、技术基础架构的支撑环境、潜在的停机费用消耗、灾难类型以及其他公司使用的相应技术和策略等方面的内容。

(3) 风险分析。

在风险分析阶段，我们将对为达到灾难恢复计划的设定目标收集的数据进行处理，以便对风险以及在可接受的时间范围内恢复所需要的资源有较深的理解。作为风险分析的结果之一，灾难防范技术的实施可以帮助我们防止可以避免的灾难。比如：火灾的侦测和预防，不间断电源系统等。

(4) 数据保护。

数据保护是灾难恢复计划中的关键模块，必须清晰、完整地表述出各类数据（记录、胶片、电子及光学数据等）的保护方法。

(5) 恢复计划。

恢复计划是指对意外事件所采取的策略及明确的规划，如替代的系统、网络和终端用户。

(6) 培训和测试。

培训和计划性的测试可以对所设计的灾难恢复策略进行测试，并且提供一种可以对灾难恢复计划中的不足方面进行发现和修改的手段。

（7）计划的维护管理。

计划的维护管理提供了一种机制，可以使灾难恢复计划随着业务和 IT 系统架构的改变而改变。

下面我们对各个阶段给出较详细的解释。

项目启动和项目组选择的阶段可细分为以下几个主要组成部分：

（1）最高管理层的承诺。

企业的最高管理层必须支持且参与计划的制订和协调，以确保灾难恢复计划在本单位内的有效作用。制订一个有效的计划，必须要有时间和资源的保障，时间就是计划的制订所需要的时间，而资源则包括预算和人力。

（2）建立计划制订委员会。

计划制订委员会负责监控计划的制订和实施，由单位各个部门的代表组成，关键的委员会成员应当包括业务运营经理和数据处理部门经理。委员会还应当定义计划的适用范围。委员会的另一个职责是定期把项目信息通知给最高管理层，因为这是一个比较敏感的主题，可能需要花费较多的人力和财力，这些都需要最高管理层来支持。

（3）范围。

尽管大多数灾难恢复计划只包含与数据处理相关的项目，但是一个复杂的计划也包含数据处理以外的操作领域，如果同时考虑到灾难的其他方面，则灾备计划涉及的范围是相当广泛的。

（4）假定。

制订计划要考虑的最基本问题就是设想最坏的场景。对运营系统而言，最坏的场景就是主要设备的损坏。计划的制订就是基于这样一个前提，每一个灾难恢复计划都基于一组假定的设想。这些假定对计划所涉及的环境做了限制，这些限制定义了准备接受的灾难量级，它们可以通过以下问题来识别：

- 哪些设备被破坏？
- 中断的时间是多少？
- 哪些记录、文件和资料需要保护？
- 灾难发生时，哪些资源是可用的？

①员工；

②设备；

③通信；

④传输；

⑤后备场地。

在制订灾难恢复计划时，可以借鉴以下典型的假定：

- 主要的生产设备被破坏；
- 拥有可以执行计划的关键员工；
- 员工可以被通知到，并且可以到备份地点执行关键的恢复和重建工作；
- 灾难恢复计划是可用的；
- 部分计划可用于恢复相应的环境中断工作；
- 备份设备是可用的；
- 在异地或别的设备中保存有足够多的备份；
- 备份地点可以处理公司的工作；
- 公司本地和远端的通信链路是可用的；
- 本地基本的传输是可用的；
- 灾难发生时，供应商应根据承诺对公司提供支持。

以上假定并不包含全部可能性，但在计划制订的开始阶段可供大家参考。

(5) 项目组及其责任。

灾难恢复计划可以按照分组的形式来制订，特定的任务可以分配给特定的组。意外发生时的公司架构可能与现有的架构有所不同，那时通常是以组为基础，由不同的组负责不同的功能领域。这些组可能包括：

- 管理组；
- 业务恢复组；
- 部门恢复组；
- 计算机恢复组；
- 损坏评估组；
- 安全组；
- 设备支持组；
- 后勤支持组；
- 行政支持组；
- 用户支持组；
- 计算机备份组；
- 异地数据存储组；
- 软件组；
- 通信组；
- 应用组；
- 人力资源组；

● 市场和客户关系组。

单位并不需要建立以上所有的这些组，但我们强烈建议与上述各个组相关联的功能都能被包含在其中。

根据员工的技能和领导能力，可以将其选入不同的组。一般来讲，各组的成员所拥有的技能应与其平时的工作内容相一致。例如，服务器恢复组的成员应当包含系统管理员。组成员不仅要知道计划的目的，而且要知道执行恢复策略的过程。考虑到可能会联系不到某些成员，成员的组建应基于“互有备份”的原则。同样，成员也应当了解其他组的目的和执行过程。

每一个组由组长领导，组长要负责本组的运行，承担同其他组的协调工作，向组员及时传达需要的信息，并在组内做决定。另外，组长如果不能行使其职能，必须指定代理组长。在灾难恢复计划中，最重要的组是管理组。他们在事故发生时负责协调所有组的工作。管理组一般由高级管理经理负责，如 CIO。

以下是管理组的主要职能：

● 负责计划的执行；
● 促进与其他组之间的交流，监督计划的测试和执行；
● 所有或是某一个成员可能领导特定的组；
● 协调恢复过程；
● 评估灾难，执行恢复计划，联系组长；
● 监控并记录恢复的过程；
● 最终决定优先级设置、各种政策和过程。

7.4.9 灾备中心建设

从建设规划方面来看，灾备中心和普通数据中心相比，有许多额外的要求，比如：灾备中心必须有严格的安全监察措施；对于通信线路、设备和服务商的选择，灾备中心应该有更高的级别；灾备中心应具备应急中心媒体发布室、通信室、会议室、工作坐席，并准备办公设备；对于非恢复用的生活设施，在灾备中心也是有要求的。因此，对灾备中心建设应该着重考虑以下几个方面的要求。

（1）策略性——明确对灾备中心的定位，即灾备中心的建设目的是防范什么样的灾难事件，在灾难发生的时候又能够提供何种服务。根据定位的不同，在中心选址时应采取不同的策略。

（2）风险性——选择或建设灾难备份中心时，要注意备选的场址所包含的风险是否在单位所能容忍的风险范围之内，或者是否符合所制定灾难恢复规划或业务连续计划的要求。例如，生产中心与灾备中心之间应保持适当的距离，避免因同一灾难导致两个中心同时处于灾难事件当中。

(3) 科学性——选择或建设灾备中心时，应对备选的场址进行相关的场地风险分析，科学、全面地评价各备选的场址。

(4) 适合性——选定的场址，首先要符合 GB/T2887：2000《电子计算机场地通用规范》的要求；其次要关注场址周边环境、地质地理条件、市政配套条件、电力供应条件、通信服务商所能提供的服务能力等诸多因素，判断是否适合建设灾备中心。

(5) 便捷性——就灾备中心而言，灾难恢复小组快速抵达的意义非常大，其周边应有多条道路用于保证相关人员和物资能顺利、快速到达。

第八章

数字信息长期保存的规划和管理

- 数字信息长期保存战略和政策的制定
- 数字信息长期保存模式的建立及运行
- 数字信息的质量控制
- 数字信息安全政策与风险评估

8.1 数字信息长期保存战略和政策的制定

数字信息从形成到长期保存的整个生命周期完全依赖于计算机系统的支持，而计算机系统所具有的系统性、更新换代频繁等特点使数字信息的长期保存和长期可读面临着前所未有的难题。解决这种难题，光靠局部的技术或管理已很难达到目的。人们逐渐认识到，调动多种手段、多种层面的力量，进行综合治理是解决数字信息长期保存的重要途径，而通过制定数字信息长期保存战略和政策来进行规范和引导是首要工作。

8.1.1 数字信息长期保存战略和政策制定的必要性

无论是在国内还是在国外，人们对数字信息关注更多的是信息的记录和利用，其主要目的是满足现行机构的业务运行需求，至于数字信息的长期保存和长期可读取的问题考虑得并不多。但随着数字化的进程，从国家甚至全球层面上看，数字信息的长期保存问题变得越来越重要。制定数字信息长期保存战略和政策的必要性主要体现在以下几方面。

（1）制定数字信息长期保存战略和政策，可有效消除数字信息管理的分散性、盲目性、低效性和各自为政的弊端。

数字信息由于产生范围的广泛性和很大部分具有保存价值，所以客观上需要从国家和社会的全局出发，创造公共支撑体系和管理机制来予以保障。通过政府的作用，“建立国家合作保存战略体系，对开展数字资源长期保存活动给予支持，并进行宏观调控、组织管理和专项投资，强化法律支持环境等”①。统一与整合数字信息产生和保护部门（诸如政府机关、企业、图书机构、情报机构、档案机构、新闻出版机构、文物保护机构）等资源形成、利用和保存的标准、规范和协调发展问题。

（2）提高对数字信息管理在信息建设中的战略地位的认识。

在以计算机为核心技术进行的电子政务建设中形成的数字信息是社会核心资源，也是数量最大的信息资源，这种信息中很大一部分是必须长期保存的，因而“电子政务必须建立在有效管理电子文件的基础上，电子文件的管理水平必然直接影响电子政务的成熟度，没有基于证据的政府电子文件管理，就没有可靠的电子政务”②。没有可靠的电子政务就不能确保有价值的政府信息长期保存得到保障，这种认识必须在国家电子政务建设规划中得到贯彻，并在每个公务员中普及。

我们现有政府信息资源管理和开发利用的政策关注点主要是具有参阅价值的“数据”，而不是具有证明能力的“文件”，表现为重视信息的现实利用，忽视“文件的长久保存”。我国很多政府机关至今尚无真正意义上的电子文件管理，而是把电子文件定位为纸质文件的数字副本，在一定范围内提供利用。本来，纸质文件和电子文件同时运行的“双轨制”和同时保存的“双套制”只是从纸质文件管理向电子文件管理转变的一种过渡形式，而我国相当多的政府机关却以此作为电子文件的长期管理形式或目标管理形式，形成主要依赖“双轨制”或“双套制”的局面。这种现象的本质和结果是放松或放弃对电子文件证据价值的维护。美国、加拿大、新加坡等国家，在分析、评估电

① 宛玲：《数字资源长期保存的管理机制》，179 页，北京，国家图书馆出版社，2006。

② 冯惠玲、赵国俊等：《电子文件管理国家战略刍议》，载《档案学通讯》，2006（3）。

子政务实施时认为："从全球的角度来看，令人担忧和不解的是电子政务的实施竟然忽视文件的管理!"[①] 这进一步说明在电子政务中制定数字信息保存战略的规划对全社会信息化中数字信息的管理而言是多么重要。

（3）抢救濒危的数字音频、视频、多媒体等信息。

计算机形成的多图层图像文件、视频文件、音频文件、超文本文件、数据库文件等数字文件，是各种机构关于一些重大活动的主要记录形式。它们无法用双套制纸质文件保存，所以要保障它们的重要证据价值和利用价值，就需要在国家层面对全社会产生多媒体数字信息的各行各业进行规范和指导，确保这些信息的完整、长期保存。联合国教科文组织在2003年颁布了《保存数字遗产宪章》，在国际范围内提出，如果不着手解决目前所面临的有关威胁，数字遗产将会迅速丢失，而且不可避免，成员国应鼓励采用法律、经济和技术手段来保护这种遗产，结果必将受益匪浅。当务之急是开展宣传工作，促使决策者和广大公众都意识到数字媒体的潜力和保存工作所面临的实际问题。

（4）保障数字信息管理投资的效益。

近年来，我国在信息化建设上投入的资金是很多的，然而，这些投入的成本与产出的效益并不成比例。主要表现在：各地自行建设项目，造成重复投资、低水平重复研究的现象非常严重。各地区纷纷上马电子政务工程、数字档案馆工程等。盲目上马，不切实际地盲目攀比，使得设备投入巨大，收益甚微。不少地区制定了各种信息化考核标准，出发点很好，目的是推动行业信息化建设的进程，但造成的负面影响是，基层部门为了应付上级检查，仓促上马项目，技术、人才以及与之相配套的管理规章等都不健全，信息化水平的结果可想而知。就拿数字化一项工作来说，不少单位为了数字化而数字化，没有明确数字化的目的，为了完成规定的数字化量，没有及时有效地进行规划就开始购置设备、扫描文件，考核的数量完成了，但也带来许多后遗症，比如数字化的质量、工作人员的技术能力低，数字化后的信息保存和利用问题、档案数字化过程对档案造成的潜在危害等，这些问题将在相当长的时间内难以消除。这种现象在档案部门表现较突出。档案部门保存的档案在数量上是庞大的，任何一项工作的完成都需要相当长的周期，这样的部门启动任何一项工作，如果缺乏长远的科学规划和可持续发展观，都将使部门的工作和工作人员的付出陷入长期重复劳动的怪圈中。

---

① 郝晨辉等：《荷兰数字保护试验项目介绍》，载《数字与缩微影像》，2005（2）。

（5）避免数字信息出现孤岛的危险。

目前国家宏观调控的步伐落后于数字信息的发展速度，也跟不上其普及领域广泛和快速的发展速度。各地区、各部门根据自己对技术的理解和掌握的水平自行制定管理规范和方法，研发数字信息管理系统，于是出现了使用文件格式、元数据标准、数据结构等方面各不相同的现象。这种各自为政、自我探索发展的封闭性，导致数字信息兼容性很差。在使用时，它的可读性、长期保存性等都存在太多障碍，一旦它成为全社会的信息资源，被提供给全社会使用，则将带来无法共享、无法识读等越来越多的问题。随着数据量的不断增加，这种信息的孤岛现象会日趋严重。因而，从长远发展的战略高度考虑，国家从总体上加以控制、规范和引导是非常必要的。

总之，数字信息建设长期存在的许多问题必须从国家层面去规划和解决，否则是无法跨越障碍的。特别是我国，对数字信息大量产生的电子文件领域实行双套制管理，这更加助长了对电子文件长期保存需求的不重视风气。再加上各行各业办公自动化系统兼容性差，全社会的数字信息技术平台严重异构，以及数字信息自生自灭现象严重等，种种现状使得我国的数字信息长期保存面临的问题更多、更复杂。正如一些学者指出的，在我国，"从总体上看，各地区、各机关电子文件管理工作仍然具有强烈的自发性和分散性的特征，缺少国家层面的整体设计、统一规划、战略部署与方法指导，这种情况如果不及时加以改变，就很难保证当代社会电子文件的科学管理、完整保存和有效利用，国家将会为此付出高昂的经济成本和社会代价"[①]。因而，集合国家和整个行业的智慧和力量进行规划调控，合理配置资源，树立投入产出的效益观念，制定国家管理战略和政策已迫在眉睫。

8.1.2 数字信息长期保存战略和政策的内容

战略与政策是两个密切联系的概念，其共同的功能是从全局出发，提出指导原则、实现目标、行动方针等宏观性规划。但二者的侧重点有所不同：战略具有提供大政方针和宏观调控的作用，是一个部门、一个国家对于某种事业的目标、方针、实施策略等多方面的总体规划，它主要关注事物的全面性、谋略性；政策则具有对各种关系对象进行平衡、协调、规范、指导等方面的功能。下面分别对数字信息长期保存的战略和政策内容作些介绍。

---

① 冯惠玲、赵国俊等：《电子文件管理国家战略刍议》，载《档案学通讯》，2006（3）。

8.1.2.1 数字信息长期保存战略内容

(1) 以国家有关信息化发展战略规划为依据制定数字信息长期保存战略。

我国应用计算机始自20世纪80年代，大规模使用则出现在20世纪90年代末。经历这些年的探索实践已积累了一些基本的认识和做法。这些成果成为我国"十五"、"十一五"规划以及信息行业制定宏观信息发展规划的前提和基础。所以在制定数字信息长期保存战略时首先从这些规划文件的主要内容和理念出发，以保障制定的战略与国家整体信息化战略具有一致性和协调性。这些文件都涉及这样几个方面：目标、原则、实施方案、战略重点内容等，我们可以参考这些内容，并结合目前数字信息长期保存中存在的问题提出有针对性的策略。比如组织架构、技术方案、管理措施（包括监管、评估等）、教育培训规划（包括专业人员的培养和对公众宣传、普及相关知识的方案）、资金的配套等。

有学者提出，加强数字信息保存的管理策略可以从以下几个方面具体采取措施。[①]

第一，增强对数字信息保存观念的认识。强化全民的数字信息保存意识，树立社会机构、团体及民间共同关注重数字信息保存的风气，把其作为政府的一项基本策略来对待，确保数字信息保存这项新时期的"国家策略"深入人心。

第二，构建数字信息保存的安全体系。消除信息安全隐患，构建信息资源利用的安全防御体系，采取积极有效的措施，来避免或消除不利因素和危害的产生，从而更好地保护好数字信息。

第三，构建数字信息保存的人才培养体系，建成与充实数字信息保存的人才信息库。强化数字信息保存知识与能力的教育培训，通过构建数字信息保存的人才培养体系，从基本框架、培养模式与运行机制方面完善功能，加强数字信息保存的人才队伍建设，突出高素质人才培养的重要性和紧迫性，并加强国际交流与合作，以建设与充实数字信息保存的专家、人才信息库。

第四，制定与健全严格的管理制度。加强规范化管理，发挥信息安全屏障作用。定期检查网络服务器和网上计算机。建立信息审查制度，对网络上各式各样的信息进行分析过滤，建立在线投诉制度，全天候听取用户反馈的投诉信息，发现问题及时解决。

第五，建立健全相关政策与法规制度，提高安全防范水平。加强基础工作

---

① 参见《从数字遗产信息的破坏谈数字遗产保护》，载《中国文物报》，2006-10-13。

建设，建立健全相关政策与法规制度，建立数字信息收集及数据库管理系统、安全监测和防范技术体系，提高数字信息管理与保护水平。加强信息资源利用的安全保障，更新安全设备系统，设立专职的网络安全员，全天候监测网络运行情况，随时发现和清除计算机病毒和入侵“黑客”的破坏，加强信息安全形势分析预测，提高安全工作能力。

第六，强化信息的安全防范措施，完善数字信息安全技术。保护数字信息，确保数字信息资源的安全利用，必须做好如下几方面工作：A. 用户身份验证、访问权限控制；B. 数据加密传输及局域网线缆屏蔽；C. 审计功能和报警功能；D. 计算机病毒的防范；E. 信息管理系统的软硬件及网络体系对辐射、火、水、雷击等因素的防范；F. 建立有效的数字信息数据备份体系。

(2) 顶层设计思想的应用。

电子文件顶层设计是数字信息长期保存的一个内容，它与数字信息长期保存无论是管理内容、管理对象、管理方式还是管理目标等都是一致的，是数字信息长期保存可以借鉴的方式，因此顶层设计思想可以应用到数字信息的保存过程中。

所谓顶层设计是“从国家层面上进行的自上而下的总体规划性的设计。从涉及范围而言，是以国家层面为起点，统领地区、行业、机构层面的电子文件管理，构建涵盖全国范围的电子文件管理网络体系；从实现路径而言，是以总体框架为起点，指导、带动具体对策问题的研究和实施，构建全方位的电子文件管理实施方略”①。“制定国家层面的电子文件管理战略，旨在建立全国范围的电子文件安全管理、长久保存和有效利用的网络体系。”②

自20世纪90年代中期以来，不少国家开始对本国的电子文件管理进行自上而下的战略设计与全面规划，实现电子文件管理从机构层面到国家层面的重大转变，进入以顶层设计带动总体规划、以国家战略带动全面发展的新阶段。

电子文件国家战略的确定没有固定模式，各国依据自身的管理传统、信息化战略、文档管理实践选择适合自己的道路。如英国以搭建政策框架为先导，明确电子文件管理规范体系，强调目标管理和绩效评估，为国家建设电子文件和数字档案的在线利用服务；美国以技术研发为驱动，以ERA（电子文件档案馆）项目为龙头，致力于研究电子文件长期保存的软件系统，通过建立满足文件功能需求的文件管理系统来实现电子文件的集中保管；澳大利

---

①② 冯惠玲、钱毅：《关于电子文件管理顶层设计的若干设想》，载《中国档案》，2007 (4)。

亚则以档案馆的联合行动为主要线索，建立、推广电子文件形成和管理的统一标准体系。这些国家都经历了一个从自发研究、分散探索到国家规划、集中控制的发展历程。至于我国的实施战略，以中国人民大学冯惠玲等为代表的学者提出如下内容框架。①

第一，基于管理层次。从管理层次角度看，顶层设计的内容框架包括宏观、中观和微观三个层次。其中宏观层是政策层，旨在建立与国家信息化进程相适应的，纳入各级组织信息化体系的，跨越地区和系统的，覆盖文件生命全程的电子文件管理视角、责任和基本条件，包括国家电子文件管理的目标定位、管理方针、管理体制、总体规划和法律框架等；中观层是制度层，旨在建立符合和推动国家战略实施的相互配套、科学严谨、能够贯彻执行的管理制度体系，包括管理制度、管理程序、技术标准体系等；微观层是管理系统和数据资源层，旨在建立具有完备功能和可延展的、安全的、性能价格比高、互联互通的电子文件管理系统，以及资源丰富、具有可交换性的数据库群等。

第二，基于管理范围（空间）。从空间域角度进行顶层设计，需要规划全国电子文件管理网络的格局，避免各地区、各行业、各机构各行其是，保障资源共享，实现互联互通。同时也需要正视我国条块结合的档案管理体制，保障不同地区、不同行业、不同业务甚至不同种类电子文件特殊的管理需求，设计灵活的兼顾共享和个性特征的管理制度、技术标准，避免对各类文件一刀切的粗放管理模式。

第三，基于电子文件管理流程。从流程域角度构建顶层设计内容框架的目的在于，从全程着眼，规范电子文件从生成、流转到保存的技术、方法和规则，将确保电子文件长久真实、完整、可读、可用的措施贯穿于始终。电子文件管理是全流程各项活动按照一定联系共同构成的，在顶层设计中加强对捕获、鉴定、著录、检索、利用等主要流程及其联系的规范控制，有利于引导、深化电子文件流程管理，有利于电子文件管理系统的构建，有利于维护电子文件及其管理活动的完整性。

第四，基于功能管理。从功能域角度进行顶层设计，需要加强在变化管理、配置管理、项目管理、质量控制、基础研究、风险管理等方面的总体调控和组织。鉴于电子文件管理的复杂性，在总体设计时需要对主要的功能域进行专门研究，储备相关的技术标准、管理手段和实践经验。

---

① 参见冯惠玲、钱毅：《关于电子文件管理顶层设计的若干设想》，载《中国档案》，2007（4）。

以上的顶层设计构想来自电子文件领域，笔者认为它们同样适用于在国家范围内构建对所有数字信息长期保护的战略。

(3) 从国家层面规划数字信息形成部门与保管部门标准的统一性和共用性。

“长期以来，以纸张为主要载体的信息资源的创建与保存是相分离的。职能部门为了行使职责而创建了公文，而有长期利用价值的公文却由档案部门保存与管理；出版部门承担书刊等文献的出版印制，而这类文献资源却由图书馆保存并向社会提供长期利用。创建公文的职能部门与档案馆、出版部门与图书馆，它们之间的关系是松散或相分离的。”① 各个行业有各自的管理标准，这些标准往往是不通用的，这就造成了同样一个事物，在不同部门有不同的管理模式。这在以纸张为主的信息时代还行得通，在电子时代，就出现了许多障碍。“数字信息对技术的依赖性，使传统环境中离散的个体交织为一体，只有通过多方合作才能达到数字信息资源的长期保存和共享。”② 而且图书界、档案界、出版界等数字信息的保管和生产部门还需要与 IT 行业密切联系和合作，确保数字信息在形成、保管、长期保护中获得技术支持，这种整合和协调多部门的能力只有国家拥有。由国家出台标准，统一规范，为数字信息的共享、长久保存建立有效的机制和合作平台，达到共同保障全社会有价值的数字信息长期保存、持久利用的目的。

8.1.2.2 数字信息长期保存政策内容

政策是国家或政党为落实一定历史时期的路线而制定的行动准则，是调整一定时期国家对某一领域活动的行动准则。政策经过行政途径下达，对一定范围的人或机构具有调节能力，发挥一种指导和协调作用。政策制定与实施的目标是保障权益上的平衡和经济上的效率。这就决定了制定政策的原则是，立足现实与长远发展相结合。立足现实是指政策的制定和实施要立足于一个国家的国情，要与国家社会发展总体目标保持一致，与国家政治、经济、文化、教育、科技等各方面状况相适应，并保持其一定时期的稳定性；长远发展则要关注政策的发展性，随着管理实践的变化，政策需要不断进行修订。

我国数字信息长期保存中存在的主要问题是部门之间、地区之间发展不平衡（这种不平衡是综合的，既有发展规模的不平衡、基础设施建设的不平衡、技术先进性的不平衡、人员专业素质的不平衡，也有观念、制度、管理

---

①② 刘家真等：《拯救数字信息——数据安全存储与读取策略研究》，182 页，北京，科学出版社，2004。

等方面的不平衡），数字信息长期保存的措施落后于数字信息数量的增加和要求保存的需求，地区各自为政、条块分割的独立探索和发展模式，严重阻碍了全社会数字信息共享和长期可读的建设发展，因而出台国家政策进行协调和规范是非常必要的。

数字信息长期保存政策是信息政策的一个方面，因而在制定和实施时既要与国家的信息政策保持一致，又要强调它所调节和规范范围的特殊性。具体而言，数字信息长期保存政策的制定应从数字信息的获取、存储和利用等相关的几个方面出发，对涉及的部门、运行的方式、技术的使用、资金的分配、效率以及专业人员的培训等方面进行调整和规范。其内容可以包括以下几个方面。①

（1）完善和发展数字信息长期保存的组织结构，主要包括职能机构和业务机构的规划和设置，包括合作体系的计划；

（2）规划数字资源建设方向，包括数字资源收集原则、方法和合理布局等；

（3）加强数字资源长期保存技术和标准的研究，包括与相关部门的合作，跟踪国际上相关技术和标准的发展动向；

（4）结合国情、现状以及发展的需要，研究最佳成本效益比的运作模式，并从实际出发，开展应用工作；

（5）加强国际合作，包括研究活动、业务合作等；

（6）开展相关理论研究、队伍建设以及财政投入、管理工作等。

2007年数字资源长期保存国际会议中也提到了制定政策的问题，提出可以围绕以下几方面进行②，也可以将其作为制定政策时的参考。

（1）在机构范围内赋予长期保存活动一定的地位，使之成为组织日常工作中的一部分；

（2）确定长期保存的目标；

（3）明确相关人员或组织的职责；

（4）制定长期保存的规范流程；

（5）规定所需遵守的技术标准或最佳实践；

---

① 参见宛玲：《数字资源长期保存的管理机制》，180～181页，北京，国家图书馆出版社，2006。

② 参见吴振新等：《数字资源长期保存：当前进展和最佳实践》，载《现代图书情报技术》，2007（11）。

(6) 建立对实施效果评估的机制；

(7) 制定长期保存延续性计划等。

8.2 数字信息长期保存模式的建立及运行

数字信息长期保存模式的建立及运行主要是解决“由谁来管理”和“怎样管理”的问题。这个问题不仅关系到数字信息能否得到长期有效的保存，而且也是国家制定战略和政策重要的出发点和目标。有关这方面的问题，我国无论是理论界还是实践部门都还处于探索阶段，但国际上先进的欧美国家已进行了卓有成效的探索，值得我们借鉴。

8.2.1 数字信息长期保存模式的种类及特点

图书、情报等部门既是产生数字信息和产品的主要部门也是保存数字信息的主要部门。所以有关数字信息保存模式的研究主要集中在这两个领域。

8.2.1.1 电子文件的保存模式

电子文件是国家的核心信息资源，有关电子文件管理的市场化产品较多，也比较成熟，对其管理方式和保存的研究也开展了多年，积累了一定的经验。因此，电子文件管理的一些理论和实践对数字信息长期保存模式研究具有引导性。从目前探索和研究的成果来看，电子文件长期保存模式主要有两种，即分布式和集中式。

(1) 分布式保存模式。

电子文件的分布式保存模式是指，将电子档案保存在产生它们的部门的硬件与软件环境中，档案馆对各部门形成的电子档案进行登记，并对其可存取性加以控制，即对保存在各部门的电子档案的可存取性进行审计、检查，对敏感的或机密的档案进行适当加密，以防非法存取。“国家原则上不再承担保存具有长久保存价值的电子文件（特殊情形除外）的责任，其职责主要是制定标准来指导政府机构的电子文件管理。”① 该模式以澳大利亚为代表。20世纪90年代初至2000年，澳大利亚国家档案馆开展了电子文件管理的项目，目标是起草一套电子文件管理指南。1995年3月发布《管理电子文件：共同的职责》，明确了政府机构和国家档案馆在电子文件分布式保存环境中的职责。政府机构在其业务系统中行使文件保管的职责，确保有长久保存价值的

---

① 章燕华、马林青：《澳大利亚国家电子文件保管模式的转变及其启示》，载《浙江档案》，2007 (10)。

文件可读。国家档案馆通过提供方针指南、标准、建议来指导机构建立电子文件管理系统，帮助它们确认元数据要求，通过机构合作来鉴定、处置电子文件。与之配套的《保管电子文件》(1995) 则为计算机系统的利用者和管理者提供了如何处理和保存作为机构业务活动凭证的电子文件的实践指南。它涉及电子文件的迁移、监控、灾难恢复、形成并满足保管要求、鉴定、元数据、背景信息要求、存取要求、移交标准。

分布式保存模式提出的理由如下：

在电子环境下，若将电子档案的实体全部集中到各级各类档案馆加以管理，为保证这些具有持久价值的电子档案的长期可存取性，那么档案馆必须承担转换与迁移它们的责任。要做到这一点，档案馆必须付出高昂的转换与迁移费用。即使经济条件允许，对电子档案进行全面、系统的转换与迁移，在操作上也是难以施行的。这是由于系统升级后，非当前数据等待转换的时间越长，转换工作越困难，甚至有可能无法转换而使数据报废。在一般情况下，大多数档案馆是不可能设立专用的计算机系统来进行这种全面、系统的转换工作的。因而，长期保存在档案馆中的电子档案的有价值数据就有可能丢失，从而使电子档案丧失长期的可存取性。

(2) 集中式保存模式。

集中式保存模式与纸质文件保存模式的思想基本一致。档案馆集中保存失去现行使用价值的电子文件。首倡者是美国哥伦比亚大学。美国、加拿大、英国、北欧的一些国家已经开始正式接收一些机构移交的电子文件。2000 年以后，澳大利亚电子文件保存也从分布式再度走向集中式。

8.2.1.2　数字产品长期保存的模式——合作式模式

合作模式是主要针对图书馆、情报所等集中保存数字资源的机构所采取的保存模式。建立联盟，通过联盟专门保存数字信息。

图书馆联盟是以实现资源共享、互惠互利为目的而组织起来的，受共同认可的协议和合同制约的图书馆联合体。这些联合体常常被冠以“体系”、“系统”或“网络图书馆”等名称，其实质都是以联盟的形式在地区、全国或更大范围内进行全面的或某一方面的合作，实现图书馆之间的资源共享。图书馆联盟的成员是相对独立和自治的实体，其固有的隶属关系不变。联盟成员之间的关系是平等、松散、契约式的。

图书馆联盟组织形式在全世界范围内是很普遍的一种行业协作和管理模式。根据不同的分类方式，图书馆联盟的类型多种多样。从联盟的组织模式角度可分为系统或行业主管部门的全国性图书馆联盟、由地方政府推动形成的地区性联盟、由地理位置相邻的图书馆组成的区域性联盟。从联盟的合作模式角度可分为共建共享式联盟、会员制联盟、联合办馆式联盟。从联盟的功能模式角度可分为单一功能的联盟、复合功能的联盟。按地理范围可分为地区性图书馆联盟、全国性图书馆联盟、国际性图书馆联盟等。

面对数字信息资源的不断增长，图书馆联盟的作用应该进一步加强和完善，以适应数字信息长期保存和利用的需求。数字时代图书馆联盟的发展，政府应该给予有力的支持和引导，从政策和资金等方面给联盟以稳定和可靠的保障。另外就是加强统一管理。统一制定联盟发展规划和发展目标，建立健全联盟健康协调发展的机制，共同承担起数字信息长期保存的责任和使命。

8.2.2 数字信息长期保存模式探索实践

对数字信息长期保存模式和责任的探索，经历了不同的发展阶段。电子文件的保存模式主要由集中式到分布式再到集中式发展。数字产品、专业数据库文献的保存机构则由行业联盟逐渐向多行业的协作联盟发展。

8.2.2.1 电子文件保管模式的探索实践：集中式—分布式—集中式[①]

澳大利亚的探索过程最为典型地反映了电子文件保存模式实践探索的发展历程。

20 世纪 70 年代澳大利亚国家档案馆接收石油开发文件和其他机读文件，标志着国家档案馆管理电子文件的开始。由于首次接收数量庞大的计算机文件，还缺乏这方面理论和实践的指导，于是澳大利亚国家档案馆暂时仍以传统的纸质文件管理方法，即将电子文件转换成纸质文件，按照载体保管方法集中保管这些文件。这就是最初的集中式。当然，这种模式不是现在意义上的集中式。

20 世纪 90 年代初至 2000 年是分布式管理阶段。1992 年，澳大利亚国家档案馆开展了重大研究项目“电子文件项目”。1995 年 3 月发布《管理电子文件：共同的职责》，标志着世界上第一个电子文件分布式保管模式的确立。在这一阶段，澳大利亚国家档案馆与政府信息技术办公室开展合作，领导制定澳大利亚政府定位服务（AGLS）元数据标准。2000 年澳大利亚国家档案馆发布了包含关于政府机构文件管理的政策、标准、指南和培训的综合手册《电子永恒》，该手册主要是针对电子文件管理的。电子文件的管理职责被赋

① 参见章燕华、马林青：《澳大利亚国家电子文件保管模式的转变及其启示》，载《浙江档案》，2007 (10)。

予了形成机构，国家只作政策、标准、指南等方面的规范管理。

2000年后是集中式管理阶段。2000年澳大利亚国家档案馆颁布了《联邦政府文件保管政策》。该文件指出：澳大利亚国家档案馆原则上将承担起对所有具有档案价值的电子文件的保管责任，不管其形式如何。这标志着澳大利亚国家档案馆的电子文件保存模式从分布式向集中式转变。2000年末，澳大利亚国家档案馆开展了数字长久保存项目，制定了数字保存绿皮书《数字文件保存方法》。2006年澳大利亚国家档案馆发布了《数字保存：照亮过去，指引未来》，进一步完善了这个方法，它们构成了澳大利亚国家档案馆电子文件保存的理论框架。澳大利亚国家档案馆还为电子文件的保存制定了一个正式的工作流程，开发了应用软件Xena。在集中式保存模式下，澳大利亚国家档案馆原则上将承担起对所有具有档案价值的电子文件的保存责任，不管其形式如何。这样既没有否定分布式管理的模式，又重申了澳大利亚国家档案馆对电子文件保存的责任。“从分布式走向集中式并不是对前一阶段分布式的否定，也不是对纸质文件集中式保存模式的简单回归，这一转变是符合社会、技术发展与电子文件管理的规律和内在要求的。事实上，正是前一阶段分布式处理使政府机构形成了良好的电子文件管理基础，从‘入口’处为国家档案馆集中长久保存电子文件和提供利用奠定了坚实基础。另外，从法定职责来看，是国家档案馆而不是各联邦机构负有为国家保存有价值的历史记忆的责任，既然长久保存电子文件在技术上已经不是问题，那么国家档案馆集中保存电子文件便是顺理成章的事了。”[①]这种责任的回归说明，无论技术如何发展、文件的形式如何变化，国家在文件的集中和长期保存方面是责无旁贷的。

从目前的发展趋势来看，就数字信息保存模式来说，分布式与集中式并存，但集中式保存模式在满足社会需求和技术不断完善的基础上，更具有生命力。集中保存模式在实践上主要是以美国、加拿大、英国和北欧的一些国家为代表，尤其是美国，其ERA项目的执行更可以被看作是对电子文件集中式保存模式的最佳诠释；多国合作项目InterPARES项目对集中式保存模式理论地位的奠定影响巨大。澳大利亚的集中式—分布式—集中式的探索过程，进一步证明，在现有社会、技术条件下，集中式保存模式乃是各国国家电子文件管理的大势所趋。

---

① 章燕华、马林青：《澳大利亚国家电子文件保管模式的转变及其启示》，载《浙江档案》，2007(10)。

8.2.2.2　数字产品、专业数据库文献保存模式的探索实践：行业联盟——多行业的协作联盟

以纸质文献为基础建立图书馆联盟的协作模式为数字信息保存模式的建立和发展奠定了良好的基础。在此基础上，数字产品、专业数据库文献的保存者根据数字资源的特点，扩大了联盟的范围和协作的方式。这里介绍一下欧洲数字信息长期保存的实践成果①和一些先进国家的实践成果。

欧洲国家一直以来都很重视对数字长期保存项目的总体规划和协调。早在 1994 年 3 月 17 日，在荷兰首都阿姆斯特丹就成立了欧洲保护与存取委员会 ECPA，这是数字信息长期保存研究领域最大的跨国协会之一，其成员由来自欧洲的各所大学、图书馆、档案馆及出版界等部门的著名专家学者组成。该协会对各个研究群体的工作进行总体协调，鼓励研究者之间进行磋商，不断改进保存方法。对大家普遍关心的问题如标准等进行广泛征询，帮助研究人员或者机构进行远景规划，避免出现重大决策失误。ECPA 还与美国数字信息存取委员会、欧盟、联合国教科文组织、国际图书馆协会联合会、国际档案协会以及欧洲以外的相关研究机构（如 OCLC、美国研究图书馆组织、澳大利亚国家图书馆等）共同就数字信息长期保存这一课题进行广泛探讨和合作。此后陆续进行了多方面的项目研究，诸如 DELOS（Network of Excellence on Digital Library，优秀的数字图书馆网站）、NEDLIB (Networked European Deposit Library，网络化欧洲存储图书馆)、ERPANET（The Electronic Resource Preservation and Access Network，电子资源保存与利用网）、PRESTO（Preservation Technology for Broadcast Archives，广播档案保存技术）、MMP（Mellon Microfilming Project，梅隆缩微胶片项目）和 EVA（European Visual Archive，欧洲视觉档案）等。在项目实施过程中注意和国际接轨，尽量采用国际标准，统一规范，使得项目成果具有较好的通用性、移植性和互操作性。如积极促进全球数字格式登记网（GDFR，Global Digital Format Registry，2002 年由哈佛大学和麻省理工大学提出）“元数据登记网”的建设和完善。

世界范围的其他国家也在积极探索数字信息的长期保存问题。英国于 2001 年 7 月成立了一个正式的数字保存联盟，目的是增加从事数字保存事业各机构的协作，实现知识共享、解决问题。其成员包括不列颠图书馆、英国公共档案局等。通过这次合作，他们认识到数字保存是一个国际问题，应该

① 参见任平：《欧洲数字信息长期保存研究及其启示》，载《大学图书馆学报》，2005 (4)。

由全球人们来共同解决。2000年，美国国家学术与科学委员会作了一个LC21报告，报告中指出：美国国会图书馆曾通过美国国家数字图书馆以及美国记忆计划成功地实现了有关美国文化历史的数字化和保存。然而，若想取得广泛的成功，图书馆需要与其他机构合作，共同创造一个系统的基础设施网络。报告呼吁的结果是，美国国会拨款来资助发展国家数字保存的基础设施。作为回应，美国国会图书馆发起了关于数字保存的国家信息基础建设活动，目的是发展结构与框架。

8.2.2.3 国际范围内的保存模型和标准的出台

开放档案信息系统参考模型（OAIS）是由美国NASA的CCSDS提出的，曾在数字存档的发展上起着重要的作用。最初建立这个参考模型的目的是为了在国际空间组织之间共享数据资源，后来发展成为数字保存实践的基础，并成为长期保护元数据的基础。OAIS提供高质量的数据、功能模式，它可以随着不同的变化形式来满足不同的需求，可以应用于科技数据中心、图书馆和其他许多机构。它已被许多国家电子文件保存和数字信息保存应用，如美国国家档案与记录管理部门的电子记录存档计划、美国国会图书馆的“CEDARS”（CURL Exemplars in Digital Archives）计划等。NEDLIB（欧洲国家版本图书馆网络）以及OCLC都在应用OAIS模型。一大批美国联邦政府的科技信息管理者，以及美国联邦图书馆、信息中心委员会共同把主要目光集中在OAIS的使用上，并且认为它是图书馆与记录管理之间的桥梁。[①] OAIS是在抽象层面上提出的一个参考模型，一个系统结构，一个总体框架，因此任何致力于数字信息资源长期保存活动的系统和组织都可以在其基础上构建自己的长期保存系统框架。[②] 同时它也是数字信息资源长期保存模式建立的理论基础。

2002年联合国教科文组织颁布的《保存数字遗产宪章》第10条提出保存数字遗产的职能和责任，指出：“会员国可能希望指定一个或几个机构负责协调数字遗产的保存工作，并提供必要的资金。可以根据这些机构现有的职能和专长分工负责。”应采取措施：“（a）鼓励硬件和软件的开发者、数字资料的创制者、出版商、出品人、发行人以及其他私营部门的合作伙伴与国家图书馆、档案馆、博物馆和其他公共遗产组织通力合作，共同保存数字遗产；（b）开展培训和研究，在相关的机构和专业协会之间交流经验、共享知识；

① 参加安艳杰：《国外数字保存研究的相关进展》，载《情报杂志》，2004（2）。

② 参加宛玲：《数字资源长期保存的管理机制》，北京，图书馆出版社，2006。

(c) 鼓励公立和私立大学及研究机构确保研究资料得到保存。”

8.2.3 中国的对策

对于中国来说，数字信息的数量增长之快，使得管理者有一种措手不及的感觉。各个业务单位产生了大量数字信息，但还没有为长期保存做好规划。通常的做法有两种，或者对数字信息的保存采取以载体存储为主的物理保存模式，或者用双套制的保存模式。然而不管采用何种方法，都难以满足数字信息长期保存的需求。至于将来如何集中全社会的数字信息资源，传统的档案馆、图书馆、情报机构等部门也没有做好准备。面对数字信息技术更新换代快的特点以及信息形成时的多样化、不兼容和未来迁移的高昂成本和高技术难度，纸张时代的理念和方法已无法应对。学术界和实践部门都在积极探索，提出了不同的观点，但迄今为止还没有出台国家层面的有关数字信息长期保存的政策和规范。然而从近几年来对本国实践的探究以及对国外理论与实践成果的分析和借鉴上来看，我们应该有一个比较清晰的认识，即选择国家保存的集中式和多行业的联盟式应成为政策研究和实施的重点。

当然，在借鉴吸收国际经验和成果时，要充分考虑中国数字信息长期保存的现状和未来发展的趋势，制定出符合中国实际的数字信息长期保存模式和运行机制。

8.3 数字信息的质量控制

数字信息的质量直接关系到数字信息管理各个环节的质量，对数字信息的长期保存性能而言更是一个前提和基础。正如国际标准 ISO9000 对“质量”的定义：“一个实体（包括一种产品和服务，或一个工序，一个活动，一个体系，一个组织，一个人或其中的一种组合）的特征的总和，这些特征使它有能力满足它所规定的或隐含着的需要。”因而，加强数字信息质量的控制是数字信息管理的起点，也是管理的终点和目的。

8.3.1 符合长期保存的数字信息质量指标

不同种类和用途的数字信息质量指标的侧重点有所不同。本章所讨论的数字信息的质量主要是围绕满足长期保存要求的相关指标，当然，这些指标与信息质量的其他基本指标并不矛盾，而是相辅相成的。

8.3.1.1　信息的基本质量指标[①]

信息基本质量指标包括四个，即信息的内容质量、信息的集合质量、信息的表达质量和信息的效用质量。如图 8—1 所示。

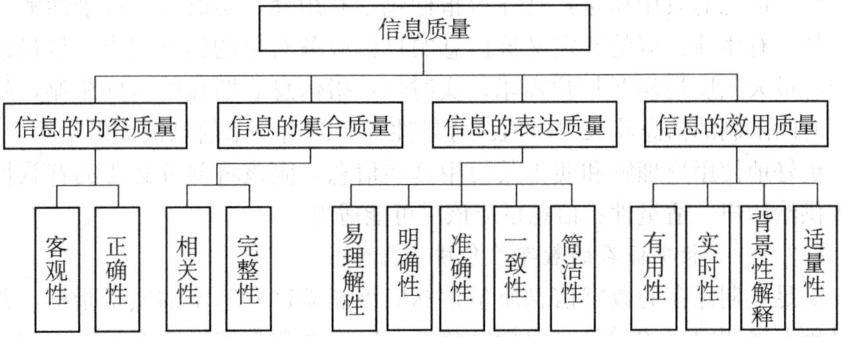

图 8—1　信息的基本质量指标

（1）信息的内容质量：其评价指标包括客观性和正确性。客观是指按事物本来面目去考察，与一切个人感情、偏见或意见都无关。信息反映的事实总是某个客观事物（或系统）的某一方面的属性，其本身具有客观性。信息内容的正确性指信息内容符合被认为正确的道理或标准，比如不同的行业有不同的行业规范和标准等。信息内容的正确性评价指标说明，信息具有很大的主观性，但这种主观性的引入必须与事实、公认的道理和标准相一致，相符合。

（2）信息的集合质量：其评价指标包括相关性和完整性。相关性是指信息与用户的使用目的相关，在我们的指标体系中将其归于信息的有用性。作为一个信息集合，它必然具有一定的结构。这里的完整性就是指信息集合结构的完整。一个具有完整结构的信息集合能够完整地表述一种思想或一个事实，描述一个事物。

（3）信息的表达质量：其评价指标包括易理解性、明确性、准确性、一致性、简洁性。易理解性：信息是通过信息符号来表达的，信息用户通过信息符号来理解和使用信息。因而，信息符号的编码格式、元信息等必须能够理解且易于理解。明确性：要求信息符号对信息的表达必须界定清晰、无二义性。准确性：包含两层含义，一是信息符号所表达的信息是准确的，二是

① 参见曹瑞昌、吴建明：《信息质量及其评价指标体系》，载《情报探索》，2002（4）。

信息符号对信息的表达是准确的。一致性：指在一个信息集合中，各信息元素的表达符号须一致，包括表达符号格式的一致性和表达符号意义的一致性。简洁性：要求信息的表达符号要尽可能简单明了，这一质量指标较为直观。

（4）信息的效用质量：其评价指标包括有用性、实时性、背景性解释和适量性。有用性：清楚地定义该信息的目标服务对象的信息需求，尽量使信息内容最大限度地满足用户需求。实时性：指信息有明显的时间限制，超出这一时间限制的信息将失去价值。背景性解释：当一条信息被提供给用户时，为了更好地使用户理解和便于其使用这些信息，应该将部分必要的背景性信息提供给用户。适量性：信息量应该尽可能适当。

8.3.1.2 长期保存的数字信息质量指标

满足长期保存的数字信息质量指标应该涵盖这些基本的质量指标，并在此基础上强调内容的质量（包括完整性、准确性和真实性或客观性）和可理解性（长期可读性或有效性）。而且需要长期保存的信息基本属于文献信息，因而信息质量指标的内涵要适合于文献的功能和特征。

（1）内容的质量。

包括信息内容的真实性、完整性。如，关于档案信息这两性的含义可参考《电子文件归档与管理规范》（GB/T18894：2002）中的规定。即，电子文件的真实性是指，对电子文件的内容、结构和背景信息进行鉴定后，确认其与形成时的原始状况一致；完整性是指，电子文件的内容、背景信息等无缺损。一般文献上，有时用准确性来替代真实性，即“是指被保存文献所表达的信息与文献最初所含信息在质和量上完全吻合，即文献真实完整地保留了文献初始信息”[①]。

（2）内容的可理解性。

内容的可理解性，又称为长期可读性、可用性或有效性。对长期保存的文献来说，其含义是：“电子文件应具备的可理解性和可被利用性，包括信息的可识别性、存储系统的可靠性、载体的完好性和兼容性。”[②] 一般文献所指的可理解性与前面的含义是相同的。在数字信息长期保存的过程中，数字信息保存要求的内容可理解性对配套设备的技术依赖性较强，因而在电子文件中强调对信息读取系统的可靠性和兼容性的特殊要求。

---

① 刘家真：《文献遗产保护》，18页，北京，高等教育出版社，2005。

② 《电子文件归档与管理规范》（GB/T18894：2002）。

8.3.2　数字信息质量保障的管理措施

数字信息长期保存面临的问题和困难错综复杂，解决它们也需要综合治理。我们认为可从技术、管理、标准、安全等方面进行综合解决。这些方面措施的制定和实施既是为数字信息质量提供基础保障，也是使数字信息得以长期保存的核心问题。没有过硬的质量，一切亡羊补牢的保护，不仅代价大，而且会使数字信息处在可能永久消失的危险境地。

8.3.2.1　从源头抓起，奠定数字信息质量的良好基础——从管理系统设计需求抓起

传统上，往往信息在进入长期保存部门时，诸如图书馆、档案馆、文献中心等，人们才开始关注它们的长期保存问题。但对于数字信息来说，此时已为时过晚，数字信息对管理系统的强烈依赖性，要求保护工作必须贯穿于整个生命周期的每一个环节，否则任何一个环节的漏洞，都可能导致信息的丢失、不完整，甚至无法利用等。所以，按照数字信息的整个生命周期全过程管理的要求来设计管理系统成为至关重要的事情。

电子文件管理系统设计的研究和推广充分证明了人们对从源头上解决数字信息长期保存质量问题的高度认识。管理系统的功能需求是保证数字业务文件——电子文件证据的关键，这在全世界已达成共识。为此，全球范围内的各种组织积极致力于研究和推广高质量的文件管理系统。[①] 2006 年 4 月 15 日国际标准化组织正式发布的《信息和文件——描述文件管理需求标准指南》(ISO22310 ：2005)，是应用于具有开发文件管理需求的任何机构组织的最高层次的标准，用以满足一致性和互操作性需求。此外，最具典型意义的是欧盟于 2001 年 5 月推出的《电子文件管理通用需求》，它详细规定了电子文件管理的需求及管理元数据，具有鲜明的通用性、开放性和丰富性，被称作第一部 ED/RMS（电子文档/电子文件管理系统）需求报告。之后，国际信息和影像管理联合会在 2002 年 5 月启动了“电子文档、电子文件一体化管理系统功能需求”项目，更加全面而透彻地分析了集成系统的功能需求；美国于 2002 年出台了适用于国防系统或政府机构的《电子文件管理应用软件设计评价需求报告》（DOD5015.2-STD）；英国颁布了《电子文件管理系统功能需求》；澳大利亚也于 2006 年 2 月发布了《电子文件管理软件功能规范指南》……我国在 2001 年曾制定了《档案管理软件功能要求暂行规定》，这虽

---

①　参见杨安莲：《聚焦电子文件管理前沿——国际电子文件管理研究热点及启示》，载《档案学通讯》，2007 (6)。

然是以归档电子文件为对象，也说明对管理系统标准和规范重要性的认识。

欧美发达国家在图书馆、专业数据库数字信息的长期保存研究方面积累了大量成果，也充分说明了这些领域的理念和做法与业务系统的电子文件的出发点是一致的。以英国为例，英国是最早建立数字图书馆的国家之一，也是最早关注数字资源长期保存的国家之一。1995 年，在英国图书馆和高等及继续教育基金会联合信息系统委员会（Joint Information Systems Committee of the Higher and Further Education Funding Councils，JISC）联合倡导下，陆续建立了一些新的机制，启动了一系列的相关研究项目，对数字资源长期保存进行系统和持续的研究，并取得了一些阶段性的成果。研究中“强调在数字信息整个生命周期内的保存。所谓数字信息生命周期是指从数字信息的创作、编辑、描述与索引、传播、收集、使用、注释、修订、再创造、修改，一直到永久保存或遭毁损等全过程。由英国艺术与人文资料服务中心（Arts and Humanities Data Service，AHDS，以收集、保存及推广艺术人文领域研究成果及教育电子资源为目的的服务机构，促进相关资源的网上获取以支持科研和教育工作）联合相关机构进行的数字保存研究，从数字信息生命周期的角度提出了数字保存纲要，认为数字信息的保存必须从其生命周期来看。也就是说，在信息的各个生命阶段都要考虑其长久保存的问题、知识产权及相关的法律问题，而不是到最后阶段再考虑”①。

我国应积极跟踪世界研究成果和实践经验，结合我国目前的实践状态，尽快出台适合各种类别数字信息系统功能通用需求的规范，并对这些管理系统进行质量认证，推介示范产品，培训专业管理人员和操作人员，来保证数字信息在整个生命周期各个阶段的质量不仅满足业务需求，同时也符合长期保护要求。中国科学院国家科学数字图书馆在这方面作了一些有益的探索，希望其成果不断完善，并进一步推广。

8.3.2.2 制定和实施能保证数字信息质量的各种指标的统一标准和规范

越先进的技术越需要标准的规范和实践检验，电子文件对技术系统的依赖性，也决定了它的质量必然需要一系列的标准来维持和检验。数字信息长期保存标准的构成如图 8—2 所示。②

系统层次的标准主要用于规范数字信息资源长期保存系统的体系结构、

① 任平：《数字资源长期保存研究在英国》，载《现代图书情报技术》，2005（3）。

② 参见郭家义：《数字信息资源长期保存系统的标准体系研究》，载《现代图书情报技术》，2006（4）。

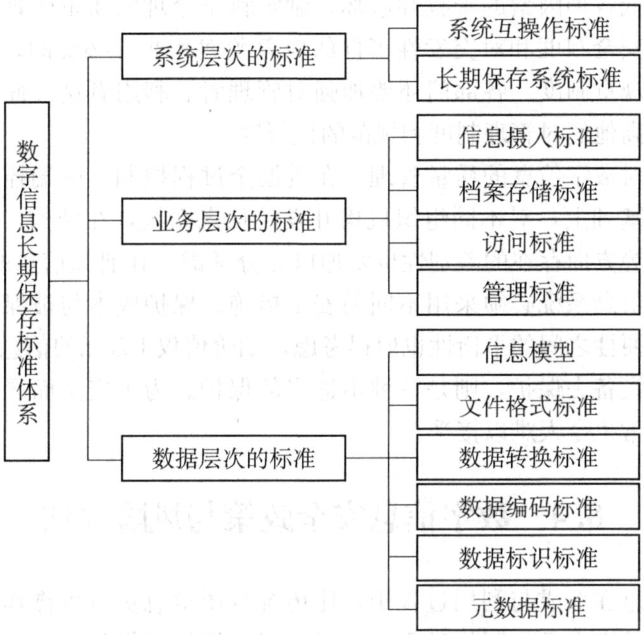

图 8—2　数字信息长期保存标准体系

流程和其他相关问题。业务层次包括信息摄入、档案存储、访问、保存计划和管理模块在内的功能模型，每一个模块处理的内容和处理过程并不相同，需要的标准也不相同。数据层次的标准包括信息模型标准、文件格式标准、数据转换标准、数据编码标准、数据标识标准、元数据标准等。

当然，标准的制定、实施、完善是一个复杂而漫长的系统工程。在标准还不完善、不健全、没统一规范的情况下，数字信息生成和保存部门应尽量选用成熟的、业界公认的标准，使系统具备开放性和可扩展性。

8.3.2.3　加强对数字信息迁移技术的研究，使数字信息在长期保存中有一个持续的质量保障

从目前看，数字信息长期保存过程中的信息迁移是必然要做的工作。要保证在信息迁移过程中数字信息质量不下降，同样需要研究并推广确保数字信息在迁移过程中的完整性、真实性、有效性和证据性的技术方法和管理策略。

8.3.2.4　加强过程管理和安全管理，免遭人为、自然、技术等方面的破坏

数字信息的安全和质量会受到来自各方面的破坏性因素的影响，为了最

大限度地降低各种因素的干扰和破坏，制定科学合理的质量管理体系、评估体系、信息安全制度和对突发性事件的应急预案是非常必要的，并且，为了贯彻好这些规章制度，各部门还要加强对管理者、利用者这方面知识的宣传和教育，提高他们对管理制度和规范的执行度。

总之，对数字信息的质量管理，在贯彻全过程控制、前端控制、集成管理的理念的基础上，对不同组织机构开发的信息系统，在结构、功能、所要实现的目标等方面存在的差别性也要加以充分考虑。在研究信息的安全性时，对于不同的信息系统必须采用不同的安全措施。保护成本与被保护信息的价值和使用方便性之间的平衡性也值得考虑，如价值仅1万元的信息如果用5万元的技术和设备去保护，则是一种不适当的保护。为了安全而严重影响使用的方便性常常也令人难以接受。

8.4 数字信息安全政策与风险评估

数字信息在形成与利用过程中，比传统纸质信息更具可操作性。在一份文件或一个数字产品的制作过程中，可以用计算机提供的各种工具对存在于不同位置、不同媒体的信息进行复制、粘贴、下载，或以三维的形态展示空间结构的关系，模拟实际场景等，瞬间就可以完成对一份信息的改头换面工作，而不留任何痕迹。这种对信息加工的操控，空前快捷、方便。数字信息利用过程的可操作性更大，计算机与网络技术、通信技术的结合，使信息实现了超时空的传输、利用，十分方便、易得，一条信息通过网络可以瞬间传递到世界任何一个联网的计算机终端上，方便了人们超时空、高效率地利用和共享信息。但我们在享受这些方便的同时，也遇到了数字信息丢失、被篡改、被误用、被滥用等种种不安全因素带来的麻烦，乃至巨大损失。制定数字信息安全政策和风险评估体系就是我们对数字信息不安全因素进行预测、预防和解决的重要途径。

8.4.1 数字信息安全政策

数字信息安全政策主要是从管理的角度来监控数字信息的不安全因素，并提出解决的途径，即通过为组织的每一个人提供基本的规则、指南、定义，在组织中建立一套信息资产保护标准，防止各种不安全行为引入风险，了解与自己相关的信息安全保护责任，强调信息系统安全对组织业务目标的实现、业务活动持续运营的重要性。信息安全政策也是进一步制定控制规则、安全程序的必要基础。

8.4.1.1　信息安全政策的含义

信息安全是指防止信息受到各种威胁，以确保业务的连续，使业务风险最小化、投资回报和商业机遇最大化，它是通过实施一系列的安全控制而达到的，包括策略、过程、程序、组织结构和软件硬件功能等。

“信息安全政策从本质上来说是描述组织具有哪些重要信息资产，并说明这些信息资产如何被保护的一个计划，其目的就是对组织中成员阐明如何使用组织中的信息系统资源，如何处理敏感信息，如何采用安全技术产品，用户在使用信息时应当承担什么样的责任，详细描述对员工的安全意识与技能要求，列出被组织禁止的行为。”①

8.4.1.2　数字信息安全政策的内容

数字信息安全政策可以分为两个层次，一个是制定数字信息安全方针，另一个是制定具体的数字信息安全策略。

所谓数字信息安全方针就是数字信息安全委员会或管理当局制定的一个高层文件，用于指导组织对资产，包括敏感信息进行管理、保护和分配。数字信息安全方针应当阐明管理层的承诺，提出组织管理信息安全的方法，并由管理层批准，采用适当的方法将方针传达给每一个员工。具体的数字信息安全策略是在数字信息安全方针的框架内，根据风险评估的结果而制定的明确、具体的管理风险的信息安全实施规则。目前常见的数字信息安全策略包括政策法规、管理策略和技术策略三个层面，涵盖先进的保存技术、经常性的审查、开放式获取、明确的责任分配体系、安全有效的知识产权支持等一系列基本策略和相应的法律政策与管理机制。具体包括刷新、迁移、仿真、格式注册、人员审查策略、清除桌面和清除屏幕策略、电子邮件使用策略、电子办公系统安全策略、访问控制策略、网络服务使用策略、移动计算设施的安全策略、远程工作策略、使用密码控制技术策略。

信息系统是一种内容繁多、结构复杂、环境多变的人机系统，安全管理的对象应当是整个系统而不是系统中的某个或某些元素。一般来说，系统内外所有因素都是管理的内容。从系统内部看，有通信安全、计算机安全、操作系统安全、人事安全、信息资源安全等；从系统外部环境看，有法律、道德、文化传统、社会制度等方面的内容。信息安全问题仅依靠技术手段，或者仅从单个安全功能、单个网络来孤立地解决是不可能的。我国政府高度重视信

---

①　孙强等：《信息安全管理全球最佳实务与实施指南》，92页，北京，清华大学出版社，2004。

息安全问题，1996 年成立的国务院信息化工作领导小组曾设立政策法规组、安全工作组及专家组，并与国家保密局、安全部、公安部等职能部门进一步加强了对信息安全的组织领导和分工协调工作。在信息安全法规建设方面，已制定了《中华人民共和国计算机信息系统安全保护条例》和《中华人民共和国计算机信息网络国际联网管理暂行规定》。此外，1997 年 10 月 1 日正式生效的新《刑法》也增加了专门针对威胁信息系统安全的计算机犯罪行为的条款。

现行的安全政策尚存在很多方面的不足，要想真正做好数字信息的安全保护工作，我们必须建立完善的信息安全政策。这是做好信息安全工作的第一步。所谓完善，一要深刻，二要全面。

首先，要制定一个基础性的国家信息安全政策作为国家的基本政策框架。这一政策必须纵观全局，适度超前，以覆盖产生内外信息的各个领域。这个政策必须包括对信息污染的控制、对电脑病毒的防治、对信息产权的保护等，这样才能避免政策制定中顾此失彼的被动局面，形成完善的政策体系。

其次，我们要实行信息网络的制度化管理。在这里我们通过实行诸如网络准入制度、联网登记制度、电子审查制度、标准化管理制度、完善联网电脑的管理制度等有效的制度来保证信息利用的安全。

最后，使用必要的网络安全技术，这是信息安全政策顺利实施的有力保障。建立一套网络技术安全防范体系，旨在通过安全体系结合不同的安全防护因素，来创建一个比单一防护更有效的综合防护屏障。这些技术策略包括防火墙技术、入侵检测系统、病毒防护系统、安全漏洞评估系统、用户认证系统以及数据备份系统。有些技术策略的有效制定和实施一定能更好地保障数字信息的安全。我们也相信通过建立严格的信息安全管理制度，再辅以必要的网络安全技术，加之有关部门领导及员工对信息安全的重视，我们一定能做好信息安全保护工作。

在当今快速发展的信息社会中，由信息技术支持的业务活动在技术、环境、管理等方面的脆弱性在不断增加，组织业务信息的安全性与业务持续性面临着各种各样的威胁，在保障组织正常运营的过程中，保障信息尤其是数字信息的安全起着极其重要的作用。信息安全政策的制定与正确实施对组织的安全有着非常重要的作用，不仅能促进全体员工参与到保障组织信息安全的行动中来，而且能有效地降低由于人为因素造成的对安全的损害。

8.4.2 数字信息安全风险评估管理

以计算机为核心的信息社会的到来，也使人们面临着空前的信息安全问题。由于信息的保密性、完整性、可用性受到威胁，进而引起组织利益和声誉受损、国家安全受威胁等风险，故而我们不得不采取措施予以预防和治理。针对信息安全问题的潜在性、不确定性、危害性大的特点，国际上目前普遍采用风险评估管理的方法作为应对信息安全问题的一个主要方法和策略。

8.4.2.1　数字信息安全风险评估的概念及作用

（1）概念。

“风险是指遭到损坏或者损失的可能性，指一个人做出不受欢迎的事情或者自然发生的可能导致不良后果的情况。”风险评估是指对信息和信息处理设施的威胁、影响和脆弱性及三者发生的可能性的评估。具体来讲，风险评估包括以下内容：确切掌握数字信息赖以生存的网络和信息系统的安全程度；分析数字信息安全威胁来自何方、风险有多大；加强数字档案信息长期保存应采取哪些措施，要投入多少人力、物力和财力；确定已采取的保护措施是否有效，要投入多少人力、物力和财力提出按照相应的等级进行应对和管理的依据等一系列具体问题。①

信息安全风险评估是信息安全管理的基础和关键环节。信息安全风险评估就是从风险管理的角度，运用科学的方法和手段，系统地分析网络与信息系统所面临的威胁及存在的脆弱环节，评估安全事件一旦发生，可能造成的危害程度，提出针对性抵御的防护对策和整改措施，并为防范和化解信息安全风险或者将风险控制在可接受的水平，最大限度地为保障网络和信息安全提供科学依据。通过开展信息安全风险评估，对网络与信息系统的资产价值、潜在的安全威胁、薄弱环节、防护措施等进行分析，预测信息系统中存在的主要安全问题，并找到解决这些问题的方法，有针对性地进行管理。

（2）作用。

- 风险评估是信息安全建设的起点和基础。

风险评估是信息安全建设的起点和基础，科学地分析理解信息和信息系统在保密性、完整性、可用性等方面所面临的风险，并在风险的预防、风险的减少、风险的转移、风险的补偿、风险的分散等之间做出决策。

- 风险评估是分析确定风险的过程。

信息安全风险评估是依据国家标准规范，对信息系统的完整性、保密性、可用性等安全保障性能进行科学、公正的综合评估的活动。它是确认安全风险及其大小的过程，即利用适当的风险评估工具，使用定性和定量的方法，

---

①　参见吴晞：《信息安全管理》，北京，清华大学出版社，2003。

确定信息资产自身的风险等级和风险控制的优先顺序。风险评估是识别系统安全风险并确定风险出现的概率、风险的影响以及提出安全对策以降低风险影响的过程。风险评估是风险管理的组成部分。

● 信息安全风险评估是信息安全建设和管理的科学方法。

信息安全风险评估是信息安全等级保护管理的基础工作，是系统安全风险管理的重要环节。信息安全风险评估是信息安全保障工作的重要方法，是风险管理理论和方法在信息化中的运用，是正确确定信息资产、合理分析信息安全风险、科学管理风险和控制风险的过程。

● 风险评估是在倡导一种适度安全。

数字信息系统应该是安全的，数字信息应该是真实的、准确的，但事实上任何数字信息安全都会面临风险，完全消除风险是不现实的，也是不可能的，所以人们追求的所谓的安全，实际上指在实施了风险评估并采取应对措施之后，仍然存在残余风险却是可以被接受的相对的信息安全。经过这样“处理”后生成的数字信息才是符合管理和利用要求的。

8.4.2.2 数字信息安全风险评估的标准

数字信息的广泛存在领域是档案馆、图书馆、数据中心、大学研究机构等，而风险评估应用最多的领域是信息安全领域，作为信息的组成部分——数字信息，不能把信息安全领域的一切都应用于数字信息安全领域，这需要一个过程来逐步完善。我国在数字信息保护方面起步比较晚，处于不断探索和试行阶段，风险评估在数字信息管理中的应用还处于空白阶段，把风险评估的标准及工具完全照搬到数字信息的保护中是不行的，但针对数字信息的特点，数字信息保护中的风险可以运用一定的信息安全风险评估标准及工具等来识别，并确定风险出现的概率、风险的影响，提出降低风险影响的对策，从而保证数字信息得到长期有效的读取。

风险评估是指依据国家有关信息安全技术标准，对信息系统及由其处理、传输和存储的信息的保密性、完整性和可用性等安全属性进行科学评价，它要评估信息系统的脆弱性、信息系统面临的威胁以及脆弱性被威胁利用后所产生的实际负面影响，并根据安全事件发生的可能性和负面影响的程度来识别信息系统的安全风险。风险评估共同的目标是找出系统信息资产面临的风险及其影响，以及目前安全水平与系统安全需求之间的差距。因为大部分风险评估的操作对象都是某一个组织，要使评估结果准确，必须要考虑该组织结构里的方方面面的各种因素。

目前，国际上实现数字信息安全管理的有效手段是在信息安全等级保护制度下，进行信息安全风险评估。欧洲等其他信息化发达的国家也非常重视开展数字信息安全风险评估工作，将开展信息安全风险评估工作作为提高数字信息安全保障水平的重要手段。国外风险评估标准有 BS7799、ISO/IEC 17799、OCTAVE、NIST SP800—30、AS/NZ54360、SSE-CMM 等。我国也颁布了《电子政务信息安全等级保护实施指南（试行)》、《国家网络与信息安全协调小组关于开展信息安全风险评估工作的意见》(2006 年 3 月 7 日)、《信息安全风险评估规范》(GB/T20948：2007）等。

(1）国外有关数字信息风险评估的相关标准。

①BS7799。

《英国信息安全管理体系标准》(BS7799）是应英国政府和工商界的共同要求而发展出的一个标准，它分两部分：第一部分为“信息安全管理事务准则”；第二部分为“信息安全管理系统的规范”。目前此标准已经被很多国家采用，并已成为国际标准 ISO17700。BS7799 包含 10 个控制大项、36 个控制目标和 127 个控制措施。BS7799 主要提供了有效地实施信息系统风险管理的建议，并介绍了风险管理的方法和过程。企业可以参照该标准制定出自己的安全策略和风险评估步骤。该标准主要讨论信息安全风险管理，对风险评估没有过多提及。

②ISO/IEC/TR13335。

《IT 信息安全管理指南》(ISO/IEC/TR13335）是国际标准化组织 1996 年开始制定的，其特点有：对安全概念、模型和安全管理进行详细描述；具有很高的可操作性，信息安全人员可用来规划自己的管理计划和实施步骤；对风险分析进行详细的描述；对各种安全需求的控制措施有具体的介绍。该标准关注风险评估的工程，但理论性不够。

③OCTAVE。

1999 年，美国卡内基·梅隆大学发布了 OCTAVE 框架，这是一种自主型信息安全风险评估方法——OCTAVE 方法，此方法是艾伯特和多罗费（Alberts and Dorofee）共同研究的成果，这是一种从系统、组织的角度开发的新型信息安全保护方法，主要针对大型组织，中小型组织也可以对其进行适当裁剪，以满足自身需要。它的实施分为三个阶段。

第一阶段：建立基于资产的威胁配置文件。这是从组织的角度进行的评估。组织的全体员工阐述他们的看法，如什么对组织重要（与信息相关的资产），应当采取什么样的措施保护这些资产等，分析团队整理这些信息，确定对组织最重要的资产（关键资产）并标识对这些资产的威胁。

第二阶段：标识基础结构的弱点。这是对计算基础结构进行的评估，分析团队标识出与每种关键资产相关的关键信息技术系统和组件，然后对这些关键组件进行分析，找出导致对关键资产产生未授权行为的弱点（技术弱点）。

第三阶段：开发安全策略和计划。分析团队标识出组织关键资产的风险，并确定要采取的措施，根据对所收集到的信息所做的分析，为组织构建保护策略和缓和计划，以解决关键资产的风险。

“OCTAVE是一套全面和复杂的信息安全风险评估指南，为风险分析和评估提供步骤参考和实施细则，但理论性不足。”①

④ISO15408。

CC2.0版于1999年成为国际标准ISO15408，我国于2001年等同采用为GB/T18336。GB/T18836：2001《信息技术 安全技术 信息技术安全性评估准则》（等同于ISO15408：1999，通常也简称通用准则——CC）已于2001年3月正式颁布，该标准对信息技术产品或系统的安全性进行评估，不论其实现方式是硬件还是软件，都可用于指导产品或系统开发。CC标准并不关注组织、人员、环境、设备、网络等方面的具体的安全措施。CC重点关注人为的威胁，对于其他威胁源并没有考虑，并不针对信息安全的物理方面的评估（如电磁干扰），不涉及评估方法学，不包括密码算法固有质量的评估。

⑤SSE-CMM。②

2002年3月19日美国的SSE-CMM被宣布并得到了国际标准化组织的采纳。SSE-CMM确定了一个评价安全工程实施的综合框架，提供了度量与改善安全工程学科应用情况的方法，也就是说，合格的安全工程实施者的可信性，是建立在对一个工程组的安全实施与过程的成熟性评估之上的，它没有基于时间规定特定的工程过程和步骤，而是汇集了工业界普遍使用的信息安全工程实施方法。目前SSE-CMM已成为西方发达国家政府、军队和要害部门组织和实施系统安全工程的通用方法。我国已确定和采纳SSE-CMM模型为信息系统安全工程需遵循的标准。国内部分有实力的信息安全公司已开始在信息系统安全工程实践中应用该模型。

---

① 王强：《电子档案风险管理研究》，吉林大学硕士学位论文，2007。

② 参见钱钢：《基于SSE-CMM的信息系统安全风险评估方法研究》，载《计算机工程》，2002（9）。

⑥《联邦信息安全管理法案》。

在美国的信息化风险管理中，最典型的经验是2002年美国通过的《联邦信息安全管理法案》，该法案规定必须对联邦政府信息系统进行安全评估并备案，为美国政府机构信息系统改善信息安全问题设定了目标，对政务信息安全风险评估提出了更加具体的要求。

⑦AS/NZ54360。[①]

这个危险管理指南格式是根据风险管理模型建立并包含了风险管理的澳大利亚标准，它确立了风险防护的背景、协助辨认存在的风险，概述因素被用来决定风险，并介绍了潜在的消除或减少风险的控制方法。

(2) 中国有关数字信息风险评估的相关标准。

目前，在我国，风险评估在数字信息长期保存中的应用基本处于空白状态，但是国家颁布的信息相关风险评估的指南也可以作为我们对数字信息长期保存风险评估的借鉴和起点。

①《信息安全风险评估规范》(GB/T20948：2007)。

该标准由国家质量监督检验检疫总局、国家标准化管理委员会批准。其发布日期为2007年6月14日实施日期为2007年11月1日。该标准提出了风险评估的基本概念、要素关系、分析原理、实施流程和评估方法，以及风险评估在信息系统生命周期不同阶段的实施要点和工作形式。本标准适用于规范组织开展的风险评估工作。

②《国家网络与信息安全协调小组关于开展信息安全风险评估工作的意见》。

《国家网络与信息安全协调小组关于开展信息安全风险评估工作的意见》(以下简称《意见》) 指出，要加快制定和完善信息安全风险评估有关技术标准，尽快完善并颁布《信息安全风险评估指南》和《信息安全风险管理指南》等国家标准。《意见》指出，信息安全风险评估工作要按照“严密组织、规范操作、讲求科学、注重实效”的原则开展，形成以预防为主、持续改进的信息安全风险评估机制，保证信息安全风险工作的科学性、规范性和客观性。

③《电子政务信息安全等级保护实施指南（试行)》。

2005年9月15日正式发布《电子政务信息安全等级保护实施指南（试行)》(国信办〔2005〕25号)，供各级党政机关在在建电子政务系统和已建电

---

① See http：//www. cmewa. com. au/. . . /Underground % 20Fire % 20Prevention % 20Part % 201B. pdf，2008-03-02.

子政务系统中开展信息安全等级保护工作时参考。该指南着重阐述了电子政务信息安全等级保护的基本概念、工作方法和实施过程。内容主要包括：指南的编写目的、适用范围和文档结构，基本原理，描述等级保护的概念、原理、实施过程、角色与职责，以及系统间互联互通的等级保护要求等。

总之，科学技术的飞速发展，使信息存在由传统的纸质形式转变为数字形式，由此使得数字信息的可持续利用面临前所未有的挑战。数字信息的长期有效利用需要从技术、管理、法律等角度展开，风险评估属于数字信息长期保存管理策略的一个方面。由于我国在数字信息的长期保存方面起步比较晚，处于不断探索和试行阶段，因此笔者希望在数字信息长期保存的实践中能够引入风险评估机制，运用一定的标准和工具，在安全风险的预防、减少、转移、补偿和分散等之间做出决策，最大限度地控制和化解安全威胁，使人们能够认识到风险评估对于数字信息长期可持续利用的重大意义。风险评估是一项长期的工作，目前所做的工作仅仅是一个开头，还有很多问题需要在实践中不断摸索，在理论中深入研究加以解决，因此数字信息安全风险评估工作任重而道远。

第九章

数字信息保存的未来挑战

- 未来数字信息存储技术的挑战
- 数字信息保存研究的拓宽和深入
- 数字信息保存与管理的关系
- 数字信息保存的协作、分工与共享

自从人类发明并广泛使用计算机以来，信息的存储技术进入一个飞快发展的阶段，这个阶段突出的表现就是存储技术呈现多样化发展特点。一方面脱机备份记录载体种类不断翻新，存储信息的密度不断增大，但载体的耐久性却在不断下降，保存信息的寿命也越来越短；另一方面存储技术向存储系统化管理发展，通过存储管理软件满足存储的高可靠性、动态扩展性、易维护和开放性等多方面需求，如网络存储服务，通过专业化的存储服务为客户提供虚拟存储、存储资源管理、数据备份、迁移、远程备份、集群管理、灾难恢复和数字信息长期保存等服务项目。

9.1 数字信息存储技术

9.1.1 数字信息存储技术的种类

信息存储技术是保存、传递和利用信息的支撑性技术。它们的种类、性能直接影响着信息功能的发挥。数字信息存储技术的发展主要与计算机有着密切的关联，所以按照与计算机的关系和其功能来看，可分为内存储（简称内存）、外存储（简称外存）。通常我们把要永久保存的大量的数据存储在外存上，而把一些临时的或少量的数据和程序放在内存上。本章主要讨论的是数字存储技术中的外存技术。根据外存与主机的关系又可将之分成几个层次：与内存储器相连接的是联机存储器（或称在线存储器），如硬磁盘机、磁盘阵列等；下一层是后援存储器（或称近线存储器），它由存取速度比硬盘更慢的光盘机、光盘库等设备组成；与主机分离的存储又分为脱机备份存储和网络远程备份存储。

需要长期保存的数字信息，目前来看主要采用脱机备份存储和网络远程备份存储这两种方法。

9.1.1.1 脱机备份存储技术——各种存储介质的种类和性能

目前广泛使用的介质有光盘、硬盘，未广泛投入使用的技术将会有全息存储技术和生物蛋白质存储技术。

以下按照记录物质——光、磁、生物的顺序作些介绍。

(1) 光记录——光盘。

自 20 世纪 70 年代产生以来，光盘在种类、性能上都在不断更新换代。从光盘的代号繁多和更迭频繁，就可以看出光盘日新月异的变化。诸如 CD（包括 CD-I、CD-DA、CD-ROM、CD-R、CD-RW）、VCD、DVD（包括 DVD-ROM、DVD-R、DVD-RW）、MO、MD 等[①]令人眼花缭乱。目前又有蓝光技术趋于成熟开始被推向市场，由于价格较高，它暂时还难以撼动 DVD 的地位，但取而代之只是时间问题。

光盘技术发展至今，最重要的进步就是存储密度不断增大。目前普遍使用的数据光盘 CD 和 DVD，其密度从 600 多 MB 到 4 个多 GB，而蓝光技术将带给我们 27GB 乃至更高的数据存储空间。当前流行的 DVD 技术采用波长为

---

① 参见赵淑梅、金彤：《光盘记录材料辨考》，载《信息记录材料》，2008 (3)。

650nm 的红色激光和数字光圈为 0.6 的聚焦镜头，盘片厚度为 0.6mm。而蓝光 DVD 技术采用波长为 450nm 的蓝紫色激光，通过广角镜头上比率为 0.85 的数字光圈，成功地将聚焦的光点尺寸缩到极小程度。此外，在蓝光 DVD 的盘片结构中采用 0.1mm 厚的光学透明保存层，以减少盘片在转动过程中由于倾斜而造成的读写失常，这使盘片数据的读取更加容易，并为极大地提高存储密度提供了可能。[①]

① 近场技术。

蓝光盘没有普及之时，近场技术与激光全息存储技术已崭露头角，大有挑战蓝光盘之势。

荷兰飞利浦研究所利用近场技术在有覆盖层的光盘上进行记录和读取，换算成 12cm 光盘，记录容量相当于 75GB。

近场记录大致有两种方式：一是向没有覆盖层的光盘表面记录膜进行数据写入，二是向位于厚度 3～4μm 覆盖层下方的记录层进行写入。与前者相比，后者的每层容量尽管会小一些，但对于灰尘、划伤和透镜碰撞具有很高的承受能力，并且具有通过多层化提高容量的优点。飞利浦研究所使用开口数（NA）1.45 的物镜（SIL，固态液浸透镜），在覆盖层方式中证实了最高相当于 75GB 容量的记录与读取。记录膜采用了追记型无机材料 Cu/Si，覆盖层厚度为 3μm，折射率为 1.58，轨道间隔为 210nm，信道位长为 38nm，比特误码率为 6×10^{-5}。

今后，将把 NA 提高到 1.6，并通过对读取信号处理方式进行深入研究，实现每层容量 125GB。为了实现多层化，2007 年进行双层光盘记录和读取试验，最终在每层 125GB 的 4 层光盘中实现 500GB 的记录容量。[②]

② 激光全息存储技术。

激光全息存储技术是一种利用激光干涉原理将图文等信息记录在感光介质上的大容量信息存储技术。目前，这项信息存储技术是通过将缩微胶片上的影像转变为光信息，然后制出存储密度更大的全息图的方法实现的。与缩微影像不同，全息图是由干涉条纹组成的影像。该条纹影像记录了入射光线（物光）的全部信息——振幅和相位，故称全息图。在阅读还原时，需在激光的照射下，利用条纹影像的衍射原理使其再现。

---

① 参见单丹：《蓝光 DVD 与红光 DVD 技术》，载《信息记录材料》，2005（2）。

② 参见《飞利浦利用近场技术实现 75GB 光盘容量》，见 http://china.nikkeibp.co.jp/china/news/elec/200610/elec200610240118.html，2006-10-24。

Optware America 公司是日本 Optware 公司下设的一家公司，主要业务是推广营销基于其“同线技术”的全息照相存储产品。一台使用全息照相存储技术的设备可以在一块致密介质上储存数百 GB 或者更多的数据，在传输数据大小为 100 万位的情况下达到每秒数百 MB 的传输速度。这项技术似乎特别适用于后备存储器和数据档案，而且它肯定是一项突破性的技术。

激光全息存储技术是全息存储技术为了与现有光存储技术进行兼容的一种手段。全息存储技术的开发历史要比现行光盘存储技术还要长。早在 1963 年，彼得·J·范·希尔顿（Pieter J. Van Heerden）就提出了采用三维全息技术来提高光存储容量的设想。① 全息存储技术也是下一代光盘技术的有力挑战者。目前，再下一代光盘技术的候选者纷纷亮相，但研究资源还比较分散，在提高记录密度方面呈现出一种停滞感。这样，尽管 AV 设备制造厂商已开始将目光逐渐移向以单面单层容量为 100GB 以上作为目标的再下一代光盘，但到实用化时期它也许会被全息存储技术取代。②

（2）磁记录——硬盘的发展。

硬盘是磁存储技术的重要应用。硬盘技术发展的瓶颈在于容量的增大和读写速度的提高，所以其未来发展方向就是要解决这两个问题。

自 1956 年 IBM 推出 RAMAC 以来，硬盘的存储密度从当初的 200 B/in^2 提升到现在的 $100GB/in^2$，整整增加了 5 000 万倍！但是，由于存储位变得越来越小，故而会出现超顺磁性效应，使信号强度降低，甚至导致存储失效。

为了避免产生超顺磁性效应，垂直磁记录技术开始被应用。所谓“垂直记录”，是相对于目前硬盘制造领域被广泛使用的“纵向记录”存储方式而言的，记录介质的易磁化方向与介质膜表面垂直，使磁记录位的排列方式与盘片垂直，而不是像原来那样使两者呈水平关系排列，磁记录位在盘片上所占的面积可以继续减小，而在垂直方向却能够保持不变甚至适当增加，可以使磁记录位的体积增大或不变，使所具有的能量增大或至少不变，从而保证了热稳定性。③ 固态硬盘是由控制单元和存储单元（Flash 芯片）组成的，简单地说就是用固态电子存储芯片阵列制成的硬盘，在固态硬盘的接口规范和定义、功能及使用方法上与普通硬盘完全相同，在产品外形和尺寸上也与普通

---

①② 参见严国荣：《全息存储技术的开发与商品化》，载《信息记录材料》，2004（1）。

③ 参见王辉、黄致新等：《硬盘磁记录介质的发展与展望》，载《信息记录材料》，2006（3）。

硬盘完全一致，包括 3.5 英寸、2.5 英寸、1.8 英寸多种类型。由于固态硬盘没有普通硬盘的旋转介质，因而抗震性极佳，同时工作温度范围很宽，扩展温度的电子硬盘可在－45℃～85℃的环境中工作。固态硬盘被广泛应用于军事、车载、工控、视频监控、网络监控、网络终端、电力、医疗、航空、导航设备等领域。①

(3) 生物蛋白存储技术。

美国 Keck 电子分子学中心曾经研究开发了一种蛋白质存储技术，它所用的存储媒体是一种名为噬菌调理素（bacteriorhodopsin，BR）的蛋白质分子。在对这种蛋白质分子进行光照射时，它会按照一定的顺序发生结构变化，变化过程中的 BR 和 Q 两种不同状态，可分别用来表示数字信息 0 和 1（用 BR 状态表示 0、用 Q 状态表示 1）。②

以下是同一技术在 2007 年的报道。一位印度科学家宣称，他正在研制一种表面带有光感蛋白有机物质涂层的 DVD 存储介质，这种介质的最大存储容量可达 50TB（约合 50 000GB）。波士顿哈佛医学院的某教授宣称，已经研制出一种由磁性改变过的微生物蛋白质涂层存储介质，这种新存储介质可望彻底取代现在的硬盘。

该教授表示："这种新型存储介质的作用是最终完全淘汰现有的硬盘存储器。"这种新型光感蛋白质又被称作噬菌调理素。这种蛋白质能够捕捉、存储太阳光并将其转化为化学能量。蛋白质存储的最基本单元是从细菌中抽取出来的噬菌调理素，它是能以多种化学状态稳定存在的有机分子，这种有机分子可以有多种不同的状态，而每种状态都对应不同的光吸收率。这样通过光技术的帮助，我们就可以很容易地检测出特定位置的分子处于何种状态。如果从中挑选出两种状态，一种设定为二进制数"0"，另一种设定为二进制数"1"，就实现了数据的表达。如果要对数据进行读取，我们只要检测分子状态即可；如果要将数据写入相应的存储设备中，也只要借助光技术来改变这些分子的存在状态即可。这样，一套蛋白质存储方案由此建立。新型基于蛋白质的 DVD 的存储容量将是蓝光光盘容量的 20 倍，并且最终将达到 50 TB 的容量。这种新型蛋白质 DVD 的好处是，它存储信息仅需要几纳米的空间，所

---

① 参见《忆正高速固态硬盘的研发之路》，见 http://tech.sina.com.cn/h/2007-12-25/1112532503.shtml，2007-12-25。

② 参见黄智伟、李富英：《蛋白质存储技术——支持未来计算机发展的存储技术》，载《世界产品与技术》，1998 (1)。

以理论上可以集成数以万计的蛋白质在DVD、CD或者胶片上。[①]

9.1.1.2 网络远程备份存储技术的种类及发展——大容量数据库存储方法

据统计，全球每年的数据增长量超过50%，而且这种增长速度还在加快。将增加的信息中具有长期保存价值的信息保存下来，发挥信息的价值，使越来越多的人认识到，对信息进行贯穿其整个生命周期的管理是非常必要的。信息生命周期管理的目的在于，帮助客户在信息生命周期的各个阶段以最小的整体拥有成本获得最大的价值。

(1) 网络附加存储。[②]

网络存储附加器（NAS）是“以数据为中心”的实现资源共享智能化网络服务器方案，是一种在存储设备端提供基于现有的局域网、以太网之类的网络访问的文件级服务的网络存储技术，支持多种协议，如TCP/IP 、IPX/SPX等，支持多种操作系统，如Windows NT / 2000、NetWare 、Unix 、IBM AIX及Linux等。NAS内置独立的优化存储操作系统保存在闪存中，可及时准确地保存、恢复数据及进行无服务器备份，十分有利于系统的安全与升级，即使网络服务器崩溃，用户仍然可以从NAS中读取数据。又因其物理位置灵活，系统的维护也非常简便。NAS产品对海量的数字图书馆数据存取而言是最佳的选择。这种技术在目前条件下是提高我国数字图书馆存储性能的较好方案。例如广东中山图书馆数字图书馆采用的是磁盘阵列加NAS设备的解决方案。

(2) 存储区域网络。

存储区域网络（SAN），是面向数据块的，更易于支持数据库的存储区域网络。它是通过专用高速光纤通道（fibre channel）将服务器和处于另一个独立网络上互联的各种存储设备（磁盘阵列、磁带库、光盘库等）连接起来的交换或共享式的存储网络。光纤通道的存储网与LAN分开。存储设备被剥离出来，数据信息的存取通过存储区域网在相关服务器与后台存储设备之间交换数据来实现。它支持并实现数据高速传输，减少了网络拥堵，释放了LAN / WAN带宽。由整个存储设备构成了一个大的统一管理的存储池，为网络中所有主机所共享。多个主机可以同时访问同一个存储设备，甚至可以访问同一存储设备中的同一文件。因而在管理和提高数据可用性、资料迁移、资料

---

① 参见《蛋白质，让存储容量达到50TB》，见http：//www.mss-zone.com/archiver/?tid-2653.html，2007-11-17。

② 陈柯明：《谈网络环境下数字图书馆信息存储技术应用发展》，载《图书馆界》，2004 (2)。

本地备份、远程容灾备份等方面都比较方便。它可实现对许多主机系统的不同资源（RAID、磁带库、光盘库等）进行有效的集中式远程管理，并通过设置服务器的不同访问权限，增强系统的安全性。

（3）网络存储服务。[①]

在网络存储技术的基础上发展起来的网络存储代理服务将是数字信息存储未来的发展趋势。

网络存储代理服务是网络存储服务供应商接受客户的委托，根据客户的要求和网络管理员设定的规则，为客户提供数字信息存储、备份的服务活动。网络存储服务提供商以先进的设备、可靠的技术，为我们提供了安全的信息内容存储、备份服务。这种社会化服务不仅为企业、部门及各种客户节省了一定的费用，而且将使信息技术人员从简单、枯燥、繁重的数据备份工作中解放出来，使其腾出时间和精力从事自建数据库、深层次数字信息资源的开发利用工作，提高信息工作的质量。

近年来，美国网络存储服务的发展非常迅速，已经出现了一批网络存储服务供应商，其中，比较著名的有国际存储管理公司、存储网络公司、康柏私人应用存储公司、存储道路公司等。这些存储服务提供商主要提供两种基本类型的服务，一种是公共应用式服务，另一种是私人应用式服务。

就存储的方式而言，可分为：租用存储空间，用户将数据存储到存储服务公司提供的服务器中，并通过相关软件进行远程数据管理；存储服务代理，网络存储服务提供商远程登录用户的计算机或服务器，然后按协议规定将用户需要存储的数据存储在相应的服务器上。这些服务项目按安全程度、备份对象、单位时间里的备份次数，又可划分为不同的服务等级，如 24 小时在线备份、每天 1 次的增量备份、每周 1 次的完全备份等。不同服务等级的收费标准是不同的，大多数网络存储服务提供商是以月数据流量计费的。

网络存储服务代理是数字信息长期存储的现实选择。利用网络存储服务代理，可以自动将珍贵的数字文献、档案、电子文件进行备份，并将它们存放在相当保险的远程服务器中。网络存储服务在美国呈现迅速发展的势头。在我国的某些行业中，作为一种行业制度，网络存储服务也早已存在。如银行、证券等行业都制定了有关备份规定，要求通过网络向总行远程传送备份存贷款或交易数据。

---

① 参见陈益君、叶杭庆：《网络存储服务——数字资源安全存取的理想选择》，载《大学图书馆学报》，2002（1）。

网络存储服务最为关注的就是信息的安全性。如涉密的电子文件、有知识产权的信息、外购具有使用权限的数据库等，这些数字信息如果使用网络存储服务的话，客户应在选择服务级别和签订服务协议时加以明确。客户最好能对提供商的灾难管理、数据冗余和备份策略有个比较全面的认识，以确保数据的绝对安全。

在选择网络存储代理服务时应该注意以下几点。一是不同性质和用途的数字信息选择不同的代理服务内容。诸如保密信息、知识产权信息、引进数据库文献、数字化复制文献等选择的系统都应该在功能上有区别。二是注意备份等级的规划和管理。三是注意信息利用中知识产权的维护问题等。

9.1.2 数字信息存储技术发展的趋势

数字信息未来将呈现多样化发展的格局。存储介质方面，传统介质活力仍在，并不断取得技术新进展，如光盘有近场技术、全息技术，而硬盘有垂直技术等。新型介质技术仍在更新中，闪存的发展速度越来越快，有赶超硬盘之势。同时，新旧介质也有联合，诞生了混合式硬盘。生物材料的使用则使化学、物理学、生物学联合起来，由单一技术走向复合技术。按照信息整个生命周期来看，网络存储技术方兴未艾。

新技术代替旧技术的应用必然要经历一个漫长的过程，但这个过程变得越来越短。旧介质的生命力在于具有良好的兼容性和成本低廉，但是为了满足人们的需要就必须不断融入新技术；新技术将不断改变旧介质的性质，量变积累到一定程度就会引起质变。当旧介质不足以满足需求的时候，新介质就会被投入使用。数据量的不断剧增，又使人们向更宽的技术领域拓展，于是出现了网络存储技术这样一个新的存储技术领域，以满足人们对信息整个生命周期的保存和管理。

(1) 从存储产品的技术含量来看，产品所使用的技术越来越复杂，并且其种类由单一向多元方向发展。

人类的记录工具，由成分单一的纸张，发展到化学成分愈加复杂的胶片、磁盘、光盘，乃至多种介质集群，其加工工艺的进化是整个社会变革的代表。存储产品的发展，并不是单单依赖于某一项技术的突破，更多的是将已有技术进行综合。以无线存储技术为例：它的存储单元是半导体元件，与闪存无异；它的动力系统应用的是电磁感应原理；同时，数据信息的传输技术则与当前手机和笔记本电脑使用的蓝牙、无线网络技术如出一辙。所以，未来的存储产品将越来越多地涉及多种技术的联合使用。

（2）从存储产品的性能来看，产品变得越来越全面，越来越强大。

存储性能的提高，原因在于人们对存储性能的追求。这可以分成四个方面来看，一是存储密度，二是读写速度，三是使用的便捷程度，四是安全性和长期性。现在无论何种介质，其存储密度都在不断增大。当存储介质的容量增加了之后，只有提高读写速度，才能保证工作效率不受影响。对使用便捷程度的要求既是以上两种要求的总结，也是对它们的扩展。人们对存储介质在空间便捷性上的追求，使存储介质的体积越来越小；人们对存储介质在时间上的追求，使存储介质的读写时间越来越少。闪存就是为了满足人们的这些需要而诞生的产品——既可即插即用，又可随身携带。然而，这并不是性能提升的极致。人们甚至可以将其存储接口也省略掉，用无线传输技术来代替。这样就产生了无线存储产品，其使用的便捷程度又上了一个台阶。前三个性能是存储技术开始发展的突出特点，随着数字信息大量产生和信息对人类发展的重要程度不断提升，人们开始将存储技术的战略重点转移到信息安全、信息长期保存领域。网络存储技术在NAN和SAN的基础上又综合发展出了基于IP的存储网络，NAS和SAN的融合、OpenSAN、智能SAN、零距离存储、虚拟存储池等存储概念和方案层出不穷，并逐渐得到业界和用户的认同和接受。

以上几个方面的发展将有力地促进各类存储系统方案的统一。结果将是，对存储系统及其数据可以方便、低成本地进行运营管理。这也为各类数字信息的保存及其价值的长久发挥创造了条件。

9.1.3　未来信息存储技术对数字信息长期保存的挑战

未来的存储技术优点很多，但也隐藏着危险。技术快速更新换代，使数字信息长期保存的稳定性受到很大的挑战，技术的复杂又导致了维护的困难。对需要长期保存的信息，数字信息存储技术带给我们如下几方面的挑战。[①]

（1）数字信息的寿命不仅取决于制成材料的寿命，更依赖于记录信息的技术的寿命。

纸质信息与载体“相依为命”，不可分割，保持材料的原始状况是保存工作的基本要求，也是最大限度地延长信息寿命的主要方法。这就是所谓的延续性保存措施。数字信息具有信息与载体可分离的特性，原始的记录信息可

① 参见赵淑梅：《记录技术的发展对档案保护技术的影响》，载《档案学通讯》，2006（2）。原文主要针对档案保护展开分析，笔者认为这种分析同样适用于其他需要长期保存的数字信息。笔者对原文作了部分更改。

以在非原始的载体上自由迁移。由于形成数字信息的记录技术升级换代的周期缩短，所以技术寿命较短，故而信息的迁移不只是一种复制手段，更重要的是一种延长数字信息寿命的方法。所以，对于电子档案的保存，许多人认为技术的过时比制成材料老化对其寿命的影响更大。

(2) 影响数字信息寿命的因素更加复杂多样。

影响数字信息寿命的因素除了影响制成材料的理化因素外，还增加了影响数字信息安全的因素。电脑病毒的侵害、黑客的破坏，逻辑归档和档案信息利用传输中由于信息不断被分解组合，原件的信息内容可能随时被更改、覆盖，甚至转瞬即逝，这些对信息保存工作者来说是前所未有的挑战。所以，今后数字信息保存工作与计算机技术工作的结合显得尤为重要。

(3) 保存工作范围不仅局限在数字信息形成后的静态保存，更重要的是从信息制作起直到其寿命终结的全程控制和保存。

以纸质档案为例，其主体的保存工作，就特别强调在档案库房中的静态保存，而这对于数字记录形成的电子档案的保存来说是不完整的。未来以数字信息建立起的数字档案馆、数字图书馆以及各种数字信息库，不仅保存和利用本馆馆藏信息，而且将这些数字信息互联互通，成为全国各地乃至世界各地信息资源的集散地。正如美国学者 D. 比尔曼所指出的，“未来的虚拟档案不再用收集、保管和提供现场检索的方法来管理，而是用控制有关文件信息及其利用方法来确保它们的保存、处置和利用”。数字信息也将这样从全过程来维护其长期保存和永久利用。

(4) 信息长期可读性及兼容性。

对于信息传递工作来说，数据的物理接口及数据管理系统是维护信息长期可读性和兼容性的重要保障。未来的数据存储技术在一定程度上弱化对物理接口的要求，很明显这也是为了适应人们对存储设备使用便捷性的需要，如无线技术的使用。应该说，未来的存储技术还未达到对当今技术进行革命的程度。很多技术是依赖于现今的存储介质和相关设备发展的，所以数据管理系统的兼容性更为重要。这就要求在进行数据存储时，尽量使用那些被广泛接受的数据格式。还有一点就是，根据需要及时对数据信息进行载体的迁移，即使采用新设备的成本大于对旧设备维护的成本。这也是保持兼容性的一个重要方面。

9.2　数字信息保存研究的拓宽和深入

数字信息所依赖的计算机技术具有综合性，而它与网络通信等技术的结合又使它必须具备广泛性和通用性，这样才能使网络上处于任何一个节点的人共享信息变为可能。正因为有这些特点和要求，所以数字信息从产生、传递到保存所涉及的范围比以往任何一项技术所涉范围都广，因而需要借助多学科、多专业的协作来解决共同面临的问题。从这个意义上说，数字信息保存研究不断拓宽和深入是必然的，也是必要的。

9.2.1　技术领域的拓展

目前数字信息保存实践，大多属于机构或组织内部的独立活动，然而机构或组织独立保存数字信息这种模式导致的结果是投入于保存的资源配置效率不佳。数字信息保存在技术领域的拓展可以分为几个方向：一是相近专业之间的合作和相互借鉴，如档案部门、图书部门、情报部门、文物部门之间的交叉合作；二是数字信息保存部门与 IT 行业的合作和相互支持；三是从文化遗产大视野、政府电子文件管理等宏观视角开展技术合作和技术保障体系的研究。

9.2.1.1　数字信息保存基本技术的构成

对于一个物品或一定形态信息的保存，用到的技术手段不外乎预防、治理和修复几个方面。数字信息的保存，同样需要这几方面的技术，只是其提法不同，涉及的内容和范围不同。比如，在数字信息保存中常提到数字信息的维护、恢复等。数字信息的预防，除了预防载体材料变质外，更多的是通过电子文件的制作背景、制作目的、利用控制、信息保管等维护档案的真实可靠性，可使用技术包括备份技术、加密技术、电子签署技术、登录认证技术、访问控制技术、硬盘还原技术等；治理则是，一旦信息发生被污染、被破坏的情况，就应有相应的反污染、反破坏的挽救技术措施，如计算机病毒查杀技术、数据库修复技术、信息刷新保真技术、电子文件法律凭证保障技术等。

数字信息本质上不受时间、地域、文化或形式的限制，它潜在地可以被世界上的每个人利用。它的这些特性使数字信息的保存方式出现了新的情况：一是数字信息可以静态保存在存储载体中，二是数字信息可以动态保存在系统和网络中。与之相应的是，对数字信息的保护至少需要考虑四个方面的问题：数字信息的原生环境及其保护、数字信息的生存环境及其保护、数字信息的载体保护以及数字信息的信息保护。简单地说就是，从数字信息的形成、维护和利用三个环节进行科学合理的操作。

数字信息的保存技术由“文件形成技术”、“利用传输技术”、“保管技术（包括信息通道中和实体贮藏中的保存）”、“信息修复技术”等几个方面构成，这些技术针对数字信息在形成、利用、保管过程中将遇到的多种复杂的破坏因素，特别是智能性的人为破坏因素进行预防和治理，所以开发和研究这些技术主要以人类智慧高度发展产物的信息技术、自动化技术、材料技术等高科技的理论和方法为基础进行。如数字信息形成技术主要涉及标准且安全的软件开发，电子文件形成过程中确保文件可靠性的各种监控、防护技术的研究和应用等；利用传输中的保存技术主要指档案在开放的网络传输中的保存，如包括网络信息安全可靠技术、防计算机病毒、防黑客攻击、网上知识产权保存法规等；保管技术虽然可借鉴纸质日常保管技术，但由于电子档案材料结构多样化，其管理措施更强调个性化、多样化；信息修复技术主要指数据恢复技术、病毒查杀技术、数据库修复技术，磁盘、光盘等载体上物质损毁和信息丢失、污染等方面的修复技术等。

9.2.1.2　相近行业的合作和互相借鉴——图书、档案、文物、情报等领域的协作

图书部门、档案部门、情报部门、文物部门等的工作性质相同，都是以保存作为基本的职能。图书部门、情报部门、档案部门以承载在一定物质载体上的信息为保存对象，文物部门以保存一定形状的物品为主要工作内容。不管是保存何种形态的物质，保存的原则和基本技术的构成都有很多共同点，所以这几个相近的行业具有合作的前提和基础。

至于具体合作的途径和方法，既可以以项目为核心开展人员、资金、设备等方面的合作，也可以以共建信息为平台，共享研究成果，拓展研究成果的应用领域和使用价值。合作可以避免重复研究，整合雷同项目，充分发挥研究人才的作用，提高研究效率和推广价值；还可以相互借鉴管理制度、技术标准、技术解决策略等。

9.2.1.3　数字信息保存部门与 IT 行业的合作和相互支持

数字信息的整个生命周期都在计算机系统中，因而所有的技术问题都离不开 IT 行业的支持。但我们在这方面的沟通、合作还存在不少障碍：数字信息管理部门不了解 IT 企业的工作流程和技术功能，IT 企业不熟悉数字信息管理部门的业务需求，二者缺乏相互交流的共同语言，存在理解上的不对称，

因而出现了目前市场上数字信息管理软件种类很多，但适合数字信息管理部门的产品并不多见的现象。这种不对称，一方面使 IT 企业做了许多无用功，另一方面数字信息管理部门也没得到有效的技术支持。如何让二者相互支持、共同发展，需要这两类部门探索出一些有效的途径来。或者由供需双方建立研发基地，进行长期的项目合作开发研究，或者由权威部门建立第三方技术认证机构，为匹配的供需双方寻找合适的对象。

9.2.1.4　从文化遗产大视野、政府电子文件管理等宏观视角开展技术合作和技术保障体系的研究

需要长期保存的数字信息，是国际上提出的数字遗产的部分，当然也是文化遗产这个大家族的成员。国际范围内对文化遗产保存、数字遗产保存、数字文献保存的研究开展得如火如荼，开展国际合作研究也渐成潮流，如 InterPARES 项目，就是一个与数字信息保存有关的影响大（14 国参加，跨越欧洲、亚洲、美洲大陆）、时间长（1999—2012 年）的国际合作项目。它主要致力于研究“电子文件真实性的永久保管”，参加人员有计算机工程师、文书学家、档案专家及法律专家等。该课题研究项目下设 4 个领域，有电子文件真实性要求、鉴定、保存和国际标准框架等。这充分说明了技术解决方案的综合化和多样化。

数字遗产有具体表现形式，如文本、网页、数据库等，有物质表现形态，如各种数字存储载体，因此数字遗产不属于无形文化遗产，但无形文化遗产可转化为数字遗产进行保存，从而使无形遗产有形化，使无形遗产生生不息、永久流传；数字遗产通过特定载体如光盘、磁盘等存储，大多数数字遗产，其“原生态”只有数字形式、直接产生于计算机中，它的产生途径和存储载体都是可移动的，因此毋庸置疑数字遗产属于可移动文化遗产。

数字信息保存与遗产保护的原则是一致的。《世界遗产公约实施行动指南》规定了关于世界遗产的非常重要的两个原则：真实性和完整性原则。《数字遗产保护章程》条款 8 规定：“制定确保数字遗产的真实性的法律及技术措施是非常重要的，以防有人操纵或蓄意篡改数字遗产。”美国和加拿大极力奉行“最小干预原则”。与电子文件永久保护密切相关的标准有 InterPARES、CEDARS、VERS 项目中对电子文件真实、完整以及元数据标准的规定。我国档案界在数字信息保存上奉行“以防为主，防治结合”的原则。虽然不同国际组织和国家对保护原则的表述和对具体含义的解释都有所差别，但维护藏品和各种遗产的真实性已经得到广泛认同，真实性原则也是可移动文化遗产（当然也包括数字遗产）保护最基本和最核心的原则，各种保护活动的开

展也都以此为基础。

数字遗产保护是全球性的课题，它需要政府、数字遗产生成者、出版商以及相关行业及遗产机构的共同努力。可移动文化遗产保护系统可以为数字遗产保护提供理论研究平台、管理平台、技术平台、组织合作平台等，因此必须最大限度地将可移动文化遗产保护资源应用到数字遗产保护中，使数字遗产保护更加战略化、组织化、系统化。

9.2.2 管理手段的综合化

"保存，是社会的需求，保存作为目的的具体内涵是：为保存物质或信息而采取的各种行为，包括制定政策法规、技术研究、组织管理等，所以，'保存'既是学术研究，又是社会管理"，这种观点使我们进一步明确了保存管理在数字信息保存工作中的重要性和保管手段综合化的必要性。

武汉大学的周耀林教授用层次分析法提出档案遗产保存的层次结构模型，如图 9—1 所示。

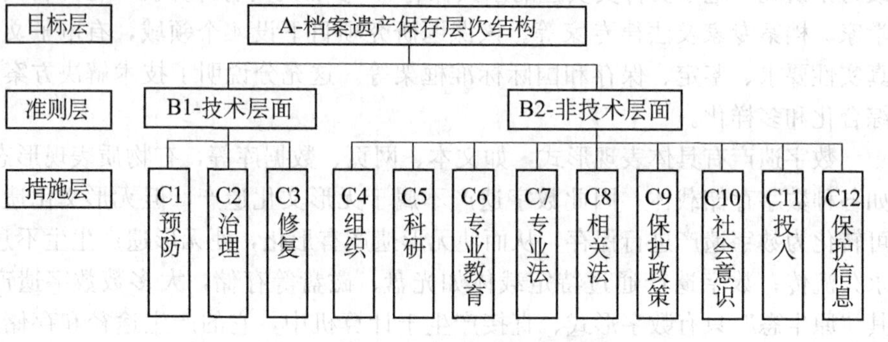

图 9—1 档案遗产保存层次结构图

这个结构模型展示了档案遗产保存系统各个要素的构成和相互关系。这个模型同样适用于数字信息保存模型构建。图中所指的非技术层面，实际上就是管理层面的相关要素。可以看到，管理因素是个复杂的组合，它需要机构首先根据这些要素制定规范，并对执行效果和质量进行评估和调整。

我国在管理上比较弱势，给信息的保存带来很多不良的影响。如文件领域长期实行的文档分离管理体制，使文件质量与档案质量考评指标、标准不一致，在文件制作、使用过程中给档案的长期保存带来很多隐患，目前实行的双套制又将纸质文件这种不良的管理模式带到了电子文件管理中。如果再不改变，不仅将来电子文件的质量无法得到保证，还会使许多重要的电子文件无法被保存下来。环顾世界我们看到，重视管理措施在保存文献遗产中的战略地位是普遍现象。欧盟将文化遗产的预防性保存策略分为领导、机构规划、培训、信息利用、公众角色五个方面。捷克斯洛伐克从培训、信息利用、方法论、公众参与、政府框架的建立、特别建议六个方面进行了构建。澳大利亚提出，保存策略是"一系列方法的变化和结合"，包括：教育津贴和通报项目，藏品管理计划，标准、政策、立法的发展和执行，专业培训和开发，研究，适宜储藏和展览环境的津贴，脆化材料的处理，复制。美国国会图书馆保存专家将纸质文件的保存策略分为藏品行政管理、文物拷贝及复制、藏品环境控制、纸质藏品保存、纸质文献修复、纸质文物保存科学、保存人才培训七大版块。

我们应行动起来，借鉴这些管理策略，制定出适合我国各类数字信息长期保存的纲要和指南，融入世界潮流中，承担起将现在和未来的中华文明信息长久保留下来的艰巨而又光荣的任务。

(1) 保存政策法规的制定和实施。

从宏观上制定数字信息长期保存的目标、原则，以指导和规范保存部门的职责和工作范围。

(2) 数字信息保存机构及责任体系的构建。

建立行业甚至国家范围的数字信息保存管理机构、研发机构，负责协调、指导保存部门的工作和技术推广应用，以及经费的筹措、人员的培训、国际交流等业务活动，并确定不同保存机构的权益和责任。

(3) 标准的制定、推广。

为数字信息的长期保存建立标准保障，确保数字信息的质量。

(4) 数字信息保存工作水平评估体系的建立。

制定数字信息长期保存质量指标体系，并进行定期测评。此外，对资金来源、管理、使用效益等方面也应建立相应的保障和审计管理制度，使数字信息长期保存得到稳定的资金保障和可持续发展的基础。

9.2.3　人才知识结构的复合型和素质的综合性培养

依靠先进的技术和科学的管理，是有效保存数字信息的重要手段，但在这一过程中起关键作用的是人才。人才是科技进步和社会发展的最重要资源，是21世纪在竞争中能否赢得主动权的决定性因素。人才是技术的掌握者和管理的执行者。所以数字信息的保存人员不仅应是应用型高素质人才，还应是知识复合型技术人才。为了打造这样一支人才队伍，一方面保存数字信息的工作人员应注重提高自身的能力以适应工作的需要，另一方面机构和社会应建立培训教育机构，提供专业教育和深造的机会。

9.2.3.1 数字信息保存工作者自身素质的提高

数字信息与纸质信息的管理有很大的不同，最突出的表现就是技术的先进性和动态发展性，要求工作人员不断更新知识，扩大知识视野，特别是在新内容、新技术、新材料不断出现的情况下，更应该与时俱进，转变思想，扩充知识，加强对相关领域保存技术成果的了解和借鉴吸收。联合国教科文组织发布的《数字遗产保护章程》指出：全世界的数字遗产正濒临丢失的危险，除非这种上升的危险被加以注意，否则数字遗产的丢失将是快速和无法避免的。数字信息保存人员是人类记忆的守护者，他们的工作任重而道远，数字信息保存人员应顺应时代发展的要求，解放思想，与时俱进，适时扩充自己的知识，提高综合素质。

数字信息保存工作者应具备如下几个方面的素质：

(1) 了解计算机应用知识、文件管理知识。这是最基本的专业知识要求。

(2) 应了解和应用相关的行业知识。具备宽广的知识视野和较强的学习能力，满足数字信息保存所需要知识的广泛性和创新性。

(3) 养成基本的职业道德素质。树立责任意识和风险意识，从战略的高度来认识管理数字信息保存的重要性。

(4) 掌握外语知识。随着计算机的发展和国际交流的增加，外语知识成为数字信息工作者必不可少的素质，它既是提高工作质量和工作效率的重要工具，又是及时了解世界动态和应用国际化知识的工具。

9.2.3.2 建立专业的培训机构

数字信息长期保存将会给保存部门带来新的任务，所以需要使用经过专业训练的人员。对于数据长期保存的需求与任务，必须在当前与未来的培训计划中给予足够重视。

国际上兴起的数字信息管理和保存专业培训模式值得我们借鉴：或者开展专题式讲座，集中培训某一方面的内容；或者开办研究生教育，进行高层次的专业训练；或者作为一个教育研究项目，建立和推广教育模型，编辑学习手册、指南等。我国也应该进行这方面工作，开展切实可行的培养人才的活动，加大在职档案人员的岗位培训力度。

9.2.4 有待研究的问题

(1) 形成机构内或国家内的长期保存系统时，如何制定阶段性目标？在构建保存网络时，如何建立责任体系？

（2）长期保存的经费来源、成本预算、系统模型与标准选择、权益管理等如何有效解决？

（3）随着数字对象存储复杂性的增加，如何长期保证数据的精确可读性（技术的可读性和人的可读性）？如何最大限度地削弱技术过时的影响？

（4）为了降低成本，减少重复开发，选用已有软件或开源软件继续进行开发是一种资源优化的选择，但如何有效避免软件自身存在的硬伤对系统的健壮性和效率等造成的影响？

（5）如何针对特定数据（如科学数据、文化遗产资源）的保存制定有效、统一的标准？

（6）数据安全如何保障？如何进一步在保存的基础上利用数据开发服务？系统的可信赖度及系统提供的服务、内容如何鉴定？

（7）教育与培训由谁组织？如何实施？受教育和被培训的对象如何确定？

9.3　数字信息保存与管理的关系

关于管理与技术的问题是目前很多领域谈论的一个重要话题，对二者的关系大家也有了基本的认同，即技术作用的发挥很大程度上取决于管理的质量，管理要先行。然而，在实践中解决某项工作问题时，人们首先考虑的仍然是寻求技术的支持，而把管理放在其次。数字信息保存同样也走入了这个误区。何以产生这种理论与实践不对称的现象呢？在论述数字信息保存与管理的关系问题之前，笔者要先从广义上谈谈技术与管理的问题，从中找到症结所在，以便更好地指导实践，处理好技术与管理的关系问题。

9.3.1　重视技术忽视管理的根源

管理与技术是关系密切、互为条件的两个事物。由于二者表现形式、作用发挥的途径和效益评估的方式不同，因而人们更多地关注技术，而忽略管理。

9.3.1.1　从表现形式上看，技术是显性的，管理是隐性的

社会的发展力量首先让我们看到的是科学技术的进步，所以人们在描述和总结社会进步、文明发展经历了几次浪潮、几次变革时，大都以技术为标准来进行衡量。于是人们形成了一种惯性的思维方式。确实，社会的进步、文明的发展若离开技术的进步，就如无本之木一样失去了基础，技术为人类征服自然、改造自然提供了必要的工具。然而，若没有人对技术的科学应用，

技术这个利器就会成为一个占据空间的无用物品。所以，要很好地发挥技术的作用，人的能动性问题首先要解决，这就涉及管理问题。管理力量的发挥靠制度和规章去指导和约束人的行为，这个过程就需要领导和实际工作者具备自觉执行管理规则的行动力。所以管理更多的是一种隐性的观念和能力，潜藏在人们的行动中。

9.3.1.2 从作用发挥的途径上来看，技术是直接的，管理是间接的

排除一个机械故障，解决一个工程设计和操作难题等，首先需要的是技术。而管理作用的发挥过程比较复杂，需一段时间才能看出效果来。它是制度的规范和执行逐渐渗透的结果。因而，技术具有立竿见影的效果，管理效果的出现却比较滞后。

9.3.1.3 从效益评估上来看，技术易于量化，管理难以量化

衡量一项工作、一个部门的工作效益都需要一些指标，这些指标往往是量化指标，如有几台机器、产量如何、销售额如何等，这一个个实实在在的数字让人信服，让人感觉到成绩的所在。管理制度上的绩效则难以量化和评判。这在某种程度上使人们忽略了管理的功绩。这种意识和结果上的弱化进一步影响了管理作用的发挥和对其重要作用的认识。

9.3.2 管理与技术协调发展的必然性和必要性

人类已进入技术革命的第三次浪潮——以信息技术为主流的社会发展进程中。在这样一个社会条件下，技术的发展表现出三个显著的特点：快速性、综合性和信息传输与利用的超时空性。

9.3.2.1 技术发展的快速性

关于技术发展的快速性，我们从计算机不断升级换代中就已经深切地感觉到了。它的更新换代遵循着摩尔定律，即每 18 个月更新一次。这种快速性一方面不断刷新着工作与生活的面貌，如进入 20 世纪 80 年代以后，以计算机为核心的信息记录技术、与网络等通信技术相结合的信息传输技术和超时空的利用技术，更加迅速地变革着社会的每一个角落。此时出现了以 4A 为主体的智能自动化技术，给人们带来前所未有的方便、快捷、高效生活。但享受这些快乐之时，我们面临的烦恼和问题也层出不穷。面对快速更新的技术，人们感受到了知识库存的贬值、需要不断学习的困惑和时刻面临被淘汰命运的危机感。掌握新技术、更新技术知识不断催促着人们一路小跑。急行军中必然有先后，也不乏体力不支的掉队者。于是有些人甚至产生了这样的担忧：技术终有一天会控制人类，就像电影中机器怪物对人类的威胁。

9.3.2.2 技术发展的综合性

技术发展的综合性主要表现在，一项技术的发明和使用是综合了多个领域和多个部门的力量的结果。如计算机技术，综合了数学、自动化、材料、通信等多种学科的技术。它的存在和发展，它的使用和维护当然也需要诸多部门的各种专业人才联合攻关，协同解决。传统模式下的单打独斗无法应对复杂的技术问题。

9.3.2.3 信息传输和利用的超时空性

计算机技术与网络技术、通信技术的结合，为人们在地球上构筑起一个通信的大网。在这个大网中，任何一个连接点都可以瞬间接收和利用网上的任何信息，也可以传播任何信息，真正实现了“天涯若比邻”的理想。

当今技术以上三个突出特点，都要求我们在掌握技术、利用技术的时候必须有配套的管理来制定规则、维持秩序、协同解决问题。否则，世界就会失控，人类就会陷入技术使用不当带来的灾难中。

9.3.3 数字信息保存技术与管理之间关系的协调发展

数字信息的产生是由技术的进步引起的，对其进行保存、利用等必然需要必要的设备、必要的技术手段的支持。按照人们思维的惯性，对于数字信息的保存而言，显性问题是技术带来的困难，顺理成章，解决的办法首先也是技术。但调查和统计发现，数字信息的丢失、破坏、滥用、无法长期识读等问题，大多是由管理制度的不健全、管理人员素质差等管理方面的问题引起的。所以，面对数字信息的保存问题，对技术和管理要辩证地看，从某种程度上说管理更为重要。在管理学上，人们对技术与管理问题的普遍看法是，“三分技术七分管理”，在数字信息的保存上这种观点同样适用。具体说来，数字信息保存技术与管理的关系如下。

9.3.3.1 数字信息保存中的突出问题是重技术轻管理

数字信息的产生、传输、利用、保存这整个生命周期都处在技术环境中，因而对技术的依赖成为人们首先关注的问题。比如，为了避免技术带来的风险，人们对数字信息保存中的电子文件保存一开始采取了双套制、分布式保管等措施。

双套制是将电子文件以纸张与磁盘（或光盘、磁带）为介质制作双重备份，并分别归档管理，形成两种介质、两套同一内容的档案。其目的是，利用纸质文件将电子文件内容固定，使其不易变动或被修改，以此达到保护其法律效力的目的；磁盘、光盘备份是为了保留电子文件在检索、传输、存储方面的优点，方便用户利用。这种方式说明人们仍想以纸质文件管理模式来保管电子文件，因为对电子文件承担起传统纸质文件的凭证价值的技术保障没有信心。双套制是文件介质转换时期的一种过渡现象，但它也给电子文件管理的发展带来诸多问题。双套制的实行，使电子文件在制作、保管、利用等各个环节的随意性增大，记录格式多种多样，文件的背景信息不是没采集就是不完整，管理系统异构，很多电子文件没有鉴定、归档就从系统中删除了。这种种问题的出现，使一些学者提出警告：如果再不采取行动，人类将面临“失忆”的危险。

由于电子文件依赖的计算机系统升级频繁、技术生命周期短、长期保存的电子文件需要随着系统生命周期的变化而升级迁移，于是对电子文件采取分布式管理。这种对文件分散的管理，是不符合国家关于文件集中保管的原则的，对文件的真实性、完整性、有效利用以及对政府核心资源的监控和保管都会带来很多问题。

随着计算机技术的发展，数字记录技术必将取代纸张模拟记录技术，成为社会主流的记录、传递、保存信息手段。纸张之后陆陆续续出现了胶片、录音磁带、录像磁带等新型载体材料。这些材料虽然增加了纸张记录信息的种类，可以对声像进行动态记录，然而它们只是纸张记录技术的一种补充，不构成对纸张信息管理系统的冲击和变革。所以对它们的保存仍按照纸张信息保存的理论与实践去做，这种方式虽然不是最佳的，但勉强可以。到了计算机记录工具时代，数字信息记录技术却大有替代纸张信息记录技术的趋势。以计算机为核心的信息技术更是以全面改变人类生存方式和社会面貌的态势发展着，那么与其具有密切关系的，以维护人类信息完整、安全、长久为目的的信息保存技术，必然面临着更新变革的挑战，而且这种变革正如加拿大档案学者特里·库克指出的：“信息界面临的改革确系这样彻底的革命，而非技术性调整”，“记录和传递模拟信息的主要工具纸和笔将逐渐消失，而被各种‘电子’、‘光子’等数字信号形式的信息存贮和传递方式所替代”。

鉴于这种全面深入的影响社会变革的技术，社会其他方面的变革也必须跟上，否则，技术与管理、技术与观念、技术与人员素质之间的反差，理论与实践的脱节等，必然带来诸多问题。

9.3.3.2 管理制度的制定是保障技术发挥作用的前提

一浪又一浪的技术进步热潮在一定程度上攻克了数字信息的许多技术难点。然而，在数字信息保存技术进步的背后，我们的数字信息保存工作面临的问题也层出不穷。在许多机关单位中，草稿性电子文件自生自灭、辅助性电子文件无人管理、电子文件的存储载体不安全、对电子文件生成的硬软件数据缺乏保存的问题依然存在。在网络世界中，网站惨遭黑客攻击的次数越来越多，机密信息被窃取的情况也没有绝迹。表面上看，是技术变革带来了诸多问题，但实际根源不是技术进步了，而是管理相对落后。

随着数字信息的巨量产生、实践的深入发展、技术的不断成熟，人们渐渐认识到管理的重要性，看到问题的症结不仅是技术，更主要的是管理措施与技术发展不同步。不少行业做过调查统计，结果发现人为错误在威胁数据安全的所有因素中出现的频率最高，占所有电子数据丢失案例的80%。人为的错误往往是由操作员困倦、劳累、生病、经验不足、技术不娴熟、责任心不强等因素造成的。被我们视为洪水猛兽的计算机病毒、黑客等的破坏和攻击并不是主要因素。这更加说明管理的重要性。所以，目前世界各国都将战略重点由技术转移到制定管理策略、建设标准体系上，采取多方面协作等方式综合解决数字信息管理的问题。

电子文件的顶层设计就是，从管理上，而且是从国家层面的管理上掌控和引导数字信息管理。对这种理论与实践的研究中外都在积极探索之中。

西方发达国家在多年的电子文件管理实践和理论研究的基础上，不约而同地提出了电子文件管理国家战略问题，认为战略研究是解决电子文件管理问题的前提条件。国际档案理事会2005年出版的《电子文件管理工作手册》中明确提出要从战略角度影响电子文件管理实践；加拿大国家图书档案馆于2006年提出了加拿大数字信息战略；2005年美国的ERA项目负责人在向国家数字战略咨询部汇报时，指出该项目正是要为联邦机构的电子文件管理提供政策、战略、指导和工具；澳大利亚、英国、丹麦等国家也先后将电子文件管理作为信息时代政府治理与政府责任的主要内容，将之纳入国家电子政务建设之中，并开展了电子文件管理战略研究项目。2006年5月中国人民大学的冯惠玲教授在中国信息资源管理论坛上首次提出，“制定和实施我国电子文件管理国家战略”，这标志着我国的电子文件管理也走上了顶层设计、规划和集中控制的轨道。

制度、计划是加强管理的重要保证。要想使信息保存安全、长久，必须在信息生命周期各个环节建立监控制度、采取管理措施，从技术、组织机构与人事管理、信息安全法制建设等方面采取综合治理措施。数字信息系统是一种内容繁多、结构复杂、环境多变的人机系统，若要保证数字信息的长期安全和有效，必须从整个系统出发，而不是对系统中的某个或某些元素做局部的调整。系统内外所有因素都是管理的内容。然而，长期以来，我国数字信息保存工作一直未得到应有的重视，我国数字信息保存工作的现状是一种条块分割、各自为政的局面，原有的图书馆、档案馆所承担的文献保存工作在网络环境下已远远不能适应文献信息保存工作的需要。特别是在网络迅速发展的条件下，各网络机构只注重网络信息的时效性和经济价值，并不注意对网上历史信息的保存，致使网络信息保存极为困难。其主要原因是我国目前还没有一个统一的数字信息保存管理机构，没有建立统一的数字信息管理制度，数字信息的保存工作处于离散状态，缺乏明确的管理机构和有力的管理措施。这也就造成了数字信息保存工作与数字网络技术的发展不相协调、不相适应的局面，数字信息保存工作严重滞后。

因此，改进数字信息保存工作，建立统一的数字信息保存管理的权威机构以及相应的管理制度，刻不容缓。

9.3.3.3 健全的管理制度和科学的技术开发应用共同为数字信息保存保驾护航

科学技术从诞生之日起就是一柄双刃剑：它积极的一面曾一日千里地推动社会发展；而它消极的一面，却可能使人类千年的文明瞬间消亡。但其消极作用是可以被有效遏制的，对科学的管理就是最好的校正力。

技术是人发明的，技术的实施也需要人来操控。所以技术效能发挥的能动因素是人，一个好的工具必须配备一个好的使用者，否则这个技术就无法发挥它应有的作用。要让技术发挥作用，领导者必须拥有良好的用人之道，工作人员必须具备良好的职业素质和工作技能。而要保障二者的工作效能，很重要的一点就是建立一套科学的管理制度，用以规范领导和员工的行为，明确各自的责任和义务，建立良好的用人制度等。只有有了管理上的保障，才能为技术的有效贯彻创造良好的条件。所以说，工作如一台机器，技术是动力，管理则是机器运转必要的润滑剂。只有在润滑剂的润滑下，技术动力才不容易出故障，机器才能快速、稳健地驶向正确的方向，达到预期的目的。

总之，推动社会进步、文明发展的力量是技术，机制在于管理。因而，解决数字信息的安全问题，不仅要依靠科学技术，还要借助于科学的管理，用有效的管理手段来消除信息技术所带来的不利影响，使技术与管理协调发展，共同为数字信息的保存保驾护航。

9.4 数字信息保存的协作、分工与共享

数字信息的产生、管理依赖着共同的技术——以计算机为核心的技术，这决定了保存技术原理的一致性和管理手段的相似性，为协作、分工与共享提供了可能性和统一的平台，同时也表明了以协作、分工方式解决共同面临的问题的必要性。2003年联合国教科文组织颁布的《保存数字遗产宪章》发出号召：鼓励硬件和软件的开发者、数字资料的创制者、出版商、出品人、发行人以及其他私营部门的合作伙伴，与国家图书馆、档案馆、博物馆和其他公共遗产组织通力合作，共同保存数字遗产。

数字信息保存的协作、分工与共享，主要涉及三类部门：一是信息生产部门，二是信息保存部门，三是信息保存的监管和研究部门。第一、第二类部门关系到数字信息的生产质量和保存质量，第三类部门则从宏观调控、科学研究角度提供政策、管理和技术的支持。此外，在同行业间进行协作，也是协作、分工、共享的重要模式。这种模式在传统时代就存在，如图书馆联合会等，在数字时代进一步加强即可，限于篇幅，这里重点介绍不同行业间的协作，不同行业间的合作也是目前需要我们加大力度研究的新问题。

9.4.1 数字信息生产与保存部门的协作、分工与共享

数字信息生产与保存部门之间的协作可分为三大类：第一类是机构业务信息的生产与保存部门，之间的协作即文件生产部门与档案管理部门之间的协作；第二类是数字产品生产部门与保存部门——图书馆、情报所之间的协作；第三类是信息保存部门之间的协作。

9.4.1.1 机构业务信息的生产与保存部门之间的协作——文档一体化管理

文件与档案是同一个事物的不同发展阶段的不同称谓。在纸张时代，由于文件与档案的功能、保存地点、使用对象不同，于是将二者划分成两个独立的管理系统：业务部门主管文件的形成、业务的现实利用；档案部门将归档的文件集中长期保管，面向全社会提供利用。这种分离状态在纸张时代有其存在的合理性，但在电子文件时代却带来一系列的问题，特别是长期保存的档案，由于文、档分离，档案的质量和功能难以保障。所以建立一个以计算机信息管理为核心，集文件处理、档案管理于一体的综合办公自动化系统，实现文档一体化管理是非常必要的，这也是数字信息保存的内在要求。

文档一体化是充分利用文件生命周期理论、前端控制和全程管理思想而建立起来的文件与档案集成管理的实践模式。电子文件管理的整个生命周期是在一个预先设计好的管理系统中完成的，所以管理系统的设计和安装这些属于前端控制的工作，直接关系到电子文件管理的质量和效率。电子文件的形成、传输、利用、归档保存这种全过程的监控和管理又是保障电子文件质量和安全所必需的，因为电子文件在形成、传输、利用和归档过程中会受到各种不安全因素的影响，没有健全的访问权限设置、操作日志、电子签名、预防病毒和黑客攻击等管理制度，将会使电子文件遭遇各种威胁和破坏。

按照文档一体化的管理模式，电子文件管理系统应具备以下特点。

（1）文件工作流与档案工作流的集成性、连贯性。“注重文件生命周期内各个阶段管理活动和管理要素的统筹兼顾，强调各项管理内容和要求的无缝链接、系统整合和总体效应。”如对电子文件进行鉴定，需要改变以往的归档鉴定做法，将其提前到文件形成之初，这样归档流程也变得更加简单和及时。还有保存工作，是文件与档案工作的共同需要，应把这个流程的功能贯穿到工作流程的全过程，而不像传统文档工作只在档案保管阶段去做。戴维·比尔曼指出：“业务活动产生的记录信息，一旦形成，即可转入档案管理系统，与其背景信息一并封装保存。”所以电子文件工作流程的设计不仅不能照搬纸质文件工作流程，而且也不是纸质文件与档案工作流程的简单组合。我们必须从办公自动化环境下电子文件与档案形成和运动规律的特点出发，设计出合理高效的工作流程，最终将其一并纳入电子文件保存系统中。

（2）文件流与业务流的集成。文件是社会各项事业管理的工具，这个工具应用的好坏直接关系到文件价值的实现程度和管理的绩效。“所以文件流与业务流的结合程度也是衡量电子文件工作成败的一个重要标准。”要实现二者的有机结合主要“通过系统分析业务流程，确认业务流程中对电子文件管理的功能需求，并将能够满足这些功能需求的技术措施嵌入电子文件管理系统的相应位置，及时记录和捕获电子文件信息，使之得到有效的管理”。

（3）工作流程中每一环节都要充分考虑电子文档的真实性、完整性、安全性与长期可读性的需求。这方面的要求可参照国家档案局颁布的《档案管理软件功能要求暂行规定》（2001）、《电子公文归档管理暂行办法》（2003）、《电子文件归档与管理规范》（GB/T18894：2002）等相关规定。

为了保证电子文件管理系统文档一体化的功能和特点，文件、档案部门需要协调做好这样几方面的工作：一是，开发系统时，文件部门、档案部门和 IT 部门三方人员要共同参与；二是，文档部门有关文件、档案的著录标准、元数据标准等文件和档案质量指标的标准要一致，以便于文档部门共享，减少文档部门重复著录和整理的工作，保证系统的一致性和兼容性。

我国有关电子文件元数据的研究基本上局限在档案部门，至今尚未见到档案管理部门与政府部门共同研制电子公文归档管理元数据方案的。档案部门的元数据成果也未被政府部门（电子文件形成部门）接受。实际上，电子公文归档元数据方案若要植入电子公文管理系统，除考虑到公文归档的需求外，还必须顾及公文流转的诸多问题，这是一个复杂的管理系统。因而，仅限于某一行业、学科或部门研究，而不考虑其相关影响因子，是其不被文件形成部门采纳的主要原因。发达国家不仅制定了相应的法规，也采取了切实可行的措施，值得我们借鉴。如 2001 年英国公共文件办公室发布了《关于电子文件管理的电子政府政策框架》，指出电子文件管理是支持电子政府工作的一项关键技术。美国在 2002 年发布了《电子政府法案》，明确规定电子公文管理是电子政府建设的一部分。为保证以上举措成功，它们都采取了集合相关领域的专家联合攻关的策略，共同制定既能满足政府当前活动又符合公文归档质量要求的元数据需求模型。此外还要注意政府机构与档案管理部门的管理的协同性。如 2005 年在美国档案文件管理局的领导下，来自 18 个联邦机构的档案界、律师界、IT 界和项目管理界的领导人，共同研究并确立了一个体系结构内的档案管理的功能需求，即建立“文件管理服务元件”的软件模型，这个软件模块提供的服务包括：在一个基于构成的或服务导向的计算机管理环境中，支持创建、管理、移交和销毁电子文件。

9.4.1.2　数字产品生产部门与保存部门之间的协作——出版界等文献生产部门与图书馆、情报所一体化管理

数字产品的协作主要是在资源建设与长期保存方面的协作。数字产品目前除了出版界出版的电子出版物以及纸质出版物的电子版备份之外，更多的是由各种文献数据库加工企业提供的，而且这种资源的数量、种类已成为图书馆购买、保存、服务的主要来源。然而，要确保这些数据库产品的长期利用和完整保存却面临着许多问题，最突出的问题是数字信息资源的所有权与使用权相分离、贮存地与使用地相分离，因为文献数据库是由数据库开发企业制作的，图书馆只购买使用权。这种网上资源在图书馆方面是虚拟的，即使某个图书馆买了某个数据库的永久使用权，也有可能因为遇到不可预测的因素而失去使用权，比如生产商出于利益上的考虑而关闭该库，或者遇到不可抗拒的自然灾害、人为破坏等，图书馆对数据库是无法监控和管理的。此外，数字存储技术的频繁更新、数据库信息的巨量增长都需要大量的资金来支持解决。

面对这些问题，数字产品生产部门与保存和利用部门之间要想协调发展，有些协作是非常必要的。

(1) 制定协作政策和策略。

数字产品种类、来源、长期保存的设计问题、领域具有复杂性和广域性，因而首先需要国家和行业的整体政策规划，改变传统的调控分割、各自为政的管理方式。建立国家数字资源长期保存战略政策，在全国范围内有组织、有计划地构建数字资源长期保存协作网，全面、经济、合法、有效地实现对国内外重要数字资源的长期保存和利用。国际上在这方面已经开始进行探索，并开展了一些实践工作。如在联合国教科文组织和国际科学联盟理事会（ICSU）联合召开的科学领域电子出版专家会议上，科学家、出版商和图书馆一起制定了电子存档的原则和指南，并与国际标准化组织就共同制定适当的标准问题进行了协商；美国的国家数字信息基础实施保存计划（NDIIPP）、澳大利亚国家图书馆的 PANDoRA 项目等，均是由该国国家图书馆牵头，联合相关部门一同探索数字文献保存工作的解决途径。

我国在这方面也正在规划和探索。在国家层面，《2006—2020 年国家信息化发展战略》提出：“我国信息化发展的战略方针是：统筹规划、资源共享，深化应用、务求实效，面向市场、立足创新，军民结合、安全可靠。要以科学发展观为统领，以改革开放为动力，努力实现网络、应用、技术和产业的良性互动，促进网络融合，实现资源优化配置和信息共享。要以需求为主导，充分发挥市场机制配置资源的基础性作用，探索成本低、实效好的信息化发展模式。”该文件还提出了我国信息化发展的六项战略行动：国民信息技能教育培训计划、电子商务行动计划、电子政务行动计划、网络媒体信息资源开发利用计划、缩小数字鸿沟计划、关键信息技术自主创新计划。但具体实施还需下很大工夫落实。

(2) 合作途径——建立保存责任体系。

网络信息内容的开发者、生产者、出版者、提供者应与图书馆和档案馆密切配合，共同承担网络信息的保存责任。而任何一方都无法独自完成网络信息保存工作。对网络信息开发者和生产者来说，在产生网络信息的时候就应该按照标准格式要求对网络信息进行生产加工，使网络信息资源具有能够长期存取与使用的标准化功能，以便网络信息保存者对网络信息进行长期保存的加工处理。而网络信息出版者应该对所出版的网络信息进行必要的存储，这可以通过合同或法律要求来明确网络信息出版者的责任。同时，尽管图书馆在保存网络信息方面有很多困难，但作为传统信息资源保存的重要机构，它应在网络时代发挥同样的作用。如澳大利亚国家图书馆在 1996 年制定了《澳大利亚电子出版物的国家策略》，并启动了 PANDoRA 网络信息保存项目，同时联合七家州级图书馆形成了分布式保存网络。美国国会图书馆实施的 NDIIPP 项目，欧洲七国和三个出版社参加 NLDLIB 项目；英、法、加拿大等国家图书馆，确定了国家图书馆对网络信息资源保存的主体作用。另外，许多国外高校图书馆和一些出版商也参与到了数字信息保存的行动中。如美国麻省理工学院图书馆与美国惠普公司于 2002 年合作创建的新型多媒体数字图书馆系统 DSPALE，英国剑桥大学图书馆与本校计算机服务中心合作的 DSPALE 联盟项目等。此外，有许多国家将网络信息保存费用预算计算到图书馆的日常经费中，这样使得网络信息保存工作真正得以长期坚持，并取得了较好的效果。

对我国的协作之路，有学者指出：国家图书馆可以承担保存网络信息的主要责任，联合教育部、中科院、科技部等学术资源丰富的部门开展合作，在技术上合作攻关，在资源保存上合理分工，经费实行最佳分配等；同时，各省市图书馆与各大学图书馆、各系统图书馆之间开展纵向和横向的合作，共同分担网络信息保存责任。他们提出了几种模式：国家和地方的信息保存机构共同承担网络信息保存责任（将责任者分为国家和地方两级，分级负责，又相互支持）；建立分散保存责任的合作机制（充分发挥生产、利用、开发、保存等有关数字信息部门的作用，合理维护数字信息的长期保存性能）；建立全国网络信息储存中心（作为国家信息保存基地）等。

9.4.1.3 信息保存部门之间的协作——图书、情报、档案一体化管理

图书馆领域以利用一次、二次文献信息资源组织数字化资源为主要任务；情报领域以三次文献信息资源组织与开发为主要任务；档案领域以零次文献信息资源组织与数字化资源，特别是事实性数据资源的组织为主要任务。三者协作有着重大的意义和可能。一方面，三者功能相似——都为社会提供信息资源的保管和利用服务，为合作创造了可能的条件；另一方面，三者资源共享具有必要性，即要更全面地为社会服务，这为其合作提供了广阔的空间。科学家钱学森指出：“从系统工程的技术角度来看，情报、资料图书、文献和档案都是一种信息，这种系统工程的目的是信息的存贮，信息的检索和提取，信息的传输和显示，所以整个技术可以称为信息系统工程。”图书、情报和档案是整个信息系统的不同组成部分，三者既有地域、学科和行业结构的特点，又有其服务的共用性和资源的共享性，它们之间的协作、分工与共享会起到相互促进、优势互补、协调发展的作用。

（1）国家层面和部门内部层面的宏观调控和管理。

按照我国哲学社会科学规划办公室颁布的学科分类标准，图书、情报、档案为图书馆学、情报学、文献学等一级学科下的分支学科，这几个学科在研究内容、研究方法上具有共通性和共联性。这说明，国家已把这几个学科放在一起进行规划和发展。首先，从项目的研究、经费的支持、人员的协作等方面进行统筹规划。1997 年我国首次全国信息化工作会议提出指导我国信息化建设的 24 字方针：统筹规划、国家主导、统一标准、联合建设、互通互联、资源共享。其次，对信息化建设进行法制化管理：建立全国性的专门管理机构和相关体制；颁布专门的法律、政策；制订专门的发展战略计划；健全保存信息用户主权的各种机制。再次，对网络信息服务进行统一监督、管理和控制，构建系统化的动态链接。最后，建立一个强有力的、国家级的、统一的领导机构，加快我国三位一体的全信息事业的现代化管理的发展。

（2）建立有效的联合检索体系。

通过现有的网络平台，建立图书、情报、档案的统一网站，在各自数字馆的基础上实现有效的动态链接，使其进一步公开化、社会化。高速发展的信息网络打破了传统技术条件下的地域、时间和行业限制，使得全方位的信息共享在技术上成为可能。数字图书馆、数字档案馆、各种文献数据库的建设相互借鉴经验，包括著录标准、数字化技术方法、检索体系、数据库功能等方面。

（3）优化文献资源配置。

图书、情报、档案部门作为文献的收集、整理和传播部门，其基本功能是一样的，但对数字信息资源的管理，数字化、网络化将是其发展的主要方向。在数字与网络环境中，三者文献资源的优化配置规划是非常重要的。第一，对文献信息资源体系进行整体建设，明确划定图书、情报、档案各部门文献资源保存的任务，并建立起适合数字化、网络化要求的文献信息资源体系及保障中心，走资源共建共享的道路。第二，图书、情报、档案、部门必须从根本上转变传统资源建设的观念，树立资源无限的新观念。随着现代化信息技术日益向图书、情报、档案部门渗透，电子出版物和网上信息资源大量涌现，图书、情报、档案资源的概念将突破时空和地域的限制。所以图书、情报、档案部门必须重构馆藏资源，正确处理实体馆藏与虚拟馆藏之间的关系，制定合理的馆藏建设政策。各部门在协作与互联互通的基础上，还要突出自己馆藏的特色，发挥地方、部门优势，达到资源互补和丰富整体资源的效果。

(4) 建立全新的网络信息交流平台。

数字时代，信息资源共享主体模式的建立是一条必由之路。有学者提出，中国数字图书馆工程应当成为整合图书、档案信息资源的平台，其超大规模、开放性、分布式的数字信息资源网络体系结构，能实现复杂信息的加工存取和海量信息的存贮功能，具有良好的兼容性、互操作性、可扩充性，并具有智能检索功能，符合国际标准规范。数字图书馆将改变信息存储、加工、管理、使用的传统方式，借助网络环境和高性能计算机等实现信息资源的有效利用和共享。作为国家的数据中心，中国数字图书馆应当成为覆盖我国各个行业的信息资源库。如何建立起我国文献资源共建共享网络信息平台，需要我们进一步进行探索和实践。

总之，加强档案、图书、情报三界的合作，促进系统产生整合效应，三方要统一认识，协调规划，利用现有的文档一体化及图书、情报一体化合作基础协同工作。如数字化信息的鉴选，数据记录与保存格式标准，著录与检索项目类别、规范、标准等，都有相同、相似的可互用的内容。目前欧美大多数国家的这类文献部门采用国际标准 ISO2709：1996《信息和文献信息交流用格式》、《国际通用机读目录格式》、《档案著录规则》、《档案指标著录》等。我国也应尽快与国际标准接轨。

9.4.2 国际协作

技术无国界，数字信息对计算机技术等的依赖性，决定了数字信息的保存管理所面临的问题具有共性，可以通过各国在技术、标准等方面的协作来解决；数字信息产生的广泛性和利用的共享性，又把国际社会各行各业紧密地联系在一起，为国际合作创造了对话、协作的机会和途径。

9.4.2.1 充分发挥已有国际组织的功能

国际档案理事会、联合国教科文组织等各种国际组织都可以作为国际合作、交流的平台，各国可通过积极主动地加入各种国际组织，并参与其举办的各项具体的国际交流活动来分享世界范围内的信息和成果。

(1) 国际档案理事会。

国际档案理事会成立于 1950 年 8 月，总部设在法国巴黎。它与联合国教科文组织有咨询性的合作关系，并与国际图书馆协会联合会、国际信息与文献联合会、国际电影档案馆联合会等国际组织有着密切的联系。每四年召开一次的国际档案大会是国际档案理事会的最高权力机构，也是国际档案界最高层次、最大规模和最高水平的专业学术会议。

我国于1980年正式向国际档案理事会提出申请，并被接纳为甲类会员国。1996年9月，第13届国际档案大会在中国举办。

(2) 联合国教科文组织。

联合国教科文组织是各国政府讨论教育、科学和文化问题的国际组织，其主要机构有大会、执行局和秘书处。大会为该组织最高权力机构，每两年开一次会，决定该组织的政策、计划和预算。执行局为大会闭幕期间的管理和监督机构。秘书处负责日常工作，由执行局提议，经大会任命总干事领导秘书处的工作。截至2001年10月，联合国教科文组织有成员国188个。其主要出版物为：《教科文组织信使》(月刊)，有中文、英文、法文、西班牙语、阿拉伯语、俄文等27种语言版本；《教育展望》(季刊)，有中文、英文、法文、阿拉伯语、西班牙语、俄文等不同版本；《科学对社会的影响》(季刊)，有英文、法文、西班牙语、俄文、阿拉伯语版本；《自然与资源》(季刊)，有英文、法文、西班牙语版本；《国际社会科学杂志》(季刊)，有中文、英文、法文、阿拉伯语、西班牙语、俄文版本；《版权公报》(季刊)，有中文、英文、法文、西班牙语、俄文版本；《博物馆》(季刊)，有中文、英文、法文、西班牙语版本。

该组织的宗旨是：通过教育、科学及文化来促进各国之间的合作，对和平与安全作出贡献，以增进对正义、法制及联合国宪章所确认之世界人民不分种族、性别、语言或宗教均享人权与基本自由之普遍尊重。

(3) 国际文献联合会。

国际文献联合会是非官方性国际学术组织。1895年由比利时人P. M. G. 奥特莱和H. M. 拉封丹创建。原名为国际目录学协会，1931年更名为国际文献协会，1938年改现称。1989年，国际文献联合会有67个国家会员、5个国际组织会员、12个国际组织联系会员以及261个团体和个人联系会员。办事处设在比利时布鲁塞尔，秘书处在荷兰海牙。国际文献联合会的宗旨是：在国际范围内联合与科学、技术、艺术和人文科学等方面的文献工作有关的团体和个人开展学术交流；组织和协调各方力量，对文献工作开展研究；召开国际会议，总结交流文献工作的经验；编印文献工作刊物，组织培训文献工作者等活动。它是国际上历史悠久、有较大影响的学术组织之一。

国际文献联合会设有两个地区委员会：拉丁美洲地区委员会和亚太地区委员会。此外，还设有10个专业委员会：分类法中心委员会、分类法研究委员会、情报和文献术语委员会、教育培训委员会、工业情报委员会、情报计量委员会、文献语言学委员会、专利情报文献委员会、情报理论基础研究委员会及社会科学文献委员会。

其主要出版物有《国际情报文献论坛》、《国际文献联合会通报》、《情报人员教育培训通讯》、《文献学和图书馆学研究发展计划》、《国际文献联合会指南》及历届大会的《会议录》。

1979 年 8 月 31 日，中国科学技术情报研究所代表中国正式申请加入国际文献联合会。1980 年 9 月，在丹麦哥本哈根召开的国际文献联合会第 40 届大会上，与会人员一致通过并接纳中国为国家会员。

(4) 国际图书馆协会联合会。

国际图书馆协会联合会（简称“国际图联”）成立于 1927 年，它是联合各国图书馆协会、学会共同组成的一个机构，是世界图书馆界最具权威、最有影响力的非政府专业性国际组织，是联合国教科文组织“A 级”顾问机构，是国际科学联合会理事会准会员，是世界知识产权组织观察员，它的总部设在荷兰海牙。截至 1995 年，共有 138 个国家和地区的 1 381 个协会、机构和个人参加了国际图联。

国际图联的主要目标是促进国际图书馆界和信息界的相互了解、合作、交流、研究和发展。它每年在其成员国举办一次大会。1927 年 9 月 30 日，在英国图书馆协会成立 50 周年庆祝大会上，中国和英、美等 14 国图书馆协会的代表联合倡议并通过决议，正式宣布成立国际图联。由于历史原因，在很长一段时间内，中国与国际图联中断了关系。直至 1981 年，国际图联承认中国图书馆学会为唯一代表中国的协会会员，中国才重返国际图联。1996 年第 62 届国际图联大会在北京举办。

9.4.2.2 国际合作实践进展

国际合作主要通过国际性组织机构的活动和国际性研究项目形式进行。目前在这方面的发展如火如荼。

数字信息传播的无国界性、共享性，涉及问题的复杂性以及需要经费规模的庞大性，决定了对其长期保存走国际合作道路的必然性。比如：研究数字信息长期保存的最大跨国协会——保存与存取欧洲委员会（ECPA）就与美国保存数字信息存取委员会、欧盟、联合国教科文组织、国际图书馆协会、国际档案协会进行了广泛的合作。又如：1997 年，丹麦、挪威、冰岛和瑞典等国家的图书馆联合开展了名为 Nordiwebardhive 的项目，目标是“通过北欧几个国家图书馆在技术和方法上的合作，保存北欧的网络资源”。再如：启动于 2001 年 11 月的 ERPANET 项目，由来自英国、荷兰、意大利与瑞士的学术机构合作，目的是建立一个可扩展并能自我持续发展的欧洲启动项目，使之成为保存文化遗产和科学数字对象领域的虚拟数据的交换中心与知识存储库。著名的开放式档案信息系统也是美国空间数据系统咨询委员会同北美、欧洲、日本等地区重要空间机构共同开发的成果。

国际协作项目最具代表性的课题项目——永久保存真实的电子文件国际研究项目（InterPARES）或 IP 为国际协作提供了范例。

InterPARES 项目组成员由最初的 11 国不断扩展，参与的专家数量之大、跨行业类别之多，是非常罕见的。项目的宗旨是，研究保障由数字系统创建或者以数字形式保存的文件的真实性、长期保存性的政策、策略和标准，对电子文件的可长期保存性和真实性进行理论和方法论研究，并在此基础上，为国际组织、国家或部门在长期保存电子文件的真实性方面制定方针政策和标准规范提供指南。

项目的投资方是加拿大的“社会大学”研究联盟的社会科学与人文研究委员会。配套资金由大不列颠哥伦比亚州立大学的副总统研究调查基金、艺术院院长来提供。这个项目的办公地点位于加拿大温哥华市的大不列颠哥伦比亚州立大学的图书档案信息研究学校，它的负责人是露西娅娜·杜兰蒂博士（Dr. Luciana Duranti）。

该项目共分三期。第一期开始于 1999 年，结束于 2001 年。这一阶段着力于发展确保电子文件真实性保存的理论和方法，尤其是那些在行政管理活动中形成并（或）保存在数据库和文件管理系统中的文件，同时还要反映出保存者的观点。第二期开始于 2002 年，结束于 2006 年。这一阶段除了处理文件的真实性问题之外，还探究了整个文件生命周期内文件的可靠性和准确性问题，包括文件从生成到永久保存的全部阶段。这一阶段集中研究在艺术、科学、电子政务活动等完全数字化环境下生成的电子文件。第三期开始于 2007 年，持续到 2012 年。这一阶段的项目建立在前两个阶段及全球范围内其他数字保存项目成果的基础上。它把理论转化成实践，有组织地在小型或中等规模档案馆和档案（文件）全宗中试行，并且为政府内部的培训计划、持续教育和教学课程等开发教学模块。

项目前两期成果集成了各国许多优秀实验基地的经验，制定出一系列电子文件管理的原则、方法、指南、模板和模式等。该项目在全球产生了广泛的影响，成为美国 ERA 等许多项目研发的重要成果平台和指南。

IP1（1999—2001）：基于 UBC Project（电子文件完整性保存——主要针对现行文件）。成果发布会举办地：中国。

IP2（2002—2006）：关注长期保存，五大洲 21 个国家 100 多名专家学者共同参与，共交流 22 个案例研究成果。成果发布会举办地：新加坡。

IP3 研究定位——应用：将前期的成果付诸实践，并进一步检验和完善前期研究成果，帮助机构建立基于电子文件真实性保障的电子文件管理系统和相关的制度、指南、人员培训模式等。向参与项目的高校、专业团队、培训机构、各类用户、软件公司提供教学或培训资料和教学培训，以期更深入透彻地了解 IP 研究成果，并付诸实践。IP3 国际团队：由加拿大、美国、英国、意大利、荷兰、巴西、墨西哥、南非、瑞典、爱尔兰、中国、韩国、新加坡等 13 个国家组成国际团队。研究重点：确立电子文件的证据价值和机构、电子文件管理的目标定位；研究电子文件单轨制的实施要件，改变电子文件处于纸质文件"数字化副本"的从属地位。方案设计的重点在于"抓两头（输入端和输出端）、带中间（全程管理流程优化，研究以系统论为指导，设计基于一体化战略的全程管理方案）。

其他项目情况可以参考第一章相关内容。

9.4.3　建立全球化的联合体，共享成果，共享平台

联合国教科文组织提出的"世界记忆"工程、世界文化遗产工程，国际图联组织等，可作为全球联合体的组织机构和协作平台。整合相关领域的政策、法律、标准、技术、资金、项目、人才等方面的资源，建立人类和谐发展、相互促进的地球大家庭，共同承担数字信息长期保存的责任。

2002 年 6 月，国际图联发表的《永久保存世界记忆：关于保存数字化信息的联合声明》提出了如下几个原则：

（1）日益增长的仅以数字形式出版的信息同传统印刷型出版物一样重要，同样具有长期保存的文化价值和历史意义。

（2）必须立即采取行动保存这种形式的信息。

（3）国际图联和国际出版者协会应将长期保存这类信息的工作列入重要议事日程。

（4）国际图联和国际出版者协会鼓励制定保存数字信息的标准，研究保存方法，对此项工作开展全面研究。

（5）出版机构承诺短期保存它们出版的数字形式的出版物，而图书馆则应通过与出版机构的协商承担起长期保存这类出版物的责任。

（6）各国的国家图书馆和其他一些主要图书馆应该担负起长期保存数字信息的主要责任。

（7）出版机构和图书馆工作小组将进一步开展与数字信息保存相关的技术、经济和政策方面的合作。

在全球范围内集合与数字信息保存有关的所有机构、人员等各方面力量，搭建起一个全球化的联合体，共享成果，共享平台，使数字信息时代的文明完整、长远地保存和流传下去。

参考文献

一、著作

Abby Smith. The Future of the Past：Preservation in American Research Libraries. Washington. DC：Council on Library and Information Resources，1999.

安小米，等．基于ISO15489的文件档案管理核心标准及相关规范．北京：中国标准出版社，2008.

尼葛洛庞帝．数字化生存．胡泳，等，译．海口：海南出版社，1997.

李国亭，等．信息社会：数字化生存的地球村．北京：军事科学出版社，2003.

刘家真，等．拯救数字信息——数据安全存储与读取策略研究．北京：科学出版社，2004.

刘英，张浩达．数字博物馆的生命力．北京：中国传媒大学出版社，2007.

宛玲．数字资源长期保存的管理机制．北京：北京图书馆出版社，2006.

王雅丽，主编．网络信息资源管理．北京：经济管理出版社，2008.

周耀林．可移动文化遗产保护策略．北京：北京图书馆出版社，2006.

二、论文

Fischer，Bernhard. Goethe-and Schiller-Archive，Weimar：Guidelines for the Preservation and Conservation. Restaurator 30，2009，no. 1-2.

Christensen，Lance. From Discovery to Recovery：The Electronic Transfer of the J. R. Walker Native American Cylinder Record Collection. ARSC Journal，2009，v. 40 no. 1.

Walsh，David. How to Preserve Your Films Forever. The Moving Image，2008，v. 8 no1.

Lusenet，Yola de. Digital Culture And Notions of Permanence-Tending the Garden or Harvesting the Fields：Digital Preservation and the UNESCO Charter on the Preservation of the Digital Heritage. Library Trends，2007，no. 1.

Mason，Ingrid. Virtual Preservation：How Has Digital Culture Influenced Our Ideas about Permanence? Changing Practice in a National Legal Deposit Library. Library Trend，2007，no. 1.

Moniri，Morteza. Preservation Theorems for Bounded Formulas. Archive for Mathematical Logic，46，2007，no. 1.

Besser，Howard. Collaboration for Electronic Preservation. Library Trends，Summer 2007，Vol. 56 Issue 1.

David O. Stephens. Digital Preservation in the United Kingdom. Information Management Journal，Oct 2000.

Field，J. M. Building a National Preservation Program：National Endowment for the Humanities Support for Preservation. Journal of Library Administration，38.

Hanley，Delinda. National Library：Preparing for the Future，Preserving The Past. Washington Report on Middle East Affairs，Dec 2007，Vol. 26 Issue 10.

Lim Siew Lin，Chennupati K Ramaiah，Pitt Kuan Wal. Problems in the Preservation of Electronic Records. Library Review，2003，Vol. 52 Issue 3/4.

Nordland，Lori Podolsky. The Long and Short of IT：The International Development Research Centre as a Case Study for a Long-term Digital Preservation System. M. A.，University of Manitoba，2007.

Seadle M. Copyright in the Networked World：Digital Legal Deposit. Library HiTech，2001，V. 3.

Ulia Popova-Gosart. Library Preservation in Russia：Hope and Despair on the Edge of the Technological Revolution. Library Management，2004，Vol. 25，Issue. 8/9.

陈慰湧，秦建伟．数字信息长期保存研究现状分析．浙江档案，2008（1）．

程雪梅．数字资源长期保存技术之探讨．图书馆理论与实践，2005（5）．

丁丽鸽，程大帅．我国数字信息资源保存研究综述．四川图书馆学报，2007（5）．

董光彩．我国数字信息保存研究综述．现代情报，2006（9）．

董光彩．数字信息保存研究的发展历程及趋势．数字图书馆论坛，2006（12）．

杜砚如，赵炜霞．数字信息长期保存技术问题探讨．情报杂志，2002（6）．

范媛静，宛玲．国外数字资源长期保存政策扫描．数字图书馆论坛，2006（4）．

范文兰．数字信息长期保存的合作问题探微．图书馆学研究，2007（11）．

冯惠玲，赵国俊，刘越男，安小米，侯卫真，钱毅，张宁．电子文件管理国家战略刍议．档案学通讯，2006（3）．

冯惠玲，钱毅．关于电子文件管理顶层设计的若干设想．中国档案，2007（4）．

顾犇．数字文化遗产的保护和联合国教科文组织的指导方针．国家图书馆学刊，2003（1）．

郭家义．数字信息资源长期保存系统的标准体系研究．现代图书情报技术，2006（4）．

郭瑞华．数字信息长期存取策略研究．情报理论与实践，2002（2）．

韩丽．国外数字信息资源合作保存及我国的发展策略．现代情报，2007（9）．

韩丽，梁爱东，恭维英．数字信息资源长期保存的责任体系探讨．曲靖师范学院学报，2007（6）．

韩毅，李融．数字图书馆中数字化信息资源的保存机制．情报科学，

2003 (8).

胡燕菘.数字资源保存:相关项目与管理策略.图书馆工作与研究,2005 (4).

胡燕菘.国外数字资源保存政策对我国的启示.图书馆杂志,2005 (6).

黄昌瑛.电子档案信息安全保障策略研究.福州:福建师范大学,2007.

吉慧.《数字遗产保护草案》对图书馆的影响.山东图书馆季刊,2007 (2).

江涛.美国电子文件档案馆(ERA)对我国电子文件保存的借鉴意义.浙江档案,2006 (5).

江雪娟,宋显彪.构建我国数字保存的框架体系.图书馆建设,2007 (5).

孔志军.国外数字资源长期保存活动进展.数字图书馆论坛,2006 (4).

赖朝新.数字信息长期保存的主体研究.图书馆理论与实践,2005 (2).

刘钊,陈以敏,贺晶晶.原生数字资源生产过程信息的长期保存.高校图书馆工作,2007 (4).

马宏惠.数字信息资源长期存取的技术与管理策略.内蒙古科技与经济,2008 (16).

聂荣显.基于ISO国际标准的电子文件长久保存框架.兰台世界,2006 (20).

邱安娜.数字信息长期保存对信息资源建设的影响及因素分析.现代情报,2005 (4).

任平.欧洲数字信息长期保存研究及其启示.大学图书馆学报,2005 (4).

王少辉.美国数字信息长期保存实践.档案管理,2006 (2).

张美芳.电子文件迁移措施的研究.档案学通讯,2006 (1).

张美芳.基于可持续发展的电子文件长期保存的策略研究.数字与缩微摄影,2007 (4).

张晓林.数字信息的长期保护问题.图书馆,2001 (5).

张智雄.如何长期保存数字资源.中国教育网络,2006 (4).

赵功群.数字文献保存中的技术、组织及法律因素分析.情报探索,2006 (10).

赵俊玲.国外关于网络信息资源保存的研究.中国图书馆学报,2004 (3).

赵俊玲.澳大利亚网络信息保存项目PANDORA及其启示.情报理论与实践,2004 (5).

周佳贵.美国数字信息保存计划——NDIIPP及其对我国的启示.图书馆工作与研究,2006 (1).

三、网络资源（检索日期为2008年6月20日）

ADAPT（an Approach to Digital Archiving and Preservation Technology）. http：//www. umiacs. umd. edu/research/adapt/index. html.

Cacas，Rita，Building the Archives of the Future：An Overview of The Electronic Records Archives（ERA）Program. http：//www. archives. gov/era/presentations/index. html.

California Digital Library，UC Libraries Preservation Repository System Design（Version1. 8. 8）. http：//www. cdlib. org/inside/projects/preservation/dpr/RepoDesign _ Final _ Dev. pdf.

CCSDS Secretariat Program Integration Division，Reference Model for an Open Archival Information System CCSDS 650. 0-B-1. http：//public. ccsds. org/publications/archive/650x0b1. pdf.

Cedars（Curl Exemplars in Digital Archives）. http：//www. leeds. ac. uk/cedars/.

Cedars，Cedars guide to preservation metadata. http：//www. leeds. ac. uk/cedars/guideto/metadata/guidetometadata. pdf.

Cedars，Cedars Guide：The Distributed Digital Archiving Prototype. http：//www. leeds. ac. uk/cedars/guideto/cdap/.

Columbia University Libraries，Columbia University Libraries Policy far Preservation of Digital Resources. http：//www. columbia. edu/cu/lweb/services/preservation/dlpolicy.

CPA，RLG，Preserving Digital Information. http：//www. ifla. org/documents/libraries/net/tfadi-fr. pdf.

D-lib，The Premis Activity：Implementing Metadata in Digital Preservation Systems. http：//www. dlib. org/dlib/april04/lavoie/04lavoie. html.

DAITSS（Dark Archive In The Sunshine State）. http：//www. fcla. edu/digitalarchive/.

Day M.，Metadata for Digital Preservation：An Update. http：//www. ariadne. ac. uk/issue22/metadata.

DELOS（Network of Excellence on Digital Libraries）. http：//www. delos. info/.

DLIST（Digital Library of Information Science and Technology）. http：//

dlist. sir. arizona. edu/.

DPR, Frequently Asked Questions (FAQ) and Answers Regarding the UC Libraries Digital Preservation Repository. http: //www. cdlib. org/inside/projects/preservation/dpr/faq. pdf.

ECPA (European Commission on Preservation and Access) . http: //www. ecpa. be/website/index. asp? cust=3&lang=en.

Electronic Resource Preservation and Access Network, erpaTool Digital Preservation Policy. http: //www. erpanet. org/guidance/docs/erpanetpolicytool. pdf.

ERA (Electronic Records Archives) . http: //www. archives. gov/era/about/.

ERPANET (Electronic Resource Preservation and Access Network) . http: //www. erpanet. org/.

Hamish James, Collections Preservation Policy. http: //ahds. ac. uk/documents/colls-policy-preservation-v1. pdf.

Jeff Rothenberg, Using Emulation to Preserve Digital Documents. http: //www. netline. net/edserv/conf/digital/dr _ 2000/rothen2. pdf.

JHOVE, JHOVE-JSTOR/Harvard Object Validation Environment. http: //hul. harvard. edu/jhove/index. html.

Kelly Russell, Digital Preservation: Ensuring Access to Digital Materials Into the Future. http: //www. leeds. ac. uk/cedars/Chapter. htm.

LOCKSS (Lots of Copies Keep Stuff Safe) . http: //www. lockss. org/lockss/Home.

National Library Of Australia, Guidelines for the Management of Electronic Records, Documents and Publications. http: //www. nla. gov. au/niac/meetings/npo95kp. html.

National Library Of Australia, Preservation Metadata for Digital Collect. http: //www. nla. gov. au/preserve/pmeta. html.

National Library of Australia, Preservation Policy. http: //www. nla. gov. au/policy/pres. html.

NATLIB, National Library of New Zealand Metadata Standards Framework-Metadata Implementation Schema. http: //www. natlib. govt. nz/en/whatsnew/4initiatives. html.

NDIIPP (The National Digital Information Infrastructure and Preservation Program) . http: //www. digitalpreservation. gov/.

OCLC (Online Computer Library Center), OCLC Digital Archive Preservation Policy and Supporting Documentation . http: //www. oclc. org/digitalarchive.

OCLC, Premis Final Report (May 2005) . http: //www. oclc. org/research/projects/pmwg/premis-report. pdf.

PANDORA (Preserving and Accessing Networked Documentary Resources of Australia) . http: //pandora. nla. gov. au/.

PRONOM. http: //www. nationalarchives. gov. uk/pronom/.

RoMEO Project, Rights Metadata for Open Archiving. http: //www. lboro. ac. uk/departments/ls/disresearch/romeo/.

RLG, Developing Digital Preservation Programs: the Cornell Survey of Institutional Readiness, 2003—2005. http: //worldcat. org/arcviewer/1/OCC/2007/08/08/0000070511/viewer/file3612. html.

Sam Searle, Dave Thompson, Preservation Metadata Pragmatic first steps at the National Library of New Zealand. http: //dlib. org/dlib/april03/thompson/04thompson. html.

Tim Au Yeung, Digital Preservation for Museums: Recommendations. http: //www. chin. gc. ca/English/Digital _ Content/Preservation _ Resommendations/index. html.

The Commission on Preservation and Access and The Research Libraries Group, Preserving Digital Information: Report of the Task Force on Archiving of Digital Information. http: //www. ifla. org/documents/libraries/net/tfadi-fr. pdf.

UC Libraries, UC Libraries Digital Preservation Repository. http: //www. cdlib. org/inside/projects/preservation/dpr/.

UC Berkeley SIMS, How much information 2003. http: //www. sims. berkeley. edu/research/projects/how-much-info-2003/printable _ report. pdf.

UK Data Archive, UK Data Archive Preservation Policy. http: //www. data-Archive. ac. uk/news/publications/UKDAPreservationPolicy0905. pdf.

UNESCO (the United Nations Educational, Scientific and Cultural Organization), Charter on the Preservation of the Digital Heritage. http: //portal. unesco. org/ci/en/ev. php-URL _ ID = 13367&URL _ DO = DO _ TOPIC&URL _ SECTION=201. html.

UNESCO, Guidelines for the Preservation of Digital Heritage. http://unesdoc.unesco.org/images/0012/001255/125523e.pdf

William Y. Arms, Web Preservation Project: Final Report. http://www.loc.gov.

William Y. Arms, Roger Adkins, Cassy Ammen, and Allene Hayes, Collecting and Preserving the Web: The Minerva Prototype. http://worldcat.org/arcviewer/1/OCC/2007/08/08/0000070511/viewer/file1424.html.

附录

数字信息保存中常见术语中英文对照

摄取模块 Ingest

提交信息单元 Submission Information Package，SIP

长期保护处理数据的存储信息单元 Archival Information Package，AIP

长期存储模块 Archival Storage

数据管理模块 Data Management

检索利用模块 Access

传递信息单元 Dissemination Information Package，DIP

系统管理模块 Administration

内容信息 Content Information

保护描述信息 Preservation Descriptive Information

包含确认信息 Reference Information

起源信息 Provenance Information

环境信息 Information Context

固化信息 Fixity Information

封装信息 Packaging and Representation Information

内容描述信息 Descriptive Information
元数据格式 Metadata
代表信息 Representation
数据对象 Data Object
信息包 Information Package
权限管理 Rights Management
版权说明 Copyright Statement
行为人 Actors
行为 Actions
底层结构概括描述 Underlying Abstract Form Description
转换对象 Underlying Abstract Form Transformer
处理/ 分析/ 转换对象 Render/ Analyze Convert Objects
标识符 Persistent Identifier
结构类型 Structural Type
技术结构 Technical Infrastructure of Complex Object
文件描述 File Description
安装要求 Installation Requirement
存储信息 Storage Information
利用限制 Access Inhibitors
查找帮助 Finding and Searching Aids
提取方法 Access Facilitators
保存行为许可 Preservation Action Permission
存档决定 Archiving Decision
存档决定的责任机构 Institution Responsible for Archiving Decision (Work)
作品版本存档决定 Archiving Decision Manifestation
保留类型 Intention Type
过程描述 Description of Process
责任机构名称 Name of the Agency Responsible for the Process
关键硬件 Critical Hardware Used in the Process
关键软件 Critical Software Used in the Process
过程执行细节 How Process was Carried Out
过程规范 Guidelines Used to Implement Process
过程执行日期和时间 Date and Time

过程依据、理由 Process Rationale
记录制作者 Record Creator
图像 Image
文件格式与版本 Image Format and Version
分辨率 Image Resolution
维度 Image Dimensions
颜色 Image Color
色度分辨率 Image Tonal Resolution
色度空间 Image Color Space
颜色管理 Image Color Management
颜色表 Image Color Lookup Table
取向 Image Orientation
压缩方法 Compression
音频 Audio
文件格式与版本 Audio Format and Version
分辨率（抽样）Audio Resolution
长度 Duration
比特率（量化值）Audio Bit Rate
封装 Encapsulation
声道数和类型 Track Number and Type
视频 Video
文件格式与版本 Video File Format and Version
帧尺度 Frame Dimensions
每秒帧幅 Frame Rate
压缩方法 Compression
视频编码结构 Video Encoding Structure
视频中声音信息类型 Video Sound
文本 Text
文本格式与版本 Text Format and Version
压缩方法 Compression
文本字符集 Text Character Set
文本的文献类型定义 Text Associated DTD
文本结构划分 Text Structural Divisions

数据库 Databases
格式与版本 Database Format and Version
压缩方法 Compression
数据类型和显示类别 Datatype and Representation Category
显示格式和布局 Representation Form and Layout
数据元素最大值 Maximum Size of Data Element Values
数据元素最小值 Minimum Size of Data Element Values
程序 Executables
编码类型和版本 Code Type and Version
硬件要求 Specific Hardware Requirements
处理器要求 Specific Microprocessor Requirements
多媒体要求 Specific Multimedia Requirements
外围设备要求 Specific Peripheral Requirements
操作系统 Operating System
解释器编译器 Interpreter and Compiler
对象格式 Object Format
应用程序 Application
标识信息 Reference Information
标识号 Assigned identifier
标识号值 Value
标识号构造方法 Construction Method
标识号责任机构 Responsible Agency
确认日期 Date of Validation
校验值 Value
校验和算法 Algorithm
数字签名 Digital Signature
迁移 Migration
规范化 Normalization
数据抽取 Data Extraction
风干 Desiccation
模仿 Emulation
封装 Encapsulation
技术保存（硬件博物馆）Technology Preservation（Hardware Museum）

重整/数据恢复/数码考古 Reengineering/ Data Recovery/ Digital Archaeology

浅层网络资源 Surface Web

深层网络资源 Deep Web

数据库驱动的站点 Database —Driven Sites

虚拟层 Virtual Layer

图书在版编目（CIP）数据

数字信息保存/张美芳等著．—北京：中国人民大学出版社，2014.12
21世纪信息资源管理系列教材
ISBN 978-7-300-20520-5

Ⅰ.①数… Ⅱ.①张… Ⅲ.①数字信息-信息存贮-高等学校-教材 Ⅳ.①G203②TP333

中国版本图书馆CIP数据核字（2015）第000432号

21世纪信息资源管理系列教材
数字信息保存
张美芳 等/著
Shuzi Xinxi Baocun

出版发行	中国人民大学出版社		
社　　址	北京中关村大街31号	**邮政编码**	100080
电　　话	010－62511242（总编室）		010－62511770（质管部）
	010－82501766（邮购部）		010－62514148（门市部）
	010－62515195（发行公司）		010－62515275（盗版举报）
网　　址	http://www.crup.com.cn		
	http://www.ttrnet.com(人大教研网)		
经　　销	新华书店		
印　　刷	唐山玺诚印务有限公司		
规　　格	170mm×228mm　16开本	**版　　次**	2016年1月第1版
印　　张	20	**印　　次**	2024年8月第3次印刷
字　　数	341 000	**定　　价**	36.00元